# Filosofia Política em Agostinho

# Filosofia Política em Agostinho

ESTUDOS SOBRE *A CIDADE DE DEUS*

2022

Luiz Marcos da Silva Filho

**FILOSOFIA POLÍTICA EM AGOSTINHO**
ESTUDOS SOBRE *A CIDADE DE DEUS*

AUTOR: Luiz Marcos da Silva Filho

DIRETOR DA ALMEDINA BRASIL: Rodrigo Mentz
EDITOR DE CIÊNCIAS SOCIAIS E HUMANAS E LITERATURA: Marco Pace
ASSISTENTES EDITORIAIS: Isabela Leite e Larissa Nogueira
ESTAGIÁRIA DE PRODUÇÃO: Laura Roberti

DIAGRAMAÇÃO: Almedina
DESIGN DE CAPA: Roberta Bassanetto

ISBN: 9788562938696
Junho, 2022

---

Dados Internacionais de Catalogação na Publicação (CIP)
(Câmara Brasileira do Livro, SP, Brasil)

Silva Filho, Luiz Marcos da
Filosofia política em Agostinho : estudos sobre
"A cidade de Deus" / Luiz Marcos da Silva Filho. –
São Paulo : Edições 70, 2022.

ISBN 978-85-62938-69-6

11. Agostinho, Santo, Bispo de Hipona, 354-430. A
Cidade de Deus 2. Cristianismo e filosofia
3. Filosofia e religião 4. Teologia I. Título.

22-107081 CDD-189.2

---

Índices para catálogo sistemático:

1. Filosofia agostiniana 189.2

Maria Alice Ferreira - Bibliotecária - CRB-8/7964

Este livro é resultado da pesquisa Filosofia Política em Agostinho, Processo FAPESP 2020/02751-7.
As opiniões, hipóteses e conclusões ou recomendações expressas neste material são de responsabilidade dos(s) autore(s) e não necessariamente refletem a visão da FAPESP.

Este livro segue as regras do novo Acordo Ortográfico da Língua Portuguesa (1990).



EDITORA: Almedina Brasil
Rua José Maria Lisboa, 860, Conj.131 e 132, Jardim Paulista | 01423-001 São Paulo | Brasil
www.almedina.com.br

*Povo é o conjunto de inumeráveis seres racionais associado pela concorde comunhão de coisas que ama.*

AGOSTINHO. *A cidade de Deus*, XIX, xxiv.

*O fato de semelhante transformação da cristandade e de seus primitivos impulsos antipolíticos em uma grande e estável instituição política ter sido possível sem uma completa perversão do Evangelho se deveu quase inteiramente a Agostinho, que, embora dificilmente seja o pai de nosso conceito de História, é provavelmente o autor espiritual e com certeza o maior teórico da política cristã.*

ARENDT, H. *Entre o passado e o futuro*, p. 107.

*SANTO AGOSTINHO. Grande doutor da Igreja. Perdia-se na ideia de um mundo internacional que fosse a cidade espiritual de Deus. Autor desta afirmação vermelha: "Não por virtude do direito divino, mas só por virtude do direito de guerra, alguém pode dizer: esta casa é minha, este criado é meu!".*

ANDRADE, Oswald de. *Dicionário de bolso*, p. 42.

Para a minha mãe,
Mara Yáskara,

# AGRADECIMENTOS

Este livro é em grande medida resultado de uma síntese de minha dissertação de mestrado, tese de doutorado e pesquisa de pós-doutorado, por isso renovo meu agradecimento e admiração ao Moacyr Novaes, ex-orientador, amigo e interlocutor maior nas últimas duas décadas, e ao Carlos Eduardo de Oliveira, ex-supervisor e amigo fraterno. Agradeço à FAPESP pelas bolsas e auxílio à publicação concedidos, assim como em nome de Adriano Correia a parceria entre a Anpof e a Editora Almedina, que premiou este livro com a sua seleção. Guardo a honra de haver ainda em minha trajetória muitos outros *magistri*, entre os quais generosos arguidores de versões anteriores deste trabalho em bancas e muitas conversas informais, aos quais renovo meus agradecimentos e estima: Alberto Barros, Alfredo Storck, Antonio Mendonça (a quem dediquei minha dissertação de mestrado), Carlos Arthur Ribeiro do Nascimento, Cristiane N. A. Ayoub, Franklin Leopoldo e Silva, Isabelle Koch, José Carlos Estêvão, Lorenzo Mammì, Marina Ferreira, Marisa Lopes. Agradeço ainda como parceiros e interlocutores fundamentais os amigos André Miatello, Arthur Klik, Daniel Fujisaka, Emmanuel Mello, Fabrício Cristofolette, João Geraldo Cunha, Julia Maia, Heres Drian de O. Freitas, Léa Silveira, Pelayo M. Palacios, Roberto Pignatari. Agradeço também aos estimados amigos do núcleo de Filosofia da PUC-SP: Anderson Nakano, Antonio Valverde, Bruno Conte, Dalva Garcia, Dulce Critelli, Jeanne Marie Gagnebin, Jonnefer Barbosa, Maria Constança Pissarra, Márcio Fonseca, Mario Porta, Marcelo Perine, Peter Pál Pelbart, Salma T. Muchail, Sonia Campaner Ferrari, Yolanda Glória Muñoz. Agradeço ainda à interlocução imprescindível dos alunos e orientandos que honrosamente tive e tenho na UFLA, UFSCar e PUC-SP, assim como dos amigos dos Grupos de Pesquisa Falsafa PUC-SP, "Agostinho e a década oculta", CEPAME, GELM, Grupo de Leitura de Lacan. Finalmente, agradeço à minha companheira Bruna Abad Santos por objetivar o amor em nossa vida, pelo apoio intelectual e diálogo permanentes, por me ensinar sua arte de dançar com os conceitos.

# APRESENTAÇÃO

A Associação Nacional de Pós-graduação em Filosofia (Anpof) surgiu em 1983 com o objetivo de defender e representar os programas de pós-graduação em filosofia do Brasil junto aos órgãos governamentais competentes, estimular o ensino e a pesquisa em filosofia em todos os seus níveis e também assegurar a presença da filosofia na cena cultural e formativa. Estes objetivos vêm sendo perseguidos por meio da realização de encontros bianuais que acolhem a maior parte dos pesquisadores e professores da área no Brasil e também por uma atuação permanente em defesa do ensino e da pesquisa em filosofia, do ensino básico à pós-graduação.

Além dos encontros nacionais, a Anpof vem promovendo regularmente a publicação de textos resultantes das apresentações no encontro e também promovido parcerias com vistas a amplificar a presença da filosofia no debate acadêmico e cultural contemporâneo. Em vista disto celebramos uma parceria com a Ed. Almedina/ Ed. 70, editora portuguesa de notável prestígio na área de filosofia, com suas edições e traduções prolíficas e muito bem cuidadas bastante conhecidas do público brasileiro. Esta é a primeira parceria desta natureza da Anpof com uma editora.

Nesta primeira edição da parceria puderam ser submetidos para publicação dissertações e teses indicadas ao Prêmio Anpof 2020 e ao Prêmio Filósofas 2020 (este em sua primeira edição), além de textos de professores e pesquisadores vinculados a programas de pós-graduação em filosofia brasileiros. Foram qualificados 18 trabalhos de reconhecida excelência, sendo que ao final 03 foram selecionados pela editora. A edição não representa qualquer custo para a Anpof ou para os autores, que receberão os respectivos direitos autorais referentes à comercialização dos livros.

Saudamos a todos que submeteram seus textos e especialmente a autora e os autores dos textos selecionados. Esperamos que esta edição da parceria seja a primeira de muitas da Anpof com a Ed. Almedina/Ed. 70.

Adriano Correia (UFG)
Coordenador desta edição da parceria
Anpof e Almedina/Edições 70

# SUMÁRIO


Agradecimentos . . . . . . . . . . . . . . . . . . . . . . . . . . . 9
Apresentação . . . . . . . . . . . . . . . . . . . . . . . . . . . . 11
Esclarecimentos: traduções, notas e abreviações . . . . . . . . . . . 17

**Introdução** . . . . . . . . . . . . . . . . . . . . . . . . . . . 19
Há filosofia política em Agostinho?. . . . . . . . . . . . . . . 19
Estrutura de capítulos . . . . . . . . . . . . . . . . . . . . . 30
Questões de método. . . . . . . . . . . . . . . . . . . . . . . 33

**I. Ambivalência e desnaturalização da política no prólogo d'*A cidade de Deus*** . . . . . . . . . . . . . . . 41

**II. Sobre o fundamento naturalista da política em *De re publica*, de Cícero** . . . . . . . . . . . . . . . . . . . 55
Exórdio do diálogo *Da república* . . . . . . . . . . . . . . . . 56
Definições de "república", "povo" e a melhor forma de governo. . 64
*Res gestae Romae*. . . . . . . . . . . . . . . . . . . . . . . . 69
A definição de *populus* e a conjunção *et* . . . . . . . . . . . . 82

**III. Essência e existência humanas em Agostinho** . . . . . . . . . 93
Eternidade de Deus e início temporal do mundo e do homem . . 94
Simplicidade divina, foraclusão do sujeito e contraponto ao Libera . . . . . . . . . . . . . . . . . . . . . . . . . . . . 100
Fundamento trino da criação . . . . . . . . . . . . . . . . . . 105
Nota sobre a categoria de relação e participação horizontal na Trindade . . . . . . . . . . . . . . . . . . . . . . . . . 108

Natureza humana trina e *cogito* agostiniano . . . . . . . . . . . 113
Nota sobre essência e existência em Agostinho e Tomás de Aquino . . . . . . . . . . . . . . . . . . . . . . . . . . . 120
Sobre a fratura da imagem de Deus . . . . . . . . . . . . . . . . . 123
Sobre o paradoxo da morte. . . . . . . . . . . . . . . . . . . . . . 127

**IV. Vontade e contravontade: pecado, paixões, libido e gozo** . . 133
Sobre a liberdade, a queda e a graça (*DCD*, XIV, i) . . . . . . . . 133
*De modis vivendi civitatum* (XIV, ii-iv). . . . . . . . . . . . . . 136
Exegese sobre o significado de "carne" . . . . . . . . . . . . . . 137
Vontade e contravontade. . . . . . . . . . . . . . . . . . . . . . . 141
As paixões como modalidades da vontade: contra o estoicismo (XIV, v-ix) . . . . . . . . . . . . . . . . . . . . 144
Sobre o conceito de *apátheia* (XIV, ix) . . . . . . . . . . . . . . 148
Sobre a contradição originária da libido . . . . . . . . . . . . . 152
Fundo comum entre a libido sexual e outras classes de libido . . 158
Virgindade, estupro e castidade (digressão a *DCD*, I) . . . . . . 160
Sobre a origem da libido (XIV, x-xv) . . . . . . . . . . . . . . . . 164
Libido, gozo e pudor (XIV, xvi-xx). . . . . . . . . . . . . . . . . 168
Sobre o sexo e a geração com ou sem libido (XIV, xxi-xxvi) . . 175
A vontade como princípio e fundamento da história (XIV, xxvii-xxviiii). . . . . . . . . . . . . . . . . . . . . . . . . . 189

**V. Teleologia, moral e política n'*A cidade de Deus*, XIX** . . . . 193
Cotejo entre História de Roma e Economia da salvação. . . . . 194
*De finibus bonorum et malorum* (XIX, i – iii) . . . . . . . . . . 199
*De aeterna vita et virtute* (XIX, iv) . . . . . . . . . . . . . . . . 208
*Recapitulatio* . . . . . . . . . . . . . . . . . . . . . . . . . . . . 219
*De sociale vita* (*bellum et pax*) . . . . . . . . . . . . . . . . . . 221
*De bello* (XIX, v – ix) . . . . . . . . . . . . . . . . . . . . . . 221
*De pace* (XIX, x – xiii). . . . . . . . . . . . . . . . . . . . . . 228
*De concordia et discordia civitatum* (XIX, xiv – xvii) . . . . . 246
*De dubitatione et fide* (XIX, xviii) . . . . . . . . . . . . . . . . 256
*De moribus et generibus vitae* (XIX, xix). . . . . . . . . . . . . 259
*Recapitulatio* (XIX, xx). . . . . . . . . . . . . . . . . . . . . . . 261

*De definitionibus rei publicae et populi* . . . . . . . . . . . . . 263
*De falsis definitionibus* (XIX, xxi) . . . . . . . . . . . . . . . 263
Religião, ontologia e política (XIX, xxii-xxiii) . . . . . . . . . . 266
Definição voluntarista de "justiça" (XIX, xxiii, 5) . . . . . . . . 270
*De vera definitione populi* (XIX, xxiv) . . . . . . . . . . . . . . 272
*De finibus civitatum* (XIX, xxv-xxviii) . . . . . . . . . . . . . . 277
*Populus, civitas, urbs* e *ecclesia* em Cícero e Agostinho . . . . 284

Considerações finais . . . . . . . . . . . . . . . . . . . . . . . . 299

Apêndice I:
Ensaio de tradução do prólogo d'*A cidade de Deus* . . . . . . . . . 311
Apêndice II:
Diagrama sintático-estilístico . . . . . . . . . . . . . . . . . . . 313
Apêndice III:
Nota sobre ocorrências e significados de *saeculum* em Agostinho . . 315
Apêndice IV:
Nota sobre teoria e prática políticas de Agostinho . . . . . . . . . 323
Apêndice V:
Nota sobre História universal em Agostinho, Kant e Adorno . . . . 337
Apêndice VI:
Recepção e indeterminação das *Categorias* por Agostinho . . . . . 351

Referências . . . . . . . . . . . . . . . . . . . . . . . . . . . . 355

# ESCLARECIMENTOS: TRADUÇÕES, NOTAS E ABREVIAÇÕES

A maioria das traduções de citações foi realizada por mim. Utilizei os seguintes estabelecimentos de textos latinos: *Bibliotheca Scriptorum Graecorum et Romanorum Teubneriana*, para Cícero (no caso do *De re publica* a partir da sétima edição de Ziegler revista de 1969, em cotejo com as edições de Zetzel, da Cambridge, e de Powell, da Oxford); *Patrologiae cursus completus, series Latina*, ed. J-P. Migne, para Agostinho (no caso de *De civitate dei* em cotejo com o estabelecimento de texto do *Corpus Christianorum Series Latina* e o editado pela *Bibliothèque Augustinienne*, que incorpora variantes da edição da *Teubner*). As ocasiões em que aceito inteira ou parcialmente tradução que não a minha são referenciadas em notas. As obras filosóficas mais referenciadas neste livro seguem as seguintes abreviações: *Rep.* (para *De re publica*), *DCD* (para *De civitate dei*), *Conf.* (para *Confessionum libri tredecim*). As demais obras são referenciadas a partir do título completo, sem abreviação, com supressão, quando é o caso, apenas da menção no título do número de livros que as compõem (por exemplo, *De vera religione liber unus* é referenciada só como *De vera religione*). Os livros bíblicos seguem abreviaturas da *Bíblia de Jerusalém*.

# INTRODUÇÃO

## HÁ FILOSOFIA POLÍTICA EM AGOSTINHO?

O título *Filosofia política em Agostinho* guarda o propósito de anunciar imediatamente o problema maior que impulsiona e atravessa o conjunto do livro. O título pode ser estranho àqueles que tendem a enxergar na obra agostiniana mais uma *apolitia*, um esvaziamento ou um déficit de reflexão política, a partir da concepção de que uma teoria política guarda como condição conferir para a política uma jurisdição autônoma em relação ao domínio de outras disciplinas, ciências e instituições, ou até mesmo conceder à vida política ou prática independência ou maior apreço em relação à vida teorética ou contemplativa. Se o critério for esse, realmente não há uma filosofia política em Agostinho, assim como não há em Platão, nem em Aristóteles, nem em Cícero ou Tomás de Aquino, a tal ponto de precisarmos sustentar que não houve "filosofia política" antes de Maquiavel. Se podemos, todavia, considerar como "filosofia política" uma reflexão que distinga princípio e fundamento que possam ser imanentes à política e à história, então é certo haver uma "filosofia política" agostiniana. Por isso, mobilizarei logo uma citação-chave de Arendt para o percurso desta obra (não à toa parcialmente disposta como epígrafe).

> O fato de semelhante transformação da cristandade e de seus primitivos impulsos antipolíticos em uma grande e estável instituição política ter sido possível sem uma completa perversão do Evangelho se deveu quase inteiramente a Agostinho, que,

> embora dificilmente seja o pai de nosso conceito de História, é provavelmente o autor espiritual e com certeza o maior teórico da política cristã. O que foi decisivo a esse respeito foi ter ele podido, ainda firmemente arraigado na tradição cristã, aditar à noção cristã de uma vida eterna a ideia de uma *civitas* futura, uma *Civitas Dei*, onde os homens mesmo após a morte continuariam a viver em uma comunidade. Sem essa reformulação dos pensamentos cristãos por meio de Agostinho, a política cristã poderia ter permanecido aquilo que fora nas primeiras centúrias: uma contradição em termos.[1]

Não entrarei no mérito sobre se Agostinho foi ou não "o maior teórico da política cristã". Antes, parece-me mais interessante avaliar em que medida é inaugural a fundamentação de uma cidade celeste a-histórica, que não obstante guarda também realidade histórica. Ou melhor, parece-me profusa a apreciação de certa inflexão das noções de cidade, política, história e outras na obra agostiniana em relação ao que genericamente podemos chamar de "cidade antiga", conforme expressão celebrizada e certamente muito imprecisa de Fustel de Coulanges. Na citação de Arendt, a principal ênfase é no empreendimento agostiniano de conferir sentido para uma vida política, talvez devêssemos dizer antes para uma vida social, que os seres humanos continuariam a cultivar mesmo após suas mortes individuais (ou primeira morte) em uma cidade a-histórica e transcendente, denominada de cidade celeste ou de Deus. De fato, o empreendimento agostiniano de fundamentação de uma vida social e política numa dimensão a-histórica e transcendente é algo que permanecia aporético até mesmo na *República*, de Platão, a ponto de Sócrates deparar com consideráveis embaraços diante da perplexidade de Glauco para explicar por que e como em nome do bem comum da cidade e não próprio seria cogente ao filósofo (que saiu da caverna para uma

[1] ARENDT, H. "O Conceito de História – Antigo e Moderno". In: ____. *Entre o passado e o futuro*, p. 107.

dimensão exclusivamente inteligível, "onde" não havia, diga-se, vida política), retornar ao seu interior obscuro e, ademais, tudo reordenar (efetivamente, governar) a partir de padrões ideais (ou seja, a-históricos), clássico problema platônico entre teoria e prática, entre contemplação e ação[2]. Aliás, trata-se de problema semelhante que Arendt enfrentara com brilhantismo em idade precoce (entre seus 22 e 23 anos!) em sua tese de doutoramento sobre *O conceito de amor em santo Agostinho*, a partir da investigação da tensão entre os dois mandamentos cristãos maiores, amar a Deus acima de todas as coisas *e* amar ao próximo como a si mesmo, a princípio incompatíveis e aparentemente contraditórios, porquanto um com imperativo de cultivar relação de si a si com Deus *para fora* do mundo; outro com imperativo de cultivar relação de si ao outro *no* mundo.

Entretanto, vale observar que não só a reflexão sobre a cidade celeste, mas também a reflexão agostiniana sobre a cidade terrena é (talvez ainda mais) inaugural. Melhor dizendo, a cidade que guarda apenas realidade histórica, ou seja, a cidade que é exclusivamente temporal e não existe fora da história ou na transcendência, para a qual, não obstante, Hannah Arendt confere pouca atenção em seus comentários de Agostinho, é a cidade que talvez ofereça mais elementos para um interessante cotejo, por exemplo, entre Agostinho e Maquiavel, ou entre Agostinho e Hobbes, porquanto é em relação à cidade terrena que Agostinho desenvolve mais aspectos realistas de sua reflexão política. Em contraponto à leitura de Arendt, é notável que ela chega a dizer que os eventos puramente seculares guardam pouca importância para Agostinho, porque para ele, a rigor, o supremo evento ou Acontecimento efetivamente singular na história humana é a encarnação de Cristo[3]. Arendt guarda razão em parte. Sem dúvida,

---

[2] Cf. PLATÃO. *República*, 519d-520c. Um comentário clássico a respeito: FESTUGIÈRE, A. J. *Contemplation et vie contemplative selon Platon*. Paris: Vrin, 1950.

[3] "A queda de Roma [...] foi interpretada, tanto por pagãos como por cristãos, como um evento decisivo, e foi à refutação dessa crença que Agostinho devotou

o maior Acontecimento digno de ser mencionado como tal na obra agostiniana é a encarnação, todavia a reconsideração de Agostinho do fundamento da cidade – concedendo que possa haver vida política mesmo numa comunidade fora da história (o que, diga-se, Agostinho faz primordialmente a partir de exegese bíblica, porque em sua obra foram as Escrituras que revelaram a Jerusalém celeste) – também guarda como consequência a emergência em sua obra de uma reflexão inaugural sobre a história, a historicidade e a vida fática.

Adiante, desenvolverei em que consistem ambas as cidades em vários capítulos, mas previamente e em linhas gerais é oportuno logo dizer o que são as duas cidades na obra de Agostinho. Encontramos boas notícias sobre as cidades celeste e terrena já no prólogo d'*A cidade de Deus*[4], em que Agostinho nos diz que a cidade celeste guarda duas realidades, uma a-histórica e outra histórica, já a cidade terrena guarda uma única realidade histórica. Desse modo, a cidade celeste existe por excelência na eternidade e existe como peregrina no tempo histórico. Isso quer dizer que na história tanto a cidade celeste, como a cidade terrena, existem mescladas, misturadas, *permixtae*[5]. Trata-se, assim, de duas grandes sociedades em que toda a humanidade se divide e que atravessam todas as cidades e sociedades materialmente instituídas na história.

Em geral, as cidades, as urbes, material e territorialmente instituídas, confundem-se com a cidade terrena, mas não necessariamente, porque pode haver em uma cidade particular tanto

---

trinta anos de sua vida. O problema, conforme ele o via, estava em que jamais um evento puramente secular poderia ou deveria ser de importância central para o homem. Sua falta de interesse por aquilo que chamamos de História era tão grande que ele devotou apenas um livro da *Civitas Dei* a eventos seculares; e, incumbindo seu amigo e discípulo Orosius de escrever uma 'História Universal', ele nada mais tinha em mente que uma 'compilação verídica dos males do mundo". ARENDT, H. "O Conceito de História – Antigo e Moderno". In: ——. *Entre o passado e o futuro*, p. 98-9.

4 Cf. *infra* "Apêndice I: Ensaio de tradução do prólogo d'*A cidade de Deus*".

5 AUGUSTINUS. *De civitate dei*, XIX, xxvi (doravante, *DCD*).

cidadãos celestes, como cidadãos terrenos, e um exemplo era Roma mesma após o advento de Cristo, onde conviviam cristãos e não cristãos. De modo semelhante, Agostinho admite que possam coexistir cidadãos celestes e terrenos até mesmo no interior da Igreja, o que exige de nós um cuidado adicional para não identificar a Igreja com a cidade celeste peregrina, o que, aliás, a própria Hannah Arendt faz em alguns momentos.

Ainda no prólogo d'*A cidade de Deus*, Agostinho também nos diz que a cidade celeste, na eternidade, possui "vitória final e paz perpétua", ao passo que no tempo, enquanto peregrina entre ímpios, precisa da virtude da paciência para suportar a paz relativa, o conflito, perseguições, guerras e tudo mais de sinistro que há na história. É fundamental notar que essas observações não se referem à cidade terrena e sim às duas realidades, histórica e a-histórica, da cidade celeste. Assim, ela precisa ser concebida com uma identidade constitutiva na eternidade e com um dinamismo conflituoso na história. A chave para adiante distinguirmos a dinâmica histórica da cidade celeste em contraste com a da cidade terrena e entendermos melhor o quanto a reflexão política e histórica de Agostinho é inaugural reside na compreensão dos traços constitutivos do dinamismo histórico da cidade celeste (e simultaneamente de seus cidadãos peregrinos ou estrangeiros neste mundo).

Ou melhor, a dinâmica histórica da cidade celeste é constitutivamente contraditório, porém em processo de progressiva libertação da contradição ou de progressiva aquisição de identidade, o que se pode entender também como progressiva libertação de vícios. Afinal, se os cidadãos celestes em peregrinação estivessem com a natureza íntegra, eles não seriam peregrinos, não estariam exilados, não estariam *hic et nunc* e não precisariam da virtude da paciência, a qual só é necessária onde é preciso suportar ou padecer sofrimento. O que já está presente aqui na reflexão agostiniana é nada mais, nada menos, do que a admissão de uma contradição real ou existencial, uma contradição constitutiva da realidade histórica, que no caso da cidade terrena será tanto mais patente e destituída de positividade. Com efeito, o traço constitutivo da cidade terrena – agora sim exclusivamente da terrena e não da celeste – é ela ser dominada pelo próprio desejo ou "libido de dominação" (*dominandi libido*). Trata-se, assim, de um traço contraproducente da cidade terrena, que realiza o contrário do que projeta, pois movida pelo desejo de dominar e embora domine, escravize ou colonize povos (o exemplo paradigmático é sempre Roma), ao fim e ao cabo, é ela mesma que se torna escrava ou é dominada pelo próprio desejo de dominação.

Por consequência, a contradição no caso da cidade terrena é seu princípio e fundamento imanente e, inversamente à dinâmica da cidade celeste, ela realiza um percurso histórico que só podemos expressar na linguagem também por meio de contradições, a saber, como progressiva aquisição de contradição, de conflito, de cisões, dissensões e guerras. Aqui já está presente uma concepção de política muito peculiar, que concede de maneira inaugural estatuto político para *multitudines* ou conjunto de inumeráveis cidadãos moralmente desorientados, o que em filosofia agostiniana quer dizer em condição desnaturalizada. Em outras palavras, encontramos na obra agostiniana muito antes da Modernidade a possibilidade de uma política autônoma em relação à moral, à justiça, à virtude, à natureza e à razão, uma concepção de política que concede estatuto político de "cidade" e "povo" mesmo para um conjunto de homens que não realizam efetivamente a moralidade e a racionalidade, embora no caso da cidade celeste como peregrina em processo de progressiva libertação da contradição, ao passo que no caso da cidade terrena em processo de progressiva perda de ser. É notável que com isso já estamos tematizando também em primeiro plano a concepção agostiniana de história, que *avant la lettre* pode ser apreciada como uma teoria ou filosofia da história, conforme fundamentaremos melhor em alguns capítulos.

Além disso, já estamos abordando também a definição de "povo" proposta por Agostinho em ruptura com a definição de "povo" de Cícero. No livro XIX d'*A cidade de Deus*, cap. xxiv, Agostinho oferece a seguinte definição: "Povo é o conjunto de inumeráveis seres racionais associado pela concorde comunhão de coisas que amam"[6]. O mais surpreendente é uma noção de "amor", que em Agostinho é a "vontade" ou o "querer", desempenhar papel de liame fundamental entre os seres humanos para eles adquirirem estatuto político, estatuto de *populi*. Eis a primeira teoria política voluntarista da história em flagrante ruptura com teorias políticas naturalistas e intelectualistas da filosofia antiga. Afinal, a "vontade" como fundamento da política quer dizer em Agostinho que a virtude, a justiça, a moral, a natureza ou a razão não são condições para a atribuição de estatuto político de "povo" e "cidade" para uma multidão, como fazem, por exemplo, Aristóteles e Cícero, cada um a seu modo. Por consequência, até mesmo cidadãos pervertidos, moralmente desorientados e com a natureza danada, podem ser chamados de "cidadãos" e têm sua respectiva cidade ou república, a partir da definição agostiniana.

Finalizarei essas observações preliminares sobre o problema de uma filosofia política em Agostinho com a indicação de uma tensão constitutiva da concepção de política que investigaremos n'*A cidade de Deus*. Uma tensão ou ambivalência constitutiva da teoria política agostiniana é decorrente da convivência de um realismo e de um idealismo políticos. Há notável realismo na medida em que encontramos nela não só reflexão sobre a história, mas também sobre o que contemporaneamente chamamos de historicidade e facticidade. Com efeito, ao reconhecer que o "homem real" ou "histórico" não é o "homem essencial" ou "ideal" (para usar expressões de Guéroult em relação à filosofia prática kantiana, que com licença aplico a Agostinho), ao reconhecer que na condição humana categorias de razão como de unidade, necessidade, finalidade, essência e outras não guardam efetividade, isto é, ao reconhecer que a moralidade e a racionalidade convivem com seus contrários na imanência, a obra agostiniana oferece ocasião

---

[6] "*Populus est coetus multitudinis rationalis rerum quas diligit concordi communione sociatus*". AUGUSTINUS. *DCD*, XIX, xxiv. Na ausência de menção, todas as traduções são exclusivamente de minha responsabilidade.

para pensar contradições reais ou existenciais (a falta, o conflito, a guerra, o mal moral, o negativo, a facticidade...) como talvez nunca tenham sido pensadas na Filosofia Antiga. Uma das passagens mais exemplares do realismo agostiniano é *A cidade de Deus*, IV, iv, em que a injustiça, a lei do arbítrio ou a pirataria são propostas como fundamento da política.

> Banida, portanto, a justiça, o que são os reinos senão grandes quadrilhas de ladrões? O que são as próprias quadrilhas de ladrões senão um pequeno reino? São também um bando de homens, regido pelo comando de um chefe, unido por um pacto de sociedade, com o roubo repartido pela lei do arbítrio. Se esse mal se avoluma com o ingresso de muitos homens perversos, a ponto de apossar-se de localidades, constituir sedes, ocupar cidades, subjugar povos (ou seja, dominando e apropriando-se indevidamente dos outros e da criação), mais evidentemente ganha o nome de reino, que abertamente lhe confere não a cobiça abandonada, mas a impunidade agregada. De fato, com elegância e veracidade respondeu a Alexandre Magno um pirata aprisionado, quando o rei perguntou que lhe parecia isso de manter o mar infestado, ao qual replicou com livre altivez: "o mesmo que parece a ti mantendo infestada a terra inteira, mas porque o faço com um pequeno navio, chamam-me ladrão, porque tu o fazes com uma grande frota, és chamado imperador"[7].

---

7 *"Remota itaque iustitia quid sunt regna nisi magna latrocinia? Quia et latrocinia quid sunt nisi parva regna? Manus et ipsa hominum est, imperio principis regitur, pacto societatis astringitur, placiti lege praeda dividitur. Hoc malum si in tantum perditorum hominum accessibus crescit, ut et loca teneat sedes constituat, civitates occupet populos subiuget, evidentius regni nomen assumit, quod ei iam in manifesto confert non adempta cupiditas, sed addita impunitas. Eleganter enim et veraciter Alexandro illi Magno quidam comprehensus pirata respondit. Nam cum idem rex hominem interrogaret, quid ei videretur, ut mare haberet infestum, ille libera contumacia: 'Quod tibi, inquit, ut orbem terrarum; sed quia <id> ego exiguo navigio facio, latro vocor; quia tu magna classe, imperator'."* AUGUSTINUS. *DCD*, IV, iv. A citação feita por Agostinho é de CICERO. *De re publica*, III, xiv, 24 (doravante *Rep.*). Tradução minha e de João Carlos Nogueira (no prelo, Col. Patrística, Paulus Editora).

Muito adiante, as concepções agostinianas de "justiça", "injustica", "cidade", "povo" e outras serão elucidadas. Por ora, para indicar a tensão constitutiva da concepção agostiniana de "política", notemos que ela não guarda apenas essa face realista, imoral, perversa e sinistra, como na citação acima e que atravessa preponderantemente os cinco primeiros livros de *A cidade de Deus*, porquanto a "política" também guarda uma outra face, positiva, que bem pode ser chamada de idealista. Com efeito, uma "política" não apartada da "moral" guarda obviamente positividade na obra de Agostinho e é a política desejável, a rigor, virtuosa e que também decorre da definição de "povo" fundamentada no "amor", que pode ser ordenado ou desordenado, virtuoso ou viciado, conforme seu fim.

Desse modo, a tensão entre realismo e idealismo políticos na obra agostiniana está presente implícita ou explicitamente no conjunto deste livro, porém será abordada mais diretamente nas últimas seções do capítulo VI e nas Considerações finais, também a partir de uma discussão controversa entre comentadores sobre se Agostinho é ou não teórico da forma de governo da teocracia. Em síntese, uma das passagens mais exemplares de um certo idealismo político agostiniano talvez esteja nos últimos capítulos d'*A cidade de Deus*, V, em que encontramos alguns "espelhos de príncipes" (conforme a tradição iniciada por Salústio e Sêneca), mais precisamente espelhos de imperadores cristãos[8].

---

[8] "Esse tipo de texto conheceu muitas formas literárias, podendo ser encontrado sob o gênero poético e prosaico e, dentro deste, sob a forma epistolar, narrativa, laudatória, discursiva etc. Os estudiosos costumam chamar de *espelhos de príncipes* a esse amplo conjunto de obras dirigidas aos governantes com o fito de conformá-los a um modelo previamente concebido. Esse nome, aliás, apareceu *a posteriori*, uma vez que foi empregado como título de uma obra apenas no século XII, quando Godofredo de Viterbo redigiu seu *Speculum regum* ["espelho dos reis"] em 1180-1183." MIATELLO, 2010, p. 156, grifos do autor. O próprio Miatello observa, porém, que a tradição de "espelhos de príncipes" nutriu-se dos retratos de governantes e imperadores exemplares que encontramos em Cícero (*De re publica*), Sêneca (*De clementia*), Eusébio de Cesareia (*Elogio de Constantino*), certamente todos de conhecimento de Agostinho quando apresenta em *DCD*, V, xxiv, seu modelo de imperador cristão.

Assim, vale conferir *A cidade de Deus*, V, xxi, em que Agostinho apresenta algumas virtudes que deveriam ser cultivadas por imperadores cristãos e que ele estima terem sido próprias de Constantino, o primeiro imperador cristão (aliás, bastante idealizado por Agostinho e outros padres da Igreja).

> Não dizemos que foram felizes alguns imperadores cristãos porque imperaram por longo tempo [...]. Ao contrário, dizemo-los felizes se imperam com justiça, se não se incham de orgulho entre as línguas dos que solenemente os cobrem de honras [...]. Felizes os dizemos se amam mais àquele reino onde não temem ter rivais; se são lentos em punir e prontos a perdoar; se impõem o castigo pela necessidade de reger e de defender a república não para saciar os ódios aos inimigos; se são indulgentes no perdão, não para a impunidade da injustiça, mas na esperança da correção; se, quando se veem muitas vezes obrigados a mandar com aspereza, compensam esse ato com a brandura da misericórdia e a abrangência dos benefícios. Felizes os dizemos se a sua luxúria é tanto mais contida quanto livre poderia ser; se preferem imperar sobre os seus desejos desordenadas a imperar sobre outras gentes; se fazem tudo isso não pelo ardor de glória vã, mas pelo amor à felicidade eterna; se finalmente não se descuidam de oferecer ao verdadeiro Deus o sacrifício da humildade, da compaixão e da oração pelos seus pecados. Dizemos que os imperadores cristãos assim são felizes agora pela esperança e o serão depois na realidade, quando se fizer presente o que esperamos."[9]

---

9 *"Neque enim nos Christianos quosdam imperatores ideo felices dicimus, quia vel diutius imperarunt [...]. Sed felices eos dicimus, si iuste imperant, si inter linguas sublimiter honorantium et obsequia nimis humiliter salutantium non extolluntur [...]; si Deum timent diligunt colunt; si plus amant illud regnum, ubi non timent habere consortes; si tardius vindicant, facile ignoscunt; si eamdem vindictam pro necessitate regendae tuendaeque rei publicae, non pro saturandis inimicitiarum odiis exserunt; si eamdem veniam non ad impunitatem iniquitatis, sed ad spem correctionis indulgent; si, quod aspere coguntur plerumque decernere, misericordiae lenitate et beneficiorum largitate compensant;*

Em suma, a partir dessas linhas de *A cidade de Deus*, V, xxi, é possível já indicar que a tensão ou ambivalência constitutiva das concepções de política e de história agostinianas oferece ocasião para ele realizar n'*A cidade de Deus* uma crítica severa dos milenares valores pagãos constitutivos da república e da história romanas. Mais precisamente, a crítica se confunde com uma clara demolição do projeto de dominação e poder da cidade terrena em geral, mas de uma maneira criativa, porque se trata de uma consideração da política que apresenta um novo projeto de humanidade, de sociedade, de moralidade, de racionalidade, que contemporaneamente podemos estimar como um novo projeto civilizatório em flagrante ruptura com a civilização greco-romana. A proposição é de uma nova política que não simplesmente reitere as práticas de poder e dominação romanas pagãs, que não só inverta os lugares das classes dominantes e dominadas[10], mas que transforme qualitativamente todas as relações sociais a partir de uma *reformatio* ou emenda da interioridade de cada um e da sociedade. Ou melhor, Agostinho em sua teoria política propõe uma nova política decorrente da confrontação entre a experiência histórica e um modelo de sociedade ideal (ou paradisíaca), de que depreende – a ver se deduz – ideias transcendentes que cumprem papel semelhante de ideias reguladoras. Assim, é possível derivar também uma concepção de "política"

---

*si luxuria tanto eis est castigatior, quanto posset esse liberior; si malunt cupiditatibus pravis quam quibuslibet gentibus imperare et si haec omnia faciunt non propter ardorem inanis gloriae, sed propter caritatem felicitatis aeternae; si pro suis peccatis humilitatis et miserationis et orationis sacrificium Deo suo vero immolare non neglegunt. Tales christianos imperatores dicimus esse felices interim spe, postea re ipsa futuros, cum id quod exspectamus advenerit.*" AUGUSTINUS. *DCD*, V, xxiv. Tradução minha e de João Carlos Nogueira (no prelo, Col. Patrística, Paulus Editora).

[10] Neste livro, não enfrentarei em primeiro plano o problema mais historiográfico e biográfico do que filosófico a respeito de Agostinho em sua prática política haver recorrido a instrumentos imperiais de coerção e disciplina e, assim, ter possivelmente instrumentalizado a política (interpretação, por exemplo, de Peter Brown com a qual não guardo acordo), embora eu realize algumas especulações a respeito novamente nas últimas seções do capítulo VI, nas Considerações finais e no Apêndice IV ("Nota sobre teoria e prática políticas de Agostinho").

consideravelmente inaugural em relação ao modelo imperialista romano pagão, ou melhor, uma política caritativa que nunca poderia decorrer exclusivamente do interior do próprio paganismo ou fundamentos da cidade terrena. Eis por que proponho que haja em Agostinho um Platonismo da Facticidade, em que a inadequação, diferença e contradição real entre o ideal e o *factum* são irredutíveis.

## ESTRUTURA DE CAPÍTULOS

Para desenvolver todos esses problemas e primordialmente investigar o fundamento voluntarista da política e da história em *A cidade de Deus*, no capítulo I examinarei linha por linha o prólogo ou o exórdio da obra, que a apresenta simultaneamente como uma obra épica e como um tratado, bem como já antecipa sinteticamente concepção de política e de história ambivalente que será desenvolvida ao longo do conjunto d'*A cidade de Deus*. No capítulo II, intitulado "Sobre o fundamento naturalista da política em *De re publica*, de Cícero", investigarei o sentido e a articulação das condições (*iuris consensus* e *utilitatis communio*) sem as quais um conjunto de inumeráveis homens (ou *multitudo*) não alcança estatuto de *populus*, nem constitui *res publica*. Para Cícero, a ruína da república repousa em corrupção a um só tempo política e moral, na medida em que a cisão do "consentimento jurídico" e/ou da "utilidade comum" significa inadequação entre o homem e a natureza ou entre o homem e a razão ou ainda entre o homem e a justiça, sem cujo cumprimento não há observância do *ius naturale* e do *ius civitatis*.

Em Agostinho, porém, a destruição ou ruína de uma república não repousa em corrupção moral, nem na inadequação entre o homem e a natureza ou entre o homem e a razão. Se assim fosse, a cidade terrena não seria cidade ou república, nem seus cidadãos – soberbos, escravos da própria libido de dominação, condenados à contradição consigo mesmos – constituiriam povo. Por isso, a partir do capítulo III, intitulado "Essência e existência humanas em Agostinho", iniciarei a investigação do conjunto de livros d'*A cidade de Deus* que tratam do exórdio de ambas as cidades, a saber, os livros de XI a XIV[11], nos quais encontraremos as condições voluntaristas fundantes da política e da história, que em síntese guardam positividade ou negatividade conforme dinâmica de adequação ou inadequação com a natureza, a razão e a moral. Para já esclarecer, o exórdio de ambas as cidades é início a rigor da cidade terrena, mas não da cidade celeste por inteira, que não existe só na história. Por isso, o exórdio da cidade divina na história é início apenas do regime de existência menos privilegiado dela, que existe plenamente na eternidade. Ela, porém, guarda existência histórica como caminho de resgate da identidade perdida, conforme o primeiro período do prólogo. Assim, se a identidade humana tivesse sido preservada, não haveria razão de existência histórica e em regime de peregrinação da cidade celeste. Por isso, será preciso elucidar no capítulo III qual é a identidade ou natureza humana perdida, bem como quais são os traços de uma existência destituída de essência, o que exigirá análise de passagens centrais dos livros XI, XII e XIII acerca da natureza de Deus, da natureza do homem e em que consistiu sua depravação com o pecado e a queda.

Em consequência, no capítulo IV (central para o conjunto deste livro) intitulado "Vontade e contravontade: pecado, paixões, libido e gozo", tratarei ainda da condição pecaminosa comum a todos os homens, para investigar com mais precisão os modos de vida que orientam os cidadãos de cada uma das cidades em direção à identidade ou à contradição. Os modos de vida são (i) a vida segundo o espírito e (ii) a vida segundo a carne, os quais também são apresentados, respectivamente, como (i) vida segundo Deus ou a verdade e (ii) vida segundo o homem ou a mentira. Tanto cada ser humano, quanto a cidade inteira, orientam-se para um dos dois grupos de fins (espírito, Deus e verdade *ou* carne, homem e mentira), o que significa possuir ter todas as paixões ou afetos

[11] *"Duodecim ergo librorum sequentium primi quattuor continent exortum duarum civitatum, quarum est una Dei, altera huius mundi; secundi quattuor excursum earum sive procursum; tertii vero, qui et postremi, debitos fines."*. AUGUSTINUS. *Retractationum*, II, xliii, 2. Cf. Id. *Epistola* 212/A.

(diga-se, modalidades da vontade) direcionadas a um dos dois grupos de fins últimos. Desse modo, investigar o exórdio proporciona ocasião privilegiada para demarcar os traços interiores e anímicos constitutivos de ambas as cidades na história.

Melhor dizendo, um dos principais temas do livro XIV é o exame das paixões ou emoções do homem, que podem ser direcionadas para o soberano bem ou para o soberano mal. Entre as paixões, encontra-se a libido, uma modalidade de desejo que sob a forma de "libido de dominação" é o conceito que define a cidade terrena. A discussão sobre as paixões é estratégica para Agostinho, porque é oportunidade de refutação do ideal estoico de *autarkéia*, em continuidade à crítica da pretensão de autossuficiência de Adão. A argumentação de Agostinho procura explicitar que os estoicos, ao suporem alcançar estado de *apatheia* e de perfeição, reeditam a falta de Adão. Como em geral Agostinho aponta em seus adversários, eles não realizam o que projetam e, ademais, realizam o contrário do que projetam. Ao suporem alcançar orgulhosamente a perfeição por si mesmos numa condição em que a natureza humana está fraturada, recaem em contradição e vivem segundo a mentira. Afinal, supõem ser aquilo que não são e que não podem ser, a ponto de sequer terem ciência da mentira em que incorrem e que se tornam.

A partir disso, o livro XIV confere especial atenção para a origem das paixões viciadas, com grande destaque para a libido em seu sentido sexual originário. Examinarei também, então, a teoria da sexualidade agostiniana elaborada a partir da exegese do relato bíblico da primeira manifestação *exterior* no homem, pela excitação dos órgãos genitais, da cisão da vontade, *interior*, que teria sido causa da vergonha da nudez nos primeiros homens. Nesse momento, terei ocasião também para sugerir por que uma teoria da sexualidade é desenvolvida no contexto de investigação das fundações da história e da política.

Por fim, no capítulo V, intitulado "Teleologia, moral e política n'*A cidade de Deus*, XIX", examinarei o conjunto de capítulos do livro XIX d'*A cidade de Deus*, para melhor compreender o contexto argumentativo em que se inserem os capítulos xxi a xxiv, em que Agostinho apresenta as definições ciceronianas de "república" e de "povo", para nelas apontar imprecisão e apresentar uma nova definição de "povo", cujo fundamento é certa noção de "vontade". Nessa definição, a desnaturalização e a ambivalência da política agostinianas encontram na obra sua expressão de melhor acabamento, de forma que comporta a positividade e a negatividade de ambas as cidades. Por isso, o centro e a referência do capítulo V e de certo modo de todo o livro é a análise dos capítulos xxi a xxiv, nos quais avaliarei também em que medida decorre da política voluntarista de Agostinho sua realização histórica por meio de uma forma de governo com traços teocráticos, isto é, por meio da mobilização de instituições imperiais de "correção" e "disciplina", conforme pretende vultosa tradição de comentadores. Ao fim e ao cabo, proporei que há uma teoria política e da história agostiniana desnaturalizada e voluntarista, que talvez tenha mais a dizer para nós, herdeiros da morte do sujeito histórico, do que às sociedades medievais e modernas em que a Igreja ocupava esse lugar, o que, se procede, é uma consistente razão a mais para reconsiderarmos também a tese ficcional e datada de um "agostinismo político", celebrizada por Arquillière e discretamente endossada por Gilson.

## QUESTÕES DE MÉTODO

Este livro é resultado de uma síntese de minha dissertação de mestrado[12], tese de doutorado[13], pesquisa de pós-doutorado[14]

---

[12] Cf. SILVA FILHO, L. M. da. *A definição de populus n'*A cidade de Deus *de Agostinho*: uma controvérsia com *Da república* de Cícero. Dissertação de Mestrado em Filosofia. São Paulo. USP. 2008. Disponível em http://www.teses.usp.br/teses/disponiveis/8/8133/tde-02122008-171150/pt-br.php (Acesso em 23/02/2022).

[13] Cf. SILVA FILHO, L. M. da. *Desnaturalização da política n'*A cidade de Deus*, de Agostinho.* Tese de Doutorado em Filosofia, São Paulo, USP, 2012. Disponível em http://www.teses.usp.br/teses/disponiveis/8/8133/tde-11032013-125734/pt-br.php (Acesso em 23/02/2022).

[14] Cf. SILVA FILHO, L. M. da. "Ontologia, linguagem e história em Agostinho: contradição e sexualidade n'A cidade de Deus". *Dissertatio*, volume suplementar

e investigações realizadas para a preparação de aulas ministradas em disciplinas de História da Filosofia Medieval, em níveis de graduação e pós-graduação[15]. Como tal, expressa um processo obviamente inacabado de amadurecimento intelectual no trato com a Filosofia e sua História, o que apresento como oportunidade para esclarecer que este livro guarda limites enquanto expressão do trabalho de pesquisa que tenho desenvolvido a partir de 2020, sobretudo a respeito de Tomás de Aquino[16] (que interessada e inelutavelmente abordo com atenção ao seu "Agostinho aristotelizado") e a respeito do lugar incontornável de Agostinho no interior de uma crítica dos fundamentos teológico-confessionais do sujeito, da subjetividade e da psicanálise[17]. Mais precisamente, este livro é síntese e expressão de pesquisa desenvolvida entre 2002 e 2019 (quando iniciei minha iniciação científica na USP sobre *Confissões*, VII, sob orientação de Moacyr Novaes, e quando finalizei meu pós-doutorado na UFSCar sobre *A cidade de Deus*, XIV, sob supervisão de Carlos Eduardo de Oliveira), com forma, conteúdo e metodologias amadurecidas nesse período de formação, mas que acredito terem sofrido considerável inflexão a partir de 2020, quando adquiri maior clareza de que minha experiência intelectual havia me conduzido para um projeto de ontologia histórica

---

10, 2020, p. 243-270. Disponível em: https://periodicos.ufpel.edu.br/ojs2/index.php/dissertatio/article/view/20221 (Acesso em 23/02/2022).

[15] Na Universidade Federal de Lavras (UFLA), entre 2011 e 2016; na Universidade Federal de São Carlos (UFSCar), entre 2017 e 2018; na Pontifícia Universidade Católica de São Paulo (PUC-SP), de 2018 até o presente.

[16] Cf. SILVA FILHO, L. M. da. "Fundamento do universal no singular em Tomás de Aquino: natureza comum, similitude e/ou ideia?". *Doispontos:*, v.18, n. 1, 2021, p.144-169. Disponível em: https://revistas.ufpr.br/doispontos/article/download/78974/43915 (Acesso em 13/02/2022); ____. "Intelecções divina e humana em Tomás de Aquino (com notas sobre Agostinho e Kant)". In: RODRIGUES, Cassiano Terra; SILVA FILHO, L. M. da. (Org.). *Liber Amicorum em homenagem a Carlos Arthur Ribeiro do Nascimento* (título provisório). Fundação Fausto Castilho (No prelo).

[17] Cf. SILVA FILHO, L. M. da. "A recepção de Agostinho em 'As confissões da carne', de Foucault". *Discurso*, 51 (2), 2021, p. 91-112. DOI: https://doi.org/10.11606/issn.2318-8863.discurso.2021.193763.

e crítica da cultura, que, não obstante, guarda ainda filosofias antigas e medievais como centro e referência[18]. Manifesto tudo isso não como pretexto de escusa – pois obviamente sustento e defendo cada linha deste livro e o estimo como uma contribuição original para o debate sobre o lugar seminal de Agostinho na história da filosofia política –, mas sim como ocasião para convidar o leitor e a leitora a conferir de certo modo o desdobramento desta obra de síntese em trabalhos meus posteriores.

A ressalva acima é importante também porque este livro é resultado de diferentes experimentações metodológicas de leitura e análise de textos filosóficos e documentos. Por exemplo, em meu trabalho de mestrado, embora eu tenha dedicado algumas passagens à História das Ideias a partir de obras de historiadores como Marrou e Markus, o que realizei foi primordialmente uma análise interna de obras de Cícero e Agostinho, com destaque aos livros I e II *Da república* e ao livro XIX d'*A cidade de Deus*, examinados a partir da reconstrução teórica dos argumentos, procurando explicitar um sentido imanente ao texto. No entanto, ensaiava também lá uma abordagem comparatista a partir do cotejo entre continuidades e descontinuidades nas duas obras, reeditada aqui novamente. Já no doutorado e principalmente em trabalhos posteriores, procurei tomar certa distância de algumas limitações de um método de leitura interna[19], em proveito da

---

[18] Cf. SILVA FILHO, L. M. da. "Apresentação das *Fundações de neuroses, delírios e perversões*" (no prelo). Publicado na seção "Decolonização e Psicanálise", n. 23, do site da n-1 edições: https://www.n-1edicoes.org/apresentacao-das-fundacoes-de-neuroses-delirios-e-perversoes? (Acesso em 04/05/2022).

[19] Para logo esclarecer, sob influência maior de Victor Goldschmidt do que de Martial Guéroult, pois embora a recepção brasileira do chamado método estrutural de leitura de textos filosóficas em geral negligencie que o estruturalismo de um e de outro guardem consideráveis incomensurabilidades (com exceção de Paulo Arantes), para quem, como eu, mobiliza o método estrutural exclusivamente como expediente metodológico, pedagógico e por vezes inicialmente provisório de interpretação de textos, é cogente não confundir a concepção de "estrutura" de um e de outro, que para Guéroult é uma realidade ou sistema ou doutrina que conquista autonomia na história, mas é produzida por uma inteligência livre criadora ou produtora (encarnada no Filósofo) cuja fundamentação

atenção à cultura material do autor, aos acontecimentos sociais, políticos, econômicos, bem como em proveito da atenção ao devir e recepção de sua filosofia, sob influência maior do contextualismo de Cambridge[20] e de certas teorias da recepção e do efeito[21]. Assumo, assim, que toda obra é contemporânea ao seu leitor, não ao seu autor, exceto em seu momento de composição e época em

---

repousa num "idealismo radical" ou "absoluto": "[...] se a especulação que se desdobra ao infinito na história é o lugar da realização da liberdade sob a forma mais elevada de liberdade criadora da inteligência, a crença na realidade das Ideias, de que essa livre inteligência é o órgão criador, deve supor, para que apareçam as condições que a tornam possível, um ato de liberdade." GUÉROULT, M. *Dianoématique*. Livre II: *Philosophie de l´histoire de la philosophie*, p. 71. Cf. ainda GUÉROULT, M. "Lógica, arquitetônica e estruturas constitutivas dos sistemas filosóficos"; GOLDSCHMIDT, V. "Tempo Histórico e Tempo Lógico na Interpretação dos Sistemas Filosóficos"; GOLDSCHMIDT, V. "Prefácio da segunda edição". In: ____. *Os diálogos de Platão:* Estrutura e método dialético; GOLDSCHMIDT, V. "Remarques sur la Méthode Structurale em Histoire de la Philosophie". Sobre a recepção brasileira que reiteradamente ao longo das gerações confundiu ambos os estruturalismos a ponto de cunhar a expressão "método estrutural guéroult-goldschmidtiano" (com exceção de Paulo Arantes), cf. ARANTES, Paulo E. *Um departamento francês de ultramar*, p. 111-134; PRADO JÚNIOR, B. "As filosofias da Maria Antônia (1956-1959) na memória de um ex-aluno"; PRADO JÚNIOR, B. "Leitura e interrogação: uma aula de 1966"; PORCHAT PEREIRA, O. "O conflito das filosofias"; MOURA, C. A. R. "História *Stultitiae* e História *Sapientiae*"; GIANNOTTI, J. A. "Dentre os guardados"; FLECK, A. de O. "Mal-estar na filosofia nacional. Leitura estrutural: impasse e críticas".

[20] Aprecio principalmente o potencial plurimetodológico do contextualismo, na medida em que, por exemplo, conhecer o contexto concede retorno à internalidade de textos e documentos com mais notícias do que se passa e não se passa lá: "Estudar o contexto de qualquer grande obra de filosofia política não significa apenas adquirir uma informação adicional sobre sua etiologia; também implica dotar-nos [...] com um meio de alcançar maior visão interna do que seu autor queria dizer, maior certamente do que jamais poderíamos esperar obter se nos limitássemos a ler o texto 'vezes e vezes sem conta', como propuseram os expoentes do procedimento 'textualista'." SKINNER, Q. *As fundações do pensamento político moderno*, p. 13. Cf. também SKINNER, Q. *Visions of Politics*: Regarding Method. Vol. I, sobretudo o capítulo "Meaning and Understanding in the History of Ideas"; POCOCK, J. G. A. "O conceito de linguagem e o *métier d'historien*". In: ____. *Linguagens do Ideário Político*, p. 63-82.

[21] Cf. JAUSS, H. R. "A estética da recepção: colocações gerais". In: LIMA, L. C. *A literatura e o leitor*: textos de estéticas da recepção, p. 43-61.

que veio à luz. Com isso, não pretendo advogar em favor de anacronismos, de projeções de ideias e conceitos estranhos às obras da tradição, porém em favor de dizer que a história condiciona não só as condições de possibilidades em que a obra veio a lume, mas também as condições de possibilidades de sua recepção, legibilidade e devir na tradição.

Melhor dizendo, a recepção no século V d'*A cidade de Deus*, de Agostinho, é muito distinta da recepção, por exemplo, no século XVI ou no século XX. Por certo, antes da Modernidade não havia condições de possibilidades históricas para a sua leitura como um tratado sobre a desnaturalização e a autonomia da política, com algumas surpreendentes continuidades com o pensamento maquiaveliano e vertentes de realismos políticos modernos, como procurarei defender que haja, assim como não havia possibilidade de uma problematização sobre a dissolução do campo político e da esfera pública em favor de uma esfera social (em que há confusão e indistinção entre traços das esferas privada e pública), conforme Hannah Arendt desenvolve em 1929 em seu doutoramento e em sua obra política posterior, com que dialogarei a seguir, muito menos havia a possibilidade de uma leitura hermenêutica existencial como a de Heidegger, para citar só alguns exemplos, que poderiam ser acrescidos ainda pelas várias recepções fenomenológicas, psicanalíticas, antropológicas e muitas outras de Agostinho.

Por consequência, toda exegese é datada, reclama e pressupõe o histórico, pois nenhuma exegese é capaz de suspender efetivamente a história, ainda que algumas leituras rigidamente estruturalistas ou formalistas guardem a pretensão, chegando à controversa suposição de apreensão da "intenção do autor". Ora, todo leitor está situado na história e lê uma obra, um documento, uma fonte, a partir de seu tempo, de suas lentes históricas, a partir da erudição e da cultura material a que teve acesso, em sua época, em sua trajetória intelectual, nas instituições em que se encontra, a partir destes ou daqueles manuscritos, destes ou daqueles estabelecimentos de textos. No tocante à Filosofia, por conseguinte, é bem possível e razoável admitir que o pesquisador de História da Filosofia Antiga ou Medieval realiza Teoria ou Filosofia da História da Filosofia Antiga ou Medieval. Assim, qualquer estudioso de Filosofia, seja qual for a disciplina ou período de sua história que investigue, realiza direta ou indiretamente Filosofia Contemporânea, alguns de maneira mais extravagante e aberta, como um Foucault de forma brilhante faz a partir da Antiguidade e da Patrística, ou, mais uma vez, Hannah Arendt e Heidegger, já outros de maneira mais discreta, como Étienne Gilson ou Alain de Libera, cujas obras só para muitos desatensiosos são exclusivamente de História da Filosofia Medieval, porquanto nelas tomam parte em problemas da ordem do dia da Filosofia Contemporânea, como a crise do humanismo, da ontologia, do sujeito etc.

No caso deste livro, anuncio desde logo que pensarei alguns problemas filosóficos de um modo que talvez Agostinho mesmo não os tenha pensado e os quais podem oferecer desdobramentos criativos e consistentes sendo iluminados não só por filosofias e ideias posteriores ao bispo de Hipona, mas também por ideias a ele anteriores e que, num ou noutro caso, não constituíram sua cultura material. Não à toa, os autores de minha bibliografia secundária de maior influência são, relativamente nesta ordem, Hannah Arendt, Michel Senellart, Peter Brown, Henri-Irénée Marrou, Robert Markus, Skinner, Foucault, pensadores cujas obras ultrapassam a História da Filosofia e a Filosofia Política em proveito da História das Ideias ou das Mentalidades, da Ciência Política, da crítica da cultura, de teorias da recepção e dos efeitos etc..

Sobre isso, contudo, preciso fazer uma nota de ressalva. Por óbvio, não dispensarei a necessária pesquisa sobre a cultura material de Agostinho e principalmente não dispensarei a vagarosa leitura e análise imanente de suas obras, com reconstrução teórica de suas teses e argumentos com a condição incontornável de explicitar ao leitor lastro direto ou indireto das interpretações oferecidas aqui na letra do texto. Por consequência, um ponto de partida para as reflexões ulteriores também é a assunção crítica de que em comentários filosóficos e em qualquer leitura de documentos históricos inelutavelmente o comentador ou historiador faz "reconstrução", nunca "apresentação" direta de uma forma e conteúdo que poderiam ser apreendidos em si mesmos[22]. Portanto, essas palavras iniciais de método são motivadas também por uma regra de ouro de Hannah Arendt livremente reapropriada, ou melhor, são motivadas pela confiança de que esclarecemos o debate filosófico quando ensaiamos elucidar a nós mesmos e interlocutores "o que estamos fazendo" quando fazemos comentários e filosofia.

---

[22] Embora sem partilhar do naturalismo de Panaccio, o sentido de "reconstrução" que emprego aqui e em função do qual declino da feitura de uma "narração" ou "*récit*" é em grande medida o desenvolvido em: PANACCIO, C. "De la reconstruction en histoire de la philosophie"; PANACCIO, C. *Récit et reconstrution*: les fondements de la méthode em histoire de la philosophie.

# I.
# AMBIVALÊNCIA E DESNATURALIZAÇÃO DA POLÍTICA NO PRÓLOGO D'*A CIDADE DE DEUS*[23]

> *A gloriosíssima cidade de Deus, tanto aqui no curso dos tempos, [...] como lá na constância da morada eterna, [...] é a cidade que eu tomei a peito defender.*
>
> *[...] a cidade terrena, quando deseja dominar, embora povos lhe sejam servis, a própria libido de dominação a domina.*

Neste livro, todo o problema de uma filosofia política em Agostinho desdobra-se de uma leitura do prólogo d'*A cidade de Deus*, no qual a desnaturalização e a ambivalência da política são tematizadas e apresentadas como problema maior de investigação dos vinte e dois livros da obra, mas situadas de forma privilegiada no livro dezenove, o clímax da obra, por assim dizer, conforme nosso viés interpretativo.

No prólogo d'*A cidade de Deus*[24], Agostinho explicita que a concepção de política sobre a qual toda a obra versará é ambivalente

---

[23] Uma versão singelamente menos desenvolvida deste capítulo, seguida dos apêndices I e II com uma outra tradução e diagrama sintático-estilísitico do prólogo d'*A cidade de Deus*, foi publicada em: SILVA FILHO, L. M. DA. "Ambivalência da política no prólogo d'*A cidade de Deus*, de Agostinho". *Cadernos de Ética e Filosofia Política*, n. 31, v. 2, 2017, p. 49-62. DOI: https://doi.org/10.11606/issn.1517-0128.v2i31p49-62

[24] Cf. "Apêndice I: Ensaio de tradução do prólogo d'*A cidade de Deus*", em que proponho uma tradução literária e conceitualmente um pouco diferente da presente aqui no Capítulo I.

e destituída de fundamento necessariamente naturalista e racional, pois a política adquire positividade ou negatividade coforme a identidade ou a contradição de uma *civitas* ou *res publica* consigo mesma. Mais precisamente, a cidade celeste conquista progressivamente identidade na medida em que na história há processo coerente dela em direção a seu modo de ser por excelência, na eternidade, já a cidade terrena existe na história em contradição e conflito, ao tornar-se escrava da própria libido de dominação, de maneira que sua história é de progressiva perda de ser. Sobre esse vocabulário ontológico essencialista e existencial que mobilizo, tratarei com mais vagar no Capítulo III, intitulado "Essência e existência humanas em Agostinho"[25]. Por ora, minha análise procurará mostrar que o prólogo apresenta e problematiza os traços de identidade e de contradição constituintes de cada cidade segundo uma estrutura sintático-estilística conceitualmente orientada. Eis o primeiro período do prólogo.

> A gloriosíssima cidade de Deus, tanto aqui no curso dos tempos, enquanto jornadeia vívida de fé ladeada por infiéis, como lá na constância da morada eterna, que hoje aguarda com paciência, "até que a justiça se converta em juízo", mas amanhã alcançará com excelência na vitória final e paz perpétua, é a gloriosíssima cidade que eu, na feitura deste tratado, dívida de promessa que te fiz, caríssimo filho Marcelino, tomei a peito defender contra aqueles que preferem seus deuses ao Fundador dela: obra monumental e dificultosa, mas "Deus é nosso favorecedor".[26]

---

[25] Especialmente nas seções "Sobre a Trindade ou fundamento de Ser, Verdade e Bem"; "A natureza humana como imagem e semelhança da Trindade"; "Sobre a essência e a existência".

[26] *"Gloriosissimam civitatem dei sive in hoc temporum cursu, cum inter impios peregrinatur ex fide vivens, sive in illa stabilitate sedis aeternae, quam nunc exspectat per patientiam,* quoadusque iustitia convertatur in iudicium, *deinceps adeptura per excellentiam victoria ultima et pace perfecta, hoc opere instituto et mea ad te promissione debito defendere adversus eos, qui conditori eius deos suos praeferunt, fili carissime Marcelline, suscepi, magnum opus et arduum, sed* Deus adiutor noster est.". AUGUSTINUS. *DCD*, praefatio.

Na passagem, encontram-se traços de identidade da cidade celeste consigo mesma em dois registros, um na história, outro na eternidade. Os dois registros em que a identidade da "gloriosíssima cidade" (não sem razão apresentada em superlativo absoluto) é apresentada são construídos por meio de duas expressões coordenadas, às quais orações se subordinam com o propósito de explicitar traços da cidade celeste em uma e na outra modalidade de existência. Tais observações sobre a estrutura sintático-estilística não são acessórias, pois revelam que Agostinho abre *A cidade de Deus* em continuidade e ruptura com a épica clássica, com "o procedimento homérico, imitado por Vergílio e por tantos outros"[27]. De fato, *A cidade de Deus*, como a *Eneida*, enuncia a matéria elevada que será cantada ("*gloriosissimam civitatem dei*"; "*arma virumque cano*"), aquela sob a inspiração de Deus, esta, sob a das musas, logo nas primeiras palavras, em acusativo (objeto direto). O empreendimento agostiniano, todavia, não se confunde com o da épica antiga, pois logo após "salientar o que é essencial, ele prontamente interrompe a unidade e a claridade do período"[28]. Ora, entre "*gloriosissimam civitatem dei*"[29] e o esclarecimento do sujeito, que é Agostinho mesmo, escrevendo em primeira pessoa e somente descoberto pelo verbo "*suscepi*" ("tomei a peito",

---

[27] MOHRMANN, C. "Saint Augustin écrivain". In: ___. *Études sur le latin des Chrétiens, Tome II – Latin chrétien et médiéval*, p. 256.

[28] MOHRMANN, C. "Saint Augustin écrivain", p. 256.

[29] O superlativo *gloriosissimus* apresenta 14 reincidências ao longo da obra, sempre em referência à cidade de Deus (9) ou a cidadãos mártires (5). Trata-se de exigência do salmo 87 [86], 3, que diz "coisas gloriosas/gloriosíssimas são ditas de ti, cidade de Deus". Em seu comentário a esse salmo, proferido em 412, um ano antes do início da redação d'*A cidade de Deus*, Agostinho esclarece que a cidade referenciada pelo salmista é *gloriosíssima* porque universal e eterna, porque não se confunde com a Jerusalém terrena, que pereceu historicamente e era restrita a um único povo, os judeus. Em *Enarrationes in Psalmos* 86, 6, Agostinho cita pela primeira vez o versículo bíblico com o adjetivo *gloriosa* e termina citando o mesmo versículo com o superlativo *gloriosissima*. Em *De civitate dei*, X, vii, 7, a citação do salmo é realizada apenas no superlativo: *Gloriosissima dicta sunt de te, civitas dei*. Cf. COOPER, R. H.; FERRARI, L. C. *Concordantia in XXII libros* De ciuitate Dei *S. Aurelii Augustini*. Hildesheim: Olms-Weidmann, 1999, p. 1177-8.

"encarreguei-me", "empreendi"), encadeiam-se duas expressões coordenadas, sete orações subordinadas, entre as quais duas reduzidas, uma de particípio e a outra de infinitivo, além de apostos e um vocativo[30], explicitando-se tantos elementos problemáticos da investigação sobre a gloriosíssima cidade divina, que a clareza do tema das primeiras palavras é completamente turvada[31].

Afinal, a *civitas* sobre a qual a obra versará guarda fundamento a-histórico, embora exista também na história. As duas expressões coordenadas que discernem os dois modos de existência, o do tempo e o da eternidade, são articuladas pela conjunção *sive*, em "*sive* [...] *sive*", cuja melhor tradução parece ser "tanto [...] como"[32] por preservar o sentido de adição, não de oposição ou exclusão, e a diferença qualitativa entre os dois modos de realidade, que seria diluída se traduzíssemos por "tanto [...] quanto". Aliás, é comum a interpretação imprecisa de que a cidade celeste existe exclusivamente na eternidade e no tempo histórico só a terrena, de modo que na história ambas não estariam entretecidas (*permixtae*)[33]. Dessa forma, "a gloriosíssima cidade de Deus" existe "**tanto** neste curso dos tempos [...], **como** naquela estabilidade da morada eterna".

---

30 Cf. "Apêndice 2: Ensaio de diagrama sintático-estilístico (AUGUSTINUS. *De civitate Dei*, praefatio)".

31 "A oração principal é entrecortada bruscamente para salientar um pensamento que preocupa o autor e que lhe parece essencial. Nada permanece do período bem construído e bem equilibrado. As frases incômodas e retorcidas mergulha-nos repentinamente nos problemas angustiantes que Agostinho vai discutir. Nesse Prólogo, Agostinho segue a regra da arte antiga que quer formular na primeira frase de uma obra o essencial de seu conteúdo. Ele o faz, porém, de uma maneira pouco tradicional, em suas frases incômodas que, por seus embaraços calculados, deixam-nos já entrever a imensidão dos problemas que o autor ousa penetrar. E essas primeiras frases são bem características do estilo de todos os livros *De civitate Dei*. A imensidão e a inescrutabilidade dos problemas tratados se refletem no aspecto atormentado do estilo com que o autor voluntariamente renunciou a toda facilidade elegante". MOHRMANN, C. "Saint Augustin écrivain", p. 257.

32 "[...] *sive... sive* tem aqui, segundo uso frequente no latim tardio, o sentido de 'tanto... quanto/como' e não: 'seja... seja' (de Labriolle)". MOHRMANN, C. "Saint Augustin écrivain", p. 256[25].

33 "[...] *permixtae sunt ambae civitates*". AUGUSTINUS. *DCD*, XIX, xxvi.

Assim, "no curso dos tempos", ela (1) peregrina em meio aos ímpios e (2) é vivificada pela fé. Já "na estabilidade da morada eterna", é possível dizer indiretamente quais características a cidade divina guarda, porque Agostinho continua anunciando traços da peregrinação histórica, mas apontando agora para o fim da história. Desse modo, pode-se dizer o que a cidade padece na história e o que espera deixar de padecer na eternidade. Mais precisamente, a cidade (1) espera a morada eterna "com paciência", (2) "até que a justiça se converta em juízo" e (3) alcançará essa morada "pela excelência na vitória final e paz perfeita"[34].

Todas essas características da cidade celeste são complementares, pois a peregrinação "entre os ímpios" é impulsionada, vivificada, pela fé no horizonte a-histórico em que a cidade acredita existir em plenitude e alcançar progressivamente[35]. Antes disso, a cidade não está livre de perseguições e sofrimentos, em relação aos quais guarda paciência até o fim da história, isto é, até o Juízo Final, quando a justiça se tornará efetiva por meio do discernimento entre cristãos e ímpios, que não mais se encontrarão lado a lado como na história. Assim, na eternidade, a cidade divina não mais precisará suportar mal ou sofrimento algum, de forma que a provisória virtude da paciência, exclusiva para a condição de exílio, não mais terá razão de existir em uma realidade em que a *civitas* haverá alcançado seu modo de existência por excelência, de plena realização de sua essência ou identidade, com "vitória final e paz perfeita", porque não haverá nada contra que combater, nem a que resistir.

---

[34] AUGUSTINUS. *DCD*, praefatio.

[35] Sobre a controversa discussão sobre o conceito de "progresso", "teologia da história" e/ou "filosofia da história" em Agostinho, cf. *infra* "Apêndice IV: Nota sobre ocorrências e significados de *saeculum* em Agostinho"; ARQUILLIÈRE, 1933; MARROU, 1950 e 1954; GILSON; 1952, p. 37-74; ARCHAMBAULT, 1966, p. 193-228; BROWN, 2006, p. 373-411; CHAX-RUY, 1965; MARKUS, 1970; GÜNTHER, 1996; WETZEL, 1992; HARTOG, 2001, DYSON, 2001 e 2005; Weithman (2001).ADORNO, 1992, p. 217-36; HORN, 2008, p. 201-229; LIGOTA, 1997, p. 111-71; MOMMSEN, 1951, p. 346-74; PULSIANO, 1995, p. 241-252.

Na continuidade do prólogo, Agostinho diz que é essa a cidade que ele tomou a peito "defender contra aqueles que preferem seus deuses ao Fundador dela". A referência é aos já mencionados ímpios, de forma que a posição de Agostinho é a de cidadão da cidade divina que fiel e pacientemente combate aqueles que, ao negar o verdadeiro fundamento, precipitam-se no histórico. A tarefa é anunciada "grande e árdua", por meio de uma apropriação cristã do *magnum opus omnino et arduum* do *Orator*, 33, de Cícero (que já havia ocorrido antes em *De doctrina christiana*, I, 1, com *onus* no lugar de *opus*), mas diferentemente da obra ciceroniana que poderia ser empreendida por aquele que ama autarquicamente, Agostinho de imediato reclama a iniciativa de Deus e destaca certa passividade humana, porque se trata de defender dos ímpios uma realidade transcendente, embora temporariamente presente, que por si só manifesta que o *opus* é *magnum et arduum* em função de sua matéria elevada requerer exegese de um mistério revelado.

A defesa exegética da gloriosíssima cidade, porém, não se dá em função de qualquer ameaça que os ímpios possam representar a ela. Afinal, a cidade cujo fundador é o próprio absoluto é inabalável e nunca poderia ser assaltada por aqueles que supõem impulsionar-se a partir de falso e relativo fundamento, a saber, os deuses pagãos. Por que, então, empreender obra monumental como *A cidade de Deus* contra os pagãos? Nos limites do que o prólogo manifesta, em primeiro lugar para elucidar por meio de exegese bíblica e reflexão filosófica a realidade em que os cristãos guardam fé e antecipam na imanência, transformando a si mesmos e o século qualitativamente, impulsionando a inteligência e o amor de uma realidade invisível ou parcialmente visível, que embora não possa ser comportada com sua "vitória final e paz perfeita" pelo tempo histórico, pode, não obstante, reorientar profundamente especulações e práticas na imanência tornando-se presente em regime de peregrinação. Além do mais, por ação caritativa aos pagãos, que se não ameaçam a excelsa cidade, são ameaça para si mesmos ao pretender usurpar a grandeza divina com tal soberba, com a qual não enxergam a vulnerabilidade de seus projetos e de seus deuses, a mentira que erroneamente tomam como verdade, o caminho e o horizonte de contradição, de conflito e de precipitação pelo qual e ao qual são conduzidos. Desse modo, ao escrever contra os pagãos, Agostinho orienta sua retórica e argumentação não só à simples refutação, mas ao esclarecimento da verdade por meio do descobrimento de camadas de inconsistências em teorias, práticas, costumes e tradições que cultivam uma "vida segundo a mentira", conforme sua caracterização no livro XIV d'*A cidade de Deus*. Aliás, essa orientação à razão parece ser uma média em todas as polêmicas em que Agostinho se engajou (contra maniqueus, donatistas, pelagianos, arianos...).

Em síntese, para retomar, o empreendimento de defender dos pagãos a gloriosíssima cidade cumprirá a estratégia de elucidar em vários planos a identidade e a contradição a que se encaminham, respectivamente, a cidade de Deus e os pagãos. A continuidade do prólogo trata precisamente da presunção, da mentira, da contradição e do conflito que são traços dos soberbos e da cidade terrena, que será pela primeira vez mencionada na obra apenas no quinto e último período do prólogo. Antes, porém, após dizer que a defesa da cidade divina é tarefa "grande e árdua", Agostinho explica melhor:

> Pois estou ciente dos esforços necessários para persuadir os soberbos da grandeza da virtude da humildade, cuja celsitude, não usurpada pela altivez humana, mas concedida pela graça divina, transcende todas as culminâncias terrenas, instáveis na mobilidade do tempo.[36]

Agostinho pretende persuadir os soberbos de que eles não realizam aquilo que projetam, porque a grandeza da virtude que

---

[36] *"Nam scio quibus viribus opus sit, ut persuadeatur superbis quanta sit virtus humilitatis, qua fit ut omnia terrena cacumina temporali mobilitate nutantia non humano usurpata fastu, sed divina gratia donata celsitudo transcendat."*. AUGUSTINUS. *DCD*, praefatio.

almejam não pode ser obtida pelo modo como a buscam nem no lugar em que a buscam. Mais precisamente, trata-se de demovê-los da ilusão de que a iniciativa humana, terrena, seja capaz de alcançar a celsitude, de que um projeto de grandeza possa ter êxito em uma realidade marcada pela dispersão. Ao contrário, a verdadeira grandeza da virtude não pode ser conquistada pelo homem por si mesmo, pois ela apenas pode ser dada a ele, gratuitamente, a partir da iniciativa divina.

A virtude em questão, todavia, é a humildade, contrário da soberba, em relação às quais o céu e a terra são dispostos como seus respectivos *loci*. Aliás, todo o segundo período, como o prólogo por inteiro, é construído por meio de antíteses e paradoxos que dispõem em relações de oposição um vocabulário referente a grandes e a pequenas altitudes subvertendo seus significados[37], notadamente em relação à imanência ou à terra, onde as grandes altitudes (*"terrena cacumina"*) não oferecem passagem à transcendência ou ao céu/celsitude, apenas acessível das pequenas altitudes, em que se encontram aqueles que, com humildade, reconhecem o fracasso do projeto humano de autossuficiência e, sobretudo, a necessidade de socorro divino.

> Afinal, o rei e fundador desta cidade, da qual nos propusemos a falar, revelou nas Escrituras de seu povo uma máxima da lei divina: *Deus resiste aos soberbos, mas dá graça aos humildes*[38] (Pr 3, 34; Tg 4, 6; 1Pd 5, 5).

---

[37] "É próprio da humildade (coisa maravilhosa!) elevar o coração, e exclusivo da soberba abaixá-lo. Ao parecer, é paradoxo que a soberba desça e a humildade suba. Mas acontece que a humildade piedosa nos submete ao superior e nada há superior a Deus; por isso a humildade que nos submete a Deus exalta-nos." (Tradução de Oscar Paes Leme). *"Est igitur aliquid humilitatis miro modo quod sursum faciat cor, et est aliquid elationis quod deorsum faciat cor. Hoc quidem quasi contrarium videtur, ut elation sit deorsum et humilitas sursum. Sed pia humilitas facit subditum superiori; nihil est autem superius Deo; et ideo exaltat humilitas, quae facit subditum Deo."*. *DCD*, XIV, xiii, 1.

[38] *"Rex enim et conditor civitatis huius, de qua loqui instituimus, in Scriptura populi sui sententiam divinae legis aperuit, qua dictum est:* Deus superbis resistit, humilibus autem dat gratiam.". *DCD*, praefatio.

A lei divina expressa pela citação bíblica retoma em patamar elevado a relação com o divino, cindida pelo vício da soberba e restaurada pela virtude da humildade. Mas qual é o sentido de *lex divina*? Se se trata de *lex divina*, certa noção de *iustitia* está presente e é o que explica por que *Deus resiste aos soberbos, mas dá graça aos humildes*. Ora, a justiça é a virtude, absoluta em Deus, que dá a cada um o que lhe é devido[39], o que em Agostinho guarda sentido tanto moral, quanto político, como físico e cosmológico, segundo uma noção de hierarquia entre seres, funções e lugares (sociais e ontológicos). Assim, "justiça" e "ordem" são indissociáveis e constituem o sentido de "lei divina"[40], pois há ordem justa quando o inferior se submete ao superior e o superior impera sobre o inferior[41]. Por consequência, quando o homem abandona seu princípio e pretende fazer-se princípio para si mesmo e sê-lo, com justiça Deus resiste à criatura soberba e injusta[42]. Inversamente, quando o homem ama menos a si mesmo e as criaturas do que a Deus, ou ama a si mesmo e elas Nele, a participação ontológica, ou ordem justa, entre Criador e criatura não é fraturada, o que é uma das formas de entender-se por que *Deus dá graças aos humildes*.

---

39 "*Quid iustitia, cuius munus est sua cuique tribuere*". *DCD*, XIX, iv, 4. Cf. *DCD*, XIX, xxi, 1.

40 "*Ut igitur breviter aeternae legis notionem, quae impressa nobis est, quantum valeo verbis explicem, ea est qua iustum est ut omnia sint ordinatissima*". *De libero arbitrio*, I, vi, 15.

41 "*Deus homini, animus imperat corpori, ratio libidini ceterisque vitiosis animi partibus*". *DCD*, XIX, xxi, 2.

42 "E que é a soberba, senão apetite de celsitude perversa? A celsitude perversa consiste em abandonar o princípio a que o ânimo deve estar unido e fazer-se de certa maneira princípio para si e sê-lo. É o que acontece quando o espírito se agrada em demasia de si mesmo e agrada-se em demasia de si mesmo quando declina do bem imutável, que deve agradar-lhe mais que a ele a si mesmo." (Tradução de Oscar Paes Leme)."*Quid est autem superbia nisi perversae celsitudinis appetitus? Perversa enim est celsitudo deserto eo, cui debet animus inhaerere, principio sibi quodam modo fieri atque esse principium. Hoc fit, cum sibi nimis placet. Sibi vero ita placet, cum ab illo bono inmutabili deficit, quod ei magis placere debuit quam ipse sibi.*". *DCD*, XIV, xiii, 1.

Além disso, o terceiro período do prólogo fornece elementos sobre o ordenamento da cidade, até agora apresentada conforme características ontológicas, morais e políticas que não se referem a instituições ou formas de governo sem as quais ela inexistiria. Aqui, todavia, certo vocabulário da tradição política romana é mobilizado no momento em que Deus é apresentado como seu "rei e fundador". Uma leitura apressada poderia enxergar aí que "Agostinho foi o fundador do ideal teocrático medieval"[43]. Mais elementos, todavia, são precisos para tanto, como o discernimento de uma ou mais instituições com autoridade e poder para estabelecer autocraticamente na história leis temporais em adequação com a lei divina. Para pensar a respeito, problematizarei no fim deste livro a tese de que "embora ele [Agostinho] jamais tenha formulado o princípio de um governo teocrático, a ideia não é inconciliável com sua doutrina, pois, se o ideal da Cidade de Deus não implica essa ideia, não a exclui."[44].

O quarto período do prólogo conduz o leitor para a compreensão de que a referência a Deus a partir de vocabulário da tradição política[45] tem menos o intuito de refletir sobre uma forma de governo da cidade celeste e mais o de conferir desenvolvimento ao problema das iniciativas humana e divina em relação à soberba e à humildade, que foi disposto nos segundo e terceiro períodos. De outro modo, o movimento do texto, se aponta para apropriação agostiniana de certo vocabulário do republicanismo antigo latino, é para indicar sobretudo que os soberbos cometeram falta de injustiça porque usurparam o exclusivo estatuto divino de legislador e governante do mundo. Eis o quarto período: "Efetivamente, o espírito inchado de soberba quer apoderar-se do que pertence a Deus

---

[43] DAWSON, C. "St. Augustine and his Age", *apud* PARKER, Th.-M. "St. Augustine and the Conception of Unitary Sovereignty". *Augustinus Magister*, II, Paris, 1954, p. 951.

[44] GILSON, É. *Introdução ao estudo de santo Agostinho*, p. 346.

[45] Cf. AUGUSTINUS. *DCD*, XXII, vi, em que há comparação entre Cristo e Rômulo como fundadores. Cf. também HEYKING, John von. *Augustine and politics as longing in the world*, p. 71-76.

e ama que proclamem em seu louvor: *Poupar os vencidos e subjugar os soberbos.*"[46]. Não à toa, a antítese entre a citação do terceiro período e a do quarto é expressa por meio do contraste entre uma bíblica e uma pagã, a primeira em referência à iniciativa divina e à humildade, a segunda, à iniciativa humana e à soberba. Além disso, o inchaço da soberba proporciona ao espírito certa cegueira[47], que o impede de enxergar que a iniciativa de vanglória é contraproducente, pois a celsitude desejada se torna ainda mais distante, em função da tentativa de conquistá-la por meio da altivez humana[48].

Finalmente, o quinto e último período do prólogo apresenta pela primeira vez a cidade terrena nominalmente, explicitando o que impulsiona o soberbo à iniciativa de vanglória e o seu efeito contraproducente inelutável.

> Por isso também a respeito da cidade terrena, que quando deseja dominar, embora povos lhe sejam servis, a própria libido de dominação a domina, não deverei passar em silêncio tudo aquilo que o plano desta épica exigir, se recebida capacidade de dizer.[49]

---

46 "*Hoc vero, quod Dei est, superbae quoque animae spiritus inflatus adfectat amatque sibi in laudibus dici:* Parcere subiectis et debellare superbos" (*Eneida*, VI, 853). AUGUSTINUS. *DCD*, praefatio. Arendt em *A condição humana* aborda precisamente esse verso da *Eneida* para dizer que nele encontramos "o único e rudimentar vestígio da percepção de que o perdão é o corretivo necessário aos danos inevitáveis causados pela ação" (2007, p. 250-251) antes do cristianismo, pois "o descobridor do papel do perdão na esfera dos negócios humanos foi Jesus de Nazaré" (p. 250), porém chama atenção ela, como leitora arguta que era de *A cidade de Deus*, não mencionar a crítica agostiniana precisamente a esse verso e a essa modalidade de perdoar como arrogância humana de poder divino, em contraste, aliás, com a fina exegese heterodoxa e humanista que ela propõe para passagens bíblicas em que Jesus – como líder "da pequena e coesa comunidade de seus seguidores, empenhada em desafiar as autoridades públicas de Israel" (p. 250) – exerce e ensina o poder de perdoar.

47 "[...] *tumore meo separabar abs te et nimis inflata facies claudebat oculos meos.*". *Conf.*, VII, vii, 11.

48 "*Quid est autem superbia nisi perversae celsitudinis appetitus?*". *DCD*, XIV, xiii.

49 "*Unde etiam de terrena civitate, quae cum dominari adpetit, etsi populi serviant, ipsa ei dominandi libido dominatur, non est praetereundum silentio quidquid dicere suscepti huius operis ratio postulat si facultas datur.*". *DCD*, praefatio.

Aqui, como no primeiro período, após enunciar a cidade de que se trata, o autor apresenta seus traços de existência[50]. Diferentemente da cidade celeste, a terrena é exposta somente em registro histórico e não em processo de identidade ou em plena identidade, mas em contradição consigo mesma ou em processo destituição essencial. Segundo Jean-Claude Guy, a contradição se dá porque nela há uma "heterogeneidade entre o que é *projetado* e o que é *realizado*"[51], como, aliás, apontei no segundo período, na medida em que, por meio do projeto de dominação, ela "não só não realiza o que se propõe a realizar; mas *realiza o contrário mesmo do que acredita realizar*"[52], ou seja, ela se torna escrava da própria libido de dominação.

* * *

Em suma, após examinar sucintamente os principais traços de ambas as cidades presentes no prólogo d'*A cidade de Deus*, pode-se dizer que Agostinho desde o início da obra apresenta uma concepção de política desnaturalizada e ambivalente. Com efeito, para o autor, a política parece guardar positividade ou negatividade, conforme a realização dela preserve ou não a natureza humana. Ainda que não enunciada com todas as letras, toda a discussão sobre a humildade e a soberba trata da identidade presente no homem por natureza e da contradição nele introduzida em

---

[50] "Como a *Civitas Dei* na primeira frase, aqui é a *terrena civitas* que é destacada; novamente aqui a tendência em colocar o acento sobre o que é o elemento essencial da Cidade (a *dominandi libido*) rompe a estrutura normal da frase. Nesses dois períodos essenciais do Prólogo, santo Agostinho nos dá um espécime de arte que, inteiramente em semelhança com os elementos estilísticos mais tradicionais, é novo pela ousadia com a qual ele rompe com a tradição do período clássica.". MOHRMANN, C. "Saint Augustin écrivain", p. 257-258. Cf. *infra* "Apêndice 2: Ensaio de diagrama sintático-estilístico (AUGUSTINUS. *De civitate Dei*, praefatio)".

[51] GUY, J-C. *Unité et structure logique de la "Cité de Dieu"de saint Augustin*, p. 30. Grifo do autor.

[52] GUY, J-C. *Op. cit., loc. cit.* Grifo do autor.

condição pecaminosa[53]. Daí decorre a possibilidade de uma cidade possuir estatuto político independente da moral e da realização da natureza.

Ora, tanto a cidade celeste, quanto a terrena, possuem estatuto político. A despeito do traço de identidade de uma e do de contradição da outra, ambas são cidades ou repúblicas e possuem seus respectivos povos. Isso quer dizer que, para Agostinho, um conjunto de homens pode guardar estatuto político, estatuto de "povo", ainda que moralmente desorientado, de maneira que o critério agostiniano para conferir estatuto político a uma *multitudo* não é moral. Além disso, se para o autor um conjunto de homens moralmente desorientado é *multitudo* danada, na qual a investigação agostiniana, ao nela flagrar traços de contradição, pretende encontrar homens apartados de sua natureza, então a possibilidade de "política" e "moral" não coexistirem em uma "república" repousa em fundamento da política que não é a natureza.

Assim, se podemos falar de desnaturalização e ambivalência da política em Agostinho, que concede à política possibilidade de autonomia[54] em relação à moral, certamente seu propósito, como vimos no prólogo, não é conferir positividade a uma política divorciada da moral, como talvez seja o projeto de um autor moderno, como Maquiavel. Desse modo, por que conferir estatuto político a um conjunto de homens moralmente desorientados? Por que dizer que homens depravados constituem "povo"? Por que não proceder como a antiga tradição política naturalista

---

[53] Sobre a distinção agostiniana entre natureza e condição humana, cf. *DCD*, XIV, i; XIX, xv, em que talvez haja uma das referências mais explícitas a respeito.

[54] Para uma leitura que também discerne uma autonomia da política em Agostinho, porém com uma positividade relacionada a uma dimensão secular (e democrática!) de que usam com proveito tanto a cidade celeste, como a terrena, e que, além do mais, realiza crítica consistência à tese teocrática do "agostinismo político", cf. SALAMITO, J-M. "Saint Augustin et la définition du peuple: Aux antipodes de 'l'augustinisme politique'", p. 27-52. Disponível em: https://www.cairn.info/revue-les-etudes-philosophiques-2021-2-page-27.htm; ______. "SAINT AUGUSTIN, 'La Cité de Dieu': penser l'histoire du salut et l'autonomie du politique", p. 51-64. Disponível em: https://www.academia.edu/44321089/SAINT_AUGUSTIN_La_Cit%C3%A9_de_Dieu_penser_lhistoire_du_salut_et_lautonomie_du_politique_2020_.

e intelectualista? Por que não proceder como Cícero, que em sua obra *Da república*, concede estatuto político não a toda e qualquer *multitudo*, mas apenas àquela que cumpre duas condições, quais sejam, *iuris consensus* e *utilitatis communio*[55], as quais exigem observância da moral, da natureza e da razão? Para responder, realizarei a seguir uma espécie de périplo pelo pensamento político e moral ciceroniano para depois retornar ao agostiniano, claramente desenvolvido em ruptura com o republicanismo de Cícero.

---

55 "[...] povo é não toda união de homens de qualquer modo congregados, mas a união de inumeráveis homens associados por consentimento de direito e utilidade comum". "[...] *populus [autem] non omnis hominum coetus quoquo modo congregatus, coetum multitudinis iuris consensu et utilitatis communione sociatum*". CICERO. *Rep.*, I, xxv, 39.

# II.
# SOBRE O FUNDAMENTO NATURALISTA DA POLÍTICA EM *DE RE PUBLICA*, DE CÍCERO

> A *res publica* poderia ser perpétua se vivesse conforme as instituições e costumes dos antepassados[56].

> A *civitas*, pois, deve ser constituída de tal maneira que seja eterna. Quando, porém, uma *civitas* é tolhida, destruída, extinta, de certa maneira é como – para compararmos o pequeno com o grande – se todo este mundo perecesse e ruísse[57].

O propósito maior de Cícero no diálogo *Da república* é descobrir as condições de perpetuidade da república a partir das virtudes de seus fundadores e de suas instituições. A perenidade somente existe se uma *civitas* possuir a "melhor forma de governo" (*optimus status civitatis*). Para conceber tal cidade, o autor define o que é *res publica* e *populus*, assim como pretende os fundamentar na

---

56 "[...] *rei publicae* [...] *poterat esse perpetua, si patriis viveretur institutis et moribus.*". CICERO. *Rep.*, III, xxix, 41. Nas epígrafes, permiti-me não inserir marca indicativa de supressão de palavras, porém sempre indicadas entre colchetes nas notas de rodapé. Todas as minhas traduções da obra *De re publica* foram cotejadas principalmente com a excelente tradução comentada de seus três primeiros livros por Isadora Prévide Bernardo. *O* De Re Publica, *de Cícero: natureza, política e história*. Dissertação de Mestrado em Filosofia, São Paulo, USP, 2012. Disponível em http://www.teses.usp.br/teses/disponiveis/8/8133/tde-25042013-120804/pt-br.php (Acesso em 26/02/2022).

57 "[...] *debet enim constituta sic esse civitas, ut aeterna sit.* [...] *civitas autem cum tollitur, deletur, extinguitur, simile est quodam modo, ut parva magnis conferamus, ac si omnis hic mundus intereat et concidat.*" CICERO. *Rep.*, III, xxiii, 34.

*natura*, na *ratio* e nas *res gestae*. Nesse sentido, convém para a avaliação do empreendimento ciceroniano investigar as condições sem as quais uma *multitudo* não guarda estatuto político, bem como examinar a relação entre lógica, natureza e história, chave explicativa para o *optimus status civitatis* ser a única forma de governo capaz de tornar a *res publica diuturna*. Com mais precisão, o projeto político de perpetuidade para a *res publica* guarda fundamento lógico e cosmológico (a ponto de o *parvum* ser análogo ao *magnum* e de os termos serem definidos segundo critérios lógicos) porque Cícero, nesse diálogo, não divorcia a história da natureza, na qual se encontra o *lógos*. Subjacente aí está certo estoicismo cuja presença será precisada ao longo da análise da obra ciceroniana.

A relação entre natureza e história pode ser verificada pela realização da natureza humana por meio da prática, de feitos e obras imorredouros. Dotado de *libertas*, capacidade de ação e especialmente de fundação, o homem realiza a si mesmo, estabelece-se em harmonia com a natureza. A perpetuidade de uma instituição humana é, desse modo, extensão da perenidade e da racionalidade do cosmo. Para melhor compreender esse esquema, que apresenta como indissociáveis as concepções de *optimus status civitatis, res publica, populus, res gestae* e natureza, doravante será desenvolvida análise de argumentos chave do diálogo *Da república*, com destaque para seus livros I, II e III.

## EXÓRDIO DO DIÁLOGO *DA REPÚBLICA*

Cícero apresenta com clareza os dois principais temas da obra *Da república* na *Carta ao seu irmão Quinto*: trata-se de uma obra "sobre a melhor forma de cidade e sobre o melhor cidadão"[58]. Antes,

---

58 *"De optimo civitatis statu et de optimo cive"*. CICERO. *Cartas a seu irmão Quinto*, III, v, 1, apud. ÁLVAREZ, J. P. "Introducción". In: CICERO. *De la república*. México: UNAM, 1984.

porém, de o livro ter início dialógico, o autor compõe um exórdio no qual realiza um elogio da política[59], de cidadãos antepassados que conquistaram *auctoritas*, glória póstuma, imortalidade. Essas noções que moldaram a política romana apresentam-se logo nas primeiras linhas da obra[60] por meio dos *exempla* de Duílio, Atílio, Metelo, Catão e outros que preferiram "lançar-se nas ondas e tempestades (da vida de negócios) até a mais alta decrepitude a viver na tranquilidade e no ócio agradabilíssimo"[61]. Todos foram, afinal, cidadãos romanos autores de grandes feitos, vencedores de batalhas históricas decisivas para a cidade, re-fundadores de Roma. Esse elogio da política enaltece, assim, a esfera pública e a vida de negócios, em detrimento da privada ou da ociosa[62].

---

59 "*Il Libro primo del De Republica si apre, infatti, con una appassionata apologia dell'impegno politico, inteso come la più elevata forma di virtù*". REVELLI, M. *Cicerone, Sant'Agostino, San Tommaso*, p. 10.

60 Que não são efetivamente as primeiras linhas com que a obra tinha início originalmente, pois se trata de uma obra redescoberta somente em 1819 num palimpsesto na Biblioteca do Vaticano e publicada pela primeira vez em 1822. O manuscrito descoberto é denominado *Codex Vaticanus* e contém quase integralmente os livros I e II, razão por que considero possível uma reconstrução teórica de seu movimento argumentativo com coerência e consistência internas. A ironia maior, observada com frequência entre tradutores e intérpretes, é o *De re publica* haver desaparecido desde o século VI e haver sido redescoberto num palimpsesto em que copistas medievais do Monastério de Bobbio (próximo de Milão) removeram parcialmente (literalmente rasparam) o texto de Cícero e copiaram acima comentários de Agostinho aos Salmos CXIX a CXL. Certamente não por mera coincidência e contingência, a tentativa foi apagar um documento maior do republicanismo romano pagão de Cícero em proveito da "santidade" de Agostinho, precisamente "o maior teórico da política cristã" (segundo parecer de Arendt) e o autor responsável pela recepção mais refinada do *De re publica* de que temos notícia (embora Isidoro de Sevilha seja concorrente forte), conforme a hipótese deste livro de que a filosofia política presente em *De civitate dei* é elaborada primordialmente contra Cícero. Não à toa, as melhores edições de estabelecimento de texto do *De re publica* (de Ziegler, Zetzel e a recentíssima de Powell) propõem sua reconstituição principalmente a partir do *Codex Vaticanus* e dos muitos excertos citados por Agostinho em *DCD*.

61 "[...] *in his undis et tempestatibus ad summam senectutem* [...] *iactari, quam in illa tranquillitate atque otio iucundissime vivere.*". CICERO. *Rep.*, I, i, 1.

62 No latim clássico, a palavra *otium*, "ócio", tal como a palavra grega *skhole*, "significa basicamente isenção de atividade política e não simplesmente lazer,

Ao dispor todos esses conceitos logo no exórdio, Cícero já anuncia os elementos constituintes da História de Roma, que narrará no livro II.

Melhor dizendo, a História de Roma conforme o *récit* ciceroniano não se teria constituído por meio do contínuo resgate de valores inaugurais na ausência da *auctoritas*. Inexistiria, afinal, aquilo que Pöschl denominou "pensamento e ação mediante exemplo"[63], sem os quais os cidadãos romanos não teriam padrões de condutas, *exempla*[64], para conservar e re-fundar, quando necessário, os valores originários e costumes dos antepassados, o *mos maiorum*. Implícita à autoridade, assim, está a noção de fundação, da qual os valores originários brotaram e a partir da qual passam a ser aumentados por aqueles que os utilizam para iluminar suas ações. Ora, "a palavra *auctoritas* é derivada do verbo *augere*, 'aumentar', e aquilo que a autoridade ou os de posse dela constantemente aumentam é a fundação"[65]. Vale observar que o verbo *augeo*, cujo supino é *auctum*[66], significa "fazer nascer", "criar",

---

embora ambas sejam também usadas para indicar isenção do labor e das necessidades da vida" (ARENDT, H. *A condição humana*, p. 23[10]). A vida ociosa, desse ponto de vista, era entendida como sinônima de vida contemplativa ou teorética. Assim, negócio (*negotium, askholia*) é a negação do ócio (*nec-otium, a-skhole*), é a ocupação, portanto, com atividades públicas. Vale ressaltar que Cícero não desconsidera qualquer *otium*, pois há modalidades suas *cum dignitate* (cf. *De oratore*, 1, 1).

63 "*Vorbilddenken und Handen nach Vorbildern*". PÖSCHL, V. "Augustinus und die römische Geschichtsauffassung", p. 957-58. Sou grato ao Moacyr Novaes pela tradução deste artigo.

64 "*Vertu efficace, c'est l'Auctoritas, notion complexe où l'on peut découvrir l'idée d'une garantie suffisante pour motiver l'imitation d'un exemple* [...]. *'Exemplum est alicuius facti aut dicti praeteriti cum certi auctoris nomine propositio'* (*Rhétorique à Herennius*, IV, 49, 62)". RAMBAUD, M. *Cicéron et l'Histoire Romaine*, p. 39.

65 ARENDT, H. "Que é Autoridade?". In: ____. *Entre o passado e o futuro*, p. 163, 4.

66 Sou grato ao Antonio Mendonça por ter observado na ocasião de minha qualificação de mestrado que a etimologia de *auctoritas* conduz para aquém de *augeo* à raiz *aug-* do indo-europeu. Segundo o latinista, pode-se compreender a partir dessa raiz por que o particípio passado de *augeo* é *auctus*.

"fundar", "desenvolver", "glorificar", "honrar", entre outros sentidos igualmente presentes no conceito *auctoritas*.

Desse modo, o sentido de autoridade é complementado pela ideia de "fama póstuma"[67], imortalidade no sentido de imortalização de grandes "obras e feitos e palavras"[68] na memória de gerações, imortalização que transmite o passado aos vivos, que preenche de *exempla* a tradição. É essa concepção de autoridade que está presente nas linhas de abertura do diálogo *De re publica*, nas quais Cícero enumera diversos varões romanos cuja memória é exemplo aos cidadãos que lhes sucederam[69] e, assim, elemento decisivo para um discurso sobre a melhor forma de governo e o melhor cidadão: "Não é sem causa que agora decanto para vós essas coisas tão antigas e envelhecidas, mas defino os exemplos de homens e de coisas em personagens e tempos ilustres a fim de que o resto de meu discurso seja conduzido"[70].

A presença da noção de imortalidade nos *exempla* e na *auctoritas* nos dá, também, a valorização da esfera pública sobre a privada. Imortaliza-se aquele que agir como cidadão, aquele que realizar feitos que conservem e/ou re-fundem a república: "Esta é a razão do opróbrio lançado [...] sobre toda a esfera da vida privada, cuja 'idiotice' consistia em preocupar-se exclusivamente com

67 *"Nachruhms"*. PÖSCHL, V. *Op. cit.*, p. 958. Hannah Arendt, ao dissertar sobre um assíduo leitor de Cícero, diz que "a fama é o prolongamento da glória, é a glória tornada durável. A glória brilha por si mesma graças a todas as grandes ações e empreendimentos. Ela se difunde. O homem aparece e se mostra. Em consequência, surge a questão da distinção entre aparecer e ser. Em política: devemos aparecer, ver e ser vistos, ouvir e ser ouvidos, o que mostramos é o que somos e não o inverso. O que somos não é importante, é privado. A glória é o apogeu da aparência e ela só é possível onde outros veem e onde eu sou visto." ARENDT, H. "Notas sobre a política e o Estado em Maquiavel", p. 301.

68 ARENDT, H. *A Condição Humana*, p. 27.

69 Cf. CICERO. *Rep.*, I, i.

70 "[...] *neque ego haec nunc sine causa tam vetera vobis et tam obsoleta decanto, sed inlustribus in personis temporibusque exempla hominum rerumque definio, ad quae reliqua oratio dirigatur mea."*. *Rep.*, II, xxi, 55.

a sobrevivência"[71]. Os homens, ao contrário das bestas, distinguem-se por ter a capacidade de se aproximar dos deuses[72] ao se imortalizar: "com efeito, não há coisa alguma na qual a virtude humana mais se aproxime do nume dos deuses do que fundar novas cidades ou conservar as já fundadas."[73] A capacidade de fundar está expressa na palavra *auctoritas*, que compreendida a par de *auctor* apresenta-nos o fundador, o "autor", o "inventor", que cria a própria história por usar a liberdade de fundar o novo[74].

Aliás, se se imortaliza algo, é necessário que isso ocorra em "um espaço imperecível garantindo que o 'imortalizar' não fosse em vão"[75]; a república, no caso Roma, a cidade eterna, ocupa esse espaço para Cícero. Afinal, os *exempla*, preenchidos pelo *mos maiorum*, pela *auctoritas maiorum*, têm como fim justamente imortalizar a república e "por certo sua imortalidade será real e completa, se ela conseguir viver sempre conforme as instituições e os costumes dos antepassados"[76]. Comparando-se o pequeno (*parvum*) com o grande (*magnum*), a perpetuidade da *civitas* se ampara em um naturalismo e em uma concepção de perenidade do cosmo:

> os antigos acreditavam na eternidade – *aei on* – da natureza e do universo e na potencial permanência do mundo. Em consequência buscavam sempre o melhor, vale dizer, o governo mais estável. No seio deste, na *polis*, na cidade eterna, o homem pode deixar o seu traço e tornar-se eterno, mas o que ele faz são

---

[71] ARENDT, H. "O Conceito de História – Antigo e Moderno". In: ______. *Entre o passado e o futuro*, p. 104.

[72] Cf. ARENDT, H. *Op. cit.*, p. 105.

[73] "[...] *neque enim est ulla res in qua propius ad deorum numen virtus accedat humana, quam civitatis aut condere novas aut conservare iam conditas.*". CICERO. *Rep.*, I, vii, 12.

[74] Cf. ARENDT, H. "Que é Autoridade?". In: ______. *Entre o passado e o futuro*, p. 164.

[75] ARENDT, H. "O Conceito de História – Antigo e Moderno". In: ______. *Entre o passado e o futuro*, p. 105.

[76] GRAMMATICO, G. "El príncipe como espejo del dios en *La República* de Cicerón", p. 230.

> grandes obras. As instituições políticas existem em parte para tornar possível esse *athanatidzein* [ser imortal].[77]

A relação entre história e natureza será melhor precisada ao longo da análise do diálogo encadeado ao término do exórdio: "essas coisas foram ditas com tantas palavras porque este livro é discussão empreendida e seguida por mim a respeito da república; para não frustrá-la, tive primeiro de combater as dúvidas e desânimos que nos afastam da coisa pública"[78]. Assim, o personagem Tuberão apresenta o surgimento de um duplo Sol como tema do diálogo. Trata-se de possível metáfora[79] da dissensão entre

---

[77] ARENDT, H. "Notas sobre a política e o Estado em Maquiavel", p. 301.

[78] *"Haec pluribus a me verbis dicta sunt ob eam causam, quod his libris erat instituta et suscepta mihi de re publica disputatio; quae ne frustra haberetur, dubitationem ad rem publicam adeundi in primis debui tollere."*. CICERO. *Rep.*, I, vii, 12.

[79] *"Calamitatum praenuntiae* [...] *ut e patre audivi, Tuditano et Aquilio consulibus evenerat, quo quidem anno P. Africanus sol alter exstinctus est."*. CICERO. *De natura deorum*, II, v. *"Este fenómeno (de los dos soles - parhelio) era considerado por los romanos como presagio de sucesos funestos para el Estado (cf. De la adivinación, I, 43, 97)."* Álvarez, J. P. "Introducción". In. CICERÓN. *De la república.* Trad. Álvarez, J. P. México: UNAM, 1984. Para melhor compreender a metáfora dos dois sóis, é preciso considerar que Cícero situa o diálogo no passado, no inverno de 129 a.C., *"peu de temps avant la mort subite de Scipion Emilien, lorsque les Gracques n'ont pas encore rompu, par leurs lois factieuses, l'harmonie de la cité."* GRIMAL, P. *Cicéron*, p. 265. O fenômeno celeste, dessa forma, seria presságio da rebelião dos irmãos Gracos acerca da questão agraria, mas a dissensão não consiste só no interior da plebe (*"populum unum in duas partis"*) e sim também no senado: *"una re publica duo senatus"* (I, xix, 31). "O evento astronômico dos dois sois serve assim de símbolo para a divisão perniciosa da res publica em duas partes; divisão esta vertical, opondo uma parte do Senado e do povo que quer preservar a res publica, e a outra porção que age de modo a comprometê-la e destruí-la." AGUIAR. "Sobre a Definição de *Res Publica* em Cícero (Rep. 1.39)", p. 148. Outra interpretação é que a metáfora se refira, antes, à dissensão da República Romana no período em que Cícero escreveu o diálogo. Com efeito, *"il periodo in cui il dialogo fu scritto va dal 54 al 51 a.c., il momento per Cicerone più difficile, nel pieno dello scontro tra Cesare e Pompeo. Si può quindi immaginare* [...] *il valore allegorico, assunto dall'immagine del 'doppio sole' che fa da spunto alla narrazione e sottolinea – se pur ve ne fosse bisogno – l'intento prevalentemente pragmatico del filosofare ciceroniano"*. REVELLI, M. *Cicerone, Sant'Agostino, San Tommaso*, p. 7.

o povo romano e o senado, logo deixada de lado justamente porque essa dissensão, e não as investigações celestes, importa considerar diretamente:

> E já foi examinado [...] tudo que concerne às nossas casas e à República, para nos ocuparmos do que acontece no céu?[80]
>
> "Observa-se o que sejam os signos dos astrólogos no céu, quando Júpiter ou a Cabra ou o Escorpião ou algum outro nome surge! Aquilo que está ante os pés ninguém investiga, perscrutam os espaços do céu"[81].
>
> Se os estudos dos gregos tanto vos deleitam, existem outros latinos mais difusos e para homens mais livres, que podemos aplicar seja ao uso da vida, seja ainda à própria coisa pública. Quanto àquelas artes (teoréticas), se têm algum valor, consiste este somente em tanto aguçar quanto estimular a inteligência das crianças para discernir mais facilmente coisas mais importantes.[82]

O que ocorre aí é o encaminhamento da ciência contemplativa à ativa, de sorte que esta é posta hierarquicamente acima, como fim

---

[80] "[...] *iam explorata nobis sunt ea quae ad domos nostras quaeque ad rem publicam pertinent? siquidem quid agatur in caelo quaerimus.*". CICERO. *Rep.*, I, xiii, 19.

[81] "*'Astrologorum signa in caelo quid sit observat, Iovis*
*cum capra aut nepa aut exoritur nomen aliquod beluarum*
*quod est ante pedes nemo spectat, caeli scrutantur plagas.'*". CICERO. *Rep.*, I, xviii, 30; *Ifigenia*, não se sabe se a de Eurípides ou a de Ênio.

[82] "*Quodsi studia Graecorum vos tanto opere delectant, sunt alia liberiora et transfusa latius, quae vel ad usum vitae vel etiam ad ipsam rem publicam conferre possumus. Istae quidem artes, si modo aliquid, (id)valent, ut paulum acuant et tamquam inritent ingenia puerorum, quo facilius possint maiora discere.*" CICERO. *Rep.*, I, xviii, 30. Os "*studia liberiora*" referem-se aos estudos que somente os homens livres das necessidades vitais podiam desenvolver.

daquela[83]. Com efeito, para "que nos tornemos úteis à cidade" precisamos ter "o mais ilustre benefício da sabedoria, que é o excelente testemunho do dever da virtude"[84], e "não é o bastante ter a virtude, assim como uma arte qualquer, sem praticá-la"[85]. Por consequência, a investigação acerca de um novo Sol é inútil à república; independente de existir ou inexistir, não é molesto ao povo, nem torna os homens melhores ou mais felizes. Ao contrário, "a unidade do senado e do povo" inexiste, e isso, sim, é molesto; é sabido que ao restabelecê-la "viveremos melhor e mais felizes"[86]. É a partir desse ponto que o diálogo se volta "às artes que nos tornam úteis à cidade"[87] e tem início uma reflexão sobre a política, a moral e a história, por meio de uma explanação de Cipião acerca do *optimus status civitatis*.

---

[83] Ao menos a partir dos cinco primeiros livros da *Rep.* é possível considerar a vida prática o fim da contemplativa. Talvez esse parecer se torne problemático se se levar em conta, por exemplo, o *Somnium Scipionis* e o *otium cum dignitate* apresentado, por exemplo, em *Pro Sestio*, 96 e nas primeiras linhas de *De oratore*, 1, 1. Mantenho como indeterminação saber se o sonho é alegórico ou literal, se é propriamente uma argumentação filosófica, assim como se o *otium cum dignitate* não radicaliza a primazia dos negócios sobre o ócio, ao invés de sobrepor este àquele. Com efeito, pode-se entender o *otium cum dignitate* como o ócio sancionado porque os negócios conferiram *dignitas* ao cidadão, coisa que a vida prática pode proporcionar, mas a ociosa ou teorética por si só não. Não quero dizer que o ócio não seja estimado por Cícero; sem dúvida é, porém desde que tenha os negócios como fim. Minha interpretação se ampara, entre outros, em Hannah Arendt e Marco Revelli, cujo parecer sobre as causas do primado da política em Cícero o conduz a explicitá-las assentadas "*su tre elementi*: – *Sulla Natura* [...] – *Sull'Etica*" e "*epistemologica*". REVELLI, M. *Cicerone, Sant'Agostino, San Tommaso*, p. 13. A conclusão de Revelli é a seguinte: "*il resultato* [...] *è il rovesciamento della gerarchia classica dei valore tra la figura del sapiente e quella del politico, tra filosofia e politica. Il che costituisce, per molti versi, una rottura del modello classico. Qui, infatti, per la prima volta, è affermato esplicitamente – in polemica appena velata col mondo greco – il primato dell'attività pratica su quella contemplativa, dell'azione sulla riflessione, della prassi, per così dire, sulla teoria.*" REVELLI, M. *Cicerone, Sant'Agostino, San Tommaso*, p. 14.

[84] "*Quae efficiant ut usui civitati simus* [...] *esse praeclarissimum sapientiae munus maximumque virtutis vel documentum vel officium*". CICERO. *Rep.*, I, xx, 33.

[85] "*Nec* [...] *habere virtutem satis est quasi artem aliquam, nisi utare*". *Rep.*, I, ii, 2.

[86] "*Senatum* [...] *populum ut unum*"; "[...] *et melius nos esse victuros et beatius.*". *Rep.*, I, xix, 32.

[87] "[...] *eas artis quae efficiant ut usui civitati simus*". *Rep.*, I, xx, 33.

## DEFINIÇÕES DE "REPÚBLICA", "POVO" E A MELHOR FORMA DE GOVERNO

Essa explanação se desenrola com base na autoridade dos fundadores e re-fundadores de Roma[88], pelos quais Cipião Emiliano mostra como a República Romana, não uma cidade ideal como Platão faz em sua *República*, "progride [...] e chega à melhor forma de governo por caminho e curso naturais."[89] O "progresso"[90] da República será descrito por meio de uma concepção cíclica da história, que retoma, nomeadamente, Políbio[91]. O ciclo apresentado, porém, é peculiar, pois rompe as necessárias geração e corrupção das formas de governo, devido a características específicas de Roma (peculiaridade que já fora notada por Políbio).

O diálogo se desenrola à procura da melhor forma de governo pela observância a uma regra de ouro socrática elementar, qual seja: definir os termos sobre os quais dialogamos. É nessa ocasião que *res publica* e *populus* são definidos: "Nunca, com efeito, poder-se-á entender o que seja a coisa sobre a qual se discute se antes não tiver ocorrido o entendimento do que ela seja"[92]. A principal questão a definir, desse modo, é o que significa "república".

---

88 Cf. *Rep.*, I, vii, 12.

89 *"Progredientem* [...] *atque in optimum statum naturali quodam itinere et cursu venientem."*. *Rep.*, II, xvi, 30.

90 Cf. NOVARA, A. *Les Idées Romaines sur le Progrès d'après les Écrivains de la République (essai sur le sens latin du progrès)*, sobretudo o capítulo IV "La réflexion sur le progrès de l'État romain dans le *De re publica* de Cicéron".

91 Em sua narração do ciclo de formas de governo, Cícero bebe na tradição platônica e, sobretudo, aristotélico-polibiana. *"La teoria delle forme di governo esposta per bocca di Scipione l'Emiliano nel primo libro del* De Republica *è assunta, senza innovazioni di rilievo, dalla tradizione greca classica, in particolare dalla classificazione aristotelica delle costituzioni, e riprosta secondo la sequenza storica formulata, circa un secolo prima, da Polibio nelle Historiae."*. REVELLI, M. *Op. Cit.*, p. 59, 60. A ausência de inovação relevante de Cícero se refere ao livro I *Da república*. Nas páginas seguintes às mencionadas acima, Revelli reconhece que no livro II Cícero desenvolve importantes conceitos inexistentes na "tradizione classica" *ibid.*, p. 65.

92 *"Numquam enim quale sit illud de quo disputabitur intellegi poterit, nisi quod sit fuerit intellectum prius."*. CICERO. *Rep.*, I, xxiv, 38.

"República (*Res publica*) é coisa (*res*) do povo (*publica, populi*)"[93]. Se "república" é, etimologicamente, "coisa do povo", é necessário então definir o que seja "povo", que significa "não a união de todos os homens de qualquer modo congregados, mas a união de inumeráveis homens por consentimento de direito e utilidade comum"[94]. Trata-se, assim, de investigar não só o significado de cada uma das condições sem as quais (tomando-as, provisoriamente sem problematizá-las, como necessárias) uma *multitudo* não guarda estatuto político, mas também o sentido da conjunção *et* que as articula, pois tal partícula ou bem cumpre função aditiva, ou bem consecutiva, de forma que uma questão a ser respondida é: "consentimento de direito" e "utilidade comum" são constituídos simultaneamente na fundação da *res publica* ou há anterioridade condicionante de um em relação ao outro? Trata-se só de uma conjunção aditiva ou conceitualmente também consecutiva?

Antes de responder diretamente, observemos o trabalho da obra. Realizadas as definições, Cipião observa que todos os homens são levados a viver em sociedade pela natureza, de forma que, para Cícero, ser sociável é não virtude, mas espontaneidade

---

93 *"Est [...] res publica res populi". Rep.*, I, xxv, 39.

94 "[...] *populus autem non omnis hominum coetus quoquo modo congregatus, sed coetus multitudinis iuris consensu et utilitatis communione sociatus.". Rep.*, I, xxv, 39. As traduções de *iuris consensus* e *utilitatis communio* procuraram preservar mais o significado do que a proximidade literal entre termos em latim e português. A tradução de *consensus* por "consentimento" e não por "consenso" parece-me guardar maior precisao conceitual na medida em que remete à adesão ou assentimento a direito que o homem reconhece em sua natureza a partir de processo intelectivo da alma e não por meio de convenção, coerção, contrato ou vontade geral. Trata-se, assim, de um assentimento em concerto, razão maior por que optei por "consentimento" e não mais só por "assentimento" como fiz em minha tese de doutorado e em meu artigo de 2013. Sobre a noção de "assentimento" como etapa do processo de intelecção físico e psíquico da alma na doutrina estoica, mobilizada por Cícero, cf. VOELKE, A-J. *L'idée de volonté dans le stoïcisme*. Paris: PUF, 1973, p, 31. Já a tradução de *utilitatis communio* por "utilidade comum" decorre de uma leitura fundamentada mais ao fim deste capítulo segundo a qual entendo que *utilitatis* deva ser entendida como um genitivo subjetivo, mas seja como for considero uma expressão mais dificilmente traduzível do que *iuris consensus*.

humana[95]. Estabelecido isso, o protagonista do diálogo diz que toda sociedade deve ser a mais duradoura possível para o bem viver dos cidadãos, e elemento central para a perpetuidade é ser regida por algum *consilium*[96] que sempre se apóie sobre o princípio

---

95 "[...] *prima causa coeundi est non tam inbecillitas quam naturalis quaedam hominum quasi congregatio; non est enim singulare nec solivagum genus hoc, sed ita generatum ut ne in omnium quidem rerum affluentia* [...] *idque ipsa natura non invitaret solum sed etiam cogeret.*". *Rep.*, I, xxv, 39. "[...] *coniunctio hominum, quae naturalis societas inter ipsos. His enim explicatis, fons legum et iuris inueniri potest.*" *De legibus*, I, v, 16. "*Natura sumus apti ad coetus, concilia, civitates*". *De finibus*, III, xix, 62-63. "*Eademque natura vi rationis hominem conciliat homini et ad orationis et ad vitae societatem ingeneratque inprimis praecipuum quendam amorem in eos, qui procreati sunt*". *De officiis*, I, iv, 12. Cf. também LÉVY, C. *Cicero Academicus*, p. 526-528, em que há comentário, com indicações bibliográficas, da apropriação ciceroniana da *oikeíosis* estóica.

96 "[...] *consilio quodam regenda est, ut diuturna sit.*". *Rep.*, I, xxvi, 41.O termo latino *consilium* é de difícil tradução, pois com grande abrangência de significados. J. P. Álvarez, na tradução castelhana de *De re publica*, traduz por *autoridad*. Essa tradução tem alguma pertinência porque se esse *consilium* se apoia "sobre o princípio que presidiu a formação do Estado", então se apoia sobre os valores e virtudes dos *auctores* da *civitas*. O passo interpretativo, não obstante, é grande. Ora, apesar de "autoridade" ser a primeira acepção de *consilium* no *Novíssimo Dicionário Latino-Português* de F. R. dos Santos Saraiva, não consta em nenhuma das acepções presentes, por exemplo, no *Oxford Latin Dictionary*, no *Lexicon Totius Latinitatis* (*Imman. Joh. Gerhard Scheller's ausführliches und möglichst vollständiges Lateinisch-Deutsches Lexicon oder Wörterbuch zum Behufe der Erklärung der Alten und Übung in der Lateinischen Sprache; in fünf Bänden*), nem no *Dictionnaire Latin Français* de F. Gaffiot. A tradução inglesa (Loeb) de C. W. Keyes dispõe *consilium* como "corpo deliberativo" (*deliberative body*), acepção presente em todos os dicionários citados. Soma-se a esse significado o de "prudência", "sabedoria", de tal modo que a *res publica*, para que seja *diuturna*, precise sempre ser regida com a "prudência", a "deliberação" (de *consulo*), do fundador. É, aliás, nesses termos que o editor J. E. G. Zetzel da tradução da Cambridge apresenta o vocábulo: "Consilium *is an extraordinarily flexible term, of considerable importance in* On the Commonwealth. *It represents both the necessary intelligence needed to guide a commonwealth, whether in a single person or a group (and hence shades into* consilium, *'counsil'), and also the specific virtue of aristocratic government (at least in the aristocrat's self-presentation at I.51-52). Cicero also employs it at I.60 to identify an aspect of mind that mediates between reason and passion.*" Além desses sentidos, certamente *consilium* também quer dizer neste caso (I, 41) "plano", desígnio", tal como o latinista Antonio Mendonça sugere e a tradução francesa de E. Bréguet

que presidiu a formação da *civitas*[97]. O *consilium* pode residir em um só (o rei), em alguns cidadãos escolhidos (os aristocratas) ou em todo o povo.

Essas formas de governo (monarquia, aristocracia e democracia) devem ser estáveis para que a *res publica* seja duradoura, porém somente o serão se as injustiças e as paixões não as abalarem[98]; se abalarem, o rei se torna tirano; os aristocratas, oligarcas; o povo, multidão desordenada. Como observado acima, Cícero retoma a teoria da *anaciclose* de Políbio, isto é, a teoria que compreende a história segundo ciclos de gerações e corrupções de formas de governo, cujo conhecimento o sábio deve ter: "conhecer [os ciclos] é próprio do sábio, embora prevê-las quando ameaçam, moderando seu curso e mantendo-as sob seu poder durante o governo da república seja próprio de grande cidadão e homem quase divino."[99]

Que utilidade há em conhecer a sucessão de formas de governo? Ora, se é possível prevê-las e ter seu poder, então se pode escapar ao ciclo de gerações e corrupções, e assim se estabelece uma forma de governo duradoura por incorporar temperadamente qualidades da monarquia, da aristocracia e da democracia. Trata-se do governo misto, "um quarto gênero de república que penso ser o mais estimado, porque se constitui a partir da mescla e moderação daqueles três primeiros"[100].

---

(*desscin*) endossa. De fato, seja qual for a forma de governo da *res publica*, deve ser governada segundo um desígnio de imortalidade, *ut diuturna sit*.

97 "[...] *consilium primum semper ad eam causam referendum est quae causa genuit civitatem.*". *Rep.*, I, xxvi, 41.

98 "[..] *nam vel rex aequus ac sapiens, vel delecti ac principes cives, vel ipse populus, quamquam id est minime probandum, tamen nullis interiectis iniquitatibus aut cupiditatibus posse videtur aliquo esse non incerto statu.*". *Rep.*, I, xxvi, 42.

99 "*Quos cum cognosse sapientis est, tum vero prospicere inpendentis, in gubernanda re publica moderantem cursum atque in sua potestate retinentem, magni cuiusdam civis et divini paene est viri.*". *Rep.*, I, xxix, 45.

100 "[...] *quartum quoddam genus rei publicae maxime probandum esse sentio, quod est ex his quae prima dixi moderatum et permixtum tribus.*". *Rep.*, I, xxix, 45.

A monarquia, enquanto não se degenera em tirania, possui a qualidade de ter um rei que não é escravo das paixões e é o primeiro a respeitar todas as leis; o rei deve zelar pelo povo tal como um pai pelos filhos. Já a aristocracia, enquanto não se torna uma oligarquia, tem como qualidade ser governo dos cidadãos mais virtuosos, capazes de tomar as decisões mais sábias. Por fim, a democracia é a única que coexiste com a liberdade; afinal, a liberdade existe onde todos podem igualmente se ocupar com as coisas públicas. Em poucas palavras, pode-se dizer que "os reis nos cativam pela afeição; os aristocratas, pela sabedoria; o povo, pela liberdade"[101]. Assim, o governo misto é excelente porque nele se reúnem todas as qualidades das formas puras de governo, por consentimento de direito e utilidade comum dos grupos sociais presentes na *civitas*.

O governo misto, deduzido no livro I do diálogo *Da república* num plano mais lógico do que histórico, é problematizado no livro II à luz da História de Roma, que desde a fundação apresenta aspectos dessa constituição política. Rômulo, com efeito, conciliou na fundação de Roma os interesses dos melhores (os aristocratas) e do povo ao poder régio[102], mediante a criação de um conselho real, preenchido pelos aristocratas, e por meio do apoio da plebe ensejado, por exemplo, pela distribuição de terras. Por conseguinte, segundo Cícero, o virtuoso ato de fundação de Roma já contém os elementos do governo misto e os feitos de Rômulo (a rigor, do *auctor*) alcançaram glória póstuma e tornaram-se *exempla* para os cidadãos que lhe sucederam.

---

[101] "[...] *ita caritate nos capiunt reges, consilio optimates, libertate populi*". *Rep.*, I, XXXV, 55. Vale notar que o termo *res publica* assume no texto de Cícero tanto o sentido geral de *civitas*, quanto o sentido restrito de *optimus status civitatis*, de constituição mista.

[102] Cf. *Rep.*, II, IX, 15; II, IX, 16.

## *RES GESTAE ROMAE*

> Apresentar-vos-ei nossa república tanto nascente como crescente e adulta, assim como já firme e robusta.[103]

Cícero efetua essa análise da História de Roma e de algumas daquelas formas de governo no livro II da obra *De re publica*. Assim, é por apresentar traços do governo misto desde a fundação que Roma não atravessou todas as formas de governo, de sorte que pela extensão dos feitos fundadores aprimora a realização do *optimus status civitatis* sem ter havido nenhuma das formas puras de governo. Trata-se, por conseguinte, de examinar os degraus de desenvolvimento[104] de Roma, de Rômulo aos Decênviros, da Monarquia à República, período no qual são aumentados (*augentur*), glorificados e consolidados os feitos do *auctor* porque, diferentemente das "outras cidades"[105] que contaram com o gênio de apenas um legislador, Roma guarda, em sucessão de séculos, gerações de homens virtuosos que ergueram as instituições e leis[106]. Doravante a apresentação ciceroniana da história de Roma será descrita sucintamente no intuito de examinar as principais fases de seu desenvolvimento ou "progresso".

Rômulo, filho de Marte, após ter sido expulso de Alba Longa juntamente com o irmão pelo rei Amúlio, é recolhido nas margens do rio Tibre por pastores e crescido "excedia aos outros tanto em força corporal como em grandeza de espírito"[107], de tal forma que lhe rendiam obediência; "oferecendo-se como chefe dos bandos"[108], subjugou Alba Longa e deu a morte ao rei Amúlio. "Adquirida essa glória, diz-se que planejou fundar uma urbe e, consultados

---

[103] "[...] *nostram rem publicam vobis et nascentem et crescentem et adultam et iam firmam atque robustam ostendero.*". *Rep.*, II, i, 3.

[104] *"Progredientem". Rep.*, II, xvi, 30.

[105] "[...] *ceteris civitatibus". Rep.*, II, i, 1.

[106] Cf. *Rep.*, II, i, 2.

[107] "[...] *corporis viribus et animi ferocitate tantum ceteris praestitisse". Rep.*, II, ii, 4.

[108] "[...] *quorum copiis cum se ducem praebuisset". Rep.*, loc. cit.

os áuspices, consolidar uma república"[109], o que cumpre a começar pela escolha do lugar geográfico em que a cidade seria fundada. Escolhe erguê-la em terra firme, não à margem marítima, mas às do rio Tibre para aproveitar o fácil acesso ao mar e a segurança da terra firme. "Com efeito, a terra firme prenuncia não só as marchas previstas do inimigo, mas também as surpresas, por meio de muitos indícios [...]. O inimigo marítimo, porém, pode aproximar-se de navio antes que alguém possa suspeitar"[110].

A virtude do fundador se expressou também na aliança com Tito Tácio, rei dos sabinos, após a guerra ensejada pelo rapto ordenado por Rômulo de jovens sabinas que seriam oferecidas aos guerreiros para matrimônio (e, diga-se, estupro[111]). A aliança consistiu na partilha do trono e concessão dos mesmos ritos e cidadania aos dois povos[112]. Com a morte de Tácio, todo poder recaiu em Rômulo, que manteve aquele "conselho real"[113] criado juntamente com Tácio, composto pelos cidadãos mais virtuosos (*principes*), chamados pais (*patres*). Rômulo, desse modo, "reinou de acordo com a autoridade e o conselho dos pais"[114].

---

[109] "*Qua gloria parta urbem auspicato condere et firmare dicitur primum cogitavisse rem publicam.*" *Rep.*, II, iii, 5. Nota-se aqui possível distinção entre *urbs* e *res publica*; aquela não seria ainda conjunto de homens reunidos "por consentimento de direito e utilidade comum". A diferença qualitativa moral e politicamente entre *urbs, oppidum* e *civitas* ocorrera também antes em I, xxvi, 41, não à toa imediatamente após as definições de *res publica* e *populus* em I, xxv, 39.

[110] "[...] *nam terra continens adventus hostium non modo expectatos sed etiam repentinos multis indiciis* [...] *ante denuntiat* [...] *maritimus vero ille et navalis hostis ante adesse potest quam quisquam venturum esse suspicari queat*". *Rep.*, II, iii, 6.

[111] Cf. *DCD*, II, xvii, em que Agostinho aborda o rapto das sabinas e dá notícias de que se, por um lado, era encenado em circos, por outro, não desempenhou papel de *exemplum*, o que seria averiguado pela censura pública ao estupro de Lucrécia. Nesse capítulo e no conjunto do livro II, encontramos também notícias de que Agostinho mobiliza o *Da república*, de Cícero, a *Historia* e a *Conjuração de Catilina*, de Salústio, e a *Eneida*, de Virgílio, como obras que se iluminam reciprocamente.

[112] Cf. *Rep.*, II, vii, 13.

[113] "[...] *consilium regium*". *Rep.*, II, viii, 14.

[114] "[..] *patrum auctoritate consilioque regnavit.*". *Rep.*, II, viii, 14.

Vê-se configurado aí já um governo dotado de características próprias da constituição mista. Afinal, ao poder régio se une a autoridade dos melhores cidadãos que compõem "um conselho e/ou quase um senado"[115]. Acrescente-se o apoio da plebe, à qual Rômulo conferiu terras, rebanhos e da qual, como forma de pagamento de multas, passou a cobrar touros e carneiros em vez de aplicar-lhe suplícios corporais[116]. Assim, a monarquia sob a qual Roma é fundada não é uma forma de governo pura, pois o povo e, sobretudo, a aristocracia têm parte no governo. Rômulo fortaleceu também outro alicerce da perpetuidade de Roma: a religião. "Rômulo foi muito obediente aos áuspices, pois, por um lado, ele mesmo fundou a urbe após consultá-los iniciando a república; e, por outro, escolheu áugures, um de cada tribo, que o acompanharam com auspícios em todas as empresas públicas"[117].

Após reinado de trinta e sete anos (de 753 a 716 a. C.[118]) e a "criação destes dois firmamentos excelentes da república, os áuspices e o senado"[119], Rômulo desapareceu durante o obscurecimento súbito do Sol, de tal maneira que o elevaram ao número dos deuses, o que "nenhum mortal pode alcançar sem a distinta glória da virtude"[120]. Todos esses elementos religiosos da História de Roma – a descendência divina de Rômulo, a consulta aos áuspices, a apoteose, entre outros – não têm mera função fabular, mítica; têm função política. Conferem, afinal de contas, caráter divino à fundação de Roma, o que sanciona a pretensão dessa *res publica* à imortalidade.

---

115 "[...] *consilio et quasi senatu*". *Rep.*, loc. cit.

116 Cf. *Rep.*, II, ix, 16.

117 "[...] *nam et ipse, quod principium rei publicae fuit, urbem condidit auspicato, et omnibus publicis rebus instituendis, qui sibi essent in auspiciis, ex singulis tribubus singulos cooptavit augures.*". *Rep.*, loc. cit.

118 A inclusão da datação histórica é de minha responsabilidade, pois Cícero não a fornece com exatidão.

119 "[...] *haec egregia duo firmamenta rei publicae peperisset, auspicia et senatum*". *Rep.*, II, x, 17.

120 "[...] *nemo umquam mortalis adsequi potuit sine eximia virtutis gloria*". *Rep.*, II, x, 17.

> No âmago da política romana [...] encontra-se a convicção do caráter sagrado da fundação, no sentido de que, uma vez alguma coisa tenha sido fundada, ela permanece obrigatória para todas as gerações futuras. Participar na política significava, antes de mais nada, preservar a fundação da cidade de Roma [...] A fundação de um novo organismo político [...] tornou-se, para os romanos, o central, decisivo e irrepetível princípio de toda sua história, um acontecimento único.[121]

Desse modo, se na fundação a *auctoritas* é estabelecida a partir do *auctor*, juntamente com *exempla*, preenchidos pelos *mores maiorum*, transmitidos pela tradição, é preciso compreendê-la agora inseparável da *religio*[122], que deve ser entendida em Cícero como *religare*.

> A religião significava, literalmente, *re-ligare*: ser ligado ao passado, obrigado para com o enorme, quase sobre-humano e por conseguinte sempre lendário esforço de lançar as fundações, de erigir a pedra angular, de fundar para a eternidade. Ser religioso significava ligar-se ao passado [...]. A religião e a atividade política podiam assim ser consideradas como praticamente idênticas, e Cícero podia dizer: "Em nenhum outro campo a excelência humana acerca-se tanto dos caminhos dos deuses (*numen*) como na fundação de novas comunidades e na preservação das já fundadas" [...]. Foi nesse contexto que a palavra e o conceito de autoridade apareceram originalmente.[123]

No trecho de Cícero citado por Arendt, é importante notar a palavra *numen* porque nela se revela o sentido dos *auspices*, que, como visto, desempenharam papel decisivo na fundação de

---

[121] ARENDT, H. "Que é Autoridade?". In: ____. *Entre o passado e o futuro*, p. 162.
[122] "A derivação de *religio* a partir de *religare* ocorre em Cícero. Visto tratarmos aqui apenas com a auto-interpretação política dos romanos, a discussão acerca da correção etimológica dessa derivação é irrelevante." ARENDT, H. *Op. cit.*, p. 163[27].
[123] ARENDT, H. *Op. cit.*, p. 163.

Roma[124], e complementam o sentido de *auctoritas*. Com efeito, aquilo que os *auspices* predizem é o *numen*, "termo latino [...] quase intraduzível, e significando 'ordem divina', assim como os modos de ação divinos derivam de *nuere*, acenar aprovativamente, anuir. Desse jeito, as ordens dos deuses e toda sua interferência nos negócios humanos são restritas à aprovação ou desaprovação das ações humanas"[125]. Por consequência, todos os *auspices* remontam ao primeiro *auspicium*: aquele que recomendou, aconselhou, aprovou a Rômulo a fundação de uma *res publica*. Do mesmo modo, toda *auctoritas* remete ao primeiro *auctor*, o fundador[126]. Trata-se, assim, de uma tríade romana – religião, autoridade e tradição – cuja "força [...] repousa na eficácia coerciva de um início autoritário ao qual liames 'religiosos' reatam os homens através da tradição."[127] Essa coerção, tal como os feitos autoritários, não se refere a obrigação, ordem, violência: "Mommsen referiu-a como sendo 'mais que um conselho e menos que uma ordem; um conselho que não se pode ignorar sem risco'"[128].

A partir de agora a História Romana voltará a ser requisitada conforme os desdobramentos que se dão após a morte apoteótica de Rômulo, cujo sucessor é Numa Pompílio, um sabino que a despeito de não ser romano foi escolhido pelo povo e pela autoridade dos anciães (*patribus auctoribus*) como segundo rei de Roma

---

[124] *"Rome [...] c'est aussi le succès, exceptionnel dans l'histoire, d'un peuple qui, évidemment, porte la marque de la bénédiction des dieux."*. NICOLET, C.; MICHEL, A. *Cicéron*. p. 52.

[125] ARENDT, H. *Op. cit.*, p. 165[35]. Arendt realiza essa análise a partir de Mommsen, Th. *Roemische Geschichte*, que, como podemos ver a partir da obra do próprio Cícero (e assim também seria a partir de Salústio, Tito Lívio...), reproduz uma narração da História de Roma inventada pelos próprios romanos que estiveram em posições de poder.

[126] "E, exatamente como a origem de 'todos os *auspices* se remonta ao grande sinal pelo qual os deuses deram a Rômulo a autoridade para fundar a cidade' (Mommsen), assim também toda autoridade deriva dessa fundação, remetendo cada ato ao sagrado início da história romana e somando, por assim dizer, a cada momento singular todo o peso do passado.". ARENDT, H. *Op. cit.*, p. 165.

[127] *Ibid.*, p. 167.

[128] *Ibid.*, p. 165.

porque lhe eram atribuídas virtude e sabedoria[129]. Seu reinado foi de 716 a 674 a. C. e um de seus principais feitos foi a instituição de maior número de áuspices e de leis que estabeleciam o culto a divindades[130]. Procurou também, por meio de festas públicas, jogos, atrair os homens à brandura (*mansuetudo*) e aplacar a rudeza das armas[131]. Com isso "foram consolidados dois elementos ilustríssimos à perpetuidade da república: a religião e a clemência"[132].

Com a morte de Numa Pompílio, Túlio Hostílio, terceiro fundador e rei de Roma, foi escolhido pelo povo mediante as cúrias. Seu reinado foi de 674 a 642 a. C. e sua glória se refere sobretudo à paz e à guerra. Construiu, com despojos de guerra, o *comitium* e a *curia*, locais para assembléias do povo e do senado. Estabeleceu também meios legais para a guerra justa. Qualquer guerra podia ser declarada se sancionada pelos ritos feciais[133], pelo colegiado de vinte sacerdotes responsáveis pelo "direito das gentes"; caso contrário, era injusta e ímpia[134]. Verificada a extensão da tríade religião, autoridade e tradição com esses reis que sucederam Rômulo, Manílio interrompe a narração de Cipião e diz que "a república não rasteja, mas voa em direção ao *optimus status*"[135].

Anco Márcio, neto de Pompílio, sucede Túlio Hostílio e se torna o quarto fundador e rei de Roma, reinou de 642 a 616 a. C. e seu principal feito foi o aumento territorial da *res publica*[136]. O quinto

---

[129] Cf. CICERO. *Rep.*, II, xiii, 25.

[130] Feito do segundo fundador que Maquiavel (mais a partir de Lívio do que de Cícero) estimará como exemplo de *virtù* à altura das instituições de Rômulo, cf. *Discorsi*, I, 11.

[131] Cf. CICERO. *Rep.*, II, xiv, 27.

[132] "[...] *duabus praeclarissimis ad diuturnitatem rei publicae rebus confirmatis, religione atque clementia.*". *Rep.*, II, xiv, 27.

[133] Cf. *Rep.*, II, xvii, 31. Vale notar que a "sanção" conferida pelos feciais é a *sanctio*, substantivo derivado do verbo *sancio*: ato de tornar sagrado, consagrar, autorização divina dos negócios humanos, auspício.

[134] "[...] *id iniustum esse atque inpium iudicaretur*". *Rep.*, loc. cit.

[135] "[...] *neque [...] serpit sed volat in optimum statum* [...] *res publica.*". *Rep.*, II, xviii, 33.

[136] Cf. *Rep.*, II, xviii, 33.

e próximo rei é etrusco, Lúcio Tarquínio, nascido na Tarquínia, cidade na qual Damarato se estabeleceu após fugir da tirania de Corinto. Damarato conferiu aos seus dois filhos "todas as artes e a disciplina dos gregos"[137], de tal maneira que Lúcio Tarquínio se tornou facilmente cidadão e se fez "conselheiro"[138] do rei Anco. Com a morte deste, foi escolhido pelo povo como rei e duplicou o número dos *patres*: "aos antigos, aos quais pedia a opinião preferencialmente, chamou de pais maiores do povo; aos admitidos por ele, de menores."[139] Constituiu também a ordem equestre, obteve realizações bélicas, construiu um templo aos deuses. O reinado de Lúcio Tarquínio durou de 616 a 578 a. C..

Sérvio Túlio, também etrusco, foi o sexto rei de Roma, mas o primeiro a governar sem a autorização do povo após Lúcio Tarquínio ter sido morto pelos etruscos. Confirmou-se rei por meio de lei criada por ele mesmo e reinou de 578 a 534 a. C.. Foi o responsável pela divisão do povo romano em cinco classes após destacar deste um grande número de cavaleiros e distribuí-los em dezoito centúrias, que eram as mais abastadas. O intuito era que os sufrágios fossem determinados pelos cidadãos opulentos[140]. O que começa a se dar com Sérvio (e se efetivará com Tarquínio, o Soberbo) é a predominância de um dos três elementos políticos que, se reunidos equilibradamente, resultam no *optimus status civitatis*.

> Esses (elementos) estiveram misturados mas nunca equilibrados em nossa cidade, na Lacedemônia e em Cartago. Com efeito, em uma república na qual um homem tenha o poder perpétuo, principalmente como rei, embora haja senado, como houve em Roma quando existiam reis [...] e embora haja também

---

[137] *"Omnibus eos artibus ad Graecorum disciplinam erudiit". Rep.*, II, xix, 34.

[138] "[...] *facile in civitatem receptus esset, propter humanitatem atque doctrinam Anco regi familiaris est factus usque eo ut consiliorum omnium particeps et socius paene regni putaretur.". Rep.*, II, xx, 35.

[139] "[...] *antiquos patres maiorum gentium appellavit, quos priores sententiam rogabat, a se adscitos minorum.". Rep.*, II, xx, 35.

[140] "[...] *suffragia non in multitudinis sed in locupletium potestate essent". Rep.*, II, xxii, 39.

> algum direito do povo, como houve junto dos nossos reis, o título de rei, porém, sobressai, e nem pode uma república dessa forma não ser e não se chamar monarquia.[141]

Durante certo período, Tarquínio, o Soberbo (sucessor de Sérvio, sétimo e último rei de Roma, que reinou de 534 a 509 a. C.) realizou alguns feitos, como a fundação de colônias, a conquista de todo Lácio, notável expansão territorial. Contudo, pela impunidade para com o filho mais velho relativamente à desonra[142] e consequente suicídio de Lucrécia, têm início as mudanças daquele "ciclo, cujo movimento natural e circular devemos aprender a reconhecer"[143]. De fato, aqui se dá o fim da monarquia romana. O sétimo rei de Roma se transformou em um tirano[144] e a república foi corrompida porque a reunião de homens por "consentimento jurídico e utilidade comum"[145] foi desrespeitada. Com tal desrespeito, esse tirano infringiu sua *humanitas*[146]. "Com efeito, quem chamaria corretamente homem a esse que com os próprios concidadãos,

---

[141] "[...] *ita mixta fuerunt et in hac civitate et in Lacedaemoniorum et in Karthaginiensium, ut temperata nullo fuerint modo. nam in qua re publica est unus aliquis perpetua potestate, praesertim regia, quamvis in ea sit et senatus, ut tum fuit Romae cum erant reges* [...] *et ut sit aliquod etiam populi ius, ut fuit apud nostros reges, tamen illud excellit regium nomen, neque potest eius modi res publica non regnum et esse et vocari.*". *Rep.*, II, xxii, 42-43.

[142] No que nos restou do diálogo *Rep.*, o estupro e suicídio de Lucrécia são abordados de modo ainda mais inessencial – diante do plano essencial da transição republicana de Roma – do que ocorre em Tito Lívio. Para uma abordagem feminista historiograficamente muito documentada (mobilizando também a recepção crítica de Agostinho dessas narrativas em *DCD*, I, xix, no contexto de uma *consolatio* agostiniana realizada às cristãs estupradas durante a invasão de Roma em 410), cf. AYOUB, C. N. A. "Agostinho contra Tito Lívio: pudor, estupro e suicídio feminino". *Dissertatio*, vol. supl. 10, 2020, p. 251-370. Disponível em: https://periodicos.ufpel.edu.br/ojs2/index.php/dissertatio/article/view/20227 (Acesso em 28/02/2021).

[143] "[...] *orbis, cuius naturalem motum atque circuitum a primo discite adgnoscere.*". *Rep.*, II, xxv, 45.

[144] Cf. *Rep.*, II, xxvi, 47.

[145] Cf. *Rep.*, I, xxv, 39.

[146] Sobre o abrangente sentido de *humanitas* para além do referenciado aqui, cf. VEYNE, P. "*Humanitas*: romanos e não romanos".

que, enfim, com todo o gênero humano, não quer nenhuma comunidade de direitos, nenhuma associação de humanidade?"[147].

O tripé sobre o qual Roma foi edificada — religião, autoridade e tradição — foi posto em questão. Tratava-se, assim, de re-fundar a república, re-fundar uma comunidade de homens com interesses públicos e consentimento jurídico; em devendo salvaguardar Roma, "ninguém é cidadão privado [dos negócios públicos] quando se tem de preservar a liberdade dos cidadãos"[148]. Lúcio Júnio Bruto, apoiado por muitos concidadãos, expulsa de Roma toda linhagem dos Tarquínios e dá início à re-fundação de Roma juntamente com Públio Valério, viúvo de Lucrécia.

A re-fundação de uma comunidade de direitos e interesses é o fim da monarquia romana e início do período republicano (aristocrático) de Roma, com duração de 509 a 27 a. C., mas com intervalos de descontinuidades. Os primeiros cônsules, Lúcio Júnio Bruto e Lúcio Tarquínio Colatino, governaram por brevíssimo período (menos de um ano). Logo na sequência, tornaram-se cônsules Públio Valério e Espúrio Lucrécio, cujo poder se dá a par da autoridade do senado[149], traço de quase todo o período republicano. Algumas décadas após a criação dos cônsules, "contra o poder consular [...] são instituídos os tribunos da plebe"[150], e assim a República continua à procura do "equilíbrio [...] entre direitos, deveres e funções, de modo que haja o bastante de poder nos magistrados, de autoridade no senado (conselho dos principais) e de liberdade no povo"[151]. Assim, o poder dos cônsules passa

---

147 "[...] *quis enim hunc hominem rite dixerit, qui sibi cum suis civibus, qui denique cum omni hominum genere nullam iuris communionem, nullam humanitatis societatem velit?*". CICERO. *Rep.*, II, xxvi, 48.

148 "[...] *in conservanda civium libertate esse privatum neminem*". *Rep.*, II, xxv, 45. Colchetes meus.

149 Cf. *Rep.*, II, xxxii, 56.

150 "[...] *contra consulare imperium tribuni plebis* [...] *constituti.*". *Rep.*, II, xxxiii, 58.

151 "[...] *aequabilis [...] conpensatio sit et iuris et officii et muneris, ut et potestatis satis in magistratibus et auctoritatis in principum consilio et libertatis in populo sit*". *Rep.*, II, xxxiii, 57.

a ser temperado também por duas espécies de assembleias ou parlamentos, o senado e a tribuna da plebe.

Passadas mais algumas décadas, os cônsules e os tribunos abdicaram para que dez magistrados, os decênviros, governassem e escrevessem as leis. Dez tábuas de leis foram escritas e esses decênviros transmitiram a autoridade a outros dez varões, que escreveram mais duas tábuas, porém injustas com a plebe, que, por exemplo, ficou proibida de contrair matrimônio com patrícios. "Governaram o povo com todo poder e concupiscência, assim como com crueldade e avareza"[152]. É a oligarquia, assim, que se constitui em Roma na sucessão dos decênviros. Infelizmente grande trecho da obra se perdeu a partir daqui, de sorte que após a lacuna o diálogo tem continuação com a explicação de Cipião a Tuberão sobre por que se utilizou de Roma em seu discurso.

> Se usei o exemplo de nossa cidade, não foi com o fim de definir o melhor governo (pois isso pode ser realizado sem exemplo), mas para distinguir realmente com a maior cidade entre todas a natureza daquilo descrito pela razão e discurso. Mas, por outro lado, se procuras o próprio gênero do melhor governo na ausência do exemplo de algum povo, devemos utilizar a imagem da natureza.[153]

Assim, se pela História de Roma não se verifica um *optimus status civitatis* efetivo, dado que o equilíbrio de poder constitutivo do governo misto nunca foi pleno e por vezes atravessou períodos de ameaça, verifica-se, todavia, uma trajetória em direção àquela excelência. A possibilidade se dá por meio das singulares

---

[152] "[...] *libidinoseque omni imperio et acerbe et avare populo praefuerunt.*". *Rep.*, II, xxxvii, 63.

[153] "[...] *exemplo nostrae civitatis usus sum, non ad definiendum optimum statum valuit (nam id fieri potuit sine exemplo), sed ut civitate maxima reapse cerneretur, quale esset id quod ratio oratioque describeret sin autem sine ullius populi exemplo genus ipsum exquiris optimi status, naturae imagine utendum est nobis*". *Rep.*, II, xxxix, 66.

características fundadoras retomadas por inúmeros varões ao longo da história para preservar Roma como *civitas* na qual exista certo equilíbrio entre o poder régio, aristocrático e popular.

Eis por que Roma almeja ser perpétua ou eterna[154] e não experimentou formas puras de governo senão em poucas ocasiões de crise, como a tirania de Tarquínio, o Soberbo, ou a oligarquia dos decênviros. Ou melhor, Roma, tanto no período monárquico quanto no aristocrático, como pode ser entendido o consular, não foi puramente régia nem aristocrática. Ora, desde a fundação o poder não está concentrado nem no rei nem nos *optimates* nem no povo. Apresenta, entretanto, uma sucessão de formas de governo que, se não são puras, têm predominância sobre outras. Roma nasce monárquica, experimenta breve tirania, torna-se aristocrática, experimenta a oligarquia dos últimos decênviros e, como há uma lacuna no texto, a partir daí não se sabe se a sucessão de formas de governo teria continuidade ou não segundo a narrativa ciceroniana. Possivelmente a história apresentaria termo em uma crise da *res publica*, que daria sentido à afirmação de que "por causa de nossos vícios, não por algum acaso, da república mantemos a palavra, mas a própria coisa já perdemos há muito tempo."[155] Essa hipótese, de qualquer maneira, para Cícero não refuta as características excelentes de Roma. Pelo contrário, o diálogo mesmo se apresentaria como tentativa de re-fundação, como exaltação da *libertas* de romper com qualquer processo de corrupção[156].

É problemática, por consequência, a afirmação de um necessário retorno cíclico à corrupção. Afinal, a república, na medida em

---

[154] "[...] *debet enim constituta sic esse civitas ut aeterna sit*". *Rep.*, III, xxiii, 34.

[155] "*Nostris enim vitiis, non casu aliquo, rem publicam verbo retinemus, re ipsa vero iam pridem amisimus.*" CICERO. *Rep.*, V, i, 1-2; AUGUSTINUS. *DCD*, II, xxi, 3.

[156] Roma, afinal de contas, encontrava-se à época da redação de *Rep.* atravessada por dissensões políticas e sociais, dentre as quais sobressai a contenda entre César e Pompeu. Cf. LACEY, W. K.; WILSON, B. W. J. G. *Res publica – Roman politics and society according to Cicero*; ALFÖLDY, G. "A Crise da República e a Sociedade Romana".

que se edifica sobre a tríade religião, autoridade e tradição e, dessa forma, consolida-se como "coisa do povo", realiza um desenvolvimento ou "progresso" semelhante ao que se pode vislumbrar na natureza, da qual é parte. Ao admitir a hipótese de que, desde o princípio, Roma detenha elementos de governo misto, é preciso notar que "não é [...] porque Roma existe que a constituição mista é a melhor entre todos os regimes políticos, mas [...] inversamente" ela é "a presença na história desse *optimus status civitatis*."[157] Não é fortuito o fato de Cipião voltar-se à natureza após tratar de Roma. Ele mesmo já havia prenunciado o paralelo entre Roma e a natureza quando disse que mostraria a maneira como a *res publica* "progride [...] e chega à melhor forma de governo por caminho e curso **naturais**"[158]. Roma, dessa maneira, alcançou o estado de excelência por incorporar um processo de "evolução em direção à perfeição que caracteriza a natureza inteira"[159]. Infelizmente também se perderam as páginas nas quais essa relação com a natureza foi desenvolvida, mas Lévy arrisca-se a reconstituir o texto com auxílio da *scala naturae*, presente no livro IV de *De finibus*, dizendo que

> a apresentação naturalista, biológica, da evolução de Roma deve, para ele (Cipião) conduzir ao mesmo resultado do método platônico, que procura descrever uma essência atemporal. É portanto muito provável que na passagem perdida Cícero adotasse o mesmo modelo evolucionista e mostrasse como, na natureza, existe a gradação do mundo vegetal ao reino animal e deste para a razão humana, culminando com a sabedoria.[160]

---

[157] *"N'est (donc) pas parce que Rome existe que la constitution mixte est le meilleur de tous les régimes politiques, mais* [...] *l'inverse* [...] *la présence dans l'histoire de cet* optimus status civitatis.". LÉVY, C. *Cicero Academicus*, p. 505.

[158] *"Progredientem* [...] *atque in optimum statum* ***naturali*** *quodam itinere et cursu venientem.*". CICERO. *Rep.*, II, XVI, 30 (Grifo nosso).

[159] *"Évolution vers la perfection qui caractérise la nature tout entière"*. LÉVY, C. *Op. cit.*, p. 506.

[160] *"La présentation naturaliste, biologique, de l'evolution de Rome doit (donc) pour lui aboutir au même résultat que la méthode platonicienne, qui cherche*

Vê-se, desse modo, que "história" e "natureza" são indissociáveis em Cícero. O movimento da história é análogo ao da natureza e é consequência dela, uma vez que esta determina que o homem tenha tendência natural (*oikeíosis*) a constituir cidades e, por meio dessas, efetuar a história. "Somos aptos por natureza a constituir grupamentos, assembleias, cidades"[161], porque há uma sociabilidade e eticidade natural no homem, que o inclina ao viver em comum "natural e não utilitariamente"[162]. Pela racionalidade, o homem é capaz de saber o que é justo, agir conforme as prescrições da natureza, conforme o *mos maiorum*, presente nos *exempla* daqueles que agiram segundo a razão reta[163]. "O *mos maiorum* e a legislação na qual aquele se exprime são, em primeiro lugar,

---

*à décrire une essence intemporelle. Il est donc fort vraissemblable que dans le passage perdu Cicéron adoptait le même modèle évolutionniste et qu'il montrait comment, dans la nature, il y a gradation du monde végétal au règne animal et de celui-ci à la raison humaine, culminant avec la sagesse.*". LÉVY, C. *Op. cit.*, loc. cit. Sobre o naturalismo de Cícero, Lévy compartilha do parecer de Rambaud quando este diz que "*pour tracer le tableau de la constitution parfaite, Cicéron a regardé les faits, l'exemple inspirant et remplaçant la doctrine, et c'est ici la manière de les considérer qui importe - il a vu l'État romain, ce modèle parfait, comme un être vivant dans sa naissance, sa croissance, son âge adulte et sa force*". RAMBAUD, M. *Cicéron et l'Histoire Romaine*, p. 89. Revelli também comparte tal parecer quando cita Carlyle para afirmar uma "'*concezione della constituzione dello Stato come sviluppo organico, in contrapposizione con lo sviluppo di esso come prodotto meccanico'; nel grande campo cioè delle concezioni naturalistiche e organicistiche dello Stato, frontalmente opposte all'altro grande filone di pensiero artificialistico e convenzionalista che concepisce invece la formazione collettiva come prodotto di consapevole e razionale adesione dei singoli.*" REVELLI, M. *Cicerone, Sant'Agostino, San Tommaso*, p. 27. O mesmo percurso "evolutivo" da natureza à razão e à moral encontra-se sinteticamente em *Tusculanas*, V, xiii, e nas exposições mais vagarosas da doutrina estoica em *De finibus bonorum et malorum*, IV, e em *De natura deorum*, II.

[161] "*Natura sumus apti ad coetus, concilia, civitates*". CICERO. *De finibus*, III, XIX, 62-63. Cf. *De officiis*, I, IV, 12; LÉVY, C. *Op. cit.*, p. 526-528.

[162] "*Naturalmente e non utilitaristicamente*". REVELLI, M. *Op. cit.*, p. 29.

[163] O que está por trás dessa consideração ciceroniana é sua concepção, devedora ao estoicismo, de que a natureza é impregnada de razão, de que a razão universal é imanente. Sobre o tema, cf. REVELLI, M. "L''essenza' della politica". *Cicerone, Sant'Agostino, San Tommaso*; VELÁSQUES, O. "La conexión romana: la divinidad de Cicerón". In. GRAMMATICO, G; CAJAS, H. H. *Cicerón, un alma ardiente.*

o resultado de lenta elaboração humana; trata-se de demonstrar que nessa está manifestada a racionalidade da natureza"[164].

Bem entendido, a religião, a autoridade e a tradição preenchem o *mos maiorum* e são extensão da natureza na medida em que tiveram origem em feitos e obras e palavras de varões que agiram em conformidade com a sua *humanitas*. "Nossa república [...] não pela inteligência de um só, mas pela de muitos, não por uma única vida de homem, mas por vários séculos e gerações foi constituída"[165]. Permanece a incógnita e a inconsistência sobre por que a natureza elegeu exclusivamente homens e não mulheres para a nobre tarefa de edificar a cidade eterna. Seja como for, segundo a mitologia ciceroniana, estar em conformidade com a *humanitas* e, portanto, com a natureza pode ser ainda melhor compreendido a partir da concepção de direito natural apresentada no livro III *Da república* que, além do mais, permitirá retomada da reflexão sobre o sentido de adição e/ou consecução da conjunção *et* que articula na definição de *populus* as duas condições (*iuris consensus et utilitatis communio*).

## A DEFINIÇÃO DE *POPULUS* E A CONJUNÇÃO *ET*

> A verdadeira lei é a razão reta conforme a natureza, difundida em todos, inabalável, eterna, que ordenando chama ao dever (*officium*), proibindo, desvia-se do erro; todavia, nem ordena nem proíbe em vão os probos, nem move os ímprobos ordenando ou proibindo. Não é lícito (*fas*) que essa lei seja ob-rogada, nem que ela seja derrogada, nem ab-rogada; tampouco podemos ser isentados dessa lei pelo senado ou pelo povo,

---

[164] *"Le* mos maiorum *et la législation dans laquelle celui-ci s'exprime sont d'abord le résultat d'une lente élaboration humaine et il s'agit donc de démontrer que dans celle-ci s'est manifestée la rationalité de la nature"*. LÉVY, C. *Op. cit.*, p. 518.

[165] *"Nostra [...] res publica non unius esset ingenio sed multorum, nec una hominis vita sed aliquot constituta saeculis et aetatibus"*. CICERO. *Rep.*, II, I, 2.

> e também não devemos procurar outro comentador ou intérprete dela; nem existirá uma lei em Roma, outra em Atenas, uma agora, outra depois, mas apenas uma única lei, eterna e imutável, abrangerá todos os povos e todo o tempo, e deus será o único, por assim dizer, mestre e imperador de todos: autor, juiz e promulgador dessa lei. Quem não a cumprir se afastará da própria natureza de homem e rejeitará essa natureza; por isso, sofrerá enormes punições.[166]

Antes de esgotar todos os conceitos dispostos na citação acima, para os meus objetivos interessa observar certa relação entre "divindade", "natureza", "lei/direito", "razão" e "cidade". A *vera lex*, imutável e eterna, revela concepção de "direito natural" (*ius naturale*), que parece confundir-se com "direito universal" (*ius universi*). Em doutrina estoica, identificar "natureza" e "universo" significa afirmar traço sagrado de todo o cosmo. Com efeito, a Razão universal (*lógos, ignis*) gera e preenche toda a natureza ordenando-a racionalmente. O ser humano, como *particula* da perfeição que é a natureza, contém em si a Lei e cumpre-a segundo certo instinto natural ou *hormê*: espontaneidade cujo descumprimento significa rejeição da própria natureza.

Nesse sentido, torna-se patente que "o *ius* a que se refere o *iuris consensus* da definição de *res publica* é o *ius naturale*"[167],

---

[166] "[...] *est quidem vera lex recta ratio, naturae congruens, diffusa in omnes, constans, sempiterna, quae vocet ad officium iubendo, vetando a fraude deterreat, quae tamen neque probos frustra iubet aut vetat, nec improbos iubendo aut vetando movet. Huic legi nec obrogari fas est, neque derogari aliquid ex hac licet, neque tota abrogari potest, nec vero aut per senatum aut per populum solvi hac lege possumus, neque est quaerendus explanator aut interpres eius alius [Sexto Aelius], nec erit alia lex Romae, alia Athenis, alia nunc, alia posthac, sed et omnes gentes et omni tempore una lex et [ut] sempiterna et immutabilis continebit, unusque erit communis quasi magister et imperator omnium deus: ille legis huius inventor, disceptator, lator; cui qui non parebit, ipse se fugiet, ac naturam hominis aspernatur hoc ipso luet maximas poenas*". CICERO. *Rep.*, III, xxii, 33.

[167] "*Lo* ius *cui si riferisce lo* iurus consensus *della [sua] definizione di* res publica, *è lo* ius naturale.". REVELLI, M. *Op. cit.*, p. 27-8.

bem como a realização da *res publica* e do *ius civitatis* é cumprimento e extensão da própria natureza. Decerto, o *ius civitatis*, como *ius*, assenta-se sobre o *ius naturale*. Melhor dizendo, a inclinação humana para a constituição de cidades, para a prática de virtudes, é uma espécie de instinto[168], espontaneidade cujo descumprimento significa nada mais nada menos do que rejeição da própria natureza. Assim, na medida em que aos deuses cumpre a gênese da natureza, aos homens cumpre a fundação de *civitates* e de todas as instituições e artefatos criados em função dela. Desse modo, os homens concorrem[169] juntamente com a Razão universal, fogo (*ignis*) a partir do qual todos os seres são gerados, e agem à maneira de um artista na gênese de sua obra[170]. Trata-se, por

---

[168] Sobre a reflexão e traduções que Cícero faz de *hormê*, cf. *De natura deorum*, II, xxii. A entender "instinto" como *hormê*, Paul Veyne observa, a partir de Brad Inwood, que o sentido de *hormê "est bien plus général que ceux de 'tendance', d''instinct', d''inclination'"*. VEYNE, P. "Passion, perfection et âme matérielle dans l'utopie stoïcienne et chez saint Augustin". In: ____. *L'empire Gréco-romain*, p. 684[1].

[169] *"Significa infatti questa affermazione che la natura contiene di per sè un piano razionale, un ordine, al quale l'uomo è per natura dotado di ragione può attingere e spontaneamente conformarsi? O significa al contrario che l'uomo è per natura dotado di ragione e come tale può ordinare razionalmente il mondo? Nell'un caso la ragione umana non serebbe che lo strumento di* comprensione *della ragione universale; nell'altro ne diverrebbe lo strumento di* produzione.". REVELLI, M. *Op. cit.*, p. 47. Tal como Revelli e Guido Fassò, sobre o qual aquele se opoia, proponho uma leitura de Cícero que desfaz a disjuntiva acima. A sequência da argumentação pretende explicitar isso.

[170] "[...] *quodque in operibus nostratum artium manus efficiat id multo artificiosum naturam efficere, id est ut dixi ignem artificiosum magistrum artium reliquarum. Atque hac quidem ratione omnis natura artificiosa est, quod habet quasi viam quamdam et sectam quam sequatur.*". CICERO. *De natura deorum*, II, xxii. A mobilização do livro II de *De natura deorum* se dá a partir da consideração tradicional, conforme Grimal, Pöschl, Revelli, Watson e outros, de que Cícero em *De re publica* admite elementos do estoicismo em consonância com seus conceitos políticos e morais. Watson, por exemplo, diz que *"the leading proponent of the importance of the development of a law for all men is Cicero. And the main source for the ideas of Cicero on this matter was Stoic philosophy."* WATSON, G. "The Natural Law and Stoicism", p. 225. Conforme o propósito deste livro, vale considerar ainda que o próprio Agostinho compreendia Cícero mais como estoico do que cético acadêmico. *"Cicero in pluribus fuisse Stoicum quam veterem Academicum vult videri."*. AUGUSTINUS. *DCD*, XIX, iii, 2.

conseguinte, de o homem imitar[171] os deuses pela capacidade de criação, geração, fundação (*agere*[172]).

Eis por que o *optimus status civitatis* é aquele que confere perpetuidade para as duas condições de "povo". Ora, uma *diuturna res publica* é a realização de uma obra dotada de imortalidade, ou seja, de característica divina. A investigação acerca da melhor forma de governo é, pois, a procura de uma forma excelente de cidade na qual e pela qual o homem possa melhor realizar a sua *humanitas* e, por consequência, "produzir na natureza, por assim dizer, uma segunda natureza"[173]. Conforme interpreto, a justiça é *conditio sine qua non*[174] de uma república, de sorte que uma constituição política que padeça de instabilidade e corrupção é uma cidade em ruínas cujos cidadãos não lograram o cumprimento da natureza, da razão e do direito, isto é, do *ius civitatis* em adequação com *ius naturale* ou *universi* (cuja intuição antejudicativa permanece um mistério, principalmente aos povos colonizados ou exterminados, como os cartagineses!).

Neste ponto podemos tocar outro sentido que o conceito de *libertas* adquire em Cícero. Além de significar capacidade de fundação, de ação inaugural, também quer dizer nesse médio

---

[171] Cf. GRAMMATICO, G. "El príncipe como espejo del dios en *La República* de Cicerón".

[172] *"Nec sane multum interest utrum id neget an eos omni procuratione atque actione privet; mihi enim qui nihil agit esse omnino non videtur."*. CICERO. *De natura deorum*, II, xvi. "Agir" em latim pode ser expresso por duas palavras que têm, não obstante, sentidos diferentes e complementares. "*Agere*: pôr alguma coisa em movimento; e *gerere*, que é de árdua tradução e que de certo modo exprime a continuação permanente e sustentadora de atos passados cujos resultados são as *res gestae*, os atos e eventos que chamamos de históricos. Em ambos os casos, a ação ocorre em duas etapas diferentes; sua primeira etapa é um começo mediante o qual algo de novo vem ao mundo." ARENDT, H. "Que é Liberdade?". In: ____. *Entre o passado e o futuro*, p. 214. Vale ressaltar que essas duas modalidades de ação correspondem ao que, em grego, é expresso por *árkhein* e *práttein*.

[173] "[...] *in* [...] *natura quasi alteram naturam efficere*". CICERO. *De natura deorum*, II, lx.

[174] *"In Cicerone* [...] *l'elemento* giustizia *si pone costitutivo del politico, come* conditio sine qua non.". REVELLI, M. *Op. cit.*, p. 26.

estoicismo político a um só tempo ausência de perturbações ou paixões na alma. Não se trata de um sentido de "liberdade interior"[175], conforme acepção tradicional no estoicismo[176], que poderia ser cumprida sem engajamento nos assuntos da cidade. Ao contrário, parecem conviver em Cícero tanto o sentido de *libertas* como capacidade de criar o novo, como o de ser livre de paixões, que é uma condição da vida política na medida em que apenas é capaz de praticar a virtude da justiça quem não for arrastado por perturbações anímicas ou movimentos passionais. Ora, se a prática da justiça é concebida como o acordo do homem com a natureza, que é o próprio *lógos*, então cabe a ele transfigurar-se em pura razão[177], ascender em direção à *apatia*. É nesse sentido que ser virtuoso significa não dar assentimento a nada que perturbe a reta razão[178], de forma que um cidadão justo, por exemplo, não sofre o desejo de se tornar tirano porque não apreende as riquezas como bens humanos, ou seja, abaixo dos bens divinos que é a glória da virtude[179].

A excelência da tarefa humana de empreender *civitates* explicita, contudo, não apenas estrita observância da virtude da justiça, expressa pelo estabelecimento do *iuris consensus*, mas também pela instituição de uma outra condição: a "utilidade comum". A entender, como vimos, tal condição como "utilidade pública", "comum", em detrimento de "utilidade privada", "consentimento de direito" pode ser estabelecido sem obscurecimento de "utilidade

---

175 ARENDT, H. "Que é Liberdade?". In: ____. *Entre o passado e o futuro*, p. 192. Cf. AUBENQUE, P. "As filosofias helenísticas: estoicismo, epicurismo, ceticismo", p. 168.

176 O homem, afinal, pode ser livre ainda que sua condição seja a de escravo (o exemplo paradigmático será sempre o de Epicteto).

177 "[...] *transmutation intime qui transfigurerait l'individu tout entire en pure raison.*" VEYNE, P. "Passion, perfection et âme matérielle dans l'utopie stoïcienne et chez saint Augustin". In: ____. *L'empire Gréco-romain*, p. 691.

178 "[...] *est* [...] *vera lex recta ratio*". CICERO. *Rep.*, III, xxii, 33.

179 "*Vult paene [plane] virtus honorem, nec est virtutis ulla alia merces* [...] *quam tamen illa accipit facile, exigit non acerpe* [...] *huic tu viro quas divitias obicies? Quae imperia? Quae regna? Qui ista putat humana, sua bona divina iudicat*". CICERO. *Rep.*, III, xxviii, 40.

privada"? Inversamente, o obscurecimento de "utilidade privada", em proveito da "utilidade pública", pode ser instituído sem "consentimento de direito"? O problema acerca do sentido da conjunção *et*, mais uma vez, é recolocado.

O médio estoicismo assimilado por Cícero concede, porém, compreensão da articulação entre *iuris consensus* *et* *utilitatis communio*. Consoante à asserção de que o cumprimento da *vera lex* se dá por meio da fundação e/ou da preservação de *civitates*, qualquer ato fundador estabelece, a um só tempo, *iuris consensus* e *utilitatis communio*. Se o *ius* de *iuris consensus* é o *ius naturale*, ele é a estrita observância da *vera lex* e seu cumprimento exige mesmo a *utilitatis communio*, uma vez que a observância da lei precisa ser comum, pública, universal. "Consentimento de direito" e "utilidade comum" são, por conseguinte, duas condições cujo cumprimento deve ser simultâneo, para que exista *populus*. Afinal, é impossível um conjunto de homens estabelecer antes "consentimento de direito" **e**, depois, "utilidade comum".

Estaríamos com isso concedendo primazia a *iuris consensus*, em detrimento de *utilitatis communio*? Não, pois tanto quanto o *iuris consensus* implica a *utilitatis communio*, esta implica aquele. Mais precisamente, *iuris consensus* e *utilitatis communio* são indissociáveis, porque se o homem é *particula* da Razão universal, e se a *vera lex* é a *recta ratio*, então a associação por "utilidade comum" é perfeitamente racional e justa: estabelecida pela justeza ou harmonia do homem com a natureza, guarda o *ius naturale*. Mas se é assim, cabe perguntar: as duas condições articuladas pela conjunção *et* constituem a *res* de um *populus*, a *res populi*? Se sim, na definição de *populus* já se encontra a de *res publica*, e de fato uma parece estar implicada na outra. Desse modo, o que a definição de *populus* é explicitativa do que está contido em *res publica*. Melhor dizendo, se *res publica* é *res populi*, *populus* é ***coetus multitudinis re sociatus***: aí, bem como em *res publica*, *res* substitui e contém *iuris consensus* *et* *utilitatis communio*. Por conseguinte, as definições de *res publica* e *populus* são intercambiáveis, uma se encontra implicada na outra, uma explicita a outra. Assim, obviamente não há "república" sem "povo", nem "povo" sem "república": a fundação e ruína de um é simultaneamente a do outro, o que elimina também a hipótese de que a instituição de *populus* seria anterior à da *res publica*.

Cícero, assim, teria expressado certa redundância na definição de *populus*? Ou melhor, retornando à articulação entre as duas condições para uma multidão conquistar estatuto de "povo", se uma é indissociável da outra, expressar uma única das duas condições articuladas pela conjunção *et* teria sido suficiente para defini-lo? Essas duas condições seriam redutíveis uma à outra? Não, pelo menos por duas razões. Em primeiro lugar, porque, a partir da leitura de *De re publica*, III, podemos compreender ambas as condições implícitas uma na outra, o que, todavia, não quer dizer que uma condição seja redutível à outra: uma condição encontrar-se implícita na outra deve ser entendido como implicação recíproca e complementar estabelecida entre elas, não como redutibilidade.

Em segundo lugar, porque antes do livro III não há notícias da implicação recíproca das condições da definição; com efeito, mediante os livros I e II sequer sabemos se os conceitos de direito (*ius*) e justiça (*iustitia*) têm fundamento naturalista e intelectualista (*lex naturale* = *recta ratio*). Por consequência, a *utilitatis communio*, por um lado, precisa estar presente na definição de *populus*, precisamente para demarcar que não se trata de *iuris consensus* estabelecido por via de coerção ou convenção[180], nem para a utilidade privada de um grupo de oligarcas ou tirano. Por outro lado, o *iuris consensus* também precisa estar expresso, porque apenas a *utilitatis communio* não diz se o útil deve coincidir com o direito, nem se o útil e o honesto guardam identidade (como é o caso em Cícero, desenvolvido sobretudo em *De officiis*), nem se o útil é regulado pelo direito em direção a um fim. Não por acaso,

[180] Ainda que a integridade da obra *Rep.* tenha se perdido, sustento a hipótese interpretativa de conjunto da obra até o livro III, porque se a discussão sobre o direito por coerção ou convenção tivesse tido solução nos livros I e II, ela não teria emergência no III como principal problema de discussão.

todas as constituições de cidade marcadas por leis tirânicas, ou oligárquicas e por vantagens privadas são corrompidas.

Além disso, a disposição das duas condições na definição ainda nos indica o itinerário argumentativo da obra *De re publica*, pelo menos até o livro III. Afinal, após o empreendimento da definição (livro I), segue-se visão histórica de frágeis *iuris consensus* e falsas *utilitatis communiones*[181], o que permite conceber Roma com traços do *optimus status civitatis* (livro II), e, disso, a discussão sobre o fundamento naturalismo e intelectualismo da lei é encaminhada (livro III). Assim, a estrutura da definição de *populus* delineia pelo menos a estrutura inicial de *De re publica*, de sorte que

---

[181] Em um artigo de fôlego impressionante sobre *Rep.*, I, 39, Mânlio Aguiar, no contexto de argumentar por que Cícero não está interessado em um "estado ideal", diz: "Menos crível – na verdade, contra textual - ainda interpretar simultaneamente que Cícero fala de uma [*sic*] *optimo status civitatis* (ou *res publica*) eterna, guiada pelo direito natural (como em Silva Filho, Luiz Marcos da. "A conjunção *et* na definição ciceroniana de *populus*" [...])." AGUIAR, "Sobre a Definição de *Res Publica* em Cícero (Rep. 1.39)", p. 163[70]. Na verdade, em nenhum lugar sustento que Cícero teorize em *Rep.* um "estado ideal" ou fale de "ideia" ou *eidos*. Além disso, contratextual é dizer que Cícero não diz com todas as letras que o fim da *res publica* é ser eterna, obviamente no sentido de perpetuidade ou perenidade histórica: "[...] *ut diuturna sit*" (*Rep.*, I, xxvi, 41); "[...] *debet enim constituta sic esse civitas, ut aeterna sit.*" (*Rep.*, III, xxiii, 34); "[...] *rei publicae* [...] *poterat esse perpetua*" (*Rep.*, III, xxix, 41). Ademais, parece contratextual também não entender que o *optimus status civitatis* ou governo misto é a "melhor/excelente/ótima forma de governo/comunidade política" porque é capaz de conferir perpetuidade para as condições (*iuris consensus et utilitatis communio*) sem as quais uma *multitudo* não guarda estatuto de *populus*. Em outras palavras, parece contratextual não entender que a melhor forma de governo/comunidade política é a melhor porque escapa ao ciclo de geração e corrupção das formas puras de governo e não entender que isso significa conquistar perpetuidade histórica. No mais, as abordagens da obra *Rep.* minha e a de Aguiar são compreensivelmente incomensuráveis em muitos aspectos também por questão de método, pois o que proponho é primordialmente uma reconstrução teórica da narração, argumentação, conceitos e problemas do diálogo a partir de sua imanência, ao passo que Aguiar recorre reiteradamente a uma abordagem contextualista e genética de explicação da obra a partir de dados e notícias (sobretudo biográficos e da história das instituições da época) que a transcendem, embora seja cogente e justo reconhecer que Aguiar desenvolve também análises do texto latino a partir de sua imanência filosófica e filologicamente brilhantes.

a desatenção a cada uma das condições e à conjunção *et*, que lhes relaciona as expressões, significa recusa de compreensão da própria definição e da obra. Nesse sentido, "a definição desempenha função completamente específica no diálogo: a de operar como *critério de legitimidade*, [...] para fornecer os motivos de distinguir constituições/*politeiai*/organizações/'regimes' [...] legítimos de ilegítimos"[182].

* * *

Em suma, a concepção de história de Cícero, pela qual é apresentada a evolução natural e histórica de Roma, guarda como fundamento sua definição de *res publica* e *populus*. Toda a história é a narração da conservação, crises e evolução da "união de inumeráveis homens por consentimento jurídico e utilidade comum"[183]. As duas condições dão progressivamente forma a um governo misto que é definido pelo equilíbrio dinâmico de poderes entre monarquia, aristocracia e povo e teve sanção divina desde sua fundação. Como visto, a História de Roma também é uma narração nutrida pela natureza, pois a *res publica* se desenvolve por fases análogas às dessa e no cumprimento do direito natural, de forma que se verifica "uma espécie de 'milagre romano'", pois "é caso único"[184] o êxito dessa república como a cidade mais próxima de um *optimus status civitatis* efetivo. É notável, além disso, que a noção ciceroniana de história depreendida da obra *De re publica* seja atravessada por eventos que furtam Roma reiteradamente da ruína. É no sentido de acontecimentos singulares que os eventos se tornam *exempla*, paradigmas de ação pública,

---

182 "[...] *the definition has a quite specific function in the dialogue, namely to operate as a* criterion of legitimacy [...] *to furnish the grounds of a distinction between constitutions/*politeiai*/set-ups/'regimes'* [...] *that are legitimate and those that are not.*" SCHOFIELD. "Cicero's Definition of *Res Publica*". In: POWELL, J. G. F. *Cicero the philosopher - Twelve papers*, p. 64.

183 "[...] *coetus multitudinis iuris consensu et utilitatis communione sociatum*". CICERO. *Rep.*, I, xxv, 39.

184 LÉVY, C. *Cicero Academicus*, p. 534.

e, assim, imortalizam-se tal como ocorreu no resgate do *mos maiorum* que Júnio Bruto realizou para romper com a corrupção dos Tarquínios.

A noção de evento ou acontecimento com seu traço de singularidade está presente de modo mais exemplar na própria fundação de Roma, que, como teorizada por Cícero, é o "decisivo e irrepetível princípio de toda sua história, um acontecimento único"[185]. Do mesmo modo, os *exempla* posteriores à fundação são resgate e extensão da autoridade porque se remetem ao "sagrado início da história romana" e somam, "por assim dizer, a cada momento singular todo o peso do passado. *Gravitas*, a capacidade de arcar com esse peso, torna-se o traço proeminente do caráter romano"[186]. O que se lê, dessa maneira, na obra *De re publica* é "um desígnio histórico particular"[187], que demonstra o engendramento do *optimus status civitatis* a partir da progressiva realização da natureza na história. Nada mais eficaz para um projeto civilizatório imperialista do que sua fundamentação na natureza, na razão e na religião (tarefa que Virgílio cumprirá com excelência)!

Além do mais, o sentido da conjunção *et* na definição ciceroniana de *populus* é o de adição e expressa dois elementos constitutivos da cidade fundados em reciprocidade e simultaneidade. Nenhuma das duas condições pode ser cumprida solitariamente, em anterioridade lógica e/ou temporal em relação à outra, o que evidencia que nenhuma pode desempenhar a função de condição suficiente: ambas são igualmente necessárias, condições sem as quais a referência de *populus* não pode existir. Tal compreensão, todavia, somente é descoberta de forma inequívoca em *De re publica*, III, onde se dá a discussão sobre a justiça e o direito a partir da contiguidade estoica entre Razão, Natureza, Direito e Cidade. Aí também é esclarecido que o caráter comum do que

---

185 ARENDT, H. "Que é Autoridade?". In: ______. *Entre o passado e o futuro*, p. 162.

186 ARENDT, H. *Op. cit.*, p. 165.

187 "[...] *un dessein historique particulier*". NICOLET, C.; MICHEL, A. *Cicéron*. p. 52.

é útil (*utilitatis communio*) contém algo de natural e divino. Afinal, o obscurecimento e o rebaixamento à categoria de vício de toda utilidade exclusivamente particular já significam, por si sós, justeza ou harmonia do homem com a natureza, cumprimento do *ius naturale* sob a forma do *iuris consensus*.

# III.
# ESSÊNCIA E EXISTÊNCIA HUMANAS EM AGOSTINHO

*E, alma, o que é? Alma tem de ser coisa interna supremada, muito mais do de dentro, e é só, do que um se pensa: ah, alma absoluta! Decisão de vender alma é afoitez vadia, fantasiado de momento, não tem obediência legal. [...] Se tem alma, e tem, ela é de Deus estabelecida, nem que a pessoa queira ou não queira. Não é vendível. O senhor não acha?* [188]

Para tratar da natureza ou essência humana no pensamento agostiniano, é preciso discernir qual é a essência com a qual os homens romperam e que pretendem restituir ou de que pretendem afastar-se ainda mais, conforme sejam cidadãos celestes ou terrenos. Ora, a natureza ou essência humana não pode ser examinada sem referência à origem dela, isto é, ao Criador de todo e qualquer ser. Na medida em que a relação entre o Criador e as criaturas é de participação ontológica, o movimento de aproximação ou de distanciamento do homem com a sua natureza ou identidade deve ser entendido também como movimento de aumento ou de diminuição de participação em Deus. Isso quer dizer que a natureza ou identidade do homem, bem como de todos os seres, repousa em Deus, de maneira que Ele é centro de referência para avaliação, por exemplo, da orientação ou da desorientação histórica das cidades constituídas pelos homens. Por isso, antes de tratarmos

---

[188] ROSA, J. G. *Grande sertão: veredas*, p. 25.

diretamente da natureza ou essência do homem e da queda em uma condição existencial dela distante, abordarei a natureza de Deus, sua eternidade, seu estatuto de Criador e o estatuto do mundo e do homem como criaturas criadas temporalmente, no contexto dos primeiros capítulos de *A cidade de Deus*, XI, em que Agostinho realiza esse exame em simultânea problematização de concepções antagônicas e inconciliáveis de economia da salvação.

## ETERNIDADE DE DEUS E INÍCIO TEMPORAL DO MUNDO E DO HOMEM

A centralidade de Deus na reflexão agostiniana não se deve apenas a artigo de fé. Antes, deve-se ao critério de identidade a que Agostinho submete sua investigação filosófica quando aborda a realidade divina. Ora, a plena identidade apenas pode existir em um ser que seja absolutamente. Todos os seres, que "nem absolutamente são, nem absolutamente não são"[189], não podem ser *causa sui*, não guardam em si mesmos a razão suficiente do que são, de maneira que, para Agostinho, remetem-se a um Criador que possua plenitude de ser[190]. É nesse sentido que, dando consequência

---

189 "[...] *nec omnino esse nec omnino non esse*". AUGUSTINUS. *Conf.*, VII, xi, 11.

190 "De início, é importante notar que todas as provas agostinianas da existência de Deus se desenvolvem muito mais no plano da essência do que no plano da existência propriamente dita. Com efeito, elas partem não da verificação de existências das quais buscaríamos a primeira causa eficiente, mas da observação de algumas maneiras de ser das quais se busca a explicação última num ser cujo estatuto ontológico, se é possível se exprimir assim, é o único capaz de prover-lhe razão. Quer se trate do mundo dos corpos no devir, quer da via do pensamento em busca da verdade, o fato fundamental a ser explicado permanece o mesmo. Nos dois casos, o filósofo se encontra na presença deste escândalo ontológico, a mudança. Fiel à tradição de Platão, santo Agostinho pensa menos sobre a existência do que sobre o ser, e, como é persuadido de que mudar não é verdadeiramente ser, a contingência para a qual ele busca explicação é menos a da existência propriamente dita do que a dos seres que, ainda que nada sejam, não têm em si a razão suficiente do que são". GILSON, É. *Introdução ao estudo de santo Agostinho*, p. 52.

à passagem de Paulo que dá margem a uma prova *a posteriori* de Deus, a saber, Romanos 1, 20[191], Agostinho diz que "o maior de todos os seres visíveis" (o mundo) encaminha-nos pela fé e/ou pela razão[192] ao "maior dos invisíveis"[193] (a saber, Deus).

Dessa maneira, uma hierarquia de perfeição dos seres é estabelecida a partir da proximidade ou da distância com relação ao Ser supremo[194]. A criatura racional, porém, possui "liberdade de juízo", de modo a poder estimar os seres conforme "a razão, a necessidade ou o desejo de prazer"[195]. Assim, não sem consequência, a ordem da natureza e da cidade pode ser subvertida pela criatura racional que deseja legislar sobre o mundo e ocupar o lugar de proeminência de Deus[196]. Diante da impossibilidade de uma criatura alcançar

---

[191] "Sua realidade invisível [...] tornou-se inteligível [...] através das criaturas". Tradução da *Bíblia de Jerusalém*. Na bíblia latina de Agostinho: "[...] *invisibilia Dei, per ea quae facta sunt, intellecta conspexerit*". "Um texto célebre de são Paulo (*Rm* 1, 20) ensina que é possível elevar-se ao conhecimento das propriedades invisíveis de Deus partindo da consideração do universo criado. Como todos, Agostinho conhece esse texto e frequentemente se inspira nele. No entanto, mesmo quando nele se inspira, a interpretação que faz permanece tipicamente agostiniana. Para ele, os *invisibilia Dei* são as Ideias de Deus, de modo que conhecer Deus a partir dos sensíveis é remontar as coisas às suas Ideias". GILSON, É. *Op. Cit.*, p. 46.

[192] *"Exceptis enim propheticis vocibus, mundus ipse ordinatissima sua mutabilitate et mobilitate et visibilium omnium pulcherrima specie quodam modo tacitus et factum se esse, et non nisi a Deo ineffabiliter atque invisibiliter magno et ineffabiliter atque invisibiliter pulchro fieri se potuisse proclamat."* Id. *De civitate dei*, XI, iv, 2. "Sem dúvida, Agostinho frequentemente insistiu no fato de que a mutabilidade do mundo dos corpos atesta sua contingência e sua dependência em relação a um ser necessário, que é Deus". GILSON, É. *Op. Cit.*, p. 46-47.

[193] *"Visibilium omnium maximus mundus est, invisibilium omnium maximus Deus est."* AUGUSTINUS. *DCD*, XI, iv, 1.

[194] Cf. *DCD*, XI, xvi.

[195] *"Ita libertate iudicandi plurimum distat ratio considerantis a necessitate indigentis seu voluptate cupientis"*. *DCD*, XI, xvi.

[196] *"Huic conditori sanctae civitatis, cives terrenae civitatis deos suos praeferunt, ignorantes eum esse Deum deorum, non deorum falsorum, hoc est impiorum et superborum, qui eius incommutabili omnibusque communi luce privati, et ob hoc ad quamdam egenam potestatem redacti, suas quodam modo privatas potentias consectantur, honoresque divinos a deceptis subditis quaerunt"*. *DCD*, XI, i. Grifo nosso.

o estatuto ontológico do Criador, a consequência é a subversão de si mesma, afastando-se do ser, da verdade e do bem. O afastamento de Deus, expresso nessas três dimensões e não apenas no âmbito da moral, guarda para Agostinho os nomes de "impiedade" e "soberba". É por isso que aqueles que negam que o mundo tenha tido início e afirmam-lhe a sua eternidade, negando ter sido criado por Deus, são acusados de padecerem da loucura da impiedade[197].

Ora, a negação do estatuto de criatura do mundo pretende salvaguardar Deus da mutabilidade, na medida em que n'Ele não pode ter havido mudança de resolução ou vontade para criar o mundo em dado momento e não em outro[198]. Já outros pretendem, "de modo dificilmente inteligível", que o mundo tenha sido criado por Deus, mas não com início temporal[199]. Seja como for, ambas as posições consideram que o mundo seria coeterno com Deus e negligenciam que a verdadeira eternidade exige imutabilidade. Por consequência, a impiedade das posições consiste na naturalização dessa miséria do homem ou na impossibilidade de explicar a origem dela[200], escusando-o da culpa do mal que realiza em qualquer um dos casos.

Mais precisamente, se não guarda início temporal de criação, a alma deveria ser eternamente boa e feliz. É patente, porém, que a vida humana é miserável, como as calamidades históricas de Roma e de outros povos testemunham e sobre as quais ao menos os cinco primeiros livros d'*A cidade de Deus* trataram. Como se

---

197 "[...] *impietatis insaniunt.*" *DCD*, XI, iv, 2.

198 "*Sed quid placuit aeterno Deo tunc facere caelum et terram, quae antea non fecisset?*" *DCD*, XI, iv, 2.

199 "*Qui autem a Deo quidem factum fatentur, non tamen eum temporis volunt habere, sed suae creationis initium, ut modo quodam vix intellegibili semper sit factus, dicunt quidem aliquid, unde sibi Deum videntur velut a fortuita temeritate defendere, ne subito illi venisse credatur in mentem, quod numquam ante venisset, facere mundum, et accidisse illi voluntatem novam, cum in nullo sit omnino mutabilis*". *DCD*, XI, iv, 2. Grifo meu para demarcar a citação.

200 "[...] *sed non video quo modo eis possit in ceteris rebus ratio ista subsistere, maximeque in anima, quam si Deo coaeternam esse contenderint, unde illi acciderit nova miseria, quae numquam antea per aeternum, nullo modo poterunt explicare.*" *DCD*, XI, iv, 2.

explica, então, que uma novidade suceda a um ser eterno? Uma via explicativa, mas ainda ímpia, é considerar a eternidade não como atemporalidade, mas como temporalidade perpétua. Nesse momento, Agostinho concede ao opositor, que em contradição pretende que a perpetuidade temporal não tenha início. Afinal, um ser temporalmente perpétuo precisa guardar início temporal, "como o número, que tem início, mas não fim"[201]. Como dissemos e adiante examinaremos mais detidamente, todos os seres suscetíveis à mudança não guardam em si mesmos a razão suficiente de sua existência, que apenas pode ser contida por um ser absolutamente simples.

De todo modo, Agostinho leva adiante o argumento do opositor para flagrar a impiedade de naturalizar a miséria e o mal. A naturalização ocorre porque em última instância o ímpio terá de admitir que o homem desde sempre foi infeliz, sendo a infelicidade constitutiva de sua natureza. Sem discriminar a que tradição se refere, Agostinho diz que alguns sustentaram uma concepção cíclica do tempo, segundo a qual miséria e beatitude se sucederiam alternadamente, em um eterno retorno. Ora, ainda que, no momento de beatitude, desconhecesse a miséria em que cairia, a alma já seria infeliz, porque a verdadeira felicidade não se dá mediante falsa opinião[202]. Além de considerar que o mal e a miséria sejam constitutivos da natureza da alma, os ímpios também negam que possa haver libertação do perpétuo circuito de infelicidade. Se, porém, admitem que tal libertação possa suceder, de forma que a alma,

> uma vez libertada, não há de voltar à miséria, persuadem-se de que ela jamais foi verdadeiramente feliz, mas começa a ser, daí para diante, com nova e não enganadora felicidade.

---

[201] "[...] *tamquam numerum, habere initium, sed non habere finem*". *DCD*, XI, iv, 2.

[202] *"Si enim alternasse semper eius miseriam et beatitudinem dixerint, necesse est dicant etiam semper alternaturam; unde illa eos sequetur absurditas, ut etiam cum beata dicitur, in hoc utique non sit beata, si futuram suam miseriam et turpitudinem praevidet; si autem non praevidet, nec se turpem ac miseram fore, sed beatam semper existimat, falsa opinione sit beata"*. *DCD*, XI, iv, 2.

> Confessarão, por isso, sobrevir-lhe algo novo, grandioso e magnífico, que nunca antes na eternidade lhe sobreviera.[203]

Os ímpios, desse modo, encontram-se em ainda maior contradição consigo mesmos. Com efeito, com a desculpa de não atribuir a Deus mutabilidade alguma, escusam o homem da culpa do mal e da miséria, naturalizando-os. Além disso, se admitem que o homem possa ser libertado, Deus é a causa de tal novidade e, do ponto de vista da eternidade, foi efeito de resolução que não surgiu n'Ele, mas que eternamente sempre esteve n'Ele[204]. Todavia, não há compatibilidade entre admitir esta eterna resolução de Deus e negar início temporal do mundo e do homem. Afinal, se o homem começasse a ser feliz somente após "infinitos séculos passados"[205], Deus teria criado o homem com uma natureza moralmente maligna, de forma que a impiedade maior seria a de considerar que Deus é criador do mal. Como não "se pode dizer nada de mais insensato"[206], para que nem o mal, nem mudança alguma, sejam atribuídas a Deus, é preciso que "creiam que o mundo pôde ser feito no tempo, sem que Deus, ao fazê-lo, tenha mudado sua decisão e vontade eterna."[207]

O motivo de nova resolução e vontade não poder surgir em Deus repousa em sua plenitude de ser. Com efeito, apenas há tempo onde há movimento e mudança, e somente os seres com alguma parcela de privação de ser são suscetíveis de movimento

---

[203] "[...] *cum fuerit liberata, ad miseriam non esse rediturам, nihilo minus convincuntur numquam eam fuisse vere beatam, sed deinceps esse incipere nova quadam nec fallaci beatitudine; ac per hoc fatebuntur accidere illi aliquid novi, et hoc magnum atque praeclarum, quod numquam retro per aeternitatem accidisset.*" *DCD*, XI, iv, 2.

[204] "*Cuius novitatis causam si Deum negabunt in aeterno habuisse consilio, simul eum negabunt beatitudinis eius auctorem, quod nefandae impietatis est*". *DCD*, XI, iv, 2.

[205] "[...] *saecula retro infinita*". *DCD*, XI, iv, 2.

[206] "[...] *dici stultius nihil potest*". *DCD*, XI, iv, 2.

[207] "[...] *credant et mundum ex tempore fieri potuisse, nec tamen ideo Deum in eo faciendo aeternum consilium voluntatemque mutasse.*" *DCD*, XI, iv, 2.

e mudança[208]. Dessa maneira, a eternidade e o tempo, bem como a imutabilidade e a mutabilidade, residem, respectivamente, na estrutura ontológica do Ser, que no sentido simples sempre se refere a Deus para Agostinho. Nesses termos, por que Deus teria criado o mundo em um momento e não em outro é questão no mínimo ingênua. Ora, antes da criação de uma criatura, constituída de ser e não-ser, não havia tempo, mas tão somente a eternidade divina, própria da imutável infinitude ontológica. Assim, não há tempo algum, nem ócio divino, anterior ao mundo, porque "o mundo não foi feito no tempo, mas com o tempo"[209]. Por isso, do ponto de vista da eternidade, Deus

> não prevê, a nosso modo, o futuro, ou vê o presente e revê o passado, mas de maneira muito diferente da usada por nossos pensamentos. Ele vê, não passando de uma coisa a outra, mudando de pensamento, mas imutavelmente, de sorte que o que se realiza temporalmente, tanto os eventos futuros, que ainda não são, como os presentes, que já são, como os passados, que já não são, nada lhe escapa à presença estável e eterna. E não o faz desta maneira com os olhos e daquela com a mente, pois não consta de alma e corpo, não de um modo agora, de outro antes e de outro depois, porque sua ciência dos tempos, passado, presente e futuro, não varia, como a nossa, com a sucessão dos tempos. Nele não há mudança nem sombra temporal, nem sua atenção passa de um pensamento a outro. A seu incorpóreo olhar estão ao mesmo tempo presentes todas as coisas que conhece porque conhece os tempos com conhecimento independente do tempo, como move as coisas temporais sem movimento temporal algum.[210]

---

[208] Cf. *DCD*, XI, vi.

[209] "[...] *non est mundus factus in tempore, sed cum tempore.*" *DCD*, XI, vi.

[210] "[...] *non enim more nostro ille vel quod futurum est prospicit, vel quod praesens est aspicit, vel quod praeteritum est respicit; sed alio modo quodam a nostrarum cogitationum consuetudine longe alteque diverso. Ille quippe non ex hoc in illud cogitatione mutata, sed omnino incommutabiliter videt; ita ut*

## SIMPLICIDADE DIVINA, FORACLUSÃO DO SUJEITO E CONTRAPONTO AO LIBERA

Por que, entretanto, para Agostinho é necessário que exista um Ser supremo, eterno e imutável? Mais uma vez como já enfatizado, todos os seres nos remetem a um Ser supremo como fundamento e razão suficiente da existência deles, que por si mesmos não são suficientes para explicar a própria existência porque, carentes de ser, não podem desempenhar função de fundamento das perfeições que contêm[211]. Afinal, exceto o Ser, os seres (sem abuso de vocabulário escolástico, como argumentarei adiante) não guardam identidade entre existência e essência, expressa também por Agostinho como identidade entre continente e conteúdo, o que aparece mesmo em textos de maturidade do autor, como *A cidade de Deus*, XI, x, 2, escrita mais ou menos na mesma época em que *A trindade* estava em gestação[212], de modo que o modelo de alma "atributivista*"

---

*illa quidem, quae temporaliter fiunt, et futura nondum sint et praesentia iam sint et praeterita iam non sint, ipse vero haec omnia stabili ac sempiterna praesentia comprehendat; nec aliter oculis, aliter mente; non enim ex animo constat et corpore; nec aliter nunc et aliter antea et aliter postea; quoniam non sicut nostra, ita eius quoque scientia trium temporum, praesentis videlicet et praeteriti vel futuri, varietate mutatur, apud quem non est immutatio nec momenti obumbratio. Neque enim eius intentio de cogitatione in cogitationem transit, in cuius incorporeo contuitu simul adsunt cuncta quae novit; quoniam tempora ita novit nullis suis temporalibus notionibus, quem ad modum temporalia movet nullis suis temporalibus motibus."* *DCD*, XI, xxi.

[211] "Interrogadas por nós sobre sua natureza e sua origem, as coisas sensíveis respondem pelo espetáculo de sua mutabilidade: 'não somos nós que nos fizemos'; então, é necessário transcendê-las para alcançar sua causa. Ora, sua causa não pode ser alcançada enquanto causa do que elas têm de mutável e contingente, o que é do não-ser, mas enquanto causa daquilo que têm de estável, o que é do ser." GILSON, É. *Introdução ao estudo de santo Agostinho*, p. 47-48.

[212] Sobre a cronologia das obras de Agostinho, cf. BROWN, P. *Santo Agostinho, uma biografia*; AYOUB, C. N. A. *Iluminação trinitária em Santo Agostinho*, "Apêndice A: Cronologia das obras de Agostinho", p. 176-183. O apêndice de Ayoub tem a virtude de cotejar a cronologia de Peter Brown com a de Serge Lancel, com informações adicionais da própria autora; FITZGERALD, A. D. (Org.). *Agostinho através dos tempos*: uma enciclopédia, p. 38-54.

ou de "subjetidade"[213] anímica não é inteiramente abandonado por Agostinho mesmo quando já está de posse de seu modelo "consubstancial" ou "pericorético"[214], conforme os denomina Alain de Libera. Portanto, a contrapelo da principal tese de Libera em seu capítulo sobre Agostinho de sua *Arqueologia do sujeito I*, a expulsão da "subjetidade aristotélica do campo da psicologia"[215] ou "para fora da esfera mental"[216] ou ainda a "foraclusão do sujeito"[217] nunca ocorreu definitivamente na obra do hiponense, porquanto se tivesse ocorrido isso implicaria em algo como Agostinho ter se tornado ateu, ou melhor, em liquidação da noção de participação, chave em *A cidade de Deus*, XI, x, 2, para explicar

---

213 Cf. LIBERA, A. de. *Arqueologia do Sujeito*: Nascimento do Sujeito, 2013, p. 273-309, em que a análise do primeiro modelo de sujeito agostiniano é centrado nos *Solilóquios* e em *A imortalidade da alma*, a partir de uma surpreendente recepção indireta por Agostinho de *Categorias*, II, e do comentário ao *De anima* de Alexandre de Afrodísia.

214 Cf. LIBERA, A. de. *Arqueologia do Sujeito*: Nascimento do Sujeito, 2013, p. 309-355, em que Libera realiza uma análise fina de *A trindade* para sustentar que o modelo consubstancial ou pericorético de alma como imanência mútua entre *mens*, *notitia* e *amor* (bem como – e melhor – entre memória, inteligência e vontade) é um modelo "dessubjetivado" de alma ou um "antissujeito" (p. 355), não obstante antecipado pela chave dessubjetivada com que Plotino e Porfírio pensavam a segunda hipóstase (o Intelecto) a partir de um modelo de imanência mútua entre *nous*, *nóesis*, *noetón* (intelecto, intelecção e inteligível), o que Libera apresenta muito documentadamente a partir de dezenas de passagens das *Enéadas*, de Plotino, e das *Sentenças*, de Porfírio.

215 LIBERA, A. de. *Op. Cit.*, p. 311.

216 LIBERA, A. de. *Op. Cit.*, 2013, p. 309.

217 LIBERA, A. de. *Op. Cit.*, 2013, p. 316. Antes, na p. 264, Libera havia dito que "Agostinho elabora a foraclusão noética do *subiectum*". Parece que Libera não explica se mobiliza *forclusion* a partir de seu sentido jurídico mais usual em francês com significado de abdicar de algum direito em situação em que há possibilidade e proveito em exercê-lo (o que não parece muito adequado a uma crítica do sujeito) ou se a partir da sacada de Lacan na última aula do *Seminário 3* (e em muitos outros lugares de seu ensino e escritos) para traduzir melhor do que *rejection* a *Verwerfung* freudiana (hipótese que parece muito mais condizente a uma crítica do sujeito e corroborada por uma outra passagem em que Libera menciona uma *lalangue* historial). Se a apropriação é a partir de Lacan, a licença é enorme, porque, a rigor, a *Verwerfung*/rejeição/foraclusão é elaborada como função da estrutura psíquica psicótica em constraste com a *Verneinung*/negação/denegação, operante na estrutura neurótica.

por que a alma é sujeito ou continente que não é por si o conteúdo que contém ou deveria conter se sua natureza ou essência não tivesse sido fraturado.

Eis finalmente a passagem em que Agostinho na altura do ano de 417 d. C. comprova que nunca havia abandonada inteiramente um modelo de subjetidade anímica:

> É por isso, portanto, que se chama simples a natureza que não tem algo que possa perder, ou ser uma coisa o continente, outra coisa o conteúdo [ou que seja uma coisa *aquele que tem*, outra coisa *aquilo que tem/vel aliud sit habens, aliud quod habet*], como o vaso tem o líquido, ou o corpo a cor, ou o ar a luz ou o calor, ou a alma a sabedoria. Com efeito, nenhum desses é aquilo que tem [*nihil horum est id quod habet*], pois nem o vaso é [*est*] o líquido, nem o corpo a cor, nem o ar a luz ou o calor, nem a alma a sabedoria. Por isso, podem também ser privados das coisas que têm [*habent*] e ser transformados e mudados em outras [*in alios*] disposições e qualidades. [...] Entretanto, embora o corpo seja incorruptível, como é prometido aos santos na ressurreição, ele na verdade tem [*habet*] a qualidade inamissível da própria incorruptibilidade, mas a substância corporal permanente não é o que é a própria incorruptibilidade. [...] Ainda por essa razão, embora a incorruptibilidade seja inseparável do corpo incorruptível, uma coisa [*aliud*] é a substância pela qual o corpo se diz corpo, outra [*aliud*] a sua qualidade pela qual se diz incorruptível. Por isso também não é aquilo que tem [*habet*]. A própria alma também, mesmo que seja sempre sábia, como haverá de ser quando for libertada na eternidade, será todavia sábia pela participação [*participatione*] da sabedoria imutável, que não é o que ela própria é.[218]

[218] *"Propter hoc itaque natura dicitur simplex, cui non sit aliquid habere, quod vel possit amittere; vel aliud sit habens, aliud quod habet; sicut vas aliquem liquorem aut corpus colorem aut aer lucem sive fervorem aut anima sapientiam. Nihil enim horum est id quod habet; nam neque vas liquor est nec corpus color nec aer lux sive fervor neque anima sapientia est. Hinc est quod etiam privari possunt rebus, quas habent, et in alios habitus vel qualitates verti atque*

Assim, na medida em que o conceito de "substância" mobilizado por Agostinho é coincidente com o de sujeito/continente no caso das criaturas, a identidade entre continente e conteúdo que somente Deus, como natureza simples, guarda é proposta como identidade (e ausência de participação) entre substância e atributos[219]. Eis por que Deus não é um sujeito, ou seja, a única substância que não é um sujeito. Dessa maneira, todos os seres com composição de substância e atributos são compostos porque não se fundamentam a si mesmos e encontram a razão ou essência de sua existência em Deus. "Afinal, não há muitas, mas uma única sabedoria, em que existem tesouros infinitos – para ela finitos – de coisas inteligíveis, nos quais existem todas as razões invisíveis e imutáveis [isto é, as ideias] das coisas visíveis e mutáveis, que foram feitas por ela."[220] Assim, a ausência de identidade absoluta ou simplicidade quer dizer ser por participação em outro Ser, que desempenha papel de fundamento.

Como mencionado acima, a estrutura ordenada e hierarquizada dos seres no cosmos é eloquente enunciação de que as criaturas foram criadas pelo Criador, que guarda plenitude de ser e, assim, cumpre papel de fundamento do que as criaturas contém de

---

*mutari [...]. Sed etsi sit corpus incorruptibile, quale sanctis in resurrectione promittitur, habet quidem ipsius incorruptionis inamissibilem qualitatem, sed manente substantia corporali non hoc est, quod ipsa incorruptio. [...] Ac per hoc quamvis a corpore incorruptibili inseparabilis incorruptibilitas sit, aliud est tamen substantia, qua corpus dicitur, aliud qualitas eius, qua incorruptibile nuncupatur. Et ideo etiam sic non hoc est quod habet. Anima quoque ipsa, etiamsi semper sit sapiens, sicut erit cum liberabitur in aeternum, participatione tamen incommutabilis sapientiae sapiens erit, quae non est quod ipsa."* AUGUSTINUS. *DCD*, XI, x, 2. Tradução e colchetes meus.

219 "[...] Agostinho coloca-se a caminho do Deus do *Êxodo*, mas todas as rotas o conduzem ao que, para a sua razão, constitui o ser em sua plenitude: a estabilidade na essência, a imutabilidade, enfim essa eternidade que, para ele, não é somente um atributo, mas a substância mesma de Deus: *Aeternitas, ipsa Dei substantia est*". GILSON, É. *Op. Cit.*, p. 53.

220 *"Neque enim multae, sed una sapientia est, in qua sunt infiniti quidam eique finiti thesauri rerum intellegibilium, in quibus sunt omnes invisibiles atque incommutabiles rationes rerum etiam visibilium et mutabilium, quae per ipsam factae sunt." Ibid.*, XI, x, 3. Colchetes meus.

perfeições por participação Nele. Desse modo, o Criador desempenha pelo menos função de fundamento de ser e de inteligibilidade, expressos biblicamente por meio das duas primeiras pessoas da Trindade, a saber, Pai e Filho, também nomeado de Verbo, Verdade, Sabedoria[221]. Desse modo, Agostinho ao procurar decifrar o livro do mundo à luz do livro sagrado desenvolve um percurso ascendente e interiorizante de remissão das criaturas a um fundamento trino delas.

> Porque Deus não fez coisa alguma sem saber, o que nem de um homem artífice se pode dizer corretamente, por isso, se fez tudo sabendo, fez certamente o que conhecia. Daí suceder ao espírito algo maravilhoso, mas verdadeiro: para nós este mundo não poderia ser conhecido, se não existisse; já para Deus, se não fosse conhecido, não poderia existir.[222]

Em outras palavras, após discernir quem (*quis*) e como ou por que meio (*per quid*) o mundo foi feito, resta saber por quê (*quare*)[223]. Decerto Deus não o criou por necessidade, pois Deus se basta a si mesmo e de nada carece[224]. Um elemento comum presente ao final do relato bíblico de cada um dos seis dias da criação ilumina o problema referente ao motivo da dinâmica de Deus com a criação. Note-se que para Agostinho a dinâmica é um dado, pois a existência do mundo ("o maior dos seres visíveis") e a de

---

[221] Cf. Jo, 1, 1; 8, 32; 14, 6; 1Cor 1, 24, *et alii.*

[222] *"Quoniam Deus non aliquid nesciens fecit, quod nec de quolibet homine artifice recte dici potest; porro si sciens fecit omnia, ea utique fecit quae noverat. Ex quo occurrit animo quiddam mirum, sed tamen verum, quod iste mundus nobis notus esse non posset, nisi esset; Deo autem nisi notus esset, esse non posset." DCD*, XI, x, 3.

[223] *"Quapropter, si tantummodo nobis insinuandum esset quis fecerit lucem, sufficeret dicere, fecit Deus lucem; si autem non solum quis fecerit, verum etiam per quid fecerit, satis esset ita enuntiari:* Et dixit Deus: Fiat lux, et facta est lux*; ut non tantum Deum, sed etiam per Verbum lucem fecisse nossemus." Ibid.*, XI, xxi.

[224] "[...] *nulla suae cuiusquam utilitatis indigentia". DCD*, XI, xxiv.

Deus ("o maior dos invisíveis"[225]) são comprováveis *a posteriori*. O problema, dessa forma, consiste em saber a causa da dinâmica, enunciada reiteradamente nos primeiros versículos do Gênesis pela expressão "Deus viu que isso era bom".

## FUNDAMENTO TRINO DA CRIAÇÃO

Antes de tratarmos propriamente da causa, que é a bondade, não deixemos de observar que não há, obviamente, aquisição de conhecimento em Deus ao ver que a obra realizada era boa. A exegese agostiniana sobre a passagem repetida no relato de cada nova criação não poderia deixar de ser alegórica. Ao expressar que "Deus viu que era bom", a revelação não quer dizer que Deus haja aprendido algo novo sobre a criação, cuja bondade, se não a conhecesse desde sempre, sequer teria sido realizada. Ao contrário, a revelação rigorosamente revela a bondade da criação como ensinamento de Deus, não aprendizado[226].

Por consequência, a Bondade divina não é somente a bondade intrínseca que aquilo que é imutável e eterno resguarda e que o torna melhor do que o mutável e temporal. Nesses termos, uma divindade não precisa ser criadora para guardar o estatuto de Sumo Bem. Mais do que isso, o Deus visado por Agostinho é o Bem supremo também porque estabelece, não por necessidade, nem por indigência ou carência, mas por misterioso amor gratuito e infinito, uma dinâmica de transbordamento ou extravasamento de Si, cujo resultado é a criação gratuita de seres, que participam de sua perfeição[227].

Assim, não só as Escrituras testemunham que a bondade é a causa ou o porquê (*quare*) da criação, mas as próprias criaturas são boas, no tanto que são, no tanto que contém de ser. Com efeito,

---

[225] "*Visibilium omnium maximus mundus est, invisibilium omnium maximus Deus est.*" *DCD*, XI, iv, 1.
[226] Cf. *DCD*, XI, xxi.
[227] Cf. *DCD*, XI, xxiv.

"nenhuma natureza é absolutamente um mal, nome que designa somente a privação de bem"[228]. Não se trata, mais uma vez, de exigência exclusiva de artigo de fé procedente do relato da criação, inacessível à inteligência. A definição do "mal" como ausência de bem e de ser é exigência lógica e ontológica oriunda da existência de um princípio pleno de ser e, por consequência, de bondade. Já estabelecemos que tudo que é, não encontrando em si mesmo a razão suficiente de sua existência, guarda origem n'Aquele que é, absolutamente incorruptível e, por isso, sumamente bom. Assim, se existe um princípio absoluto, do qual tudo que existe procede e em função do qual é bom[229], logicamente não pode haver um princípio contrário[230], como os maniqueus pretendiam com impiedade, na medida em que, por outra via que não a daqueles que defendiam a eternidade do mundo, também escusavam o homem da culpa do mal e da miséria, ao substancializarem o mal e destituírem Deus da exclusividade do ser[231].

Há ainda aqueles que partilham da doutrina de Orígenes, que diz tudo ser proveniente de Deus, mas não necessariamente de sua bondade. Segundo o parecer, o mundo corpóreo apenas existe para coibir o mal, que adentrou o universo por causa do pecado[232]. Melhor dizendo, as almas, conforme a gravidade de suas faltas, sofreram como castigo a queda em corpos mais ou menos graves e no mundo sensível que habitam, de modo que toda realidade

---

[228] "[...] *omnino natura nulla sit malum nomenque hoc non sit nisi privationis boni.*" *DCD*, XI, xxii.

[229] *"Quaecumque sunt, bona sunt". Conf.*, VII, xii, 18. "[...] *non enim est ulla natura etiam in extremis infimisque bestiolis, quam non ille constituit, a quo est omnis modus, omnis species, omnis ordo, sine quibus nihil rerum inveniri vel cogitari potest". DCD*, XI, xv.

[230] *"Et propterea Deo, id est summae essentiae et auctori omnium qualiumcumque essentiarum, essentia nulla contraria est." DCD*, XII, ii.

[231] Além do interdito lógico para a coexistência de dois princípios absolutos contrários, um princípio absoluto maligno ou uma natureza má é um absurdo em si mesmo porque sua existência pressupõe o seu contrário, isto é, a bondade. Afinal, o reino das trevas, para existir, precisa preservar-se a si mesmo, o que seria impossível sem alguma inteligência, paz, ordem etc. Cf. *De natura boni*, XLI.

[232] Cf. *DCD*, XI, xxiii, 1.

corporal inexistiria na ausência das faltas humanas e não teria sido criada pela bondade divina[233]. A posição de Orígenes, contudo, negligencia que "o demônio, o pior dos seres aéreos"[234], não foi encarcerado em corpo terreno algum, embora seja escravo da própria cobiça, de forma que os méritos da alma erroneamente são medidos pela qualidade dos corpos[235]. Além disso, aceitar a corporalidade como cárcere implica em negar que o sol, por exemplo, tenha sido criado com a finalidade de ornamentar com beleza e conservar o bom estado físico do reino corpóreo[236], bem como que as Escrituras se enganam ao enunciar que "Deus viu tudo o que tinha feito: e era muito bom"[237] (Gn 1, 31).

Portanto, a pesquisa sobre a natureza das coisas conduz Agostinho a procurar em todos os seres respostas sobre (1) a origem deles, (2) o meio pelo que e (3) a razão por que foram criados. A remissão da multiplicidade dos seres à unidade absoluta oferece como respostas: (1) Deus, (2) pelo Verbo e (3) porque são bons. Descortina-se finalmente que o fundamento da criação é uma Trindade: fundamento do Ser, da Verdade e do Bem. Trata-se, porém, de um único fundamento ou Deus, não de três, ao qual se pode denominar de Trindade, ou seja, Pai, Filho e Espírito Santo[238], em função de motivos muito semelhantes àqueles que reclamam a recusa do dualismo maniqueísta. Ora, defender que sejam três deuses guarda a consequência de negar a existência de um ser absoluto e simples, que contenha em si mesmo a razão suficiente de seu existir.

Resguarda também a fé na Trindade a exigência racional de que o Ser, a Verdade e o Bem sejam consubstanciais. Com efeito, na

---

233 *"Ubi si nemo peccasset, tantummodo naturis bonis esset mundus ornatus et plenus"*. *DCD*, XI, xxiii, 1.

234 "[...] *aerium pessimus daemon"*. *DCD*, XI, xxiii, 2.

235 *"Nunc vero, ut intellegeremus animarum merita non qualitatibus corporum esse pensanda, aerium pessimus daemon, homo autem, et nunc licet malus longe minoris mitiorisque malitiae, et certe ante peccatum, tamen luteum corpus accepit"*. *DCD*, XI, xxiii, 2.

236 Cf. *DCD*, XI, xxiii, 2.

237 "[...] *'Et vidit Deus omnia, quae fecit, et ecce bona valde'* [...]". *DCD*, XI, xxiii, 1.

238 Cf. *DCD*, XI, xxiii, 2.

medida em que todos existem, são verdadeiros e bons, a substância do Pai, do Filho e do Espírito Santo precisa subsistir em uma relação em que Ser, Verdade e Bem constituam uma unidade[239]. Isso não quer dizer que reciprocamente o Pai seja o Filho, Espírito Santo seja o Pai e o Filho o Espírito. Um não é o outro, mas relaciona-se com o outro, embora cada um sem relação com o outro seja por si o que tem, de modo a não receber atributo por participação, nem guardar composição ou alteridade substancial[240]. Porém, se a relação entre as pessoas ou hipóstases não pode ser de participação[241], tudo indica que Agostinho esteja considerando a impossibilidade da participação vertical (do sensível no inteligível ou em geral das criaturas no criador, em que há não só diferença inteligível, mas efetivamente alteridade de graus de ser ontológica, todavia seria possível pensar a relação entre as pessoas da Trindade na chave de uma participação horizontal exclusivamente no plano inteligível, semelhante àquela entre gêneros supremos ou ideias que Platão elabora no *Sofista*?

## NOTA SOBRE A CATEGORIA DE RELAÇÃO E PARTICIPAÇÃO HORIZONTAL NA TRINDADE

Minha hipótese (que apresento aqui de modo muito programático e que pretendo desenvolver com vagar num trabalho posterior sobre a recepção das *Categorias* de Aristóteles por Agostinho[242], con-

---

239 Cf. *DCD*, XI, xxiv.

240 *"Nam utique Pater habet Filium, nec tamen ipse est Filius, et Filius habet Patrem, nec tamen ipse est Pater. In quo ergo ad semetipsum dicitur, non ad alterum, hoc est quod habet; sicut ad se ipsum dicitur vivus habendo utique vitam, et eadem vita ipse est."* *DCD*, XI, x, 1.

241 *"Secundum hoc ergo dicuntur illa simplicia, quae principaliter vereque divina sunt, quod non aliud est in eis qualitas, aliud substantia, nec aliorum participatione vel divina vel sapientia vel beata sunt."* *DCD*, XI, x, 3.

242 Redijo aqui somente uma nota a respeito, cf. *infra* "Apêndice VI: Recepção e indeterminação das *Categorias* por Agostinho".

centrado na inflexão que acontece com a categoria de "relação"[243]) é que a relação entre as três pessoas ou hipóstases funciona em Agostinho se a entendermos como uma participação horizontal semelhante à presente no diálogo *Sofista*, de Platão, entre os chamado gêneros vogais ou pervasivos[244] (Ser, Mesmo e Outro), gêneros maiores que formam uma tríade requerida por cada um dos três gêneros e por todos os demais (assim como pelas coisas sensíveis por participação vertical, caso guardem algum estatuto ontológico até o final do *Sofista*) para serem (por participação no Ser ou por ser o próprio Ser) o que são (por participação no Mesmo ou por ser o Mesmo) e não serem o que os outros são e

---

243 Sobre a interpretação propriamente agostiniana das categorias aristotélicas, especialmente da "substância" e "relação", cf. *Conf.*, IV, xvi, 28; *De trinitate*, V, i, 2; V, vii, 8; entre outros capítulos do conjunto dos livros V-VII; TESTARD, M. *Saint Augustin et Cicéron I*, 1958, p. 47; 59; TESKE, R. J. "Properties of God and the Predicaments in De Trinitate V", 1981, p. 1-19; TUNDLE, R. C. "St. Augustine's Epistemology: an ignored Aristotelian theme and its intriguing antecipations", 1994, p. 187-205; BRACHTENDORF, J. "O conceito de Deus e a doutrina das categorias de Aristóteles", 2008, p. 97-101; ERISMANN, Christophe. "La divisibilité de l'espèce selon Augustin, De Trinitate VII", 2012, p. 145-160; O'DALY, Gerard. "A Problem in Augustine's Use of the Category of Relation in De Trinitate V and VII", 2012, p. 137-144; AYOUB, C. N. A. "Agostinho e as categorias de Aristóteles (Sobre a Trindade, V e VI)", 2013, p. 53-70; AYOUB, C. N. A. "O meneio agostiniano das categorias aristotélicas nas *Confissões*", 2018, p. 129-142. Para referências sobre recepção das *Categorias* em *Contra Juliano*, cf.: THONNARD, F. J. "L'aristotélisme de Julien d'Eclane et saint Augustin", 1965, p. 296-304

244 "A sequência imediata do diálogo [a partir de 253d] explicita ainda mais o sentido preciso dessas analogias [das letras e das alturas musicais com as Formas ou Ideias, assim como da *grammatikē*, da *mousikē* com a *dialektikē*], sobretudo aquela que concerne às letras. Assim como há duas espécies de letras, vogais e consoantes, sendo que o que determina a divisão é a presença ou ausência de voz, também entre as formas teríamos duas espécies: as que poderíamos chamar de formas vogais e as formas consoantes. As formas vogais se distinguem duplamente: por se 'deslocarem', passando através de todas as formas (elas são formas ditas 'pervasivas' (*pervasive*) e, dentre elas, temos o ser, o mesmo e o outro), e também porque, ao 'correrem' por entre as formas, elas tornam possíveis as suas combinações. As formas consoantes, pelo contrário, se distinguem por serem 'não-pervasivas', e por terem necessidade das formas vogais para poderem se combinar. Entre elas estão, por exemplo, o movimento e o repouso." MARQUES, M. P. *Platão, pensador da diferença*: Uma leitura do *Sofista*, 2006, p. 212, colchetes meus.

não são (por participação no Outro ou por ser o próprio Outro[245]). Porém, a transposição dessa tríade para a Trindade cristã obviamente não é imediata e exige mediações, principalmente porque em Platão tudo indica que se trata de três naturezas (cada um dos gêneros maiores contendo uma natureza própria[246]), ao passo que em Agostinho se trata de uma única natureza ou essência e três pessoas ou hipóstases (conforme o credo niceno).

Ademais, para abordar com consistência o paralelo aqui apenas proposto como sugestão, seria preciso problematizar (i) a definição platônica de ser como *dynamis* ou potência de ação e paixão[247]

---

[245] "Neste sentido preciso, os seres estão sendo visados [em *Sofista*, 255c13-d7] de dois modos diferentes (sem que se trate, necessariamente, de uma divisão em espécies): os que são ditos 'neles mesmos' (mas que também podem ser com relação a outros) e os que são ditos sempre (e exclusivamente) com relação a outros seres. A questão é formulada em termos de nomes (*onómata*) e de diferentes modos de se falar (*légesthai*), mas sabemos que o que está em jogo é mais do que o mero nome ou um modo de falar e que se trata de estabelecer e distinguir formas, mesmo que só possamos fazê-lo através do exame do modo pela qual falamos delas. Na argumentação que segue, essas duas novas formas, cujo estatuto é difícil de definir, estabelecem modos de ser que diferenciam os seres em geral, modos de ser que são evocados para demonstrar a alteridade entre a forma do ser e a forma do outro, e é nos limites deste objetivo preciso que se deve compreender o que diz o Estrangeiro. A posição dos seres *autà kath'hautá* e dos seres *pròs allá* é, antes de tudo, uma estratégia demonstrativa (por oposição ao estabelecimento de uma suposta cartografia ontológica)". MARQUES, M. P. *Platão, pensador da diferença*: Uma leitura do *Sofista*, 2006, p. 246, colchetes meus. Para interpretações diversas e algumas contrárias sobre o estatuto lógico e/ou ontológico e/ou de meta-ideias da forma dos seres αυτὰ καθ'άυτά e dos seres πρὸς αλλά, cf. MARQUES, 2006, p. 403, nota 26.

[246] Cf. *Sofista*, 258b-c, em que o Estrangeiro diz que o não-ser (ou o outro) possui uma natureza (οὐσία) própria, o que vale para todos os gêneros maiores deduzidos.

[247] "λέγο δὲ τὸ καὶ ὁποιανοῦν τινα κεκτημένον δύναμιν 'είτ' εἰς τὸ ποιεῖν 'έτεπον ὁτιοῦν πεψυκὸς 'είτ' εἰς τὸ παθεῖν καὶ σμικρότατον ὑπὸ τοῦ φαυλοτάτου, κἂν εἰ μόνον εἰς 'άπαξ, πᾶν τοῦτο 'όντως 'εἶναι. τίθεμαι γὰρ 'όρον ὁρίζειν τὰ 'όντα, ὡς 'έστιν οὐκ 'άλλο τι πλὴν δύναμις". "Pois bem, digo que aquilo que naturalmente traz em si um poder [potência] qualquer ou para agir sobre não importa o quê, ou para sofrer a ação, por menor que seja [a ação menor possível], do agente [vindo da coisa] mais insignificante, mesmo que isso só aconteça uma só vez, tudo isso é realmente [é um ser real]; pois afirmo, como definição, capaz de definir os seres, que eles não são senão um poder [potência]." *Sofista*, 247d10-e2. Esta tradução é resultado de

(que Diès chama também de "potência de relação"[248]), elaborada como grande resultado do combate de gigantes entre filhos da terra e amigos das formas e que parece permanecer válida para explicar a participação horizontal a partir de 254b com a dedução dos cinco gêneros supremos, assim como (ii) a definição de *pantelôs ón*[249], igualmente resultado positivo da *Gigantomachía*, que apresenta a formulação antiparmenídica de reunião essencial indissociável do movimento, do pensamento/inteligência e da vida com o ser, cuja metamorfose veio a ser uma das tríades patrísticas de maior fortuna (ser, pensar e viver), destacadamente em Agostinho pela mediação de Plotino e Vitorino[250] (com a incontornável reconceituação numa metafísica criacionista do "movimento" como dinamismo divino sem déficit ontológico), embora no próprio diálogo *Sofista* ela não possa ser imediatamente apreendida como uma tríade, porquanto efetivamente se trata no mínimo de quatro termos, que ainda assim não parecem formar uma quaternidade.

Além disso, seria sobretudo incontornável problematizar (iii) em que medida o problema maior do *Sofista* – a saber, o paradoxo da predicação e existência do falso e do não-ser – está presente ou ausente ou encontra alguma recepção nos contextos agostinianos trinitários de teorização da relação como participação horizontal

---

uma composição entre a tradução de Paleikat e Cruz Costa e a de Marcelo Marques em *Platão, pensador da diferença*: Uma leitura do *Sofista*, 2006, p. 189. Os colchetes são meus e indicam ora as soluções de uma tradução, ora de outra.

[248] Cf. Platon. *Le Sophiste*, 2003, p. 355[1].

[249] "[...] ὠ ἀληθῶ κίνησν καὶ ζωὴν καὶ ψυχὴν καὶ φρόνησιν ’ἠ ῥαδίως πεισθησόμεθα τῶι παντελῶς ὄντι μὴ παρεῖναι, μεδὲ ζῆν αὐτὸ μεδὲ φρονεῖν ἀλλὰ σεμνὸν καὶ ἅγιον, νοῦν οὐκ ἔκον, ἀκίνητον ἑστὸς ’εἶναι;". "[...] realmente, movimento, vida, alma e inteligência não estão presentes no ser em sua totalidade [ser absoluto/universal], e que ele não vive nem pensa, mas, solene e sagrado, desprovido de inteligência, ele se levanta imóvel [permanece estático sem poder movimentar-se]?". *Sofista*, 248e7-249a2. Tradução de Marcelo Marques em *Platão, pensador da diferença*: Uma leitura do *Sofista*, 2006, p. 190. Os colchetes reproduzem traduções de Paleikat e Cruz Costa, com uma variação de Goldschmidt.

[250] Cf. MARIUS VICTORINUS. *Traités théologiques sur la Trinité*, p. 126-170. Cf. MAMMÌ, L. "Criação do mundo e consciência de si em *Confissões*, 2021, p. 35-48.

(supondo que haja) entre as pessoas da Trindade. Sobre isso, proporei adiante, na seção "A natureza humana como imagem e semelhança da Trindade", uma leitura que ensaiará a explicação da possibilidade da queda da criatura racional (como diferença radical com o Ser ou destituição essencial), assim como da vida segundo o falso, a mentira ou o não-ser, a partir de uma aproximação com o encaminhamento que ocorre no *Sofista* do problema do falso e do não-ser a uma comunidade de gêneros supremos. De todo modo, não guardo condições de desenvolver aqui os três pontos mencionados acima como incontornáveis numa tentativa de aproximação entre a inflexão agostiniana da categoria de relação e a participação horizontal, que certamente deveriam ser também estimados à luz do dado de que Agostinho mesmo efetivamente não leu o *Sofista*, tendo possivelmente tido notícias dele via as *Enéadas*, de Plotino.

Assim, a enumeração desses problemas – que guardo a expectiva de desenvolvê-los num outro trabalho – foi por ora para indicar que o traço existencialmente dramático e sinistro da condição histórica humana pode ser melhor apreciado em Agostinho à luz de uma metafísica e ontologia que concedam a possibilidade de destituição essencial da criatura racional ou de inauguração de um regime histórico de existência em ruptura com a essência e a ordem cosmológica da criação, ou seja, à luz de uma metafísica e ontologia que assimiliam concepções de alteridades ou diferenças constitutivas das relações *intra* e *extra*trinitárias, mas que podem ser radicalizadas (com uma queda ontológica, epistemológica e moral) pela criatura racional se ela ousar manipular a árvore do conhecimento do bem e do mal ou instituir associações entre gêneros que por natureza não se comunicam (eis que o sofista e o soberbo se encontram vivendo segundo o falso ou a mentira!). Portanto, é hora de retornar para a dramática discussão sobre a história e a política.

## NATUREZA HUMANA TRINA E *COGITO* AGOSTINIANO

*Natureza da gente não cabe em nenhuma certeza.*[251]

Relembremos que estamos tratando da natureza de Deus indiretamente e por via *a posteriori*, porque "o mundo proclama seu autor e incessantemente nos remonta a ele porque a sabedoria divina deixou sua marca em todas as coisas e basta considerá-las para ser reconduzido das coisas para a alma e da alma para Deus"[252]. Se é assim, podemos investigar no livro XI d'*A cidade de Deus* como a alma desempenha posição intermediária nesse itinerário das coisas para Deus, que parece já ter sucedido. De fato, a passagem da natureza das coisas para a natureza de Deus apenas ocorreu mediante o exame de uma alma racional. Trata-se, agora, de a alma empreender reflexão para reconhecer em si os traços de perfeição que apenas pôde flagrar nas criaturas porque em alguma medida os possui em si e espelham o Criador. A rigor, dentre todas as criaturas, a racional se destaca por não apenas guardar semelhança com o Criador, mas por ser também imagem Dele. Por isso, para entender melhor a dinâmica dessa relação *extra*trinitária, é muito oportuno investigar como a semelhança e imagem entre a criatura racional e o criador aparece em *A cidade de Deus*, XI, xxvi.

> Reconhecemos em nós uma imagem de Deus – mesmo que ela não seja igual, mas pelo contrário, demasiado e longinquamente distante, nem coeterna e, para tudo dizer numa palavra, não da mesma substância que Deus, não obstante nenhuma das coisas por Ele criada esteja mais perto Dele do que ela, em natureza –, isto é, uma imagem da sua suma Trindade, que ainda

[251] ROSA, J. G. *Grande sertão: veredas*, p. 300.
[252] GILSON, É. *Introdução ao estudo de santo Agostinho*, p. 50.

> deve ser aperfeiçoada por uma reformação, para que seja a mais próxima Dele, também em semelhança.[253]

Ressalto inicialmente a distinção entre "imagem" e "semelhança". A natureza humana guarda ainda certa "imagem" da Trindade, mas fraturada porque não mais "semelhança", de forma que necessita de uma *reformatio*. A expressão "*reformatione perficiendam*", de difícil tradução, parece não significar apenas que a alma humana "deva ser aperfeiçoada por reformação", no sentido de que após a *reformatio* a natureza já tenha alcançado a perfeição, deixando de ser perfectível, isto é, não se caracterizando como dinâmica permanente em direção à perfeição. A alma necessita de uma *reformatio* para que volte a ser novamente perfectível. Assim, a conjugação entre "imagem" e "semelhança" dá a entender que a substância do homem é ser "imagem" infinitamente mais "semelhante" à substância divina, de tal modo que a natureza humana deva ser compreendida, não a partir de um estatismo, mas segundo um dinamismo em direção ao ser, dinamismo a ser recobrado pela *reformatio*. Inversamente à dinâmica por natureza, a ruptura de uma criatura com o Ser resulta em uma existência condenada à destituição essencial e aquisição de contradição e conflito. "[Em Deus] nosso ser não estará sujeito à morte, nosso conhecimento, ao erro, nosso amor, ao desregramento"[254].

Dessa forma, o dinamismo que a imagem do divino no homem deve guardar somente se dá com a progressiva conquista de semelhança que a tornará infinitamente mais semelhante. "Infinitamente" porque, se Deus é infinitude de ser[255], então a dinâmica

---

253 "*Et nos [quidem] in nobis, tametsi non aequalem, immo valde longeque distantem, neque coaeternam et, quo brevius totum dicitur, non eiusdem substantiae, cuius Deus est, tamen qua Deo nihil sit in rebus ab eo factis natura propinquius, imaginem Dei, hoc est illius summae Trinitatis, agnoscimus, adhuc reformatione perficiendam, ut sit etiam similitudine proxima.*" AUGUSTINUS. *DCD*, XI, xxvi. Tradução minha e de Moacyr Novaes.

254 "*Ibi esse nostrum non habebit mortem, ibi nosse nostrum non habebit errorem, ibi amare nostrum non habebit offensionem.*". *DCD*, XI, xxviii.

255 "[...] *vidi te infinitum aliter*". *Conf.*, VII, xiv, 20.

da vida humana é tendência a Deus, mas sem nunca atingi-Lo completamente, dada sua infinitude. Por consequente, a criatura racional é a mais próxima de Deus em semelhança por também ser imagem Dele, porém com a cisão da imagem, ela deixa de ser a criatura mais semelhante. Qual é, porém, a imagem da substância divina que o homem guarda e que por natureza é dinâmica cada vez mais semelhante ao original? Entre as várias formulações agostinianas, uma privilegiada é apresentada por meio da tríade constituída por *esse*, *nosse* e *amare*, "pois somos, conhecemos que somos e amamos esse ser e esse conhecer"[256]; trata-se de imagem porque Deus é unidade formada por *Esse*, *Nosse* e *Amare*, n'Ele existentes em grau absoluto e correspondentes a cada uma das pessoas da Trindade.

Somos, conhecemos que somos e amamos esse ser e esse conhecer. Nas três verdades apontadas não nos perturba falsidade nem verossimilhança alguma. Não o tocamos, como as coisas externas, com os sentidos do corpo, como sentimos as cores, vendo, os sons, ouvindo, os odores, cheirando, os sabores, degustando, a dureza ou a moleza dos corpos, apalpando, nem como na *cogitatio* damos voltas às imagens de coisas sensíveis, tão semelhantes a elas, porém, não corpóreas, as retemos na memória e, graças a elas, nascem em nós os desejos, mas, pelo contrário, sem nenhuma imaginação enganosa de fantasias ou fantasmas, estamos certíssimos de sermos, de conhecermos e de amarmos nosso ser.[257]

Assim, na medida em que as verdades de que sou, conheço e amo são três certezas, três evidências em relação às quais

256 *"Nam et sumus et nos esse novimus et id esse ac nosse diligimus." DCD*, XI, xxvi.

257 *"Nam et sumus et nos esse novimus et id esse ac nosse diligimus. In his autem tribus, quae dixi, nulla nos falsitas veri similis turbat. Non enim ea sicut illa, quae foris sunt, ullo sensu corporis tangimus, velut colores videndo, sonos audiendo, odores olfaciendo, sapores gustando, dura et mollia contrectando sentimus, quorum sensibilium etiam imagines eis simillimas nec iam corporeas cogitatione versamus, memoria tenemus et per ipsas in istorum desideria concitamur; sed sine ulla phantasiarum vel phantasmatum imaginatione ludificatoria mihi esse me idque nosse et amare certissimum est." DCD*, XI, xxvi.

nenhuma dúvida pode incidir, não se trata de verdades apreendidas a partir de coisas exteriores, das quais as fantasias provêm e podem ser enganosas, como os céticos acadêmicos consideravam. Mais precisamente, tudo aquilo de que preciso formar uma fantasia para apreender encontra-se no espírito ou no interior segundo uma *simulata praesentia*, por meio de fantasias ou representações, ao passo que as coisas verdadeiras com grau de evidência dispensam representação sensível, porque estão presentes no interior como realidades puramente inteligíveis, daí serem *vera praesentia*, não *simulata praesentia*[258]. Nisso, o que mais interessa explicitar é uma concepção de verdade em Agostinho que é pensada segundo o critério de certeza, de evidência, em contraposição ao modelo estoico de intelecção, a partir do qual a fé será fundamentada pelo autor.

Agostinho, desse modo, está pensando a intelecção em quatro etapas, a saber, (i) "percepção", (ii) "fantasia" (*phantasma*) ou "representação" (*visum, cogitatio*), (iii) "assentimento" (*assentio*) e (iv) "fantasia kataléptica" (*phantasia kaleptiké*) ou "representação compreensiva" (*visum compreendi*). Observemos que esse processo de intelecção não é exclusivo à minha experiência, não é exclusivo do que foi ou é objeto de minha percepção, porque ele também se dá em relação ao que é ensinado pelo testemunho de outrem, cujas percepções podem substituir as minhas[259]. Nesse caso, elaboro fantasias, e a elas concedo ou não assentimento, das coisas ou acontecimentos cuja apreensão sensível eu não tive, mas que aprendi pelo testemunho dos outros, como, por exemplo, que a conjuração de Catilina ocorreu durante o consulado de Cícero, que existem outros países em que nunca estive, bem como dou assentimento ao testemunho de que meus parentes são meus parentes[260]. Em todos esses casos, Agostinho entende o "assen-

---

[258] Cf. *De trinitate*, X, x, 16.

[259] Cf. *De trinitate*, X, i, 1.

[260] Cf. AUGUSTINUS. *De utilitate credendi*, §25. Cf. KOCH, I. "Sobre a definição agostiniana de crença", p. 15-24.

timento" (*assentio*) como "fé" (*fides*), para explicitar que a fé é condição da existência humana.

Portanto, todas as coisas de que preciso formar uma fantasia para apreender encontram-se no espírito segundo uma *simulata praesentia*, por meio de fantasias ou representações, ao passo que as coisas verdadeiras com grau de evidência dispensam representação sensível, porque estão presentes no interior como realidades puramente inteligíveis, daí serem *vera praesentia*, não *simulata praesentia*. Por isso, se a natureza de minha alma fosse de fogo, quando eu enunciasse "eu sou de fogo", eu teria a certeza de minha natureza ígnea, o que não ocorre, mas se ocorresse seria como uma presença verdadeira em meu interior, do mesmo modo que o pensamento, do mesmo modo que eu sei que eu penso, que eu lembro, que eu quero, que eu percebo, que eu sonho, que eu duvido, que eu me engano. Eis por que com relação à certeza de que existo, conheço e desejo, o que se passa na alma não se confunde com aquele modo indireto de conhecer a exterioridade, por meio de fantasias ou representações. Com efeito, as três certezas são indubitáveis porque é uma evidência que eu existo, conheço e desejo, a partir de uma apropriação e reconceituação da fantasia cataléptica estoica. Finalmente, leiamos a enunciação completa do que se convencionou chamar de *cogito* agostiniano n'*A cidade de Deus*, em continuidade imediata das citações anteriores de XI, xxvi[261].

---

[261] Cf. HORN, C. "Qual é o significado do cogito agostiniano (De civitate Dei XI 26)", 2008, p. 21-48, em que há análise sobre se o cogito agostiniano é evidência de um Eu empírico, Eu psicológico e/ou Eu puro em diálogo com Hintikka ("Cogito, ergo sum": Inferência ou performance?", 2021), porém chama atenção não haver discussão sobre a clara dimensão existencial (em contraste com a essencial) e fática da certeza de si em suas formulações em *DCD*, XI, xxvi, não à toa na economia interna de um livro que trata do *initium* da história, o que não implica necessária e exclusivamente que se trata de um Eu empírico, histórico e psicológico. Afinal, é razoável entender que a imanência mútua entre atividades consubstanciais da alma possam ser uma dimensão transcendental (como parece ser a leitura de Libera em *Arqueologia do sujeito I*), porém com déficit de efetividade na condição histórica, como proponho.

> Com essas três verdades [de que sou, conheço e amo], não receio quaisquer argumentos dos acadêmicos, que dizem: Quê? E se te enganas? Ora, se me engano, existo [*Si fallor, sum*]. Pois quem não existe certamente não mais pode enganar-se; por isso, existo, se me engano. Portanto, se existo, se me engano, de que modo me engano de que existo, quando é certo que eu existo, se me engano? Embora eu me engane, sou eu que me engano, sem nenhuma dúvida de que não me engano no que conheço que existo. Por consequente, também no que conheço que me conheço, não me engano. Pois tal como conheço que existo, assim conheço que me conheço. E quando amo essas duas coisas, acrescento-lhes o próprio amor como um terceiro que não é de menor valor do que aquelas coisas que conheci.[262]

Empreendida a análise do significado da alma humana como imagem e semelhança de Deus a partir do *cogito* agostiniano, trata-se agora de examinar diretamente se a distinção entre natureza – na qual há progressiva adequação entre imagem e similitude – e condição desnaturalizada – na qual há progressiva inadequação entre imagem e similitude – concede discernir no ser humano cisão entre essência e existência, do lado da condição desnaturalizada. A rigor, como vimos, a composição entre essência e existência, bem como entre substância e acidentes, é traço da finitude natural de todos os seres, com exceção de Deus. Como traço natural, não é traço de miséria e de imperfeição. Isso quer dizer que a imperfeição ou a miséria ou o mal apenas têm emergência quando uma criatura, em recusa à própria natureza de criatura,

---

262 *"Nulla in his veris Academicorum argumenta formido dicentium: Quid si falleris? Si enim fallor, sum. Nam qui non est, utique nec falli potest; ac per hoc sum, si fallor. Quia ergo sum si fallor, quomodo esse me fallor, quando certum est me esse, si fallor? Quia igitur essem qui fallerer, etiamsi fallerer, procul dubio in eo, quod me novi esse, non fallor. Consequens est autem, ut etiam in eo, quod me novi nosse, non fallar. Sicut enim novi esse me, ita novi etiam hoc ipsum, nosse me. Eaque duo cum amo, eumdem quoque amorem quiddam tertium nec imparis aestimationis eis quas novi rebus adiungo." DCD,* XI, xxvi. Colchetes meus.

ousa romper com seu Criador e supõe-se capaz de ordenar-se a si mesma e ao mundo conforme a sua vontade. Daí a exigência de uma *reformatio*.

Diante disso, porém, é preciso agora enfrentar o seguinte problema: se por natureza há composição e mutabilidade nas criaturas, como é possível haver identidade nelas? Como pode haver identidade em uma criatura cuja natureza é dinâmica? A reflexão agostiniana sobre o desejo no livro XIV d'*A cidade de Deus* parece ser expediente privilegiado para a explicitação de que o homem, por natureza, guarda identidade, não obstante a composição entre essência e existência ser constitutiva nele, problemas que enfrentarei adiante no capítulo IV, no contexto de análise do extraordinário livro XIV, mas que antecipo aqui em resumo. Em síntese, pode haver identidade mesmo em uma criatura carente de plenitude de ser e marcada por uma dinâmica de aquisição de ser porque a natureza da criatura racional, na medida em que é também *voluntas*, guarda identidade em função da adequação entre aquilo que quer e aquilo que pode querer. Dada a natureza dinâmica da criatura racional, precisamos considerar sem paradoxos uma progressiva aquisição de identidade, sem considerar, não obstante, que ela tenha sido criada sem identidade ou essência.

Ou melhor, como tendência ou processo em direção ao Ser, a progressiva aquisição de identidade ou de ser ou de semelhança da imagem divina não se realiza pela obtenção de identidade continuamente maior entre querer e poder e pela diminuição de qualquer alteridade entre ambos, como se se tratasse de duas jurisdições ou conjuntos que não se recobrem. É possível defender, por consequente, que haja processo de ruptura entre essência e existência na criatura racional a partir da paralisação da dinâmica de permanente conquista da essência pelo existente, ou, inversamente, a partir da progressiva perda de ser por parte da criatura, quando se torna, em condição fraturada, imagem cada vez mais dessemelhante ao original. Na dimensão do querer, a rixa se manifesta como o conflito paulino, relido filosoficamente por

Agostinho, entre querer e não-querer, entre querer e poder, entre querer o que não se pode/faz e poder/fazer o que não se quer, o contrário da unidade e inseparabilidade entre querer e poder que deveria existir por natureza.

## NOTA SOBRE ESSÊNCIA E EXISTÊNCIA EM AGOSTINHO E TOMÁS DE AQUINO

Embora a palavra *existentia* não pertença ao vocabulário agostiniano e muito provavelmente nem ao latim clássico em seu sentido ontológico[263], para Agostinho "o estado da criatura dispersa no tempo, com a mistura de ser e de nada que a caracteriza, corresponde mais ou menos ao que se nomeou mais tarde de 'existência'"[264]. Como vimos, um dos momentos exemplares da obra agostiniana para flagrar o verbo *esse* com sentido de "existir" é o da aparição do chamado *cogito* agostiniano (*si fallor, sum*, conforme uma de suas formulações examinada acima). Todavia, a evidência de que existo contraditoriamente, pois existo em erro, em engano e em direção ao não-ser, somente é certeza de composição ou participação fraturada entre essência e existência se não houver no existente racional dinâmica de progressiva aquisição de ser ou de essência[265]. Afinal, do fato de que o homem não encontra

---

263 *"A l'époque d'Augustin, le mot ne se rencontre pas encore, du moins em ce sens défini. Bien loin de connoter le changement, le verbe* sisto, *qui en est l'origine, signifie s'arreter. En composition avec* ex, *qui marque l'idée de sortir, il forme* exsisto, *qui signifie sortir de, naître, et par conséquent apparaître ou se manifester. Il ne semble pas qu'*existentia *appartienne à la langue classique; s'il s'y rencontre, ce doit être une rareté et la date de sa première apparition semble assez tardive. "*. GILSON, É. "Notes sur l'être et le temps chez saint Augustin", p. 210.

264 *"L'état de la créature dispersée dans le temps, avec le mélange d'être et de néant qui le caractérise, correspond à peu près à ce que l'on a nommé plus tard l''existence'."*. Id. "Notes sur l'être et le temps chez saint Augustin", p. 210.

265 Em Agostinho, há certa equivocidade da noção de *essentia*, que guarda tanto o significado superlativo referente ao Ser do criador, como o significado relativo ao ser das criaturas, porquanto cada criatura guarda sua essência conforme o grau de

em si mesmo a razão suficiente de sua existência não se segue que esteja em condição desnaturalizada.

Desse modo, a exigência para sustentarmos distinção entre natureza e condição desnaturalizada é discernir no ser humano traços de fratura na participação entre a essência e a existência. Em outras palavras, o processo de ruptura entre a essência e a existência se dá na criatura racional quando a dinâmica de permanente conquista da essência pelo existente é paralisada e interrompida. Antes disso, há distinção entre a essência e a existência, mas não processo de disjunção entre uma e outra. Ao contrário, a criatura racional realiza por natureza a aproximação cada vez maior da essência, aproximação e cada vez maior presença de Deus nela. A essência, desse modo, é e está em Deus, o que confere sentido para a afirmação paulina de que as criaturas de certo modo estão

---

participação na Suma essência. "Ora, como Deus é a suma essência, isto é, o sumo ser e, por isso, imutável, deu ser às coisas, que criou *ex nihilo*, mas não o sumo ser, como Ele mesmo é. A umas, deu mais ser, a outras, menos, e assim ordenou por graus as naturezas das essências (assim como de *sapere* se derivou *sapientia*, do mesmo modo de *esse* se derivou *essentia*, por certo novo nome, não usado pelos autores antigos da língua latina, mas já usual em nossos tempos, para que nossa língua não carecesse do que os gregos chamam de *ousia*, palavra que, traduzida à letra, quer dizer *essentia*). Por consequente, à natureza que é o sumo ser, pela qual é feito tudo que é, natureza alguma é contrária, senão a que não é. Eis por que nenhuma essência é contrária a Deus, isto é, à suma essência e ao autor de todas e quaisquer essências.". "*Cum enim Deus summa essentia sit, hoc est summe sit, et ideo inmutabilis sit: rebus, quas ex nihilo creavit, esse dedit, sed non summe esse, sicut est ipse; et aliis dedit esse amplius, aliis minus, atque ita naturas essentiarum gradibus ordinavit (sicut enim ab eo, quod est sapere, vocatur sapientia, sic ab eo, quod est esse, vocatur essentia, novo quidem nomine, quo usi veteres non sunt latini sermonis auctores, sed iam nostris temporibus usitato, ne deesset etiam linguae nostrae, quod Graeci appellant ousian; hoc enim verbum e verbo expressum est, ut diceretur essentia); ac per hoc ei naturae, quae summe est, qua faciente sunt quaecumque sunt, contraria natura non est, nisi quae non est. Ei quippe, quod est, non esse contrarium est. Et propterea Deo, id est summae essentiae et auctori omnium qualiumcumque essentiarum, essentia nulla contraria est.*". *DCD*, XII, ii. A reflexão agostiniana sobre a tradução de *ousia* no latim por *essentia*, em sua época estabelecida ao menos desde o Concílio de Niceia para traduzir a *ousia* una das três pessoas ou *hypostaseis* divinas, pode ainda ser conferida em: *De trinitate*, V, viii, 9-10; VII, iv, 7-8; *De moribus ecclesiae catholicae et manichaeorum*, II, ii, 2 ; bem como na célebre *Epístola* 166 (ii, 4) a Jerônimo.

em Deus. Mesmo que concebamos que a essência ou forma de cada ser são as Ideias, as Ideias se confundem com Deus, pois são, por assim dizer, o pensamento de Deus, localizam-se, não espacialmente, na mente de Deus[266]. Para Agostinho, por consequência, as Formas ou as Espécies, na medida em que se confundem com as Ideias, não são instanciadas ou individuadas ou imanentes na matéria, mas transcendentes e presentes (não imanentes) por participação nos sensíveis.

Isso significa que essa dimensão essencialista da ontologia de Agostinho privilegia em perfeição a essência, não a existência. A necessidade e a perfeição em grau superlativo se encontram do lado da essência, que, em última análise, é Aquele que é; já a contingência e a perfeição em grau relativo se encontra do lado da existência ou do "quase-ser"[267]. Algo muito diferente se passa numa ontologia com uma dimensão existencial como a tomasiana[268], para a qual a existência dos seres é ato ou atualidade, realização de potência, de modo que a existência necessariamente é um acréscimo de perfeição à essência. Numa ontologia existencial assim, a essência é menos perfeita do que a existência porque se encontra do lado da ordem da potência, e a existência, do lado da ordem do ato[269]. Agostinho, porém, não mobiliza n'*A cidade de Deus* os conceitos de ato e potência, embora não nos pareça implausível conceber a existência como realização da essência. Assim ainda, a essência não pode ser concebida como pura potencialidade, porque não se trata de essência ou forma imanente, instanciada na matéria, mas de essência transcendente, Ideia presente na "mente de Deus" que por participação fundamenta tudo que é.

---

266 Cf. *De ideis*, 2 (*De diversis quaestionibus octoginta tribus*, XLVI, 2).

267 "[...] *quasi-être*". GILSON, É. "Notes sur l'être et le temps", p. 219.

268 *"On aurait peine à concevoir une ontologie plus pleinement et plus consciemment existentielle que celle de saint Thomas d'Aquin."*. GILSON, É. *Le thomisme*: introduction a la philosophie de saint Thomas d'Aquin, p. 52.

269 *"Que cette distinction* [*d'essence et d'existir*] *soit réelle, on n'en saurait douter, mais elle se pose dans l'ordre métaphysique de l'acte et de la puissance"*. *Id. Le thomisme*, p. 53.

O problema que deixo em aberto é saber de que maneira Tomás de Aquino preserva uma ontologia que concede à existência mais perfeição do que à essência destituída de ser, numa teoria que concilia física aristotélica, teoria da abstração (segundo a qual a essência existe instanciada na matéria e é apreendida universalmente de modo abstrativo) e teoria da participação (segundo a qual há ideias como exemplares e noções das coisas criadas e não criadas na mente de Deus)[270]. Para os propósitos desse livro, é suficiente a explicitação de que os conceitos de essência e existência (ainda que na ausência deste como palavra) são presentes na filosofia agostiniana e chave para a compreensão da condição desnaturalizada do ser humano, existente em processo de destituição essencial.

## SOBRE A FRATURA DA IMAGEM DE DEUS

Aqui podemos resgatar o problema do mal, não como a privação ou ausência de bem e de ser constitutiva das criaturas (que a literatura crítica celebrizou como "mal físico" ou "mal ontológico"), que para serem tais por natureza são não o puro ser ou o ser absoluto, mas o mal moral inaugurado por seres racionais e que viciam suas naturezas por destituírem-nas de grau de ser e de perfeição que, com a preservação da boa vontade com que foram criadas, nunca perderiam. Bem entendido, o vício não guarda positividade e nenhuma natureza é em si mesma viciada ou má, porque toda natureza é necessariamente boa. Dessa maneira, o vício, como mal, consiste na falta, mas em uma falta que corrompe a natureza em que ele se encontra por causa de vontade má.

Que é, porém, vontade má? É uma vontade que abandona o fundamento de sua bondade e converte-se para seres inferiores,

---

[270] Procurei enfrentar o problema em SILVA FILHO, L. M. da. "Fundamento do universal no singular em Tomás de Aquino: natureza comum, similitude e/ou ideia?". *Doispontos:*, v.18, n. 1, 2021, p.144-169. Disponível em: https://revistas.ufpr.br/doispontos/article/download/78974/43915 (Acesso em 13/02/2022).

incapazes de desempenhar função de fundamento, porque relativos. Assim, a causa eficiente da má vontade seriam os seres inferiores que a alma deseja dominar e desfrutar? De forma alguma, porque naquilo que são, são bons, e é contraditório que o bem seja causa do mal. Desse modo, nada é causa da vontade má, nada guarda eficiência para causá-la, precisamente porque ela consiste no nada, na privação, na defecção e na deficiência, na medida em que é o declinar d'Aquele que é em sumo grau em direção ao que é em menos[271]. É preciso dizer, por consequência, que a vontade má é um movimento ou uma dinâmica de corrupção e o que é mal não é aquilo a que se converte, mas o próprio converter-se ao que deseja possuir[272].

> Torna-se contraditório imaginar uma causa positiva, tal como Deus, na origem do movimento de aversão pelo qual a vontade livre se desvia dele. Sem dúvida, Deus criou a vontade mestra de si mesma e capaz de se apegar ao soberano bem ou de se desviar deste; mas se a vontade assim criada *poderia* se desligar de Deus, ela não *deveria*; sua queda, uma vez que ocorreu, não foi a queda natural e fatal de uma pedra que cai, mas a queda livre de uma vontade que se abandona. Simples defeito, falta de ordem e, por consequência, falta de ser, o movimento da queda original não tem outra origem a não ser o nada, ou seja, o não-ser. Como, não sendo nada, o pecado teria uma causa eficiente? É apenas uma deficiência de causa que pode ser posta em questão. Buscar a causa de uma falta de ser é como buscar uma causa positiva do silêncio ou das trevas.[273]

---

[271] *"Deficere namque ab eo, quod summe est, ad id, quod minus est, hoc est incipere habere voluntatem malam."* AUGUSTINUS. *DCD*, XII, vii. Cf. *De libero arbitrio*, II, xx, 54.

[272] *"Quo modo ergo res bona efficiens est voluntatis malae? Quo modo, inquam, bonum est causa mali? Cum enim se voluntas relicto superiore ad inferiora convertit, efficitur mala, non quia malum est, quo se convertit, sed quia perversa est ipsa conversio. Idcirco non res inferior voluntatem malam fecit, sed rem inferiorem prave atque inordinate, ipsa quia facta est, appetivit."* *DCD*, XII, vi. Cf. *De vera religione*, XX, 38.

[273] GILSON, É. *Introdução ao estudo de santo Agostinho*, p. 279. Grifo do autor.

Aqui estamos tratando da queda da criatura racional em geral. A ressalva é importante porque a queda dos anjos e dos homens obedece a mesma dinâmica de corrupção. Não à toa, Agostinho examina a vontade má dos anjos no livro XI e em parte do XII d'*A cidade de Deus* para investigar o exórdio de ambas as cidades, que não são quatro, duas angélicas, duas humanas, mas apenas duas. Afinal, anjos e homens são igualmente cidadãos ou da cidade celeste por estarem unidos a Deus, ou da cidade terrena por não estarem unidos a Deus[274]. Interessa-nos, porém, particularmente a queda do homem, na medida em que a contradição e o conflito, a própria história[275], que ela inaugura podem ser diretamente observáveis.

Melhor dizendo, o procedimento agostiniano não é o de lançar inteligibilidade, inteiramente a partir das Escrituras, em um mundo de ininteligibilidade. Claro é que artigos de fé iluminam experiência histórica de dispersão, de contradição e de conflito, inapreensível por si mesma[276], mas o processo é de mão dupla, precisamente porque a experiência é absurda, o histórico manifesta a

---

[274] *"Antequam de institutione hominis dicam, ubi duarum civitatum, quantum ad rationalium mortalium genus attinet, apparebit exortus, sicut superiore libro apparuisse in angelis iam videtur: prius mihi quaedam de ipsis angelis video esse dicenda, quibus demonstretur quantum a nobis potest, quam non inconveniens neque incongrua dicatur esse hominibus angelisque societas, ut non quattuor (duae scilicet angelorum totidemque hominum), sed duae potius civitates, hoc est societates, merito esse dicantur, una in bonis, altera in malis non solum angelis, verum etiam hominibus constitutae."* AUGUSTINUS. *DCD*, XIII, xii, 1. *"Beatitudinis igitur illorum causa est adhaerere Deo; quocirca istorum miseriae causa ex contrario est intellegenda, quod est non adhaerere Deo." DCD*, XIII, xii, 2.

[275] "[...] *temps historique, le temps d'après la Chute* [...] *n'est* [...] *qu'un aspect de la temporalité* [...]. *Il faille concevoir ce qu'on pourrait appeler un temps cosmique, le temps dans lequel se déploie l'oevre de la Création divine*". MARROU, H-I. *L'ambivalence du temps de l'histoire chez saint Augustin*, p. 65, 66. Cf. CHAX--RUY, J. *Saint Augustin – Temps et Histoire*, p. 65.

[276] "O ponto de partida de Agostinho é, portanto, a revelação, que, conferindo à história a universalidade que nosso empirismo fragmentário não pode alcançar, ao desvelar a ela principalmente sua origem e seu fim, torna possível a teologia da história e confere ao universo uma inteligibilidade na ordem do tempo". GILSON, É. *Introdução ao estudo de santo Agostinho*, p. 349.

condição humana desnaturalizada como *factum*. Que tudo tenha começado com Adão é artigo de fé, mas para Agostinho é um fato que o homem tenha rompido com a natureza ou dela seja destituído. Desse modo, é verdade "que se trata de organizar o conhecimento daquilo que se vê com o conhecimento daquilo que ainda [ou já] não é"[277], mas aquilo que se vê, se não for ilusão (como o correr das nuvens que por vezes parece movimentos das estrelas em sentido contrário[278]) permanece o absurdo que é: ainda que a fé descortine a origem e as possibilidades de fim do descompasso entre querer e poder, a contradição entre aquilo que se quer e aquilo que se faz permenece fato irredutível, ainda que em maior ou menor grau, conforme a graça que se recebe.

Dessa maneira, doravante concederei atenção a alguns traços de contradição da condição em que o ser humano cai ao fraturar a natureza com a vontade má e que são a partir dos quais e nos quais as cidades terrena e celeste peregrina têm origem. Como vimos, a imagem da Trindade no homem é apresentada n'*A cidade de Deus* por meio da tríade formada pelo Ser, pelo Conhecer e pelo Amar. Os livros XIII e XIV d'*A cidade de Deus* conferem atenção notadamente à contradição no âmbito do Ser e do Amar, referentes à morte e ao desregramento do amor como fatos ou dados históricos.

---

277 GILSON, É. *Op. cit.*, p. 333.

278 "Todos os escritos divinos convivem pacificamente. Mas assim como costuma acontecer - quando olhamos as nuvens ao caminhar pelas trevas da noite - que nossa acuidade é de tal modo perturbada pela sua sombra, que as estrelas nos parecem correr em sentido contrário, assim também a estes heréticos, porque não encontram paz na névoa de seu erro, é antes a Escritura divina que lhes parece estar em rixa". "[...] *omnia divina scripta inter se pacata consistunt. Sed quemadmodum solet accidere, ut quando transeuntes nubes per obscura noctis intuemur, earum caligine sic acies nostra turbetur, ut in contrarium nobis sidera currere videantur; sic isti haeretici, quia in sui erroris nubilo pacem non inveniunt, videtur eis potius divina Scriptura rixari.*" AUGUSTINUS. *Sermo* I, 4, Tradução de Moacyr Novaes, apud: NOVAES, M. "Linguagem e verdade nas *Confissões*", 2002, p. 47.

## SOBRE O PARADOXO DA MORTE

No livro XIII d'*A cidade de Deus*, a morte é apresentada como um fato contraditório privilegiado para explicitar que o homem se encontra apartado da própria identidade. Mais precisamente, o exame sobre a morte se dá por meio da investigação do momento exato da morte. Inicialmente, trata-se de saber se a morte se situa no tempo em que as almas estão separadas do corpo. "O tempo durante o qual as almas separadas do corpo são felizes ou infelizes, deve-se dizer que seja tempo da morte ou que seja tempo de depois da morte?"[279] A pergunta é relevante porque se refere ao tempo em que as almas ainda não teriam passado pela ressurreição dos corpos, e antes da ressurreição dos corpos não teria havido a salvação ou a condenação eternas, que é a segunda morte, ou a morte da alma[280]. Desse modo, a questão pergunta pelo momento em que se dá a primeira morte, isto é, a morte do corpo, ou "a separação da alma e do corpo"[281].

A dificuldade consiste em dizer se a morte se dá logo quando a alma se separa do corpo ou não, porque o momento em que a alma acabou de separar-se do corpo também pode ser chamado de "depois da morte" (*post mortem*). Se, todavia, é tempo depois da morte, então não mais há morte, mas há vida da alma, e a morte já teria ocorrido e teria sido apenas morte do corpo. Permanecemos, assim, no problema de dizer quando se dá a morte, porque se nos primeiros capítulos do livro XIII foi dito que a morte é

---

[279] "[...] *id tempus, quo animae a corpore separatae aut in bonis sunt aut in malis, utrum post mortem potius an in morte dicendum est?*" *DCD*, XIII, ix.

[280] "*Verum in damnatione novissima quamvis homo sentire non desinat, tamen, quia sensus ipse nec voluptate suavis nec quiete salubris, sed dolore poenalis est, non immerito mors est potius appellata quam vita. Ideo autem secunda, quia post illam primam est, qua fit cohaerentium diremptio naturarum, sive Dei et animae sive animae et corporis. De prima igitur corporis morte dici potest, quod bonis bona sit, malis mala; secunda vero sine dubio sicut nullorum bonorum est, ita nulli bona.*" *DCD*, XIII, ii.

[281] "[...] *separationem animae a corpore*". *DCD*, XIII, vi.

um mal[282], e um mal do qual os bons tiram proveito, a morte era um mal para os vivos, e esse mal é mal na medida em que causa dores e angústias àqueles que estão morrendo, aos moribundos ou morrentes (*morientes*), mas que ainda estão vivos. Por consequência, não se pode dizer que as dores e angústias dos moribundos sejam a morte. Com efeito, só sente dores e angústias quem ainda está vivo. Se é um ser morrente, trata-se, porém, de um ser que se afasta da vida e aproxima-se da morte, de tal forma que a um só tempo e paradoxalmente é um ser vivente e morrente[283].

A questão sobre o momento exato da morte torna-se, desse modo, ainda mais problemática e passa a implicar um problema inverso, em relação ao momento em que o homem é verdadeiramente vivo. Ora, o momento em que o homem é morrente, em que se aproxima da morte e afasta-se da vida, é antes da morte (*ante mortem*), e logo que a alma se separa do corpo, já é tempo de depois da morte (*post mortem*). Além do mais, a caracterização da vida do homem antes da morte como "morrente" coloca em questão quando o homem está realmente em vida, porque é absurdo dizer que alguém seja ao mesmo tempo vivente e morrente.

A partir da consideração de que o homem seja um ser vivente e morrente, Agostinho examina se o homem já não está na morte (*in morte*) desde o nascimento, pois ele se encontra cada vez mais próximo da morte no passar de cada dia de sua vida. Com isso, no momento em que o homem é caracterizado como um ser que tende para a morte[284], ou como um "ser-para-a-morte"[285], há tentativa de

---

282 Cf. *DCD*, XIII, vi.

283 Cf. *DCD*, XIII, ix.

284 "Desde o instante em que começamos a existir neste corpo mortal, jamais deixamos de tender para a morte. Eis a obra da mutabilidade durante todo o tempo de vida (se se deve dizer-se vida): tender para a morte". *"Ex quo enim quisque in isto corpore morituro esse coeperit, numquam in eo non agitur ut mors veniat. Hoc enim agit eius mutabilitas toto tempore vitae huius (si tamen vita dicenda est), ut veniatur in mortem" Ibid.*, XIII, x.

285 GUY, J-C. *Unité et structure logique de la "Cité de Dieu" de saint Augustin*, 1961, p. 102.

ultrapassar a aporia de afirmar o absurdo de que o ser humano seja vivente e morrente. Tal esforço, contudo, reiterará a situação aporética e absurda. Afinal, tender para a morte significa não já estar na morte, mas aproximar-se dela pela subtração contínua de vida, de modo que quem tende para a morte também está em vida.

Mais uma vez, a investigação do momento exato em que o homem está "na morte" é fracassada. Diante disso, desvela-se que as expressões "antes da morte" e "depois da morte" carecem de sentido, na medida em que elas não mais têm o "estar na morte" como referência. Ora, se disséssemos que o homem já "está na morte", então teríamos de dizer que a vida já é a morte, e, assim, o caminhar e a meta, a vida e a morte, não seriam coisas distintas e não haveria "antes da morte". Identificar o caminho com a meta também é absurdo porque se o caminho já fosse a morte, então a morte não seria a meta da vida e o homem não teria vida a ser subtraída para tender à morte[286], de tal modo que qualquer expressão acerca da morte carece de sentido. Com efeito, se não se sabe quando o homem está *in morte*, decorre o desconhecimento de quando está no *ante* ou no *post mortem*.

> Se é, porém, absurdo dizer que antes de a morte chegar o homem já está na morte (de que meta o aproxima o caminhar de sua vida, se já está nela?), seria extremo atrevimento ainda dizer que é a um só tempo vivente e morrente, pois não se pode estar a um só tempo acordado e dormindo: é preciso, então, perguntar quando será morrente. Ora, antes de a morte chegar, não é morrente, mas vivente; chegada a morte, já será morto, não morrente. Aquele ainda está antes da morte [*ante mortem*], este já está depois da morte [*post mortem*]. Quando, portanto, está na morte [*in morte*]?[287].

---

286 "[...] *cui enim propinquat peragendo vitae suae tempora, si iam in illa est?*" AUGUSTINUS. *DCD*, XIII, x.

287 *"Si autem absurdum est, ut hominem, antequam ad mortem perveniat, iam esse dicamus in morte (cui enim propinquat peragendo vitae suae tempora, si iam in illa est?), maxime quia nimis est insolens, ut simul et vivens esse*

Antes de retomar a investigação sobre quando o homem será *moriens*, observemos que somente a expressão *in morte* é construída por *in* seguido de *mors* no ablativo, isto é, *morte*, diferentemente das expressões *ante mortem* e *post mortem*, construídas por *in* seguido de acusativo, *mortem*, precisamente para demarcar o movimento de aproximação ou de distanciamento da morte, o que no caso de *in morte* não se dá, porque se refere à permanência da morte, situação em que o homem estaria completa e estaticamente "morto". O estado de "morto", todavia, não pode existir, pois a morte em si mesma nada é e a consequência do traço de não-ser da morte é o que mais uma vez tornará fracassada a investigação do momento em que o homem é morrente.

Melhor dizendo, a impossibilidade de demarcar quando o homem está *in morte* é também a impossibilidade de dizer quando o homem é *moriens*. Com efeito, para ser morrente, é preciso estar na morte, assim como para alguém ser dormente (*dormiens*), precisa estar em sono (*in somno*), para ser dolente (*dolens*), em dor (*in dolore*), para ser enfermo (*languens*), em enfermidade (*in languore*), e assim por diante conforme se dá com todos os particípios presentes, que apenas sucedem quando há o estado de permanência do substantivo que realizam. Agostinho, contudo, encontra contradição no particípio presente *moriens*, não há identidade entre o particípio e a realização do substantivo. Afinal, o homem não pode estar *in morte* para ser *moriens*, pois se estivesse não haveria vida a subtrair a cada instante, de modo que para o particípio presente *moriens* suceder, é preciso, contraditoriamente, que o homem esteja *in vita*. É como se tivéssemos de afirmar o absurdo de que para ser dormente, o homem precisa estar em vigília, para ser dolente, sem dor, para ser enfermo,

---

*dicatur et moriens, cum vigilans et dormiens simul esse non possit: quaerendum est quando erit moriens. Etenim antequam mors veniat, non est moriens, sed vivens; cum vero mors venerit, mortuus erit, non moriens. Illud ergo est adhuc ante mortem, hoc iam post mortem. Quando ergo in morte?"* *DCD*, XIII, xi, 1.

são[288]. "Agora, porém, a morte não somente existe, mas ainda é tão embaraçosa, que não pode explicar-se com o discurso, nem evitar com argumentos"[289].

Com isso, Agostinho pretende flagrar um fato contraditório da condição humana, que como tal é inexprimível, a não ser paradoxalmente. Além disso, o exame da fratura ou da ausência de identidade do homem refere-se a um fato histórico partilhado universalmente pelo gênero. É preciso, então, perguntar a respeito das condições de possibilidades de uma criatura, criada boa, tornar-se má, e de, uma vez maligna, tornar-se boa. Por que o homem, diferentemente dos animais, pode inaugurar para si um regime de existência apartado de sua essência? Por que Deus criou o homem com a possibilidade de destruir-se essencialmente? Por que conceder a possibilidade da queda para depois resgatar a criatura danada? Todas essas questões são fundamentais para melhor compreensão do exórdio da história e das cidades, bem como das paixões viciadas, entre as quais se encontra a libido.

---

288 "[...] *quod dixi explicari aliqua locutione non posse, quonam modo vel morientes dicantur vivere vel iam mortui etiam post mortem adhuc esse dicantur in morte. Quomodo enim post mortem, si adhuc in morte? Praesertim cum eos nec morientes dicamus, sicuti eos, qui in somno sunt, dicimus dormientes, et qui in languore, languentes, et qui in dolore, utique dolentes, et qui in vita, viventes*" *DCD*, XIII, xi, 2.

289 "*Nunc autem non solum est, verum etiam tam molesta est, ut nec ulla explicari locutione possit nec ulla ratione vitari.*" *DCD*, XIII, xi, 1.

# IV.
# VONTADE E CONTRAVONTADE: PECADO, PAIXÕES, LIBIDO E GOZO

> *Deus existe mesmo quando não há. Mas o demônio não precisa de existir para haver – a gente sabendo que ele não existe, aí é que ele toma conta de tudo.*[290]

## SOBRE A LIBERDADE, A QUEDA E A GRAÇA (*DCD*, XIV, i)

À pergunta sobre por que a criatura racional, ao contrário da irracional, guarda o poder ou a liberdade de inaugurar o tempo histórico, regime de existência apartado da essência cujo início coincidiu com a expulsão do paraíso dos primeiros seres humanos, deve-se responder a partir da própria essência ou natureza da criatura racional. Com efeito, tal poder ou liberdade é constitutivo dela, o que não significa que sua essência é destituir-se de essência ou autocontraditória. Poder suicidar-se ou afastar-se do que é por natureza é diferente de suicidar-se ou afastar-se efetivamente. Assim, o questionamento sobre a liberdade é mal compreendido se se pretende flagrar com ele inclinação humana natural para o mal[291]. Afinal, "é verdade que toda liberdade encerra perigo, mas a nossa é também a condição necessária para o maior dos bens

---

[290] ROSA, J. G. *Grande sertão: veredas*, p. 50.

[291] "[...] dar-nos uma vontade capaz de fazer o mal não seria nos dar um dom tão perigoso que ele somente constituiria um verdadeiro mal?" GILSON, É. *Introdução ao estudo de santo Agostinho*, p. 277.

que pode acontecer-nos: a beatitude"[292]. Desse modo, a liberdade em si mesma é um bem, mas que, como todos os bens medianos, pode ser mal usado por quem o possui[293]. Queixar-se da liberdade de fazer o bem ou o mal é reclamar do poder que é atribuído à criatura racional e a distingue de todas as outras; significa lamentar que ela não tenha sido criada com menos grau de perfeição e que possa ser a mais próxima de Deus.

A eminência da natureza do homem revela-se também pela eminência de seu fim. Dessa maneira, pode-se dizer que a integridade da natureza consiste na orientação voluntária ao fim, que, conforme vimos no capítulo anterior, é a Trindade como fundamento do Ser, do Conhecer e do Amar. Além disso, a imagem divina constitutiva do ser humano é perfectível, na medida em que a similitude com Deus é não estática, mas dinâmica, de forma que o orientar-se para o fim ou dele desorientar-se significa tornar a imagem progressivamente mais semelhante ou mais dessemelhante à Trindade. Eis por que ser vivente e morrente é contradição na criatura racional, única dotada de perfectibilidade, mas não na criatura irracional[294]. Ora, a alma racional é perfectível e imortal por natureza precisamente porque é imagem e semelhança da natureza divina para a qual tende. A presença progressivamente maior de Deus na alma não poderia suceder na ausência de adequação, melhor expressa como imagem e semelhança dinâmica entre elas.

Na condição pecaminosa, porém, o homem se encontra em estado de inadequação (imagem em processo de perda de semelhança), de que a morte é testemunha. Desse modo, em estado de contradição e conflito, o ser humano não tem meios que deem acesso à essência, pois o homem não pode reerguer-se com seus próprios recursos[295]. Essa é a razão da necessidade de um socorro

---

292 GILSON, É. *Op. Cit.*, loc. cit.

293 Cf. AUGUSTINUS. *De libero arbitrio*, II, xviii, 49.

294 CF. *DCD*, XI, XXVIII.

295 "[...] *non sicut homo sponte cecidit, ita etiam sponte surgere potest*". *De libero arbitrio*, II, xx, 54.

divino gratuito ou uma "mediação descendente"[296] para libertar o homem da danação. O socorro é uma graça precisamente porque o declinar de Deus, como vontade má, é de inteira responsabilidade do homem, de forma que por justiça ele deveria estar condenado à dispersão progressiva de seu ser, mas por misericórdia recebeu a possibilidade de salvação. Assim, o questionamento sobre o motivo da graça é despropositado se decorrente daquele sobre a liberdade do homem, que lastimava a perfectibilidade com que ele foi criado. Com efeito, a questão sobre por que conceder a liberdade se após seu mau uso haveria a concessão da graça incorre duplicadamente em impiedade, pois ao se queixar da perfeição com que o homem foi criado e da possibilidade de recobrá-la, juntamente com o desagrado pela criatura mais eminente da criação, deplora-se a Suma Bondade.

Como sempre em Agostinho, não estamos aqui diante apenas de um artigo de fé. Como o Verbo se fez carne é sim um mistério, mas para Agostinho a graça é evidente a partir de seus efeitos. Afinal, trata-se também de um fato que existiram e existem muitos homens virtuosos, isto é, com vontade boa, com alguma parcela de perfectibilidade recobrada. Daí a graça ser a causa da divisão da humanidade em duas sociedades ou cidades, uma daqueles que vivem segundo a carne (ou a mentira), outra daqueles que vivem segundo o espírito (ou a verdade), cada qual com o seu gênero de paz, conforme o que desejam realizar[297].

---

[296] NOVAES, M. *A razão em exercício*, p. 21.

[297] Cf. *DCD*, XIV, i. Em síntese, o primeiro capítulo/prólogo, de um único parágrafo, pode ser estruturado em oito passos argumentativos: (1) Unidade essencial do gênero a partir de um único homem; (2) Ruptura da unidade essencial transmitida para todo o gênero; (3) Cisão da natureza humana e transmissão do pecado e da necessidade da morte; (4) Dominação do império da morte e libertação da graça; (5) Divisão do gênero em duas sociedades/cidades; (6) Dois modos de vida: viver segundo a carne e viver segundo o espírito; (7) Paz de cada sociedade estabelecida pelo modo de vida em comum; (8) Definição de paz: ver realizados os desejos em comum. Já o conjunto do livro XIV que examinado neste Capítulo IV: (XIV, i) prólogo; (XIV, ii-iv) identidade e contradição dos modos de vida segundo o espírito/verdade/Deus e segundo a carne/mentira/si mesmo; (XIV, v) concepções de corpo, alma e paixões no platonismo e no maniqueísmo;

## *DE MODIS VIVENDI CIVITATUM* (XIV, ii-iv)

N'*A cidade de Deus*, XIV, Agostinho estabelece dois modos de vida, a saber, "viver segundo a carne" e "viver segundo o espírito", a partir da divisão do gênero humano em duas sociedades: uma dominada pelo império da morte e do pecado e outra libertada, ou em libertação, de tal dominação pela graça. O procedimento de Agostinho será o de examinar os modos de vida a partir das Escrituras e da tradição filosófica. Afinal, se toda a humanidade vive segundo um dos dois modos como enunciado logo no primeiro capítulo ou prólogo do livro XIV, então os filósofos da tradição também viveram segundo um ou outro. Note-se que as expressões "viver segundo a carne" e "viver segundo o espírito" estabelecem a "carne" e o "espírito" como soberanos bens.

Mas por que procurar um Bem supremo? Por que orientar toda a vida, todos os pensamentos, afetos, memórias, gestos e ações em direção a um Bem supremo? Ora, como toda arte de viver, os dois modos de vida buscam a felicidade e orientam-se para um fim em que aqueles que vivem de um ou outro modo acreditam repousar a vida feliz. Daí quem vive segundo a carne considera que a felicidade reside nos prazeres carnais e quem vive segundo o espírito considera que a felicidade reside nos prazeres do espírito. Neste capítulo IV, iremos discernir em que consistem a identidade de uma cidade e a contradição de outra a partir dos fins aos quais se orientam desde o início histórico delas.

Assim, é preciso definir o que é "carne" e que prazeres ela pode proporcionar, bem como o que é "espírito" e que prazeres são condizentes a ele. Inicialmente, Agostinho se detém em examinar o

---

(XIV, vi-vii) definição voluntarista das paixões conforme a Escritura; (XIV, viii-ix) paixões, apatia e eupatia no estoicismo e na doutrina cristã; (XIV, x-xv) exegese e análise histórica das paixões e apatia antes da e após a queda; (XIV, xvi-xx) análise histórica: libido, gozo e pudor; (XIV, xxi-xxvi) exegese e análise histórica sobre a geração com e sem libido; (XIV, xxvii-xviii) conclusão: fundamento voluntarista da história.

que é a "carne", e isso por meio de cotejo entre as Escrituras e a tradição filosófica. Antes de mais nada, trata-se de esclarecer que "carne" e "corpo" não se confundem, de forma que viver segundo a "carne" não quer dizer apenas viver segundo o "corpo", apenas segundo os prazeres corporais. É por isso que logo em XIV, ii, 1, Agostinho referencia os epicuristas e os estoicos.

Melhor dizendo, os epicuristas, segundo Agostinho, vivem segundo a carne na medida em que fazem "radicar no prazer do corpo o supremo bem do homem", de modo que a eles se unem os filósofos que "não conhecem outros prazeres e gozos além dos corporais e sensíveis"[298]. Já os estoicos, à primeira vista, viveriam segundo o espírito, pois não reduzem o supremo bem e a felicidade aos prazeres corporais. Ao contrário, os estoicos consideram que "o supremo bem do homem se radica no ânimo", mas a partir do sentido de "carne" presente nas Escrituras, "uns e outros vivem segundo a carne"[299]. Agostinho precisa, assim, descobrir significado mais refinado de "carne", que não pode identificar-se com "corpo", se pretende conciliar epicuristas e estoicos no tocante ao modo de vida segundo a "carne".

## EXEGESE SOBRE O SIGNIFICADO DE "CARNE"

Para tanto, trata-se de empreender exegese bíblica para explicitar significado de "carne" mais amplo do que o de "corpo". Como já estudado, natureza alguma é em si mesma má, de modo que certamente a "carne" em si mesma não é má, o que é mau apenas pode ser certo uso possível, isto é, o abuso dela. Aliás, a "carne"

---

298 "[...] *potest putare philosophos quidem Epicureos secundum carnem vivere, quia summum bonum hominis in corporis voluptate posuerunt, et si qui alii sunt, qui quoquo modo corporis bonum summum bonum esse hominis opinati sunt, et eorum omne vulgus, qui non aliquo dogmate vel eo modo philosophantur, sed proclives ad libidinem nisi ex voluptatibus, quas corporeis sensibus capiunt, gaudere nesciunt*". *DCD*, XIV, ii, 1.

299 "[...] *secundum carnem vivere utrique monstrantur.*" *DCD*, XIV, ii, 1.

em si mesma tanto não pode ser um mal que o próprio Verbo se fez carne, o que não quer dizer, contudo, que o Verbo, como Cristo, tenha vivido segundo a "carne". O que interessa a Agostinho, dessa forma, não é a "carne" em si mesma, mas o modo de vida que projeta perversamente nela o supremo bem, o modo de viver que orienta o homem por inteiro, seus pensamentos, afetos e ações, para os prazeres da carne, o que não quer dizer outra coisa do que realizar "obras da carne", conforme passagem de Paulo que relaciona "vontade má" e "carne".

> Sendo, pois, tantas as acepções que a Divina Escritura dá à palavra "carne", cuja investigação e relação seria prolixo fazer, para poder inquirir que é viver segundo a carne (coisa, sem dúvida, má, posto que a natureza da carne não é um mal), examinemos com cuidado a passagem da Carta do Apóstolo Paulo aos gálatas, que diz: "Ora, as obras da carne são manifestas: fornicação, impureza, libertinagem, idolatria, feitiçaria, ódio, rixas, ciúmes, ira, discussões, discórdia, divisões, invejas, bebedeiras, orgias e coisas semelhantes a estas, a respeito das quais eu vos previno, como já vos preveni: os que tais coisas praticam não herdarão o Reino de Deus."[300]

Segundo Paulo, as "obras da carne" não se reduzem aos prazeres corporais. Elas os incluem, mas sua amplitude alcança movimentos anímicos. Afinal, os ciúmes, a discórdia, a inveja e outros residem e são sentidos na alma, de forma que há "obras da

---

300 *"Cum igitur multis modis, quos perscrutari et colligere longum est, divina Scriptura nuncupet carnem: quid sit secundum carnem vivere (quod profecto malum est, cum ipsa carnis natura non sit malum) ut indagare possimus, inspiciamus diligenter illum locum epistulae Pauli apostoli quam scripsit ad Galatas, ubi ait:* Manifesta autem sunt opera carnis, quae sunt fornicationes, immunditiae, luxuria, idolorum servitus, veneficia, inimicitiae, contentiones, aemulationes, animositates, dissentiones, haereses, invidiae, ebrietates, comisationes et his similia; quae praedico vobis, sicut praedixi, quoniam qui talia agunt regnum Dei non possidebunt (Gal. 5, 19-22)". *DCD*, XIV, ii, 2. A citação bíblica segue a *Bíblia de Jerusalém*, o restante é tradução de Oscar Paes Leme.

carne" que apenas se realizam a partir de vícios da alma, isto é, como modalidades ou variação da vontade má. É possível, dessa maneira, que mesmo quem refreie e reprima a libido carnal pratique "obras da carne" por possuir no ânimo inimizades, a começar consigo mesmo, pois o abster-se dos prazeres corporais já significa por si só combate no plano das volições e de suas expressões. Por consequência, "carne" se refere ao "homem todo", constituído por corpo e alma, porque quem deseja carnalidades é a sede do desejo, a saber, a alma, embora, no caso do homem, o corpo seja necessário para a efêmera satisfação de algumas delas.

Todavia, uma célebre passagem de Paulo, que diz que "o corpo corruptível oprime a alma"[301], poderia nos conduzir a pensar que o desejo de carnalidades reside, mas não encontra sua fonte, no ânimo. A concupiscência, assim, apenas existiria em função da corrupção do corpo que pesa sobre a alma, é contrária à sua natureza imortal e contra a qual ela não pode resistir. Aqui o alvo de Agostinho é certa concepção atribuída ao platonismo segundo a qual todo mal ou perturbações presentes na alma advêm do corpo, ou, mais precisamente, da união entre corpo e alma. Desencarnada, a alma não possuiria impureza alguma e desconhecia o desejo, o medo, a alegria e a tristeza, em suma, as paixões. O corpo, dessa forma, apresenta-se como um cárcere da alma, do qual precisa libertar-se. Estamos novamente diante de uma impiedade, na medida em que escusa a alma de toda mácula ou perturbação[302].

O procedimento agostiniano é o de mostrar que o desejo carnal da alma não se deve ao corpo corruptível. Em primeiro lugar, não é o corpo em si mesmo que oprime a alma, mas tão somente a corrupção ou mortalidade, que não é constitutiva do corpo humano. Embora seja também do corpo, a corrupção não é exclusiva, nem tem origem, nele. Antes dele, a alma tornou-se corruptível e é responsável pela fratura da natureza do homem todo. A corrupção,

---

[301] "*Nam* corpus *quidem* corruptibile aggravat animam (2Cor. 4, 16)." *DCD*, XIV, ii, 2.

[302] Cf. *DCD*, XIV, iii, 2.

assim, não é a causa do pecado, mas sua consequência e castigo, inevitável porque a falta consistiu no declinar do Ser. Afirmar a impiedade de que o desejo de carnalidades seja causado na alma não por si mesma, mas pela corrupção do corpo, guarda a consequência de escusar até mesmo o diabo do mal. Com efeito, ele não possui corpo como anjo decaído, embora ele, segundo testemunho das Escrituras, seja perito em "obras da carne", como "as inimizades, as contendas, as emulações, as animosidades e as invejas, que sem carne reina no diabo"[303].

De que modo, então, o homem se tornou semelhante ao diabo? Certamente não por ter carne, de que o diabo carece. Como visto no capítulo anterior, o que é comum a toda criatura racional é ser imagem e semelhança de Deus, é ser perfectível, porém ela guarda a liberdade de declinar d'Aquele que é, inaugurando para si um regime de existência apartado de sua essência. O declinar de Deus não possui, assim, uma causa eficiente e positiva, mas deficiente e negativa, qual seja, a vontade má[304]. Dessa forma, os males ou "obras da carne" comuns ao diabo e ao homem decorrem de uma vontade má original, cuja pretensão foi elevar a criatura à posição de Criador e princípio, que ela nunca poderia ocupar em função de sua incompletude. Eis por que "a soberba é a fonte e a origem de todos os males"[305]. A partir disso, podemos vislumbrar uma dimensão epistemológica na soberba, juntamente com a moral e ontológica.

> O homem, afinal, não se tornou semelhante ao diabo por ter carne, de que o diabo carece, mas por viver segundo si mesmo, quer dizer, segundo o homem, pois o diabo também quis viver segundo si mesmo, quando não se manteve na verdade. Desse modo, quando ele diz mentira, é não de Deus, mas de si próprio.

---

303 "[...] *inimicitias, contentiones, aemulationes, animositates, invidias opera esse carnis* [...], *quae sine carne regnat in diabolo.*" *DCD*, XIV, iii, 2.

304 "*Deficere namque ab eo, quod summe est, ad id, quod minus est, hoc est incipere habere voluntatem malam.*" *DCD*, XII, vii. Cf. *De libero arbitrio*, II, xx, 54.

305 "[...] *omnium malorum caput atque origo superbia est*". *DCD*, XIV, iii, 2.

> Ele não só é mentiroso, mas ainda pai da mentira. Eis quem primeiro mentiu e a origem do pecado é a mesma da mentira.[306]

Dessa maneira, a soberba também é o primeiro pecado e a origem de todos os demais porque ela se confunde com uma mentira. Não qualquer mentira, mas a primeira, que declina da Verdade e é fonte de toda sorte de impiedades, mentiras e contradições, na medida em que tanto o diabo, quanto o homem, com a soberba de elevar-se ao estatuto de princípio, pretendem e acreditam ser o que não são e são o que não pretendem nem acreditam nem querem ser. A mentira, assim, consiste em uma pretensão que realiza o contrário do que pretende. Ao querer ser feliz de uma maneira que não pode ser, o homem acaba por realizar o contrário, isto é, uma vida infeliz[307].

## VONTADE E CONTRAVONTADE

Esquematicamente, a maior abrangência de expressões sinônimas e complementares para expressar os dois modos de vida das duas cidades em que a humanidade se divide ocorreu do seguinte modo:

(i) De um lado, "vida segundo o espírito" ou "vida segundo a verdade" ou "vida segundo Deus" ou "vida segundo a vontade de Deus";

(iii) De outro lado, "vida segundo a carne" ou "vida segundo a mentira" ou "vida segundo si mesmo" ou "vida segundo a própria vontade".

---

306 *"Non enim habendo carnem, quam non habet diabolus, sed vivendo secundum se ipsum, hoc est secundum hominem, factus est homo similis diabolo; quia et ille secundum se ipsum vivere voluit, quando in veritate non stetit, ut non de Dei, sed de suo mendacium loqueretur, qui non solum mendax, verum etiam mendacii pater est. Primus est quippe mentitus, et a quo peccatum, ab illo coepit esse mendacium."* *DCD*, XIV, iii, 2.

307 Cf. *DCD*, XI, xiii; XIV, iv, 1.

Doravante, procuremos entender melhor a dinâmica antinatural do querer mentiroso ou vontade má que dá forma para um modo de vida perverso segundo a carne ou a mentira ou si mesmo ou a própria vontade. Viver segundo si mesmo consiste na tentativa fracassada do homem de desempenhar função de princípio. A vontade soberba, assim, é vontade do homem e não vontade de Deus porque o que deseja é viver segundo o homem, não segundo Deus[308]. Desse modo, ao ampliar a compreensão dos dois modos de vida das cidades, Agostinho permite que compreendamos melhor a natureza do homem como dinâmica ou processo em direção ou aversão a Deus. Quando tratamos da natureza trina do homem como imagem e semelhança da Trindade no capítulo anterior, vimos que o divórcio entre existência e essência guardava a consequência de destituir o homem de perfectibilidade, porque sua imagem de Deus não mais poderia tornar-se cada vez mais e infinitamente semelhante a Ele. Ao contrário, o divórcio implica em uma queda infinita, porquanto a dinâmica, agora invertida, é a de permanente e progressiva perda de essência ou de aquisição de dessemelhança[309]. Em um e em outro caso, a orientação positiva ou negativa do homem a um fim é a realização de uma vontade.

É preciso, contudo, questionar o estatuto dessa realização da vontade, notadamente da má vontade. Afinal, o mau querer é falacioso e contraditório, por realizar o contrário do que projeta, como projeto soberbo de completude e positividade, porém o que é realizado é a conquista de ainda maior incompletude e negatividade. Seja como for, ninguém deseja o nada ou o conflito por si mesmo[310]. Aliás, o traço mendaz da vontade soberba consiste em tomar o negativo como positivo, em mentir sobre a natureza

---

308 "[...] *homo ita factus est rectus, ut non secundum se ipsum, sed secundum eum, a quo factus est, viveret, id est illius potius quam suam faceret voluntatem*". *DCD*, XIV, iv, 1.

309 "*Nec sic defecit homo, ut omnino nihil esset, sed ut inclinatus ad se ipsum minus esset, quam erat, cum ei qui summe est inhaerebat. Relicto itaque Deo esse in semetipso, hoc est sibi placere, non iam nihil esse est, sed nihilo propinquare.*" *DCD*, XIV, xiii, 1.

310 Cf. *DCD*, XIX, xii, 1, que será examinado *infra* no Capítulo V.

do homem, que "em si mesmo nada é"[311]. Dessa maneira, quando dizemos que a vontade má realiza dinâmica em direção oposta à natural, não podemos entender qualquer realização positiva, porque se trata, a rigor, de uma falsa dinâmica.

Mais precisamente, quando o homem quer ter a "sua vontade", ele deseja não desejar, ele quer não querer. Mas por que ao não mais desejar a Deus, o homem deseja não desejar, quer não querer? Em última instância, não seria o inverso, ou seja, o homem não seria ainda mais desejante, na medida em que deseja possuir e dominar todas as criaturas? Não, porque com exceção do desejo de Deus, todos os outros desejos de fruição são desejos mentirosos e falsos, pois não são o desejo constituinte do homem. Dessa forma, o que o ser humano deseja não desejar é o bem, é o que seria constituinte de seu ser. O homem, assim, "aspira a deixar de aspirar, tem vontade de não mais ter a vontade que constitui sua própria natureza livre"[312]. Ora, o desejo constituinte do homem é unicamente o desejo de Deus, porque somente o Ser pode constituir o ser do homem, no sentido de preservá-lo como tendência para a perfeição, como um ser perfectível que se torna cada vez mais perfeito ao tornar-se imagem cada vez mais perfeita e semelhante a Deus, sem, entretanto, atingir a perfeição absoluta.

Assim, romper com o desejo constituinte do ser do homem significa interromper o processo em direção à perfeição, de tal maneira que o homem deseja não mais ser o que ele é e tornar-se o que não pode ser. Trata-se, então, de um desejo que pretende paralisar-se, um desejo que deseja não desejar. Mas, novamente, por que o desejo orgulhoso de bastar-se a si mesmo não é processo ou dinâmica? Ora, o desejo por bens relativos, o desejo por coisas que se corrompem, não é processo precisamente porque as coisas relativas, com insuficiência ontológica, não são capazes de satisfazer o desejo ou preencher a falta constitutiva do ser humano. Não há verdadeira dinâmica na ausência de experiência com a

---

311 "[...] *in seipso nihil est*". *Enarrationes in Psalmos*, 45, 13.
312 NOVAES, M. "Vontade e contravontade", p. 72.

positividade. Por consequência, a vontade que quer deixar de ser a vontade de Deus pode ser definida como uma "contravontade". Melhor dizendo, a vontade de não ter mais a vontade constituinte do homem é vontade de não mais conter incompletude. Afinal, o homem apenas é tendência ao Ser na medida em que guarda incompletude ontológica e a soberba, bem como a primeira mentira, consiste na negação disso, em proveito de uma falaciosa imagem de si como ser perfeito e completo (diga-se, como Deus).

## AS PAIXÕES COMO MODALIDADES DA VONTADE: CONTRA O ESTOICISMO (XIV, v-ix)

*Um sentir é o do sentente, mas outro é o do sentidor.*[313]

Anteriormente, vimos que as paixões ou perturbações da alma (o desejo e o medo, a alegria e a tristeza) não têm origem na união entre corpo e alma[314], de forma que a alma, desencarnada, não padeceria de perturbação alguma. Antes, as perturbações residem e guardam origem na própria alma, não apenas porque o diabo, carente de corpo, possui paixões viciadas, mas, sobretudo, porque Deus, que é puro espírito, possui e é afeto, como o Amor, ainda que não seja e tenha tido quando encarnado outros afetos, como o temor. Dessa maneira, a reflexão agostiniana sobre as paixões precisa explicar a ambivalência delas. Com efeito, diferentemente de sua caracterização exclusivamente como vícios ou perturbações da alma no estoicismo, para Agostinho as paixões se apresentam ora dotadas de positividade, ora de negatividade, ora como virtudes, ora como vícios[315].

---

313 ROSA, J. G. *Grande sertão: veredas*, p. 226.

314 Cf. *DCD*, XIV, iii, 2.

315 *"Hi motus, hi affectus de amore boni et de sancta caritate venientes si vitia vocanda sunt, sinamus, ut ea, quae vere vitia sunt, virtutes vocentur."* *DCD*, XIV, ix, 3.

Portanto, em si mesmas, as paixões são neutras e adquirem positividade ou negatividade conforme o lugar para onde o homem direciona o querer. "É de grande importância saber como é o querer do homem, porque, se desordenado, seus movimentos serão desordenados e, se reto, não apenas serão inculpáveis, mas até mesmo louváveis."[316] Assim, as paixões são movimentos (*motus*) que adquirem valor segundo o fim para o qual se orientam[317]. Por consequência, os seres para os quais as paixões se direcionam não desempenham função alguma na corrupção delas, pois todos são bons por natureza. O que torna uma paixão virtuosa ou viciada é a forma ordenada ou desordenadena com que o agente direciona seus afetos para os objetos, para dizer ainda de forma simplificada. Não à toa, isso ainda não explica por que se trata de paixões, no plural. A distinção entre elas se dá a partir do modo qualitativo como o movimento ou o querer direciona-se para um fim desejado e do modo qualitativo como o querer consente com ou dissente do que desejamos que suceda ou não suceda, o que nos permite discernir modalidades do querer ou da vontade, conforme a clássica divisão estoica quadripartite das paixões, porém produndamente interiorizada e reconceitualizada em chave voluntarista e não mais intelectualista.

> Em todos os movimentos há vontade, melhor diríamos, todos eles não passam de vontades. Pois que é o desejo e a alegria senão a vontade em consonância com as coisas que queremos? E que é o temor e a tristeza senão a vontade em dissonância com o que não queremos? Mas quando consentimos, apetecendo o que queremos, temos o desejo; quando, porém, consentimos, gozando

[316] *"Interest autem qualis sit voluntas hominis; quia si perversa est, perversos habebit hos motus; si autem recta est, non solum inculpabiles, verum etiam laudabiles erunt."*. *DCD*, XIV, vi. Tradução de Oscar Paes Leme.

[317] Em *DCD*, XIV, viii, Agostinho lança mão do mesmo expediente para mostrar que as εὐπάθειαι ou *constatiae* não se identificam com *virtus*, como os estoicos pretendiam e ao contrário das πάθη ou *perturbationes*, mas também adquirem positividade ou negatividade, são virtudes ou vícios, conforme o lugar para onde são orientadas.

> do que queremos, temos a alegria. De igual modo, quando dissentimos do que não queremos que suceda, tal vontade chama-se temor; quando, porém, dissentimos do que sucede a quem não o quer, temos a vontade chamada tristeza. A vontade do homem, em todos, é atraída ou repelida conforme a variedade de coisas que são procuradas ou evitadas e, assim, altera-se e transforma-se em um ou em outro afeto.[318]

Acima, deparamos com uma das formulações mais maduras do que se pode chamar de voluntarismo agostiniano, que certamente encontra como documentos maiores *De libero arbítrio*, III, *Confissões*, VIII, *Contra Juliano*, juntamente com *DCD*, XIV, em que há ainda a apresentação mais sofisticada de uma teoria agostiniana da libido e da sexualidade. As redefinições de cada uma das quatro paixões transpôs o cálculo intelectualista do *hegemonikón* (a saber, o consentimento ou dissentimento) para uma vontade autônoma não mais subordinada ao intelecto ou condicionada por ele, como em geral a *prohaíresis* era no pensamento antigo, de forma que Agostinho desenvolve uma refinada interiorização, enraizamento e autonomização dos atos da vontade nela mesma a partir de uma dinâmica não primordialmente de relações entre volições e objetos[319] e sim de relações sintéticas entre volições de

---

318 *"Voluntas est quippe in omnibus; immo omnes nihil aliud quam voluntates sunt. Nam quid est cupiditas et laetitia nisi voluntas in eorum consensione quae volumus? Et quid est metus atque tristitia nisi voluntas in dissensione ab his quae nolumus? Sed cum consentimus appetendo ea quae volumus, cupiditas; cum autem consentimus fruendo his quae volumus, laetitia vocatur. Itemque cum dissentimus ab eo quod accidere nolumus, talis voluntas metus est; cum autem dissentimus ab eo quod nolentibus accidit, talis voluntas tristitia est. Et omnino pro varietate rerum, quae appetuntur atque fugiuntur, sicut allicitur vel offenditur voluntas hominis, ita in hos vel illos affectus mutatur et vertitur."* *DCD*, XIV, vi. Tradução de Oscar Paes Leme com modificação minha.

319 *"Indeed, much of Augustine's theory of value hinges on the type of loving that determines the self's relation to objects rather than any value or disvalue objects may hold in themselves. Virtues and values critically depend on the manner in which the self exercises virtue or responds to value. Augustine frequently relies on this sort of argument to counter Manichean assertions*

"primeira ordem" e de "segunda ordem"[320], isto é, desejos que desejam uma forma ou outra do próprio desejo ou ainda vontade que toma a própria vontade como objeto de dileção ou de gozo[321].

---

*that threaten the goodness of creation. It is the* way *of loving that corrupts, not the object itself that is loved (CD 15. 22).*" GREGORY, E. *Politics and the order of Love:* an Augustinian ethic of democratic citizenship, 2008, p. 257. Grifo do autor.

[320] Cf. STUMP, E. "Agostinho sobre o livre-arbítrio", p. 209-232; PICH, R. H. "Agostinho e a 'descoberta' da vontade: primeiro estudo", 2005, p. 175-206; ——. "Agostinho e a 'descoberta' da vontade: primeiro estudo (continuação e fim)", 2005, p. 139-157; ——. "Agostinho e a 'descoberta' da vontade: segundo estudo", 2020, p. 103-147.

[321] "Em Agostinho, o consentimento tem uma outra forma e um outro modo de ação. Há, para tanto, uma razão fundamental: enquanto em uma espiritualidade como a de Cassiano desejo e vontade são duas instâncias diferentes, para Agostinho a concupiscência pertence à própria forma da vontade. Segundo ele, o consentimento não é aceitação, pela vontade, de um elemento estranho; é uma maneira, para a vontade, de querer, como ato livre, o que ela quer como concupiscência. No consentimento – e se diria a mesma coisa de seu contrário, a recusa –, a vontade se toma a si mesma como objeto. Quando ela consente, não quer simplesmente o que é desejado, não quer simplesmente o que é querido no desejo. Ela quer esta vontade que tem a forma da concupiscência, dá-se a si própria como fim na qualidade de vontade decaída. Ela se quer concupiscência. De maneira recíproca, o não consentimento não consiste em vencer o desejo rejeitando da alma a representação do objeto desejado, mas em não o querer como a concupiscência o quer. Esquematicamente: em Cassiano e nos que lhe são próximos, o consentimento refere-se essencialmente ao *objeto* – *objeto* do desejo que é repudiado como *objeto* da representação, para que não se torne *objeto* da vontade. Em Agostinho, o consentimento e a recusa se desenvolvem na própria vontade, no movimento pelo qual ela se quer, ou não se quer, como ela é. O sujeito se toma como objeto de sua própria vontade, propondo-se tanto querer quanto não querer a forma concupiscente de sua vontade decaída. O consentimento como elemento indispensável à constituição de um ato imputável como pecado não é, pois, simplesmente a transformação de um desejo em ato real; tampouco é simplesmente a aceitação deste desejo no pensamento, sob a forma de representação recebida. É um ato da vontade sobre ela mesma – e mais sobre sua forma do que sobre seu objeto. Quando o sujeito consente, não abre as portas a um objeto desejado, ele se constitui e se confirma a si próprio como sujeito desejante: desde então, os movimentos de sua concupiscência lhe são imputáveis. O consentimento – e eis a razão do papel central que desempenha em Agostinho e que desempenhará mais tarde – permite designar o sujeito de concupiscência como sujeito de direito." FOUCAULT, M. *As confissões da carne*, 2020, p. 442-443 (ed. fran., 2018, p. 297-8).

O que Agostinho empreende talvez seja a primeira fundamentação do que ulteriormente a filosofia contemporânea e a psicanálise chamarão de "pulsão" (*Trieb*) e não à toa Foucault localiza precisamente em *DCD*, XIV, o nascimento do "sujeito de desejo" e do "sujeito de direito" (ou de imputabilidade), o que, não obstante, é proposto sem uma discussão sobre as concepções de *subiectum* do próprio Agostinho[322].

## SOBRE O CONCEITO DE *APÁTHEIA* (XIV, ix)

Inelutavelmente, a revisão do conceito estoico de "paixão" (πάθος) exige redefinição do conceito de "apatia" ou "impassibilidade" (ἀπάθεια). Ainda que todas as paixões possam guardar positividade e identificarem-se com virtudes, o cristão certamente busca extinguir do ânimo o medo e a tristeza. Como movimentos de dissensão da vontade (de "segunda ordem") com aquilo que quer (em "primeira ordem") que suceda ou sucedeu, o medo e a tristeza são afetos que testemunham a vida miserável do homem, embora não tenham necessariamente parte na miséria nem a reivindiquem quando pretendem evitar e dela afastar a alma[323]. Ora, quando a tristeza guarda como objeto o pecado, ela é virtuosa por ser acompanhada de arrependimento[324], assim como o temor de pecar é virtude que realiza boas obras[325].

Isso, todavia, não quer dizer que somente os afetos ou quereres de "segunda ordem" em dissonância com os quereres de "primeira ordem" possam ser negativos ou viciados, de forma que os afetos ou quereres de "segunda ordem" em consonância com os quereres de "primeira ordem" sejam exclusivamente positivos ou virtuosos. Não é esse o critério de identidade ou contradição na dimensão

---

[322] Cf. *supra* seção do Capítulo III intitulada "Simplicidade divina, foraclusão do sujeito e contraponto ao Libera".

[323] Cf. *DCD*, XIV, ix, 4.

[324] Cf. *DCD*, XIV, viii, 3.

[325] Cf. *DCD*, XIV, ix, 1.

da vontade que distingue virtude de vício. Afinal, um querer mau de primeira ordem pode muito bem guardar consonância com quereres de segunda ordem que encontram alegria nele.

> Assim, a vontade reta é o amor bom e a vontade perversa, o amor mau. E assim, o amor ávido de possuir o que se ama é o desejo; a sua posse e o gozo é a alegria; a fuga ao que é adverso é o temor e sentir o adverso, se acontecer, é a tristeza. Por conseguinte, [as paixões] são más, se mau o amor, boas, se é bom[326].

Agostinho novamente define as quatro paixões como modalidades da vontade, porém agora complementando as definições com a explicitação do critérios dos juízos de correção e perversão, assim como de sua bondade e maldade. Nelas mesmas, as paixões não são nem boas nem más, o que as transforma moralmente é a qualidade do amor com que se ama algo. Como antes, permanece aqui uma concepção de desejo do desejo de desejar, de desejo do desejo de gozar (alegria), de desejo do desejo de não sofrer, seja no passado ou no presente (tristeza), seja no futuro (medo), dinâmica interna de uma e mesma vontade consigo mesma que mal compreendida fazia com que os maniqueus multiplicassem as vontades e as almas[327]. Além do mais, Agostinho aprofunda o que também observávamos antes sobre a coisa mesma no mundo, ou o outro, ou sua representação, não serem primordialmente aquilo que é desejado, apetecido ou evitado, pois antes é a própria forma da vontade que é objeto da vontade, ou seja, o gozo em primeira e última instâncias nunca é do outro nem no outro, mas sempre de si numa relação de si a si (parece que fora Agostinho e não Lacan quem primeiro entreviu o amor como amuro...).

---

326 *"Recta itaque voluntas est bonus amor et voluntas perversa malus amor. Amor ergo inhians habere quod amatur, cupiditas est, id autem habens eoque fruens laetitia; fugiens quod ei adversatur, timor est, idque si acciderit sentiens tristitia est. Proinde mala sunt ista, si malus amor est; bona, si bonus."* *DCD*, XIV, vii, 2.

327 Cf. *Conf.*, VIII, viii-xii.

Seja como for, isso é válido para a condição humana, não para a natureza em sua integridade, pois a verdadeira felicidade não subsiste na presença de qualquer afeto dissonante ou contraditório, como o sofrimento ou o temor, mas exclusivamente na presença de afetos consonantes, com o querer em identidade consigo mesmo, como o desejo ordenado e a alegria com a fruição do amor do amor de Deus. Por consequência, a "apatia" ou "insensibilidade"[328] não pode significar ausência de todo e qualquer afeto no ânimo como os estoicos pretendiam, nem é alcançável no estado de vida presente. Em primeiro lugar, para Agostinho, a "apatia" é restrita à ausência de apenas duas perturbações, a saber, o temor e a tristeza, em segundo, a sua extinção é irrealizável na vida presente e aqueles que pensam moderá-las ou extingui-las, como aristotélicos e sábios estoicos, recaem em soberba e impiedade inflacionadas, pecam e desdenham do perdão, porque ao invés de conquistarem a *ataraxia*, especialmente os estoicos perdem toda a humanidade[329].

A razão disso é "ninguém ser correto, por ser duro, nem estar com saúde, por ser insensível"[330]. A crítica agostiniana à desumanidade do sábio estoico parece retomar aqui parecer emitido sobre a virtude da misericórdia, que os filósofos do pórtico enumeram entre os vícios[331]. Ora, não possuir misericórdia alguma significa negar a "compaixão da miséria alheia no nosso coração"[332], que é definição quase etimológica da misericórdia a partir de *cor miserum* (coração mísero ou infeliz). Portanto, uma insensibilidade ou apatia irrestrita a qualquer ordem de sofrimento é profundamente desumano e só pode suceder ao preço de impiedade e soberba, na medida em que a presunção de que a dor e o sofrimento não

---

328 *DCD*, XIV, ix, 4.

329 Cf. *DCD*, XIV, ix, 6.

330 *"Non enim quia durum aliquid, ideo rectum, aut quia stupidum est, ideo sanum." DCD*, loc. cit.

331 Cf. *DCD*, IX, v.

332 *"Quid est autem misericordia nisi **alienae miseriae quaedam in nostro corde compassio**, qua utique si possumus subvenire compellimur?" DCD*, IX, v. Grifo meu para demarcar a citação.

são reais ou inexistem no mundo ou não podem acometer o sábio (supostamente invulnerável) é negação da condição humana desnaturalizada e viver segundo a mentira[333].

> Assim, porque se deve levar vida reta que nos conduza à feliz, a vida reta tem retos todos esses afetos e a vida perversa os têm perversos. A vida, a um só tempo, feliz e eterna, terá amor e gozo não apenas retos, mas também certos, e nenhum temor e dor. Com isso, já aparece de alguma forma quais devem ser nesta peregrinação os cidadãos da cidade de Deus, que vivem segundo o espírito, não segundo a carne, quer dizer, segundo Deus, não segundo o homem, e quais serão na imortalidade a que aspiram. Quanto à cidade dos ímpios, isto é, a sociedade dos que não vivem segundo Deus, mas segundo o homem, e seguem os ensinamentos dos homens e dos demônios no culto

[333] Eric Gregory realizou espécie de dossiê atualizado sobre as interpretações da recepção agostiniana da teoria estoica das paixões. "*Unlike Harrison's interpretation, Richard Sorabji finds that Augustine still relied on 'a Platonic view of the soul, which, in contrast to the Stoic view, holds that emotion is the product of irrational forces in the soul and does not have to await the assent of reason, as the Stoics suppose'. Augustine counts this Stoic belief as one more sign of pride and vanity. In fact, contrary to Arendt's account of Augustine's passion for invulnerability and tranquility in love, Augustine makes the case* for the moral dangers of evading emotion. *In his recent Gifford Lectures, Sorabji has carefully traced Augustine's decided rejection of 'the Stoic ideal of freedom from emotion as being neither practical nor desirable.' He tells a fascinating story of Augustine's misreading of Stoicism (failing to distinguish between 'first movements' and 'emotions') and argues that this misreading led to a pernicious notion of a divided will that has bedeviled attitudes toward sexuality and throughout Western culture more generally. Sorabji offers his own kind of intellectually viable form of therapy in dealing with emotions for a post--Christian era. Whether or not Augustine (or Sorabji) is right about Stoic views of the emotions, Augustine's argument against what he understands the Stoics to believe is crucial to his own development and consistent with broader themes in his understanding of love that I have identified. The negative aspects of passion, however, are only half the story for Augustine*". GREGORY, E. *Politics and the order of Love:* an Augustinian ethic of democratic citizenship, p. 290. Grifo do autor.

de divindades falsas e desprezo à verdadeira, esta cidade sofre as sacudidas tanto dos afetos depravados, como das enfermidades e perturbações.[334]

## SOBRE A CONTRADIÇÃO ORIGINÁRIA DA LIBIDO

Segundo Senellart, "é na dramaturgia do pecado original, e na grandiosa encenação agostiniana da sedução, do sexo e da morte, que devemos buscar os fundamentos de sua teologia política"[335]. A narração agostiniana problematizante da sedução, do sexo e da morte encontra-se nos livros XIII e XIV d'*A cidade de Deus*, nos quais há definição da "libido" como desejo sexual e originário de todas as outras libidos, entre as quais a famigerada "libido de dominação" (*dominandi libido*). N'*A cidade de Deus*, XIII, xiii e em XIV, xvii, Agostinho examina diretamente a primeira contradição exterior que sucedeu ao homem após a falta original de Adão e Eva e que foi motivo de vergonha. Logo após a primeira falta, os primeiros homens se envergonharam de estar nus, mas a vergonha não foi da nudez em si, porquanto antes da queda Adão e Eva já estavam nus e não se envergonhavam de si mesmos. Portanto, a vergonha quando surge refere-se ao que a nudez passa a revelar: um desacordo do homem consigo mesmo, uma contradição real ou existencial.

---

334 "*Quae cum ita sint, quoniam recta vita ducenda est, qua perveniendum sit ad beatam, omnes affectus istos vita recta rectos habet, perversa perversos. Beata vero eademque aeterna amorem habebit et gaudium non solum rectum, verum etiam certum; timorem autem ac dolorem nullum.Unde iam apparet utcumque, quales esse debeant in hac peregrinatione cives civitatis Dei, viventes secundum spiritum, non secundum carnem, hoc est secundum Deum, non secundum hominem, et quales in illa, quo tendunt, immortalitate futuri sint. Civitas porro, id est societas, impiorum non secundum Deum, sed secundum hominem viventium et in ipso cultu falsae contemptuque verae divinitatis doctrinas hominum daemonumve sectantium his affectibus pravis tamquam morbis et perturbationibus quatitur.*" AUGUSTINUS. *DCD*, XIV, ix, 6.

335 SENELLART, M. *As artes de governar:* do regimen medieval ao conceito de governo, p. 73.

Trata-se de vergonha consequente do novo movimento carnal que surge nos homens, com a natureza cindida[336]. Antes de pecarem, Adão e Eva viviam nus e tinham os órgãos genitais, mas não se envergonhavam de si mesmos e do movimento deles porque não havia a libido[337]. O que Agostinho quer dizer é que antes do pecado, com a natureza íntegra, os órgãos genitais eram submissos, obedeciam à vontade e não se rebelavam contra a castidade. Apenas se movimentavam se o homem quisesse que se movimentassem, como qualquer outra parte do corpo[338], e a geração, como veremos a seguir, poderia unir homem e mulher sexualmente sem libido. Dessa forma, após o pecado e com a transgressão da natureza, o primeiro movimento desordenado (porque não ordenado pela vontade e sim por contravontade, dissonância entre vontade de primeira ordem e vontade de segunda ordem) experimentado pelo homem é o movimento carnal libidinoso ou de excitação involuntária dos órgãos sexuais.

> É com razão que nos envergonhamos em grau máximo desta libido; são também com razão que se dizem "vergonhosos", o que antes do pecado do homem não eram, os próprios membros que esta libido excita ou não, por assim dizer, segundo as suas leis e não inteiramente segundo nosso arbítrio. Pois a Escritura diz: "Estavam nus e não estavam confusos" (Gn 2, 5). Não é que a sua nudez fosse desconhecida, mas a nudez não era ainda vergonhosa; porque a libido ainda não excitava os membros contra o arbítrio e a desobediência da carne ainda não apresentava alguma forma de testemunho contra a desobediência do homem para a confrontar.[339]

---

[336] "A vergonha (*pudor*) suscitada pelo despertar no homem da *libido* indica, não a descoberta de sua nudez, mas a perda de seu poder sobre seus órgãos sexuais.". SENELLART, M. *Op. cit.*, p. 88.

[337] Cf. AUGUSTINUS. *DCD*, XIV, xvii.

[338] Cf. *DCD*, XIV, xxiii, 2. Cf. *DCD*, XIV, xxiv, 1-2.

[339] *DCD*, XIV, xvii. Cf. também *DCD*, XIII, xiii: "Logo após a transgressão do preceito, a graça divina abandonou os primeiros homens, que ficaram envergonhados da nudez dos seus corpos. Por isso cobriram as regiões pudendas com

A "libido", assim, faz com que o homem se envergonhe do que se tornou porque, em contradição e conflito consigo mesmo, expressa perda de identidade, "'uma doença da alma' (*Confissões*, VIII, ix, 21) cujo sintoma geral, que ele [Agostinho] descreve com uma precisão clínica, consiste na insubmissão dos órgãos sexuais"[340]. Mais precisamente, a insubmissão dos membros expressa o divórcio entre o *querer* e o *poder querer*. Após o uso ilegítimo, após o abuso da liberdade, o livre-arbítrio da vontade deixa de ser livre, isto é, perde a liberdade de fazer o bem e o homem torna-se condenado ao vício, no caso uma "libido" atávica que emerge no interior do homem como pulsão estranha à sua natureza. Eis por que o ser humano se torna um estrangeiro para si mesmo, pois ele se descobre exilado numa situação estranha à sua própria essência a partir de uma alterização radical de si mesmo.

---

folhas de figueira, as primeiras, talvez, que se lhes depararam em meio de sua perturbação. Tais membros já os tinham antes, mas não eram vergonhosos. Sentiram, então, um novo movimento em sua carne desobediente, como pena recíproca à sua desobediência. Logo a alma, deleitando-se no uso pervertido da sua própria liberdade e desdenhando servir a Deus, viu-se despojada da antiga sujeição de seu corpo e, por haver voluntariamente abandonado o Senhor superior, não mantinha submisso ao seu arbítrio o servo inferior, nem mantinha inteiramente submissa a carne, como teria podido manter sempre, se houvesse permanecido submissa a Deus. A carne começou, então, a conspirar contra o espírito e é neste combate que nascemos, herdando um princípio de morte e trazendo em nossos membros e em nossa viciada natureza a luta ou a vitória da primeira prevaricação." "*Nam postea quam praecepti facta trasgressio est, confestim gratia deserente divina de corporum suorum nuditate confusi sunt. Unde etiam foliis ficulneis, quae forte a perturbatis prima comperta sunt, pudenda texerunt; quae prius eadem membra erant, sed pudenda non erant. Senserunt ergo novum motum inoboedientis carnis suae, tamquam reciprocam poenam inoboedientiae suae. Iam quippe anima libertate in perversum propria delectata et Deo dedignata servire pristino corporis servitio destituebatur, et quia superiorem dominum suo arbitrio deseruerat, inferiorem famulum ad suum arbitrium non tenebat, nec omni modo habebat subditam carnem, sicut semper habere potuisset, si Deo subdita ipsa mansisset. Tunc ergo coepit caro concupiscere adversus spiritum, cum qua controversia nati sumus, trahentes originem mortis et in membris nostris vitiataque natura contentionem eius sive victoriam de prima praevaricatione gestantes.*".

340 SENELLART, M. *Op. cit.*, p. 85.

Afinal, "que se retribuiu como pena ao pecado da desobediência senão a desobediência?"[341]. A desobediência de si contra si mesmo é a consequência contraproducente do desejo do homem de ordenar o cosmo como se seu próprio ego pudesse desempenhar papel de fundamento e princípio. Aqui compreendemos melhor em que consistiu a primeira vontade má. Ao pretender ordenar-se e si e a criação arbitrariamente, o ser humano acaba por instaurar uma contradição em si mesmo que é, por assim dizer, abertura para uma sucessão de contradições decorrentes da primeira. Podemos também expressar a contradição original em chave ontológica e moral como falta. Assim, a aquisição por parte do homem de uma falta que não deveria portar por natureza foi na mitologia agostiniana acontecimento justo e merecido, na medida em que o "apetite de celsitude perversa" (definição de "soberba") ousou querer o que não pode por natureza, a saber, "desertar o princípio a que o ânimo deve estar unido e fazer-se de certa maneira princípio para si e sê-lo"[342].

Desse modo, por não haver querido o que podia, a queda foi precisamente em uma condição em que de forma viciada quer o que não pode querer e fazer. É verdade que por natureza o homem não podia tudo, mas nele havia identidade porque apenas "queria o que podia e, assim, podia tudo o que queria"[343]. Eis por que pode haver identidade mesmo em uma criatura carente de plenitude de ser. A natureza do homem, claro, é mutável, ainda que imortal, mas guarda identidade em função de adequação entre aquilo que quer

---

341 "[...] *in illius peccati poena quid inoboedientiae nisi inoboedientia retributa est?*". AUGUSTINUS. *DCD*, XIV, xv, 2.

342 "Initium *enim* omnis peccati superbia est (Eclo 10, 13/15). *Quid est autem* ***superbia*** *nisi* ***perversae celsitudinis appetitus****? Perversa enim est celsitudo* ***deserto eo, cui debet animus inhaerere, principio sibi quodammodo fieri atque esse principium.***". *DCD*, XIV, xiii. Grifo meu para demarcar a citação.

343 *"Nam quae hominis est alia miseria nisi adversus eum ipsum inoboedientia eius ipsius, ut, quoniam noluit quod potuit, quod non potest velit? In paradiso enim etiamsi non omnia poterat ante peccatum, quidquid tamen* ***non poterat, non volebat, et ideo poterat omnia quae volebat****"*. *DCD*, XIV, xv. Grifo meu para demarcar a citação.

e aquilo que pode querer. Isso não quer dizer, por consequência, que por natureza não suceda no homem conquista permanente de identidade, conforme já problematizamos no Capítulo III. Como dinâmica ou processo em direção ao Ser, a progressiva aquisição de identidade ou de ser ou de semelhança da imagem divina não se realiza pela obtenção de identidade continuamente maior entre querer e poder e diminuição de qualquer alteridade entre ambos, porque se fosse assim isso significaria que haveria dissonância no homem com a natureza íntegra entre volições de primeira ordem e volições de segunda ordem, ao passo que no paraíso não poderia haver contradição assim. Desse modo, é certo que com conquista de ser o santo se torna, como um atleta, capaz de feitos cada vez mais gloriosos[344], mas o alargamento do poder ocorre em simultaneidade e em unidade com o do querer, que é progressivamente maior vontade e poder não do homem, mas de Deus no homem que se dissolve Nele[345].

Todavia, com a perversão da dinâmica de aproximação de Deus ou de tendência ao Ser, a queda em uma condição mortal pode ser melhor compreendida agora num contexto tão refinado de problematização do querer. Ora, a morte, tanto a primeira (a do corpo), como a segunda (a da alma[346]), deve ser entendida como o evento a que conduzem a contradição ou o conflito presentes no homem danado. Afinal, a discórdia do homem consigo mesmo o afasta continuamente do Ser em progressivo processo de morte ou aniquilação. Em ambas as mortes, a dor ou o sofrimento existem como sintomas da fratura ou da enferminidade progressiva. No caso da primeira morte, isto é, do divórcio entre corpo e alma, o itinerário em direção ao não-ser torna a alma de tal forma débil que ela não mais é capaz de animar ou vivificar perpetuamente o corpo. A primeira morte, assim, é a consequência, no mais das vezes, do envelhecimento e das doenças físicas que instalam a decrepitude

344 Cf. *DCD*, XIV, ix, 2, em que Paulo é descrito como "atleta de Cristo".

345 "[...] *cupientem dissolvi et esse cum Christo*". *DCD*, XIV, ix, 2. Trata-se provavelmente de citação indireta de Fl 1, 23.

346 Cf. *DCD*, XIII, ii, em que há exegese de Ap 2, 11 e 21, 8.

corporal[347]. Já a segunda morte (a da alma) é igualmente encaminhamento para o não-ser, porém perpétuo. Do mesmo modo que o Ser, o não-ser também nunca é completamente atingido pelas criaturas racionais. Por isso, a segunda morte também guarda o nome de "morte eterna"[348], consistindo no conflito, na dor e no sofrimento perpétuos[349].

Entre as paixões viciadas, a libido desempenha função de desejo originário de todas as outras modalidades de vontades perversas e seu exame concede oportunidade para depurar a rixa do homem consigo mesmo. Melhor dizendo, da mesma forma que o amor reto bem orienta todos os afetos, o amor desordenado ou libidinoso desorienta-os. Porém, por que o declinar de Deus consistiu numa libido? Porque a libido deseja a posse e o gozo das criaturas ao abandonar o verdadeiro Ser (*verum esse*), o único que deveria ser desejado por si mesmo e em relação ao qual tudo o mais deveria ter apenas função de uso. Na filosofia agostiniana, reside aí a distinção entre usar (*uti*) e gozar (*frui*): desejar alguma coisa por si mesma guarda o nome de "gozo" ou "fruição", diferentemente de desejar legitimamente algo como meio ou instrumento, como algo útil na busca do fim dos bens ou soberano bem[350].

347 *"Ipso namque invito et animus plerumque turbatur et caro dolet et veterescit et moritur"*. *DCD*, XIV, xv, 2. Cf. *DCD*, XIII, vi.

348 "[...] *aeternam mortem*". *DCD*, XIII, viii.

349 Cf. *DCD*, XIX, xxviii.

350 *"Nec ignoro, quod proprie fructus fruentis, usus utentis sit, atque hoc interesse videatur, quod ea re frui dicimur, quae nos non ad aliud referenda per se ipsa delectat; uti vero ea re, quam propter aliud quaerimus (unde temporalibus magis utendum est, quam fruendum, ut frui mereamur aeternis; non sicut perversi, qui frui volunt nummo, uti autem Deo; quoniam non nummum propter Deum impendunt, sed Deum propter nummum colunt)"*. *DCD*, XI, xxv.

## FUNDO COMUM ENTRE A LIBIDO SEXUAL E OUTRAS CLASSES DE LIBIDO

Assim, a vontade má, tanto a primeira como as seguintes, guarda o nome de libido porque significa desejo do desejo de posse e gozo, quando realizada. Não à toa, sua primeira expressão ocorre pela excitação dos órgãos sexuais. Com efeito, "nenhum prazer corporal é maior do que a voluptuosidade", que "quando chega ao clímax, ofusca-se quase completamente a acuidade e a vigilância do pensamento"[351]. Eis por que a libido, sem complemento ou restrição, refere-se quase sempre à sexual, de forma que todas as outras (como a libido de dinheiro, de vingança, de glória, de dominação[352]) guardam em comum com ela serem desejo do desejo de posse e gozo realizado, com o traço inelutável de contradição e curto-circuito pulsional constitutivo do vício[353], tal qual aquele já antecipado no prólogo d'*A cidade de Deus*[354] (examinado no Capítulo I). O primado do emprego do termo libido, no sentido simples e sem complemento, em relação à sexualidade explica-se, portanto, em função de traço exemplar de contradição nela presente. Afinal, ela reluta não apenas em obedecer a vontade boa (isto é, a temperança), cujo objetivo é temperar ou frear a libido carnal[355] e que dá forma ao combate entre a vontade boa e a vontade má, mas ainda se divide e se volta contra si

---

[351] "[...] *maior in corporis voluptatibus nulla est; ita ut momento ipso temporis, quo ad eius pervenitur extremum, paene omnis acies et quasi vigilia cogitationis obruatur.*" *DCD*, XIV, xvi.

[352] Cf. *DCD*, XIV, xv, 2.

[353] Cf. *DCD*, XIV, xvi.

[354] "Por isso também a respeito da cidade terrena, que quando deseja dominar, embora povos lhe sejam servis, a própria libido de dominação a domina, não deverei passar em silêncio tudo aquilo que o plano desta épica exigir, se recebida capacidade de dizer.". "*Unde etiam de terrena civitate, quae cum dominari adpetit, etsi populi serviant, ipsa ei dominandi libido dominatur, non est praetereundum silentio quidquid dicere suscepti huius operis ratio postulat si facultas datur.*". *DCD*, praefatio.

[355] Cf. *DCD*, XIX, iv, 3, em que há definições das quatro virtudes cardeais e que será examinado com mais vagar no Capítulo V.

mesma, com a expressão também de combate entre vontade má e vontade má.

As libidos são, portanto, de muitas classes. Mas quando se diz simplesmente 'libido', sem acrescentar de que coisa é libido, quase sempre entende-se exclusivamente a que excita as partes obscenas do corpo. E é tão forte, que não apenas domina o corpo inteiro nem só dentro e fora, mas também comove o homem todo, reunindo e misturando entre si o afeto do ânimo e o apetite carnal, produzindo desse modo a voluptuosidade, que é a maior das volúpias corporais. Tanto assim, que, no momento preciso em que a voluptuosidade chega ao cúmulo, ofusca-se quase por completo a acuidade e vigilância do pensamento/da razão. Quem, amigo da sabedoria e dos gozos santos, levando vida matrimonial, mas ciente, segundo o conselho do Apóstolo, 'de que possui seu vaso em santificação e honra, não na enfermidade do desejo, como os gentios, que desconhecem a Deus', não preferiria, se lhe fora possível, gerar filhos sem essa libido? Assim, na ação gerativa, os membros destinados à geração serviriam à mente, como os demais, cada qual em suas respectivas funções, movem-se sob a ação do arbítrio da vontade, não sob excitação do fogo libidinoso. Mesmo os amantes da concupiscência, seja nos gozos matrimoniais, seja nos intercursos vergonhosos, não sentem as sacudidelas a seu talante. Às vezes o movimento os importuna, sem que o queiram, às vezes lhes trai o desejo: a alma ferve de desejo, mas o corpo permanece frio. Eis a perplexidade: a libido não apenas se recusa a obedecer a vontade legítima de procriar, mas também o próprio desejo libidinoso de lascívia. Embora na maior parte do tempo lute contra o espírito que a refreia, a libido às vezes se divide e luta contra si mesma, quando a excitação do ânimo não é seguida pela excitação do corpo.[356]

---

356 *"Cum igitur sint multarum libidines rerum, tamen, cum libido dicitur neque cuius rei libido sit additur, non fere assolet animo occurrere nisi illa, qua obscenae partes corporis excitantur. Haec autem sibi non solum totum corpus nec solum extrinsecus, verum etiam intrinsecus vindicat totumque commovet*

## VIRGINDADE, ESTUPRO E CASTIDADE (DIGRESSÃO A *DCD*, I)

Mas o traço contraditório e contraproducente da libido, exemplar no tocante ao desejo sexual, é fundo comum entre as várias classes de libido e propicia que elas tenham expressão conjuntamente. A História de Roma é testemunho histórico da consonância entre elas e o livro I d'*A cidade de Deus* oferece ocasião para abordarmos o problema como antecipação da teoria da vontade, do consentimento e da sexualidade desenvolvida no livro XIV e complementação. Afinal, desde a fundação de Roma, em que houve

---

*hominem animi simul affectu cum carnis appetitu coniuncto atque permixto, ut ea voluptas sequatur, qua maior in corporis voluptatibus nulla est; ita ut momento ipso temporis, quo ad eius pervenitur extremum, paene omnis acies et quasi vigilia cogitationis obruatur. Quis autem amicus sapientiae sanctorumque gaudiorum coniugalem agens vitam, sed, sicut Apostolus monuit, sciens suum vas possidere in sanctificatione et honore, non in morbo desiderii, sicut et gentes, quae ignorant Deum, non mallet, si posset, sine hac libidine filios procreare, ut etiam in hoc serendae prolis officio sic eius menti ea, quae ad hoc opus creata sunt, quemadmodum cetera suis quaeque operibus distributa membra servirent, nutu voluntatis acta, non aestu libidinis incitata? Sed neque ipsi amatores huius voluptatis sive ad concubitus coniugales sive ad immunditias flagitiorum cum voluerint commoventur; sed aliquando importunus est ille motus poscente nullo, aliquando autem destituit inhiantem, et cum in animo concupiscentia ferveat, friget in corpore; atque ita mirum in modum non solum generandi voluntati, verum etiam lasciviendi libidini libido non servit, et cum tota plerumque menti cohibenti adversetur, nonnumquam et adversus se ipsa dividitur commotoque animo in commovendo corpore se ipsa non sequitur.".* *DCD*, XIV, xvi. Tradução de Oscar Paes Leme com modificação. Eis a síntese de Foucault do que se passa nesse célebre capítulo: "Uma breve evocação, em *A cidade de Deus*, daquilo que é, em sua forma e em seu desenvolvimento, o ato sexual, permite circunscrever o problema. Ali, Agostinho retoma fielmente a descrição clássica do paroxismo sexual com seus três pontos essenciais: um abalo físico do corpo que não se pode dominar, uma comoção da alma que é arrebatada a contragosto pelo prazer, um eclipse final do pensamento que parece aproximá-lo da morte.". FOUCAULT, M. *As confissões da carne*, 2020, p. 407 (ed. fran., 2018, p. 273). *"C'est la première fois dans l'histoire de la sexualité que les perturbations de l'activité sexuelle sont comprises 'comme des symptômes psychosomatiques dont les causes résid[ai]ent dans les profondeurs du moi' [P. Brown,* Le renoncement à la chair, *p. 500], et se trouvent analysées indépendamment de tout contexte médical et de toute physiologie de la reproduction."* KOCH, I. "Sex and The City of God", 2012, p. 74-5, colchetes meus.

o rapto das sabinas[357], encontramos exemplos de conciliação de várias classes de libido em um projeto comum de dominação. O evento histórico de conjugação de libidos examinado por Agostinho com mais vagar refere-se, todavia, à queda (*excidium*) de Roma, em que os invasores desejavam a um só tempo e ao menos a dominação da cidade, a subjugação sexual de suas mulheres e a conquista de ouro e prata. A análise oferecerá ocasião para distinguir os cidadãos terrenos dos celestes. Com efeito, os atos libidinosos perpetrados pelos terrenos tiveram como alvo frequente os celestes, muitos submetidos à tortura e ao estupro[358]. Não obstante estupradas e violentados, mácula alguma pode atingir a alma a partir da exterioridade. Melhor dizendo, todo vício apenas existe na alma a partir dela mesma e a sua manifestação no mundo é exteriorização de cisões interiores anímicas. Nesse contexto voluntarista, o mesmo dá-se com a virtude. Uma pessoa virtuosa, ainda que estuprada, pode ter não consentido com o prazer da carne, virtuosamente não concedeu que uma vontade de segunda ordem cedesse à volúpia do ato sexual que eventualmente uma vontade de primeira ordem possa haver sentido. Se algo assim se passou, não houve pecado nem culpa.

> Fique, pois, posto e assentado, em primeiro lugar, que a virtude, pela qual se vive retamente, comanda, desde a sede da alma, os membros do corpo e faz santo o corpo pelo uso da vontade santa, a qual inconcussa e estável, tudo o que outrem fizer do corpo e no corpo, se não puder ser evitado sem pecado, disso não é culpado quem o sofre.[359]

---

[357] Cf. *DCD*, II, xvii.

[358] Sobre o tema do estupro (e o pudor e o suicídio) no livro I d'*A cidade de Deus* e em cotejo com as páginas de Tito Lívio sobre o estupro e o suicídio de Lucrécia, conforme indicação já feita no capítulo II, cf. AYOUB, C. N. A. "Agostinho contra Tito Lívio: pudor, estupro e suicídio feminino". *Dissertatio*, volume suplementar 10, 2020, p. 251-370. Disponível em: https://periodicos.ufpel.edu.br/ojs2/index.php/dissertatio/article/view/20227 (Acesso em 28/02/2021).

[359] "*Sit igitur in primis positum atque firmatum virtutem, qua recte vivitur, ab animi sede membris corporis imperare sanctumque corpus usu fieri sanctae*

O que está presente na análise do estupro, como uma violência incapaz de perverter a vontade de alma virtuosa, é a distinção entre intenção e ação (na relação de si com o outro) e a novamente a distinção entre volições de primeira e segunda ordens. O pecado está na esfera da intenção precisamente porque a virtude ou o vício encontram-se em exclusivamente numa esfera interior, na alma, de maneira que o ponto de partida do pecado é o interior do homem e não o exterior. O pecado, assim, entendido como vontade má e de segunda ordem, pode estender-se à ação, lançar-se do interior ao exterior, mas já existe por inteiro no interior do homem. Melhor dizendo, encontrando-se por inteiro em seu ponto de partida, quando o pecado se exterioriza no mundo em forma de ação libidinosa, a exteriorização não é a sua realização do pecado, mas tão somente expressão.

A virtude, assim, como vontade ordenada, consiste na intenção (volição de segunda ordem), de modo que toda ação virtuosa, se realmente virtuosa e não apenas aparente, guarda origem e, como o pecado, reside por inteira na intenção[360]. Por isso, se as mulheres estupradas, e muitas eram virgens e em estado de castidade, foram agraciadas e mantiveram a vontade firme, se a ação do estupro a que seus corpos foram submetidos não era ação em adequação com a intenção delas, então continuaram castas, não incorreram em pecado nem em culpa e quem cometeu a falta libidinosa foram apenas os bárbaros estupradores, ainda que tenha havido emergência involuntária nelas de qualquer prazer sexual (volição de

*voluntatis, qua inconcussa ac stabili permanente, quidquid alius de corpore vel in corpore fecerit, quod sine peccato proprio non valeat evitari, praeter culpam esse patientis."* AUGUSTINUS. *DCD*, I, xvi. Tradução minha e de João Carlos Nogueira (no prelo, Col. Patrística, Paulus Editora).

360 *"Quin etiam sanctae continentiae bonum cum immunditiae carnalium concupiscentiarum non cedit, et ipsum corpus sanctificatur, et ideo, cum eis non cedere inconcussa intentione persistit, nec de ipso corpore perit sanctitas, quia eo sancte utendi perseverat voluntas et, quantum est in ipso, etiam facultas."* *DCD*, I, xviii, 1.

primeira ordem)[361]. Ora, a má ação ou o infortúnio que sucede a alguém contra a sua intenção não pode ser necessariamente vício atribuído à pessoa que sofre. O caso da eventual volúpia que possa haver surgido contra a vontade (de segunda ordem) mesmo em freiras ou monjas cristãs não é sinal de culpa ou pecado, os quais residem no consentimento. Do contrário, seria preciso culpabilizar a dor que alguém submetido à tortura sente involuntariamente, ainda que não queira sentir dor. Não à toa, Agostinho examina em paralelo no livro I d'*A cidade de Deus* ambas as situações trágicas ocorridas durante o saque de Roma em 410 d. C..

> Todavia, no corpo de outrem pode ser perpetrado um ato que não só produza dor, mas também libido. Tudo o que tenha sido feito deste modo não priva de pudicícia, conservada com ânimo constantíssimo, mas incute a vergonha porque se poderia crer ter sido feito com a adesão voluntária da mente o que talvez não tenha sido possível acontecer sem algum prazer da carne.[362]

---

[361] "Por essa clara razão, dizemos que, quando o corpo é oprimido, se o propósito da castidade nunca foi mudado por nenhum consentimento na direção do mal, o delito é de quem violenta não de quem, mesmo violentado sexualmente, não consentiu voluntariamente com a violência sexual.". *"An forte huic perspicuae rationi, qua dicimus corpore oppresso nequaquam proposito castitatis ulla in malum consensione mutato illius tantum esse flagitium, qui opprimens concubuerit, non illius, quae oppressa concumbenti nulla voluntate consenserit"*. AUGUSTINUS. *DCD*, I, xix, 1. Tradução minha e de João Carlos Nogueira (no prelo, Col. Patrística, Paulus Editora). Vale conferir na íntegra *DCD*, I, xix, 1, porque se trata do célebre capítulo em que Agostinho empreende análise do estupro e suicídio de Lucrécia em paralelo com o estupro e suicídio de cristãs durante o saque de Roma de 410, com surpreendente aplicação à facticidade de sua teoria da alma, da vontade e do consentimento como instrumento teórico de consolação e tratamento efetivo do social.

[362] *"Sed quia non solum quod ad dolorem, verum etiam quod ad libidinem pertinet, in corpore alieno perpetrari potest: quidquid tale factum fuerit, etsi retentam constantissimo animo pudicitiam non excutit, tamen pudorem incutit, ne credatur factum cum mentis etiam voluntate, quod fieri fortasse sine carnis aliqua voluptate non potuit."* AUGUSTINUS. *DCD*, I, xvi. Tradução minha e de João Carlos Nogueira (no prelo, Col. Patrística, Paulus Editora).

Por conseguinte, a possibilidade virtuosa da dissociação entre intenção e ação, assim como entre volições de primeira e segunda ordens, não quer dizer, como um estóico pretenderia, que as virgens cristãs permaneceram impassíveis diante do violento ato sexual que sofreram. Com efeito, a intenção da vontade é um não aquiescer à ou um dissentir da sensação do corpo, de forma que elas, se sentiram prazer para além de dores, mantiveram-se castas ao não consentiram com ele, o que é bem diferente de não senti-lo na carne. Como vimos, a doutrina estoica defenderia que ao sábio estoico perturbação alguma o assaltaria[363]. Desse modo, logo no livro I d'*A cidade de Deus*, Agostinho inicia elaboração de concepção de virtude e crítica à *apátheia* estóica ao dizer que a alma pode sim ser surpreendida por perturbações em relação às quais a carne não é capaz de manter-se indiferente, porém a presença das perturbações oriundas da sensação não se identifica necessariamente com vício, na medida em que é possível à intenção da alma (volição de segunda ordem) não aquiescer à perturbação sentida contra a sua vontade[364].

## SOBRE A ORIGEM DA LIBIDO (XIV, X-XV)

Realizada essa digressão sobre a análise do estupro n'*A cidade de Deus*, I, retornemos ao livro XIV. Após examinar o que as paixões são, isto é, após definir em chave voluntarista cada uma das quatro paixões e explicitar que elas não são necessariamente vícios ou perturbações (*perturbationes*), porque conforme o modo e o fim para o qual o afeto é direcionado podem ser virtudes, bem como após redefinir o sentido de apatia (*apátheia*,

---

363 Notadamente aqui a leitura de Agostinho do estoicismo é polêmica: "*[Sorabji] tells a fascinating story of Augustine's misreading of Stoicism (failing to distinguish between 'first movements' and 'emotions')*". GREGORY, E. *Politics and the order of Love:* an Augustinian ethic of democratic citizenship, p. 290. Grifo do autor.

364 "*On sait que le conflit entre la volonté et la passion n'a rien à voir avec le stoïcisme*". VEYNE, P. "Passion, perfection et âme matérielle dans l'utopie stoïcienne et chez saint Augustin". In: ____. *L'empire Gréco-romain*, 2005, p. 700.

*insensibilitas*), Agostinho passa a investigar a origem das paixões viciadas, o que se confunde com uma investigação sobre a origem do vício ou da pulsão em geral.

Para tanto, Agostinho realiza uma exegese do livro do Gênesis, em que há narração da vida dos primeiros seres humanos no paraíso e a sua queda. A análise da vida no paraíso interessa a Agostinho porque é a narração de um modo de vida destituído de qualquer ordem de contradição (sem sofrimento, angústia, dor, conflito), ou seja, a narração da vida humana com a natureza íntegra e, por consequência, verdadeira felicidade. Isso se dá n'*A cidade de Deus*, XIV, entre os capítulos x e xv. Na sequência, entre os capítulos xvi e xxvi, Agostinho trata da libido, do pudor e da geração ou ato sexual, com e sem libido (isto é, antes e após a queda). Finalmente, nos capítulos xxvii-xxviii, Agostinho realiza uma conclusão do livro XIV fundamental para o conjunto da obra, pois apresenta a vontade ou o amor como princípio e fundamento da história. Esta e as próximas seções deste Capítulo IV são divididas a partir dessas tópicas argumentativas.

Iniciemos, então, tratando do conjunto de capítulos x a xv. Antes da queda, no paraíso, os primeiros seres humanos, Adão e Eva, não estavam sujeito a nenhuma paixão viciada. Eles só possuíam paixões virtuosas, de modo que desconheciam o medo e a tristeza, ou seja, em relação a essas duas paixões o estado deles era de apatia. Anteriormente, no longo capítulo ix, Agostinho redefiniu a noção estoica de apatia. Para os estoicos, a apatia eliminava toda e qualquer paixão do ânimo, já para Agostinho eliminar todos os afetos significa desumanização, perda da capacidade de compaixão, de paixão compartilhada, mais precisamente, de amor ao próximo. Assim, a apatia que os homens poderão reconquistar na salvação não será apatia de todo e qualquer afeto, mas somente do medo e da tristeza. A alegria e o desejo ordenados necessariamente existirão, ademais como condição da felicidade. A exegese agostiniana do relato bíblico do paraíso também enxerga essa modalidade de apatia nos primeiros seres humanos. O expediente de análise do paraíso guarda o importante papel de, a partir da identidade e efetividade de categorias de razão que lá havia, lançar luz sobre o estado de contradição em que o ser humano vive após a queda, de modo que o confronto entre, de um lado, identidade (transcendente) e, de outro, contradição (imanente), concede a gradativa tomada de consciência da gravidade da falta que atravessa o ser humano e de sua situação.

> Discute-se, não sem razão, se o primeiro homem, ou os primeiros homens (pois o matrimônio era de dois), antes do pecado estava, neste corpo animal, sujeito a semelhantes afetos, de que nos veremos livres no corpo espiritual, uma vez purgado e findo todo pecado. Se estavam sujeitos, como eram felizes naquele memorável lugar de felicidade, isto é, o paraíso? Quem pode dizer-se absolutamente feliz afetado de temor ou dor? Por outro lado, que podiam temer ou de que podiam doer-se aqueles homens que nadavam em tanta afluência de bens, em estado em que não temiam a morte, nem enfermidade corporal alguma, em lugar em que nada faltava à sua boa vontade e em que não havia nada que ofendesse a carne ou o ânimo do homem, que vivia em felicidade? Ali reinava imperturbável amor a Deus, os cônjuges viviam entre si em sociedade sincera e fiel, desse amor fluía grande gozo (*gaudium*), sem faltar objeto de amor digno de fruição. Evitavam o pecado com tranquilidade e, ao evitá-lo, não irrompia neles outro mal que os entristecesse[365].

---

[365] *"Sed utrum primus homo vel primi homines (duorum erat quippe coniugium) habebant istos affectus in corpore animali ante peccatum, quales in corpore spiritali non habebimus omni purgato finitoque peccato, non immerito quaeritur. Si enim habebant, quomodo erant beati in illo memorabili beatitudinis loco, id est paradiso? Quis tandem absolute dici beatus potest, qui timore afficitur vel dolore? Quid autem timere aut dolere poterant illi homines in tantorum tanta affluentia bonorum, ubi nec mors metuebatur nec ulla corporis mala valetudo, nec aberat quicquam, quod bona voluntas adipisceretur, nec inerat quod carnem animumve hominis feliciter viventis offenderet? Amor erat imperturbatus in Deum atque inter se coniugum fida et sincera societate viventium, et ex hoc amore grande gaudium, non desistente quod amabatur ad fruendum. Erat devitatio tranquilla peccati, qua manente nullum omnino alicunde malum, quod contristaret, irruebat."* *DCD*, XIV, x. Tradução de Oscar Paes Leme com modificação.

Nos capítulos xi e xii seguintes, Agostinho trata da presciência divina. Cabe logo perguntar, por que Agostinho enfrenta nesses capítulos o problema da relação entre presciência divina e livre-arbítrio? Ora, Deus precisa ser escusado do mal em que o homem incorreu, pois Deus não pode ser o autor do mal. Afinal, do Bem supremo só pode decorrer o bem. Assim, é preciso enfrentar as muitas acusações de que Deus seja o responsável pelo mal em que a criatura racional incorre. Sobre a conciliação entre presciência divina e livre-arbítrio, nos limites do que se apresenta a respeito no capítulo xi, observo que a presciência divina do pecado não significa que irrevogavelmente o homem teria esse trágico destino, não significa pré-determinação, porque saber que algo vai acontecer não significa necessariamente determinar que aconteça. Dessa maneira, a presciência divina de que o homem precipitaria não anula o livre-arbítrio. O que Deus sabia ou, melhor dizendo, sabe desde sempre, é que o homem usaria mal o seu livre-arbítrio.

Mas o que, afinal, aconteceu no paraíso? Como se deu a transição de uma vida de absoluta paz e felicidade para uma vida miserável? Ainda no capítulo xi, §2, Agostinho começa a nos responder examinando mais detidamente o cenário paradisíaco, com os elementos que constituem a narração da queda, como a árvore do conhecimento do bem e do mal, o preceito de não comer o fruto proibido, a serpente, a tentação de tornar-se deus e a sedução da mulher sobre o homem para do fruto provarem. Sobre a exegese, vale dizer que Agostinho realiza uma exegese literal em xi, §2, estreitamente próxima da letra do texto bíblico, já nos capítulos xiii a xv, Agostinho empreende uma exegese preponderantemente alegórica. Assim, nos capítulos xiii a xv, Agostinho realiza uma exegese em grande medida alegórica por meio da análise da desordem interior do homem como origem e consequência do pecado. Ora, o pecado é um ato de desobediência, de desordenação de uma ordem cosmológica estabelecida. Por consequência, a origem do pecado, enquanto ação ou expressão ou ato exteriorizado, só pode haver tido origem em uma intenção, em um desejo desordenado interior[366].

## LIBIDO, GOZO E PUDOR (XIV, xvi-xx)

> *Seria possível dizer, forçando um pouco as coisas [...], que Agostinho foi o primeiro a fazer uma "história da sexualidade"*[367].

Como já vimos, o capítulo xvi retoma a vontade má, mas sob o nome de libido, isto é, desejo de desejo de posse e gozo. Também já sabemos que "libido", sem complemento ou restrição, refere-se quase sempre à sexual, a um conflito interior da vontade consigo mesma com expressão exterior pela excitação dos órgãos genitais. A partir daqui, investigaremos a vergonha dessa expressão ou excitação dos órgãos sexuais, presente n'*A cidade de Deus*, XIV, xvii-xx. No capítulo xvii, Agostinho diz que "com razão" (*merito*) (i) envergonhamo-nos dos órgãos sexuais e (ii) são chamados de vergonhosos. A vergonha, já sabemos, deve-se à insubmissão dos membros, a um movimento involuntário que

---

366 "Começaram a ser maus em segredo, para tombarem em seguida em desobediência declarada, porque não se houvera consumado a obra má, se não a houvesse precedido a má vontade. Ora, qual poderia ter sido o início (*initium*) da vontade má senão o orgulho? 'O início, pois, de todo pecado é a soberba'. E o que é a soberba senão apetite de celsitude perversa? A celsitude perversa consiste em desertar o princípio a que o ânimo deve estar unido e fazer-se de certa maneira princípio para si e sê-lo. É o que acontece quando o espírito se agrada em demasia de si mesmo e agrada-se em demasia de si mesmo quando declina do bem imutável, que deve agradar-lhe mais do que ele a si mesmo". "*In occulto autem mali esse coeperunt, ut in apertam inoboedientiam laberentur. Non enim ad malum opus perveniretur, nisi praecessisset voluntas mala. Porro malae voluntatis initium quae potuit esse nisi superbia?* Initium *enim* omnis peccati superbia est (Eclo 10, 13/15). *Quid est autem superbia nisi perversae celsitudinis appetitus? Perversa enim est celsitudo deserto eo, cui debet animus inhaerere, principio sibi quodammodo fieri atque esse principium.*". *DCD*, XIV, xiii. Tradução de Oscar Paes Leme com modificação.

367 KOCH, I. "Sex and The City of God", 2012, p. 78.

manifesta que o ser humano é o que ele não gostaria de ser e não é o que gostaria de ser. Agostinho, então, realiza uma interpretação alegórica da nudez no paraíso. Para ele, a verdadeira nudez descoberta pelos primeiros homens foi o despojamento da graça que tornava os órgãos sexuais não repugnantes, ou seja, não movidos pulsionalmente.

> "Conheceram", portanto, que "estavam nus", quer dizer, despidos da graça, que os garantia contra o rubor provocado pela nudez corporal, quando nenhuma lei do pecado era resistente (*repugnante*) à mente. Isso conheceram, porque ignoraram que seriam mais felizes se, crendo e obedecendo a Deus, não tivessem cometido o que os obrigaria a experimentar os nocivos efeitos da infidelidade e da desobediência[368].

A partir daí, Agostinho realiza uma espécie de etnologia da sexualidade, mais precisamente, da vergonha ou pudor sexual. O autor observa que "todos os povos" (*omnes gentes*), como descendentes do mesmo tronco, guardam o hábito de velar as partes sexuais, que alguns bárbaros não as descobrem nem durante os banhos, que nas retiradas selvas da Índia, alguns filosofam nus, mas cobrem os genitais, embora deixem todo o restante do corpo descoberto. Com isso, Agostinho apresenta a vergonha da sexualidade como universal e incondicionalmente partilhada pelo gênero humano, de forma que a vergonha de ser o que não se quer e não ser o que se quer é uma contradição comum à humanidade que evidencia sua condição desnaturalizada.

Na sequência, Agostinho dá um passo a mais no exame da vergonha. Se até aqui, a vergonha era dos genitais, agora a vergonha examinada é não mais somente dos órgãos, mas sobretudo

---

368 "*'Cognoverunt' ergo 'quia nudi erant', nudati scilicet ea gratia, qua fiebat ut nuditas corporis nulla eos lege peccati menti eorum repugnante confunderet. Hoc itaque cognoverunt, quod felicius ignorarent, si Deo credentes et oboedientes non committerent, quod eos cogeret experiri infidelitas et inoboedientia quid noceret.*" *DCD*, XIV, xvii. Tradução de Oscar Paes Leme com modificação.

a do ato sexual. A vergonha do ato mesmo é patente pelo fato de o coito comumente não ocorrer à luz do dia, publicamente, mas às escondidas, de forma privada. Trata-se, a rigor, de uma e mesma vergonha, pois nos dois casos é vergonha da libido ou de uma estrutura constitutivamente fraturada. O que Agostinho faz, assim, é examinar a vergonha de manifestações diversas da libido. Inicialmente, n'*A cidade de Deus*, XIV, xviii, Agostinho esclarece não estar referindo-se somente ao sexo ilícito, como os estupros, que em geral acontecem às escondidas e não em público, mas está tratando da vergonha presente também no sexo lícito, nos meretrícios, legais e importante instituição da sociedade romana. A análise que Agostinho faz dos lupanares[369] é para explicitar que mesmo numa casa de tolerância os frequentadores têm vergonha da libido, têm vergonha muitas vezes de fazer sexo às claras mesmo numa sociedade como a romana e se refugiam em quartos escuros.

> Os próprios lupanares têm, por vergonha natural, quarto escuro; assim, vemos haver sido mais fácil à indecência eximir-se da proibição da lei do que suprimir os esconderijos da fealdade. Os infames chamam de infâmias suas ações e, embora as amem, não ousam ostentá-las[370].

Há vergonha da libido, assim, tanto no sexo violento, ilícito, como no sexo lícito que ocorre nos meretrícios. É o caso, então, de avaliar se também havia vergonha do sexo conjugal, aceito social, moral e legalmente em Roma, que, ademais, constava na Lei das

---

369 Os lupanares a que Agostinho se refere são os frequentadores dos meretrícios. "Lupanar" originalmente era o nome de um famoso meretrício localizado em Pompeia, do qual nos restaram afrescos extraordinários, daí "Lupanar" designar por metonímia meretrícios em geral.

370 "[...] *verecundia naturali habent provisum lupanaria ipsa secretum faciliusque potuit impudicitia non habere vincula prohibitionis, quam impudentia removere latibula illius foeditatis. Sed hanc etiam ipsi turpes turpitudinem vocant, cuius licet sint amatores, ostentatores esse non audent.*" *DCD*, XIV, xviii. Tradução de Oscar Paes Leme com modificação.

doze tábuas como um sexo com a finalidade da procriação. Nos casamentos romanos, após os noivos se casarem, imediatamente eles se retiravam para o concúbito conjugal, cujo conhecimento de todos os convivas era público e notório, porém, ainda nesse caso, eles se refugiavam em lugar escondido das vistas dos outros.

> E porque, como diz "o maior mestre da eloquência romana" [Cícero], todas as coisas corretas [*recte facta*] querem colocar-se à luz, isto é, apetecem ser conhecidas, essa ação legítima [*recte factum*] apetece ser conhecida, embora envergonhe-se de ser vista. Quem ignora o que os esposos fazem entre si com vistas à procriação dos filhos e qual o objeto de celebrarem-se com tanta pompa as bodas? Entretanto, no ato mesmo da geração não permitem sejam testemunhas nem mesmo os filhos, se já têm alguns. O conhecimento da ação correta [*recte factum*] gosta de tal maneira da luz dos ânimos, que foge à dos olhos. E de onde se origina isso senão do fato de que o decoroso por natureza [*deceat ex natura*] e o vergonhoso por castigo [*pudeat ex poena*] andem juntos?[371]

Em todos os casos, por conseguinte, há a dissonância entre o desejo de satisfazer o desejo sexual e o desejo de esconder esse desejo, mas o conflito é maior no caso em que haveria menor ou nenhuma razão para o pudor. Ou seja, no caso do matrimônio, a relação sexual feita com fim na procriação é legítima, ao ponto de apetecer tornar-se conhecida e pública pela comemoração das bodas. Por isso, em comparação com os exemplos anteriores,

---

[371] *"Et quoniam, sicut ait etiam quidam 'Romani maximus auctor eloquii, omnia recte facta in luce se collocari volunt', id est appetunt sciri: hoc recte factum sic appetit sciri, ut tamen erubescat videri. Quis enim nescit, ut filii procreentur, quid inter se coniuges agant? quando quidem ut id agatur, tanta celebritate ducuntur uxores; et tamen cum agitur, unde filii nascantur, nec ipsi filii, si qui inde iam nati sunt, testes fieri permittuntur. Sic enim hoc recte factum ad sui notitiam lucem appetit animorum, ut tamen refugiat oculorum. Unde hoc, nisi quia sic geritur quod deceat ex natura, ut etiam quod pudeat comitetur ex poena?" DCD*, XIV, xviii. Tradução de Oscar Paes Leme com modificação.

é a manifestação da sexualidade mais pública de todas, porém a vergonha persiste mesmo nesse caso. Para melhor tematizar o paradoxo, vale relacionar duas passagens lapidares da citação acima: (i) "[...] todas as coisas corretas [*recte facta*] querem colocar-se à luz" e (ii) "de onde se origina isso senão do fato de que o decoroso por natureza [*deceat ex natura*] e o vergonhoso por castigo [*pudeat ex poena*] andem juntos?".

Se todas as coisas corretas ou bem feitas (diga-se, decorosas) não causam vergonha quando tornadas públicas, então por natureza o homem não guardava vergonha ou pudor algum antes da queda no paraíso. Não só a vergonha da manifestação da libido, em seus vários níveis, era inexistente nesse plano mítico, mas generalizadamente nenhum pudor existia, de modo que o ser humano desconhecia uma privacidade ou intimidade no paraíso, enquanto guardava sua natureza íntegra. Afinal, no interior do homem com a natureza efetiva havia uma impessoalidade, o ego inexistia, o homem não vivia segundo a própria vontade, mas segundo a vontade de Deus, o que quer dizer que todos os seus pensamentos, afetos e atos eram manifestação do divino na criatura racional com perfeita identidade entre volições de primeira e segunda ordens. Simplesmente não havia por que se envergonhar da presença de Deus em seu interior e de sua expressão. Isso nos permite entender inversamente por que para Agostinho a vergonha, a privacidade e a intimidade existem universal e incondicionalmente no ser humano com a natureza fraturada. Não à toa, no capítulo seguinte, em *DCD*, XIV, xix, Agostinho afirma que mesmo os filósofos mais próximos da verdade, a saber, os platônicos, reconhecem uma estrutura de alma fraturada e conflituosa, contendo a ira e a libido como partes viciadas. Segundo a concepção platônica tripartite de alma[372], uma parte racional superior modera, contém e refreia as partes apetitiva e irracional, inferiores.

---

[372] Cf. PLATÃO. *República*, 436a.

Eis por que os filósofos que mais se aproximaram da verdade confessaram que a ira e a libido são partes viciadas da alma, pois se movimentam turbulenta e desordenadamente às coisas que a sabedoria interdita perpetrar. Por isso, a moderação da razão e da mente é necessária. Apresentam esta terceira parte da alma disposta em uma espécie de fortaleza comandando as demais, para que, com a razão imperando e as demais obedecendo, a justiça de todas as partes da alma possa ser conservada no homem. Eles, portanto, admitem que aquelas partes são viciadas mesmo no homem sábio e temperante, que a mente as refreia contendo e coibindo, e as reconduz das coisas para as quais se movem injustamente, enviando-as àquelas permitidas pela lei da sabedoria (tanto a ira, ao exercício da justa coerção, quanto a libido, ao dever [*officium*] da propagação da prole). Mas essas partes, digo, não eram viciadas no paraíso antes do pecado. Afinal, não se moviam em direção a nada contrário à vontade reta. Ali, não era necessário abster-se delas pelo comando do freio da razão. Agora, de fato, porque se movem assim, são reguladas, ainda que coibindo e combatendo, às vezes mais fácil, às vezes mais dificilmente, por aqueles que vivem temperada, justa e piamente. Seja como for, isso não é saúde natural [*sanitas ex natura*], mas doença culpável [*languor ex culpa*].[373]

[373] *"Hinc est quod et illi philosophi, qui veritati propius accesserunt, iram atque libidinem vitiosas animi partes esse confessi sunt, eo quod turbide atque inordinate moverentur ad ea etiam, quae sapientia perpetrari vetat, ac per hoc opus habere moderatrice mente atque ratione. Quam partem animi tertiam velut in arce quadam ad istas regendas perhibent collocatam, ut illa imperante, istis servientibus possit in homine iustitia ex omni animi parte servari. Hae igitur partes, quas et in homine sapiente ac temperante fatentur esse vitiosas, ut eas ab his rebus, ad quas iniuste moventur, mens compescendo et cohibendo refrenet ac revocet atque ad ea permittat, quae sapientiae lege concessa sunt (sicut iram ad exerendam iustam cohercitionem, sicut libidinem ad propagandae prolis officium): hae, inquam, partes in paradiso ante peccatum vitiosae non erant. Non enim contra rectam voluntatem ad aliquid movebantur, unde necesse esset eas rationis tamquam frenis regentibus abstinere. Nam quod nunc ita moventur et ab eis, qui temperanter et iuste et pie vivunt, alias facilius, alias difficilius, tamen cohibendo et repugnando modificantur, non est utique sanitas ex natura, sed languor ex culpa." DCD,* XIV, xix. Colchetes meus.

Até aqui, a ira e a libido foram apresentadas como afetos em relação aos quais o homem não possui império. Na continuidade, Agostinho explicita, contudo, por que a vergonha da libido é maior do que a vergonha da ira. O argumento se refere ao caráter pulsional superior de incontinência da libido. A libido, assim, como um desejo mais pulsional, explicita uma aversão do homem consigo mesmo maior do que a ira, na medida em que a expressão da libido ocorre a despeito de qualquer deliberação, na medida em que a libido é *sui juris*, a sua expressividade como excitação dos órgãos sexuais é a mais involuntária ou pulsional de todas. Comparativamente, a ira, manifesta por atos de violência e de raiva, move também órgãos corporais, como as mãos, que, na ausência da ira, podem ser movidas igualmente sob o impulso deliberado da vontade, ao passo que a expressão da libido move principalmente outros órgãos, os genitais, que não se movem sob o impulso do arbítrio destituído de libido e no mais das vezes são movidos sem qualquer iniciativa do arbítrio, segundo Agostinho.

> Assim, quem, irado, injuria outro por palavra ou o golpeia, não poderia fazê-lo, se a língua e as mãos não se movessem sob o impulso da vontade. A vontade empunha o leme de tais membros, embora não exista a ira. Por sua vez, a libido de tal maneira submeteu as partes genitais do corpo a seu aparente domínio, que não podem mover-se sem ela e sem sua presença espontânea ou provocada. Eis o objeto da vergonha; eis o que os olhos dos que olham evitam com rubor. O homem mais facilmente tolera multidão de espectadores, quando injustamente se irrita contra o outro, do que o olhar de um só, quando justamente se ajunta com a esposa[374].

[374] *"Nam quisquis verbum emittit iratus vel etiam quemquam percutit, non posset hoc facere, nisi lingua et manus iubente quodammodo voluntate moverentur; quae membra, etiam cum ira nulla est, moventur eadem voluntate. At vero genitales corporis partes ita libido suo iuri quodammodo mancipavit, ut moveri non valeant, si ipsa defuerit et nisi ipsa vel ultro vel excitata surrexerit. Hoc est quod pudet, hoc est quod intuentium oculos erubescendo devitat; magisque*

Adiante, Agostinho examina o caso dos filósofos cínicos, cuja filosofia propunha um modo de vida liberto de quaisquer convenções sociais. Em relação à sexualidade, os cínicos defendiam que o sexo deveria ser realizado publicamente, em qualquer lugar em que a libido surgisse. Porque defendiam uma sexualidade destituída de pudor como ocorre entre os animais, Agostinho realiza analogia entre eles e os cães. Todavia, a defesa à livre manifestação da sexualidade era só teórica, pois Agostinho nos diz que na prática os cínicos não a realizavam. Com isso, o propósito é a explicitação de que a vergonha da libido como vergonha de si mesmo, da contradição constitutiva ou da própria estrutura falhada, é insuperável e testemunha isso o caso daqueles que, ao pretenderem fazer sexo diante do olhar dos outros, não conseguem excitar-se. Afinal, "os filósofos [cínicos] não se envergonhavam de mostrar que queriam coabitar ali onde a própria libido se envergonhava de surgir"[375].

## SOBRE O SEXO E A GERAÇÃO COM OU SEM LIBIDO (XIV, xxi-xxvi)

> *[...] é no terreno da vida sexual, de preferência a qualquer outra, que a passagem entre as duas ordens [a da natureza e a da cultura] pode e deve necessariamente efetuar-se.*[376]

A partir d'*A cidade de Deus*, XIV, xxi, Agostinho examina a objeção de alguns que diziam que o pecado teria de ser cometido para que o mandamento "crescei e multiplicai-vos" (XIV, xxii) pudesse ser cumprido. Afinal, de que modo o homem poderia

---

*fert homo spectantium multitudinem, quando iniuste irascitur homini, quam vel unius aspectum, et quando iuste miscetur uxori." DCD*, XIV, xix. Tradução de Oscar Paes Leme com modificação.

375 *"Ibi enim philosophi non erubescebant videri se velle concumbere, ubi libido ipsa erubesceret surgere." DCD*, XIV, xx.

376 LÉVI-STRAUS, C. *As estruturas elementares do parentesco*, 1976, p. 50. Colchetes meus.

propagar-se sem a libido? De que modo o ato sexual necessário para a geração seria realizado sem a libido?

> Longe de nós pensar que os dois primeiros esposos, no paraíso, com essa libido, de que se envergonham, cobrindo em seguida sua nudez, tornariam efetiva a benção de Deus: "Crescei e multiplicai--vos e povoai a terra" (Gn, 1, 28). A libido surgiu depois do pecado e, depois do pecado, nossa natureza, pudica, despojada do poder que tinha sobre o corpo, sentiu esse desarranjo, advertiu-o, envergonhou-se dele e cobriu-o. Todavia, a benção dada ao matrimônio, para crescerem, multiplicarem-se e povoarem a terra, embora seja verdade que subsistiu nos delinquentes, foi dada antes de delinquirem, dando-nos a entender com isso que a procriação do filhos é glória do matrimônio, não pena do pecado.[377]

Desse modo, os homens por natureza seriam capazes de procriar sem libido segundo a teoria da sexualidade desenvolvida em *DCD*, XIV, mas nem sempre Agostinho pensou assim. Em "As confissões da carne", volume 4 da *História da sexualidade*, de Foucault, há uma instrutiva apresentação da evolução da teoria da sexualidade agostiniana a partir de três etapas de exegeses precisamente do mandamento divino "crescei e multiplicai-vos", que recobrem quase três décadas de reflexão agostiniana[378]:

---

377 *"Absit itaque, ut credamus illos coniuges in paradiso constitutos per hanc libidinem, de qua erubescendo eadem membra texerunt, impleturos fuisse quod in sua benedictione Deus dixit: 'Crescite et multiplicamini et replete terram'. Post peccatum quippe orta est haec libido; post peccatum eam natura non impudens amissa potestate, cui corpus ex omni parte serviebat, sensit, attendit, erubuit, operuit. Illa vero benedictio nuptiarum, ut coniugati crescerent et multiplicarentur et implerent terram, quamvis et in delinquentibus manserit, tamen antequam delinquerent data est, ut cognosceretur procreationem filiorum ad gloriam connubii, non ad poenam pertinere peccati." DCD*, XIV, xxi. Tradução de Oscar Paes Leme com modificação.

378 O esquema certamente não por acaso é muito semelhante ao proposto por Peter Brown (cf. 1990, p. 318-351). Reproduzo aqui esquema que realizei em: SILVA FILHO, L. M. da. "A recepção de Agostinho em 'As confissões da carne', de Foucault". *Discurso*, 51 (2), 2021, p. 102-3. DOI: https://doi.org/10.11606/issn.2318-8863.discurso.2021.193763.

1ª **etapa de exegese**: *De genesi contra Manichaeos*, em que a multiplicação antes da queda é interpretada alegórica e espiritualmente (*spiritualiter*), de modo que a *casta conjunctio* e os frutos procriados seriam as virtudes e as boas obras. Agostinho, todavia, ao dar ênfase nas relações espirituais não exclui a possibilidade de que haveria relação sexual antes da queda. Assim, o lugar para as relações sexuais sem concupiscência permanece legítimo. Seja como for, a preocupação de Agostinho é primordialmente excluir a interpretação de que a ajuda da mulher ao homem antes da queda teria sido a propósito da "concupiscência carnal" (Cf. FOUCAULT, 2020, p. 370-73; 2018, p. 296-98).

2ª **etapa de exegese**: *De bono conjugali*, em que a multiplicação antes da queda é interpretada literalmente, como procriação da prole, porém a partir de "três modelos de procriação não sexual", isto é, sem coito (*sine concubitu*), pois "Deus podia fazer com que o primeiro casal procriasse fisicamente sem relação sexual." (FOUCAULT, 2020, p. 373; 2018, p. 299).

3ª **etapa de exegese**: *De Genesi ad litteram* e *De ciuitate dei*, XIV, em que a multiplicação antes da queda é interpretada literalmente, como procriação da prole e, ademais, pelo coito (*concubitus*), o que quer dizer que os primeiros seres humanos teriam sido criados com a diferenciação dos sexos relacionada aos órgãos sexuais como instrumentos para a procriação, porém sem concupiscência ou libido (isto é, sem pulsão, sem o involuntário), bem como quer dizer que Agostinho admite como natural só uma divisão de gênero binária, homem e mulher, simétrica à diferença dos órgãos sexuais (Cf. FOUCAULT, 2020, p. 380-81; 2018, p. 304-5). Assim, a obra agostiniana refina exegeses do Gênesis (por exemplo, de Orígenes, Gregório de Nissa, Ambrósio, Jerônimo) incapazes de explicar por que haveria diferenciação sexual no paraíso antes da queda e postulavam que o coito era incompatível com aquele estado. Sobre isso, as páginas de Peter Brown sobre Agostinho em *Corpo e sociedade* demarcam com clareza o quanto o paraíso agostiniano é menos angelical e utópico do que o paraíso de outros padres da igreja e, por isso, com maior potencial de regulação das sociedades históricas (cf. BROWN, 1990, p. 318-351)[379]. Foucault ainda investiga nessa terceira etapa exegética de Agostinho por que a mulher já no paraíso deveria servir ao homem, cuja superioridade mítica em relação a ela assenta-se desde a criação dela a partir da costela dele. Porém, ainda que a colaboração da mulher como esposa exigisse inicialmente não só relação espiritual com o homem, mas também conjunção física para que houvesse propagação, o casamento do primeiro casal não era subordinado à procriação em si mesma e sim antes à fundação de uma *societas* com uma multiplicidade-unidade decorrente da descendência a partir de um único homem ou de relações de parentescos absolutamente harmoniosas, inclusive porque geradas por atos sexuais sem irrupção do involuntário (Cf. FOUCAULT, 2020, p. 379-80; 2018, p. 303-4). Sobre como lá o ato sexual seria possível sem libido ou excitação involuntária dos órgãos sexuais, Agostinho oferece descrição detalhada em *A cidade de Deus*, XIV, que será mais diretamente abordada por Foucault no capítulo "[3. A libidinização do sexo]". Essa 3ª etapa exegética será definitiva na obra agostiniana e pode ser reencontrada também nos textos antipelagianos, com destaque para *Contra Julianum*. (Cf. FOUCAULT, 2020, p. 375-81; 2018, p. 300-305).

* * *

Retornemos à análise agostiniana realizada em *DCD*, XIV, de uma modalidade de sexualidade qualitativamente superior a que conhecemos porque destituída de libido. Agostinho apresenta argumentos a favor da exegese literal, não só alegórica, do mandamento divino "crescei e multiplicai-vose povoai a terra", para afirmar que, embora o crescimento e a multiplicação possam ser alegoricamente compreendidos, como o crescimento

---

379 "[...] os livros de P. Brown, os de P. Hadot e, em várias ocasiões, seus pareceres e as conversações que mantivemos, me foram de grande valia." Foucault, M. *História da sexualidade 2*: O uso dos prazeres, 1998, p. 12.

e multiplicação de virtudes, que deve povoar a alma (conforme pensava em *De genesi contra Manichaeos*), antes de tudo se trata literalmente da geração consequente do "laço conjungal, que une entre si os dois sexos"[380].

Se se trata, então, de relação sexual literal, n'*A cidade de Deus*, XIV, xxiii, 1, Agostinho, não obstante já tenha observado que por natureza havia possibilidade de geração sem libido, apresenta a opinião daqueles que negam isso e consideram que o pecado era necessário para que não existissem somente os dois primeiros seres humanos, ou seja, para que a humanidade pudesse multiplicar-se. Tal opinião escusaria o homem da culpa da libido e naturalizaria a contradição e o conflito, via seguida, por exemplo, por Juliano de Eclano. Por isso, Agostinho não nega, como um estoico ou um pelagiano, a libido como um dado irredutível e universal, mas nega que ela seja traço da natureza e não da condição humana. Agostinho, então, dá início à criativa investigação sobre o que seria uma sexualidade sem libido.

> Sem o pecado, por conseguinte, esses matrimônios dignos da felicidade do paraíso seriam fecundos em agradáveis frutos e estariam isentos de toda libido vergonhosa. Na verdade, atualmente não há exemplo capaz de ilustrá-lo. Nem por isso, entretanto, deve ser incrível pudesse o referido membro obedecer sem libido à vontade, pois são tantos os que agora lhe estão sujeitos. Se movemos as mãos e os pés, quando queremos, a seus atos próprios, sem renitência alguma e com facilidade assombrosa, como observamos em nós e nos demais, em especial nos artífices, em quem habilidade mais industriosa presta socorro à fraqueza e à lentidão da natureza, por que não acreditamos que os órgãos da geração, no ato da geração, poderiam

380 "[...] *vinculo coniugali, quo invicem sibi uterque sexus obstringitur*". *DCD*, XIV, xxii. Tradução de Oscar Paes Leme.

> obedecer docilmente à vontade humana, como os demais, se não existisse a libido, justo castigo da desobediência?[381]

A análise de Agostinho da libido como um dado que todo ser humano experimenta por meio da excitação dos órgãos sexuais ampara-se no dado segundo o qual todos os membros do corpo obedecem ao arbítrio da vontade, com exceção daqueles destinados à geração. Ao mesmo tempo, o argumento sustenta por inferência que assim como os demais membros são obedientes ao arbítrio da vontade, no paraíso o mesmo acontecia com os genitais. Assim, o caráter de incontinência ou insubmissão exclusiva desses órgãos é para Agostinho expressão de desordem e doença da alma, que, embora superior, não mais manda integralmente no corpo, de natureza inferior, na situação em que se encontra.

Isso, porém, não significa impossibilidade de castidade nesta vida mortal, nem a castidade quer dizer ausência de todo e qualquer desejo libidinoso. A castidade possível nesta condição refere-se ao não consentimento da vontade (de segunda ordem) com a libido (vontade de primeira ordem). Bem entendido, não consentir é muito diferente de extinguir o desejo de prazer carnal, como um estoico pretenderia, ou seja, não consentir significa antes não desejar gozar do desejo de gozo ou até do próprio gozo. A distinção aqui também não é entre "intenção" e "ação", como se não consentir significasse não passar ao ato, antes se trata de uma complexa dinâmica interna no plano da vontade e suas pulsões.

---

381 *"Et ideo illae nuptiae dignae felicitate paradisi, si peccatum non fuisset, et diligendam prolem gignerent et pudendam libidinem non haberent. Sed quomodo id fieri posset, nunc non est quo demonstretur exemplo. Nec ideo tamen incredibile debet videri etiam illud unum sine ista libidine voluntati potuisse servire, cui tot membra nunc serviunt. An vero manus et pedes movemus, cum volumus, ad ea, quae his membris agenda sunt, sine ullo renisu, tanta facilitate, quanta et in nobis et in aliis videmus, maxime in artificibus quorumque operum corporalium, ubi ad exercendam infirmiorem tardioremque naturam agilior accessit industria; et non credimus ad opus generationis filiorum, si libido non fuisset, quae peccato inoboedientiae retributa est, oboedienter hominibus ad voluntatis nutum similiter ut cetera potuisse illa membra servire?" DCD*, XIV, xxiii, 2. Tradução de Oscar Paes Leme.

Assim, a passagem ao ato voluntário pode ser impedida, embora possa haver ato sem consentimento, mas seja como for não é possível dispor "não consentir" ou "dissentir" ao lado da "intenção" e "consentir" ao lado "ação", porque pode ocorrer que algum ato criminoso suceda a alguém, conforme aconteceu com as virgens cristãs que foram estupradas durantes das invasões bárbaras ou dos cristãos torturados, assim como pode acontecer a alguém passar ao ato pulsionalmente mesmo havendo interiormente não consentido com o ato[382]. Desse modo, o não assentimento à libido pode preservar a castidade da alma mesmo durante uma ação advinda ao corpo que excite a volúpia (volição de primeira ordem).

> Mas quando o império da vontade retém os outros membros, sem os quais os excitados contra essa vontade pela libido não podem alcançar o que desejam, guarda-se a castidade e não desaparece, embora não permitido, o prazer do pecado. No Paraíso, as núpcias não teriam esta oposição, esta repugnância, esta luta entre a vontade e o libido ou, pelo menos, esta deficiência da libido ao apelo da vontade, se a desobediência da culpa não provocasse a desobediência do castigo; esses membros obedeceriam, como todos os outros, à vontade. E desta forma o órgão para isso criado semearia o campo da geração como agora a mão do homem semeia a terra.[383]

---

[382] Dinâmica volitiva e pulsional narrada com estrita observância agostinista por Tolstói em *Padre Sérgio*.

[383] *"Sed cum alia membra retinentur voluntatis imperio, sine quibus illa, quae contra voluntatem libidine concitantur, id quod appetunt implere non possunt, pudicitia custoditur, non amissa, sed non permissa delectatione peccati. Hunc renisum, hanc repugnantiam, hanc voluntatis et libidinis rixam vel certe ad voluntatis sufficientiam libidinis indigentiam procul dubio, nisi culpabilis inoboedientia poenali inoboedientia plecteretur, in paradiso nuptiae non haberent, sed voluntati membra, ut cetera, ita cuncta servirent. Ita genitale arvum vas in hoc opus creatum seminaret, ut nunc terram manus". DCD,* XIV, xxiii, 2. Tradução de J. Dias Pereira com modificação minha.

A seguir, em *A cidade de Deus*, XIV, xxiv, Agostinho explica de que modo seria possível ao homem depositar o sêmen na mulher, sem a libido. Agostinho realiza a descrição do ato mesmo como uma hipótese resultante da indução da enumeração de três grupos de casos de comando da vontade sobre o corpo. O primeiro grupo (i) é o de exemplos de comando da vontade sobre membros corpo, segundo uma ordem que vai (i. 1) dos órgãos exteriores (cujo comando todos têm) aos (i. 2) interiores (cujo comando nem todos têm) e depois de volta a (i. 3) algumas partes do corpo exteriores (cujo comando poquíssimos têm). O segundo grupo (ii) diz respeito ao controle que animais têm sobre seus corpos que seres humanos não têm. O terceiro grupo (iii) diz respeito ao caso de um presbítero famoso na época que muitos testemunharam ter controle sobre o conjunto de seus sinais vitais semelhante ao que atualmente ouvimos falar que alguns iogues alcançam. Eis um esquema possível desse conjunto de exemplos:

**i. 1:** comando do arbítrio da vontade sobre mãos, pés, braços, pernas, cabeça, mas também membros que só tem "carne e nervos", como os da boca e do rosto, que conseguimos retorcer, esticar, encolher...;

**i. 2:** comando do arbítrio da vontade sobre órgãos internos, como o pulmão, com o propósito de respirar, aspirar, emitir ou modificar a voz, falar, gritar, cantar, ao ponto de alguns imitarem perfeitamente o canto das aves, vozes de animais e de outras pessoas. Nesse bloco, Agostinho também oferece o exemplo jocoso de pessoas que controlam o intestino soltando sons harmoniosos pelo ânus, que é como se "cantassem" por esse espécie de boca...;

**i. 3:** comando do arbítrio da vontade sobre partes exteriores do corpo que poquíssimas pessoas conseguem controlar, como mover ambas as orelhas ao mesmo tempo ou em separado, jogar os cabelos sobre a testa sem mover a cabeça e retirá-los quando quiser;

ii. exemplo de animais capazes de moverem ao bel-prazer toda a pele que lhes cobre o corpo por meio de tremor para enxotar moscas, mosquitos, percevejos.

iii. finalmente, o exemplo mais significativo de império do arbítrio da vontade sobre o corpo é o caso de um presbítero contemporâneo de Agostinho, chamado Restituto, famoso na época pela capacidade de, por vontade própria, perder os sentidos e toda sensibilidade do corpo, semelhante a um cadáver, sem dar sinal algum de respiração e sem sentir toques, picadas e mesmo feridas, como queimaduras por fogo.

Por tudo isso, por todos esses argumentos que cumprem função de dados, Agostinho conclui que muito mais fácil seria o poder da vontade sobre os órgãos destinados à reprodução no paraíso sem descompasso entre volições de primeira e segunda ordens[384]. O argumento por indução, *a posteriori*, todavia, não é suficiente para a afirmação de que por natureza a vontade guardaria império

---

[384] "Tudo o que aí se passa o homem podia querer, e, com efeito, o queria. A relação sexual sem libido é integralmente habitada pelo sujeito voluntário. Esta concepção não aparece pela primeira vez nesse texto. Agostinho a evocou com frequência. Já em *De Genesi ad litteram*, ao menos a título de hipótese: 'Por que não crer que estes primeiros homens, antes do pecado, podiam comandar os órgãos da geração, a fim de procriar filhos, como comandavam os outros membros que a alma move, sem qualquer dificuldade e sem o aguilhão do prazer, para aplicá-los a qualquer tarefa?'". FOUCAULT, M. *As confissões da carne*, 2020, p. 413 (ed. fran., 2018, p. 278). Na sequência, Foucault propõe uma esquematização singelamente diferente da que propus, entre outras razões porque ele adiciona com pertinência aos exemplos de *DCD*, XIV, xxiv, o da habilidade de artesãos que desenvolvem destrezas manuais impressionantes, presente em XIV, xxiii, 2. Ao fim e ao cabo, a conlusão é que: "O homem, na conjunção sexual do paraíso, não o imaginemos como um ser cego conduzido por movimentos cuja inocência está garantida na medida mesma em que lhe escapam, mas como um artesão reflexivo que sabe se servir de suas mãos. *Ars sexualis*. Se a falta lhe tivesse deixado tempo para tanto, ele teria sido, no Jardim, um semeador aplicado e sem paixão. 'O órgão destinado a esta obra teria semeado o campo da geração como agora a mão semeia a terra.' O sexo paradisíaco era dócil e razoável do mesmo modo que os dedos da mão." FOUCAULT, M. *As confissões da carne*, 2020, p. 414-5 (ed. fran., 2018, p. 279).

sobre os órgãos genitais. O argumento suficiente é *a priori* e revelado, refere-se à necessária ausência de contradição no homem com a natureza íntegra no paraíso. Ora, a contradição expressa ausência de identidade, verdade e felicidade, ausência de verdade, porque a contradição é acompanhada da falsidade, e ausência de felicidade, porque a contradição é acompanhada de conflito, sofrimento e dor. Mas o homem, bem como qualquer criatura, foi criado perfeito nos limites de sua natureza. Afinal, do Sumo Bem e da Suma Verdade só podem decorrer bens verdadeiros.

Não à toa, o cap. xxv, um dos mais utópicos e importantes desse conjunto de capítulos sobre a geração com e sem libido (XIV, xxi-xxviii), trata da condição de identidade e de ausência de contradição da vida feliz. Ou melhor, em *DCD*, XIV, xxv, Agostinho afirma que só é feliz quem vive como quer e que somente o justo é feliz, o que significa, por óbvio, que o justo vive como quer. Por que o justo vive como quer? Não seria o contrário, na medida em que o justo não pode tudo (não pode, por exemplo, ser injusto)? Ora, o justo vive como quer porque tudo o que ele quer, ele pode. Assim, ele não quer a injustiça, porque sabe que não pode ser injusto, sabe que não pode ser injusto porque se fosse injusto infringiria a natureza, segundo a qual é justo que o superior guarde império sobre o inferior. Por consequência, o justo só vive como quer e é feliz se realmente pode viver a felicidade sem o temor da morte, pois já sabemos que ser um vivente e morrente é antinatural, logo uma contradição. Assim, o desejo de felicidade confunde-se com o desejo de imortalidade. Ademais, a vida feliz somente é possuída se amada, e se amamos a vida feliz, amamos que seja eterna necessariamente.

> Pois bem, que homem pode viver como quer, se o próprio viver não está em suas mãos? Quer viver e vê-se constrangido a morrer. Como, pois, viverá como quer quem não vive enquanto quer? E, se quiser morrer, como pode viver como quer quem não quer viver? E, se quer morrer, não porque não queira viver, mas para viver melhor depois da morte, também não vive como quer. Viverá assim quando chegar, morrendo, ao que quer.

> Está bem. Suponhamos que vive como quer, porque se violentou e se obrigou a não querer o que não pode e a querer o que pode, seguindo o conselho de Terêncio: "Porque não podes fazer o que queres, queres o que pode". Pergunto: É acaso feliz, por ser pacientemente infeliz? Se realmente não amamos a vida feliz, não a possuímos. Portanto, se a amamos e a possuímos, necessariamente a amamos mais que a todas as demais coisas, pois tudo que se ama deve ser amado por causa dela. Por conseguinte, se a amamos o quanto é digna de ser amada (e não é feliz quem não ama a vida feliz o quanto é digna de ser amada), é impossível que quem a ama não deseje seja eterna. Logo, será feliz quando for eterna.[385]

A partir disso, Agostinho referencia a identidade e ausência de contradição na interioridade humana, quando estava no paraíso. Lá, "o homem vivia como queria, porque apenas queria o que Deus mandara"[386]. Se o homem vivia como queria, nada sucedia contra a sua vontade, como a libido, que, então, inexistia, bem como inexistiam a corrupção, a velhice, fadiga, enfermidades, calor, frio, temor e tristeza. Estabelecido o plano de identidade, necessidade, verdade, paz e felicidade da vida humana por natureza, Agostinho

---

[385] *"Nunc vero quis hominum potest ut vult vivere, quando ipsum vivere non est in potestate? Vivere enim vult, mori cogitur. Quomodo ergo vivit ut vult, qui non vivit quamdiu vult? Quod si mori voluerit, quomodo potest ut vult vivere, qui non vult vivere? Et si ideo mori velit, non quo nolit vivere, sed ut post mortem melius vivat: nondum ergo ut vult vivit, sed cum ad id quod vult moriendo pervenerit. Verum ecce vivat ut vult, quoniam sibi extorsit sibique imperavit non velle quod non potest, atque hoc velle quod potest;sicut ait Terentius: 'Quoniam non potest id fieri quod vis, Id velis quod possis': num ideo beatus est, quia patienter miser est? Beata quippe vita si non amatur, non habetur. Porro si amatur et habetur, ceteris omnibus rebus excellentius necesse est ametur, quoniam propter hanc amandum est quidquid aliud amatur. Porro si tantum amatur, quantum amari digna est (non enim beatus est, a quo ipsa beata vita non amatur ut digna est): fieri non potest, ut eam, qui sic amat, non aeternam velit. Tunc igitur beata erit, quando aeterna erit." DCD*, XIV, xxv. Tradução de Oscar Paes Leme com modificação.

[386] *"Vivebat itaque homo in paradiso sicut volebat, quamdiu hoc volebat quod Deus iusserat". DCD*, XIV, xxv. Tradução de Oscar Paes Leme.

pode esboçar uma hipótese coerente com esses pressupostos sobre como a geração poderia acontecer sem libido e, mais ainda, sem penetração do falo na vagina da mulher. Além disso, se a paixão da tristeza inexistia no paraíso, necessariamente o parto também se dava destituído de qualquer paixão negativa, isto é, sem sofrimento algum, de forma que Agostinho também esboça breve e criativa hipótese sobre como se daria o verdadeiro parto humanizado, sem nenhuma dor.

> Estamos muito longe de pensar que, em tão grande abundância de bens e em tal felicidade dos homens, a prole se não podia gerar sem a morbidez libidinosa. Pelo contrário: os membros genitais obedeceriam ao arbítrio da vontade tal como os demais, e o marido ter-se-ia introduzido nas entranhas da esposa sem o aguilhão arrebatador da libido, na tranquilidade da alma e sem corrupção alguma da integridade do corpo. Embora isso se não possa demonstrar pela experiência [*a posteriori*], não é caso para se não crer, pois estas partes do corpo não seriam excitadas por um alvorotado ardor mas utilizadas, conforme as necessidades, por um poder que a si mesmo se domina *(spontanea potestas)*. E então poderia assim o sémen viril penetrar no útero da esposa mantendo-se a integridade do órgão genital feminino, — tal como presentemente o fluxo do sangue menstrual pode sair do útero de uma virgem sem prejuízo para a sua integridade. De fato, é pela mesma via que um se introduz e o outro sai. No parto, as entranhas da mulher dilatar-se-iam, não com os gemidos da dor e sim com o impulso da maturidade. Do mesmo modo, para fecundar e para conceber não seria o apetite libidinoso, mas o uso voluntário que uniria as duas naturezas.[387]

---

[387] *"In tanta facilitate rerum et felicitate hominum absit ut suspicemur non potuisse prolem seri sine libidinis morbo, sed eo voluntatis nutu moverentur membra illa quo cetera, et sine ardoris illecebroso stimulo cum tranquillitate animi et corporis nulla corruptione integritatis infunderetur gremio maritus uxoris. Neque enim quia experientia probari non potest, ideo credendum non est, quando illas corporis partes non ageret turbidus calor, sed spontanea potestas,*

A ênfase na impossibilidade de demonstração pela experiência ou *a posteriori* se deveu à estratégia agostiniana, nesse momento e no conjunto da obra, de narração sobre uma realidade transcendente inapreensível diretamente pela experiência, mas também à sua estratégia de predicação de uma realidade aversa ao discurso, a saber, a própria história, a historicidade e o social, constitutivamente contraditórios. Com uma surpreendente tangência com a antropologia estrutural, Agostinho divisou que "nenhuma análise real permite apreender o ponto de passagem entre os fatos da natureza e os fatos da cultura"[388]. Em síntese, a investigação da passagem entre natureza e condição humanas, coincidente com o início da história, dispõe a sexualidade como ponto privilegiado de confrontação entre as duas dimensões, entre o que a realidade humana deveria ser de direito e o que ela é de fato, na medida em que a excitação involuntária dos órgãos sexuais é o primeiro efeito da ruptura entre o homem e a natureza, conforme a revelação (que oferece categorias e conteúdos *a priori*), e é um dado histórico universal e incondicionado da condição humana (apreendido *a posteriori*).

Desse modo, a teoria da sexualidade agostiniana concilia exegese bíblica e análise histórica, agora numa antecipação surpreendente de nada mais nada menos do que a tese fundante da antropologia estrutural, qual seja, a de que "é no terreno da vida sexual, de preferência a qualquer outra, que a passagem entre as duas ordens [a da natureza e a da cultura] pode e deve necessariamente efetuar-se"[389]. Em outras palavras, para empreender exame da passagem

---

*sicut opus esset, adhiberet, ita tunc potuisse utero coniugis salva integritate feminei genitalis virile semen immitti, sicut nunc potest eadem integritate salva ex utero virginis fluxus menstrui cruoris emitti. Eadem quippe via posset illud inici, qua hoc potest eici. Ut enim ad pariendum non doloris gemitus, sed maturitatis impulsus feminea viscera relaxaret, sic ad fetandum et concipiendum non libidinis appetitus, sed voluntarius usus naturam utramque coniungeret."* *DCD*, XIV, xxvi. Tradução de J. Dias Pereira com modificação. Colchetes meus.

388 LÉVI-STRAUS, C. *As estruturas elementares do parentesco*, 1976, p. 47.

389 LÉVI-STRAUS, 1976, p. 50. Colchetes meus. "[...] a distinção clássica entre Natureza e Cultura – artigo primeiro da Constituição da disciplina, em que ela [a antropologia] faz seu voto de obediência à velha matriz metafísica ocidental". VIVEIROS DE CASTRO. *Metafísicas canibais*: Elementos para uma antropologia

entre natureza e condição, Agostinho confronta sinteticamente a revelação de uma realidade transcendente – estruturada por categorias de razão, como identidade, necessidade, unidade, finalidade, essência – com dados da realidade histórica e social, em que a contradição, a contingência, a multiplicidade e a existência são constitutivas. A análise da queda, da morte, da existência e da sexualidade resulta, então, em um saber aporético que reclama a salvação do discurso e de quem o porta, porquanto a contradição é descoberta não exclusivamente um problema de predicação, mas problema real.

Assim, a estratégia de predicação de Agostinho para apresentar contradições reais como problemas tratáveis pelo discurso consiste no recurso à fé como instância de racionalidade anterior e independente da experiência para pensar, julgar e transcender a realidade fática, em si mesma ininteligível e irredutível. Portanto, a consideração do estatuto real e existencial da contradição em Agostinho concede reelaborar o significado do recurso à fé como salvação (*salus*) do discurso, como condição para um refinamento da razão, condição para a inteligência de realidades transcendentes que só podem ser representadas indiretamente por meio da crença, segundo *simulata praesentia* e *phantasmata*. Afinal, a estratégia agostiniana para apresentar contradições reais como problemas tratáveis pela filosofia é uma consideração da fé como assentimento (*assentio*) a representações indiretas (*phantasmata*) como recurso para tornar realidades transcendentes de algum

---

pós-estrutural, p. 42, colchetes meus; "[...] os dois dualismos que formam como as paredes da prisão epistemológica onde a antropologia se acha encerrada [...]: Natureza e Cultura, de um lado, Indivíduo e Sociedade, do outro, os 'quadros mentais últimos' da disciplina, aqueles que, como se costuma dizer, não podemos considerar como falsos, pois é por meio deles que distinguimos o verdadeiro do falso. Mas não podemos realmente?". VIVEIROS DE CASTRO. *Metafísicas canibais*, p. 114. Vale dizer que a "natureza" perdida agostiniana é mais próxima do zênite ideal da cultura ou da natureza como reino dos fins *a priori* kantiana do que da "natureza" anterior à "cultura" ou ao "pensamento selvagem" lévi-straussiana. De todo modo, para além da simetria genérica entrevista por Viveiros de Castro, é notável ainda que a diferença fundamental entre "natureza" e "condição" em Agostinho é ausência ou presença da Lei, do interdito ou da castração.

modo presentes no espírito e possibilitar algum juízo sobre a facticidade. Ademais, pudemos averiguar que a teoria agostiniana da sexualidade e da libido é consideravelmente simplificada quando isolada do programa talvez inédito na tradição antiga e patrística de pensar um princípio imanente da história e da política, assim como de pensar contradições reais no contexto de reconceituação voluntarista das paixões e do consentimento contra o intelectualismo estoico, abrangente do conjunto de *DCD*, XIV.

## A VONTADE COMO PRINCÍPIO E FUNDAMENTO DA HISTÓRIA (XIV, xxvii-xxviiii)

Após longo percurso de investigação sobre diferentes modalidades da vontade ou do amor a partir de dois modos de vida, a saber, a vida segundo a carne (ou segundo si mesmo, a própria vontade ou segundo a mentira) e a vida segundo o espírito (ou segundo Deus, a vontade divina ou segundo a verdade), Agostinho nos dois últimos capítulos d'*A cidade de Deus*, XIV, conclui que a vontade é o princípio e o fundamento da história, coerentemente à recusa da "razão" ou "natureza" desempenharem esse papel, como ocorria em Cícero e como Agostinho rejeita desde as primeiras linhas do exórdio d'*A cidade de Deus*. Afinal, na filosofia agostiniana não haveria história e historicidade se a "razão" ou "natureza" cumprissem efetivamente função de fundamento, porquanto o tempo histórico guarda início com a queda ou a falta original. Assim, todo o percurso do livro XIV d'*A cidade de Deus* explicita gradativamente a "vontade" como instância fundante da dinâmica da vida humana na história. Eis uma das passagens mais famosas de toda obra de Agostinho, mas por vezes com sua densidade negligenciada, em que tanto o fundamento voluntarista da história e da política é manifesto, como também os modos de vida das duas cidades com seus fins supremos, quanto ainda alguns traços da forma de governo tirânica da cidade terrena e caritativa da cidade celeste, porém com desigualdade entre governantes e súditos, a ver se só em sua parte peregrina ou nela como um todo.

> Dois amores fundaram, pois, duas cidades: o amor de si, levado ao desprezo de Deus, a terrena; o amor a Deus, levado ao desprezo de si, a celeste. A primeira se glorifica em si mesma, a segunda no Senhor, porque aquela busca a glória dos homens e esta tem por máxima glória Deus como testemunha de sua consciência. Aquela ensoberbece-se em sua glória e esta diz a seu Deus: "Sois minha glória e quem me exalta a cabeça" (Sl 3, 4). Naquela, a libido de dominação domina seus príncipes e as nações subjugadas; nesta, servem em recíproca caridade, os governantes, aconselhando, e os súditos, obedecendo.[390]

Em suma, o amor concede que a história e a política sejam concebidas a partir de uma ambivalência, possibilitada pelo expediente de não as fundamentar nem na natureza, nem na razão. Ora, se o amor apenas adquire positividade ou negatividade conforme o seu fim de dileção, tanto uma república moralmente orientada (como a celeste), quanto uma moralmente desorientada (como a terrena), são "repúblicas" com respectivos "povos". Isso significa que Agostinho igualmente não poderá estabelecer critério moral para conferir estatuto político para um conjunto de homens associados, isto é, para um "povo". Portanto, disposta a concepção agostiniana de história a partir de seu fundamento voluntarista ou modalidades de amor que dividem a trajetória do gênero humano em duas cidades, compreende-se que a exegese

---

390 *"Fecerunt itaque civitates duas amores duo, terrenam scilicet amor sui usque ad contemptum Dei, caelestem vero amor Dei usque ad contemptum sui. Denique illa in se ipsa, haec in Domino gloriatur. Illa enim quaerit ab hominibus gloriam; huic autem Deus conscientiae testis maxima est gloria. Illa in gloria sua exaltat caput suum; haec dicit Deo suo:* Gloria mea et exaltans caput meum *(Sl 3, 4). Illi in principibus eius vel in eis quas subiugat nationibus dominandi libido dominatur; in hac serviunt invicem in caritate et praepositi consulendo et subditi obtemperando." DCD,* XIV, xxviii. Grifo meu. Tradução de Oscar Paes Leme com modificação.

de Agostinho sobre a fundação e o percurso das duas *civitates* já dispõe, ao menos tacitamente, a definição de *populus*, que será explicitada no livro XIX d'*A cidade de Deus*, precisamente a partir do conceito de amor. Caberá à análise desse livro esclarecer em que medida as definições de *res publica* e *populus* fundamentam-se na investigação do devir histórico, pois dá continuidade a essa investigação ao versar sobre os fins de ambas as *civitates*:

> É hora de abordar o problema central posto pela interpretação da teologia agostiniana da história, problema no qual convergem as mais minuciosas questões de exegese literária ou semântica e os mais complexos problemas de doutrina: a interpretação da noção central de cidade, de cidade de Deus, e de seu corolário, *civitas terrena*. Acredito que seja a questão sobre a qual será mais urgente, mais útil, concentrar a discussão[391].

[391] MARROU, H.-I. "La théologie de l'histoire", p. 198. Doravante, darei um salto do exórdio da história e de ambas as cidades para seu fim, ou seja, do livro XIV ao XIX, sem demorar-me sobre o curso, desenvolvimento ou "progresso" das cidades (livros XV a XVIII), porque considero já haver disposto os recursos de que preciso para apreciar a refutação agostiniana da definição de "povo" de Cícero (XIX, xxi-xiii) e a sua redefinição (XIX, xxiv), mas remeto o leitor ao "Apêndice V: Nota sobre História universal em Agostinho, Kant e Adorno" e ao Capítulo II de minha dissertação de mestrado intitulado "História e *civitas* em Agostinho", em que examino o *cursu* das cidades e referencio bibliografia sobre o tema, cf.: SILVA FILHO, L. M. da. *A definição de populus n'*A cidade de Deus *de Agostinho*: uma controvérsia com *Da república* de Cícero. Dissertação de Mestrado em Filosofia. São Paulo. USP. 2008, p. 44-75. Disponível em http://www.teses.usp.br/teses/disponiveis/8/8133/tde-02122008-171150/pt-br.php (Acesso em 23/02/2022).

# V.
# TELEOLOGIA, MORAL E POLÍTICA N'*A CIDADE DE DEUS*, XIX

> *Embora, evidentemente, com conteúdo radicalmente diverso, a tríade romana de religião, autoridade e tradição pôde ser assumida pela era cristã*[392].

> *[O evento da encarnação] poderia transformar-se em um novo início mundano ao qual o mundo se encontrava reatado (*religare*) mais uma vez em uma curiosa combinação da antiga e da nova reverência religiosa. Essa transformação foi, em larga medida, consumada por Sto. Agostinho*[393].

Na exegese agostiniana sobre o tempo e a história, é possível verificar a presença da tríade romana constituída por religião, autoridade e tradição, "embora, evidentemente, com conteúdo radicalmente diverso"[394]. A ressignificação a que Agostinho submete a tríade que investigamos a partir de Cícero ampara-se em um sentido de "história" que, encontrado nas próprias *Escrituras*, torna-se meio de desvelamento de um absoluto transcendente e presente. A fim de melhor compreender continuidades e descontinuidades entre as concepções de "história" de Agostinho e Cícero, efetuarei, antes de dar início à análise do livro XIX d'*A cidade*

[392] ARENDT, H. "Que é Autoridade?". In: ___. *Entre o passado e o futuro*, p. 169.
[393] ARENDT, H. "Que é Autoridade?", p. 169
[394] ARENDT, H. *Op. cit.*, p. 169.

*de Deus*, alguns apontamentos sobre os conceitos de "natureza", "história", "evento" e "fundação" em ambos os autores.

## COTEJO ENTRE HISTÓRIA DE ROMA E ECONOMIA DA SALVAÇÃO

Ao discernir descontinuidade entre "história" e "natureza", Agostinho inevitavelmente se distancia de Cícero. Afinal, as *res gestae* de Roma narradas pelo cônsul romano em *De re publica* afirmam que os feitos históricos autenticamente políticos caracterizam-se precisamente como a realização da natureza, da moralidade e da razão. Já em Agostinho, as *res gestae* guardam origem no divórcio entre o homem e a natureza, ou seja, no pecado original, o "motor da história"[395], segundo uma sugestiva livre apropriação de expressão que originalmente só guarda sentido como princípio imanente à realidade histórica e dinâmico. Seja como for, se em um autor a história é a sagração da natureza, em outro é a depravação do homem, distanciado da natureza. Assim, se o pecado original não tivesse sido realizado, o ser humano teria permanecido num tempo cósmico e o tempo histórico inexistiria[396].

Por consequência, se em Cícero inexiste qualquer desacordo entre o homem e o cosmos, pois o homem se realiza a si mesmo por intermédio das "várias formas de engajamento ativo nas coisas deste mundo"[397], em Agostinho os feitos terrenos por eles mesmo pouco significam diante da condição humana, marcada por sucessão de males de cuja libertação é nencessária iniciativa divina e não humana. A "história" deixa de guardar em Agostinho o valor intrínseco que guardava em Cícero. Ora, para o cônsul romano

---

395 "[...] *le péché est le moteur de l'histoire*". MARROU, H-I. *L'ambivalence du temps de l'histoire chez saint Augustin*, p. 64.

396 "[...] *temps historique, le temps d'après la Chute* [...] *n'est* [...] *qu'un aspect de la temporalité* [...]. *Il faille concevoir ce qu'on pourrait appeler un temps cosmique, le temps dans lequel se déploie l'oevre de la Création divine*". *Ibid.*, p. 65, 66. Cf. CHAX-RUY, J. *Saint Augustin – Temps et Histoire*, p. 65.

397 ARENDT, H. *A condição humana*, p. 26.

a perpetuidade da república se devia à sua própria história, às *res gestae* que erigiram e estabeleceram instituições exemplares e duradouras. Já para Agostinho, a realização de façanhas históricas que se possam rememorar e alcançar *status* de paradigma de engajamento nos negócios públicos não é a finalidade do ser humano. A "história" não guarda valor em si mesma, mas também não é desprezada de todo, porque nela se revela nada mais, nada menos, do que a graça divina, que possibilita ao homem a transcendência, itinerário de retorno à sua natureza. Dessa forma, a "história" passa a ser estimada pelo seu valor de uso[398] para uma exegese capaz de nela desvelar a graça divina e o absoluto cindindo abruptamente o histórico com sua encarnação[399].

Com isso, o bispo de Hipona considera as características constitutivas das *res gestae* de Roma – tais quais a glória, fama póstuma, *exempla* – segundo a utilidade e não o valor intrínseco que Cícero nelas concebia. Compreende, assim, que em prol da coisa pública é que muitos cidadãos romanos suportaram grandes aflições, suplantaram interesses privados, foram, em uma palavra, virtuosos[400], porém aspiraram não à verdadeira glória, a saber, a salvação eterna, mas tão só à terrena e efêmera. Afinal, o propósito era não a salvação, mas a imortalidade histórica, por meio

---

398 "O sentido da história vincula-se pois a algo a que poderíamos chamar de possibilidade de uso da temporalidade, no sentido mesmo em que, para S. Agostinho, uso se opõe à fruição. Pelo menos esta é a maneira pela qual julgamos que possam ser entendidas as consequências da concepção agostiniana do tempo, exposta em *Confissões*, XI, para a explicitação do significado da temporalidade histórica." SILVA, Franklin Leopoldo e. "Santo Agostinho: História, Historicidade", p. 15. Ainda sobre a distinção agostiniana entre uso e fruição, cf. *DCD*, XIX, xiii, 2; *De doctrina christiana*, I, iv.

399 "O que intérpretes modernos tendem a esquecer é que Agostinho reclamava essa singularidade, que soa tão familiar a nossos ouvidos, somente para este evento – o evento supremo na história humana, quando a eternidade como que se quebrou no decurso da mortalidade terrena; ele jamais pretendeu essa unicidade [...] para eventos seculares ordinários." ARENDT, H. "O Conceito de História – Antigo e Moderno". *Entre o passado e o futuro*, p. 98.

400 Cf. *DCD*, V, xv.

de feitos que engrandeceriam a república[401]. Assim, a utilidade "desses referidos *exempla*"[402] reside em evidenciar aos cidadãos peregrinos neste mundo que, se tamanha dileção foi ofertada à cidade terrena, tanto maior deve ser à cidade celeste[403].

Diante das rupturas de Agostinho com a concepção ciceroniana de história, a tríade religião, autoridade e tradição adquire nova significação. Ora, o fundador de cada um dos elementos da tríade é não mais um homem, Rômulo, mas Deus mesmo, transcendente e fundamento de tudo que é, que, ademais, restabelece a participação ontológica fraturada pela criatura racional que declinou do Ser em direção a si mesma ou ao nada. A graça, bem entendida, dá-se mediante um evento histórico divino que insere positividade na história, antes marcada apenas pelo negativo. Trata-se da encarnação de Cristo, que autoriza e legitima toda a tradição bíblica como via para o homem religar-se ao Criador. É notável que com a cristianização da tríade romana, o sentido de "evento" também é radicalmente modificado. Como visto, Agostinho considera existir na história a rigor um único evento, de iniciativa exclusivamente divina. Afinal, somente a encarnação do absoluto pôde dar início à re-fundação de um estado de coisas corrompido, algo bem distinto do que ocorre na História de Roma narrada por Cícero. Nela, os homens são sempre capazes de empreender eventos singulares (*exempla*) na história, de re-fundar a *res publica* e as *res gestae*. Com outra concepção de "evento", Agostinho concebe a tradição não mais preenchida por ações humanas,

---

401 Cf. *DCD*, V, xiv.

402 "[...] *illa intueantur exempla*". *DCD*, V, xvi.

403 "[...] *cives aeternae illius civitatis, quamdiu hic peregrinantur, diligenter et sobrie illa intueantur exempla et videant quanta dilectio debeatur supernae patriae propter vitam aeternam, si tantum a suis civibus terrena dilecta est propter hominum gloriam.*" *Ibid.*, loc. cit. "*Deus enim sic ostendit in opulentissimo et praeclaro imperio Romanorum, quantum valerent civiles etiam sine vera religione virtutes, ut intellegeretur hac addita fieri homines cives alterius civitatis, cuius rex veritas, cuius lex caritas, cuius modus aeternitas.*" Id. *Epistola* 138, iii, 17. A partir do uso agostiniano da "história", nota-se o deslocamento de sentido que Agostinho opera sobre uma virtude cívica romana (a saber, o amor à pátria) redirecionando-a uma *civitas* a-histórica.

mas constituída pela ação divina no homem e no tempo como, por exemplo, foi a re-fundação da cidade celeste na ocasião do dilúvio.

* * *

A partir desses apontamentos gerais resultantes do cotejo entre alguns conceitos ciceronianos e agostinianos, verificamos que Agostinho empreende uma ressignificação de inúmeras concepções romanas que passam a estar em desacordo com a idéia de cidade antiga[404]. Se o autor não empreendesse definições originais de *civitas* e de *populus*, "a política cristã poderia ter permanecido aquilo que fora nas primeiras centúrias: uma contradição"[405], ou seja, Agostinho não teria proposto uma solução para a aporia entre o projeto de transcendência do homem individual e o horizonte imanente da cidade. Ora, o homem individualmente

> tem um destino: ainda está apenas esboçado, quando ele escapa, em um mesmo instante, dos laços do corpo e dos laços sociais. A palavra eternidade guarda, portanto, sentido a seus olhos. Qual sentido ela teria para a cidade? Esta não existe senão para as organizações provisórias do tempo. Como não

---

404 Segundo Bardy, a *pólis*, a *civitas*, era compreendida na Antiguidade como um "*groupement d'hommes de même origine, parlant la même langue, se serrant derrière les mêmes murailles, obéissant aux mêmes lois et adorant les mêmes dieux.*" BARDY, G. "Introduction Générale a La Cité de Dieu". In: SAINT AUGUSTIN. *La Cité de Dieu*, livres I – V, p. 53. Essa síntese da cidade antiga, ao defini-la a partir de limites físicos, sociais, políticos, jurídicos, religiosos, parece ser coerente com os estudos, nem sempre conciliáveis, de FINLEY, M. I. *Os gregos antigos e sua nação*; LACEY, W. K.; WILSON, B. W. J. G. *Res publica – Roman politics and society according to Cicero*; MARKUS, R. A. *O fim do cristianismo antigo*; MORRIS, I. "The early polis as city and state". In: RICH, J.; WALLACE-HADRILL, A. *City and Country in the Ancient World*.

405 ARENDT, H. "O Conceito de História – Antigo e Moderno". *Entre o passado e o futuro*, p. 107.

> haveria um conflito incessante, e por vezes dramático, entre exigências tão contrárias?[406]

Como visto, a imortalidade, como perpetuidade no mundo, podia para um romano ser finalidade tanto sua, por meio da fama póstuma, como da cidade[407]. Quando um conceito de eternidade, como transcendência para além do tempo, suplanta aquele de imortalidade, apresenta-se como fim do homem, mas não da cidade. "Agostinho, [...] com certeza o maior teórico da política cristã", resolve esse problema ao aditar "à noção cristã de uma vida eterna a idéia de uma *civitas* futura, uma *Civitas Dei*, onde os homens mesmo após a morte continuariam a viver em uma comunidade", fato decisivo para a "transformação da cristandade e de seus primitivos impulsos antipolíticos"[408]. Trata-se, portanto, de precisar qual sentido exatamente de "cidade" e "povo" Agostinho elabora para conferir sentido também para uma cidade celestes cujo fim é a eternidade. O livro XIX de *A cidade de Deus* é o lugar para tanto, pois é nele que Agostinho resgata as definições ciceronianas de *res publica* e *populus*, critica-as severamente e as redefine, mas não sem antes reconstituí-las.

---

406 *"[L'individu] a une destinée: il n'est encore qu'ébauché, lorsqu'il échappe, en un même instant, aux liens du corps et aux liens sociaux. Le mot d'eternité garde donc un sens à ses yeux. Quel sens aurait'il pour la cité? Celle-ci n'existe que pour les aménagements provisoires du temps. Comment n'y aurait'il pas un conflit incessant, et parfois dramatique, entre des exigences si contraires?".* GUITTON, J. *Le temps et l'éternité chez Plotin et Saint Augustin*, p. 287.

407 "[...] a tarefa e a grandeza potencial dos mortais têm a ver com sua capacidade de produzir coisas – obras e feitos e palavras – [...]. Por sua capacidade de feitos imortais, por poderem deixar atrás de si vestígios imorredouros, os homens, a despeito de sua mortalidade individual, atingem o seu próprio tipo de imortalidade.". ARENDT, H. *A condição humana*, p. 27-8.

408 ARENDT, H. *Op. cit*, p. 107. Hannah Arendt não precisa a quais "impulsos antipolíticos" se refere. É possível, contudo, compreender entre esses impulsos o eremitismo (monaquismo solitário), que, distinto do cenobitismo (*coenobium*), propõe o abandono de todos os liames sociais por causa de uma vida asceta no deserto (*heremus*). "Agostinho rejeitara a idéia da vida monástica concebida em termos de perfeição e resolveu fornecer uma alternativa ao modelo do Deserto contraposto à Cidade. O Deserto não definia um ideal a ser colimado." MARKUS, R. A. "Cidade ou Deserto? Dois modelos de comunidade". *O fim do cristianismo antigo*, p. 177-8.

## *DE FINIBUS BONORUM ET MALORUM* (XIX, i – iii)

Examinarei cada um dos parágrafos dos vinte e oito capítulos do livro XIX d'*A cidade de Deus* com o propósito de reconstruir teoricamente o movimento argumentativo em que se inserem os capítulos xxi-xiv, em que Agostinho trata diretamente das definições ciceronianas de *res publica* e *populus* e as redefine. Minha hipótese é que, em vez de isolar os capítulos xxi-xxiv como os comentadores em geral fazem, o alcance das redefinições agostinianas poderá ser muito melhor estimado e problematizado à luz do que se passa no conjunto de um livro que trata do fim da história (e, portanto, de ambas as cidades) e parece guardar uma unidade interna e fio condutor de seus vinte e oito capítulos construídos e explicitados nos seus três primeiros capítulos (XIX, i-iii).

O livro XIX declaradamente trata dos fins das cidades celeste e terrena, de forma que é clara a continuidade em relação aos livros anteriores, que trataram do início e curso de ambas as cidade[409]. A investigação sobre os fins se dará por meio de vagaroso exame de todos os modos de vida cuja existência é possível e que se definem e se distinguem em relação ao supremo bem que buscam. Agostinho, desse modo, guarda a pretensão de discriminar todas as finalidades possíveis em função das quais cada modo de vida se estabelece, para encontrar o que a cidade celeste e seus cidadãos procuram. Tamanho empreendimento é introduzido por Agostinho pela referência a uma obra de Cícero, *De finibus bonorum et malorum*. O propósito é examinar as opiniões de filósofos que consideraram possível a obtenção da felicidade na vida terrena, o que ocorrerá juntamente com a explicitação, não só pela autoridade, mas também pela razão, da diferença entre as vãs idéias desses filósofos, a esperança dada por Deus e a felicidade mesma,

[409] *"Quoniam de civitatis utriusque, terrenae scilicet et caelestis, debitis finibus deinceps mihi video disputandum"*. AUGUSTINUS. *DCD*, XIX, i, 1.

que Deus dará[410]. Para começar a discussão, o sentido de "fim" é esclarecido:

> o fim de nosso bem é aquele em função do qual os outros [bens] são desejados, mas ele é desejado por si mesmo. O fim do mal é aquele em função do qual os outros [males] são evitados, e o mal é evitado por si mesmo. [...] Esses fins, portanto, são o supremo bem e o supremo mal.[411]

Agostinho nesse momento da obra está a considerar "fim" conforme Cícero[412] e Varrão, ao menos conforme ele mesmo nos diz que estimava. O que recusará serão os meios pelos quais essa tradição supôs que o supremo bem seria obtido, o supremo mal, evitado. A despeito de os filósofos terem-se enredado em erros com relação aos meios, a luz natural não permitiu, contudo, que se desviassem tanto do caminho da verdade a ponto de "não localizarem alguns fins dos bens e dos males na alma, outros no corpo e outros em ambos [na alma e no corpo]."[413] A partir dessa divisão tríplice, Agostinho nos diz que Varrão, em *Sobre a Filosofia* (obra infelizmente perdida), mostra como é possível obter "duzentas e oitenta e oito escolas, não existentes, mas possíveis"[414], que de diferentes modos buscam a felicidade. Ou melhor, Agostinho reconstruirá

---

410 "[...] *prius exponenda sunt, quantum operis huius terminandi ratio patitur, argumenta mortalium, quibus sibi ipsi beatitudinem facere in huius vitae infelicitate moliti sunt, ut ab eorum rebus vanis spes nostra quid differat, quam Deus nobis dedit, et res ipsa, hoc est vera beatitudo, quam dabit, non tantum auctoritate divina, sed adhibita etiam ratione, qualem propter infideles possumus adhibere, clarescat.*" *DCD*, XIX, i, 1.

411 "[...] *est finis boni nostri, propter quod appetenda sunt cetera, ipsum autem propter se ipsum; et illud finis mali, propter quod vitanda sunt cetera, ipsum autem propter se ipsum.* [...] *Fines itaque isti sunt summum bonum et summum malum.*". *DCD*, XIX, i, 1.

412 Cf. Cícero, *De finibus bonorum et malorum*, I, xii, 42.

413 "[...] *ut non alii in animo, alii in corpore, alii in utroque fines bonorum ponerent et malorum.*". AUGUSTINUS. *DCD*, XIX, i, 1.

414 "[...] *ducentas octoginta et octo sectas, non quae iam essent, sed quae esse possent*". *DCD*, XIX, i, 1.

a argumentação de Varrão para expor as opiniões dos filósofos que consideraram possível a obtenção da felicidade, com as próprias forças, nas misérias da vida terrena.

Agostinho começa então a elencar duzentos e oitenta e oito modos de vida que, se não existem de fato, ao menos são possíveis. Segundo a reconstituição agostiniana, Varrão inicialmente admite quatro coisas que os homens buscam por natureza: (1) o prazer (*voluptas*), (2) o repouso (*quies*), (3) ambos (*utraque*) e (4) os bens primordiais da natureza (*universaliter prima naturae*[415]). Esses últimos abrangem todos os três anteriores, de sorte que "ou bem residem no corpo, tal como a integridade dos membros, a saúde e sua incolumidade, ou bem na alma, em que residem os dons/talentos, pequenos ou grandes, que se encontram nos homens."[416] Dessas quatro coisas, obtemos já doze seitas, quando aquelas são consideradas juntamente com a virtude, que é adquirida por meio da doutrina. Afinal, (1) ou aquelas quatro coisas passam a ser instrumentos para a obtenção da virtude, ou (2) passam a ser procuradas pela virtude, ou (3) elas e a virtude são buscadas por si mesmas. O prazer, por exemplo, quando é submetido, preferido ou associado à virtude, dá origem a três escolas ou seitas; o mesmo ocorre ao repouso, a ambos (prazer e repouso associados como fim) e aos bens primordiais da natureza, resultando doze facções.

Esse número, por sua vez, duplica quando a vida social é acrescentada. Ora, ou se busca a felicidade somente para si, ou se busca coletivamente. Em outras palavras, os filósofos de doze escolas filosofam somente por interesse próprio, e os de outras doze por interesse comum, social; disso resultam vinte e quatro escolas filosóficas[417]. Essas dobram, tornando-se quarenta e

[415] Em XIX, iv, 2, Agostinho diz: "*primis naturae bonis*".
[416] "[...] *sunt* [...] *vel in corpore, ut membrorum integritas et salus atque incolumitas eius, vel in animo, ut sunt ea, quae vel parva vel magna in hominum reperiuntur ingeniis.*" *DCD*, XIX, i, 2.
[417] Cf. *DCD*, XIX, i, 2.

oito, se lhes "acrescenta a diferença dos neo-acadêmicos"[418]. Ou melhor, cada um pode aderir a uma das vinte e quatro seitas sendo cético ou não. Vinte e quatro seitas consideram, assim, suas doutrinas verdadeiras, e outras vinte e quatro as consideram apenas verossímeis. Já o fator que dobra essas quarenta e oito facções é o modo de vida, os hábitos, dos cínicos, "pois um pode seguir uma dessas quarenta e oito seitas por causa do hábito de outros filósofos, e do mesmo modo outro por causa do hábito dos cínicos"[419]. Essa distinção dobra as escolas filosóficas para noventa e seis.

Cada um, por fim, pode escolher uma dessas noventa e seis facções tendo (1) uma vida ociosa (*otiosa vita*), tal como a daqueles que "quiseram e puderam estar livre somente para os estudos da doutrina"[420], ou (2) uma vida de negócios (*negotiosa*), tal como a daqueles "que foram excessivamente ocupados com o estudo da filosofia e, entretanto, com a administração da república e governo das coisas humanas"[421], ou (3) uma vida mista (*temperata*), como a daqueles "que dedicaram o tempo de sua vida alternadamente ao ócio erudito e aos negócios necessários"[422]. A partição em três gêneros de vida permite a multiplicação das noventa e seis facções por três, e então obtemos duzentas e oitenta e oito escolas filosóficas que de diferentes modos buscam e/ou concebem o supremo bem e evitam o supremo mal.

---

418 "[...] *addita differentia ex Academicis novis*". *DCD*, XIX, i, 2.

419 "[...] *unamquamque istarum quadraginta octo sectarum potest quisque sequi habitu ceterorum philosophorum, itemque alius potest habitu Cynicorum*". *DCD*, XIX, i, 2.

420 "[...] *qui tantummodo studiis doctrinae vacare voluerunt atque valuerunt*". *DCD*, XIX, i, 2.

421 "[...] *qui cum philosopharentur tamen administratione reipublicae regendisque rebus humanis occupatissimi fuerunt*". *DCD*, XIX, i, 2.

422 "[...] *qui partim erudito otio partim necessario negotio alternantia vitae suae tempora tribuerunt*". *DCD*, XIX, i, 2.

Em resumo, Agostinho percorreu os seguintes degraus até chegar às duzentas e oitenta e oito escolas filosóficas:

| | | |
|---|---|---|
| 1) Prazer | | |
| 2) Repouso | | |
| 3) Prazer e Repouso | | |
| 4) Bens Primordiais da natureza | | |
| **Resultado: 4 modos de vida** | | |
| 1) Virtude submetida | 2) Virtude preferida | 3) Virtude associada |
| **4 X 3 = 12** | | |
| 1) Vida social | 2) Vida não-social | |
| **12 X 2 = 24** | | |
| 1) Ceticismo | 2) Dogmatismo | |
| **24 X 2 = 48** | | |
| 1) Costumes dos cínicos | 2) Outros costumes | |
| **48 X 2 = 96** | | |
| 1) Vida Ativa | 2) Vida de Negócios | 3) Vida Mista |
| **96 X 3 = 288** | | |

Feito o cálculo, Agostinho reitera que a exposição desenvolvida procurou ser fiel às palavras de Varrão e, em continuidade, apresenta a subtração que Varrão faz dessas escolas filosóficas reduzi-las ao seu modo de vida. Em primeiro lugar, desconsideram-se todas as diferenças que multiplicaram o número de facções sem postular concepções novas de bem ou fim supremo. "Com efeito, (Varrão) julga que possa ser chamada seita filosófica apenas aquela que difere de outras porque considera de modo diverso os fins dos bens e dos males."[423] Por consequência, a questão da vida social não trata do supremo bem; apenas indaga se este deve

[423] *"Neque enim existimat ullam philosophiae sectam esse dicendam, quae non eo distet a ceteris, quod diversos habeat fines bonorum et malorum."*. *DCD*, XIX, i, 3.

ser buscado individual ou coletivamente. O mesmo ocorre ao ceticismo dos neo-acadêmicos, pois o cético "não se pergunta o que é o fim do bem"[424], mas se a verdade desse bem é aprovável ou não. Ademais, a própria "diferença oferecida pelo hábito e costume dos cínicos não pergunta o que seja o fim do bem"[425].

Em XIX, ii, Agostinho continua a expor a redução das escolas efetuada por Varrão. Após descartar a diferença entre as facções provenientes da vida social, dos neo-acadêmicos, dos costumes dos cínicos, Varrão descarta também os gêneros de vida ociosa, de negócios e mista como fator multiplicador das seitas. Afinal, qualquer um desses gêneros de vida não guarda concepção própria de bem supremo; apenas "dificulta ou facilita a conservação ou obtenção do fim do bem"[426]. Realizada a redução, Varrão retorna às doze primeiras facções que realmente dizem qual "seja o bem do homem cuja aquisição o faz feliz"[427]. Como dito acima, essas doze facções são aquelas que preferem, submetem ou associam à virtude (1) o prazer (*voluptas*), ou (2) o repouso (*quies*), ou (3) ambos (*utraque*), ou (4) os bens primordiais da natureza (*universaliter prima naturae*). Desses quatro fins, Varrão exclui o prazer, o repouso e o conjunto de ambos porque se encontram entre os bens primordiais da natureza, de maneira que devem deixar de ser considerados separadamente. Restaram, dessa maneira, somente três facções: "ou (1) os bens primordiais da natureza são buscados pela virtude, ou (2) a virtude pelos bens primordiais da natureza, ou (3) ambos, isto é, a virtude e os bens primordiais da natureza por si mesmos."[428]

---

424 "[...] *non quaeritur quid in boni fine*". *DCD*, XIX, i, 3.

425 "[...] *differentia, quae adhibetur ex habitu et consuetudine Cynicorum, non quaeritur, quisnam sit finis boni*". *DCD*, XIX, i, 3.

426 "[...] *difficultatem vel facilitatem afferat ad consequendum vel retinendum finem boni*". *DCD*, XIX, ii.

427 "[...] *quod sit bonum hominis, quo assecuto fit beatus*". *DCD*, XIX, ii.

428 "[...] *vel prima naturae propter virtutem, vel virtus propter prima naturae, vel utraque, id est, et virtus et prima naturae, propter se ipsa sunt expetenda.*". *DCD*, XIX, ii.

Em XIX, iii, Agostinho diz que Varrão, após a redução a três escolas filosóficas, apresenta o que entende ser o homem: "nem só alma nem só corpo, mas simultaneamente alma e corpo"[429]. A felicidade do homem, dessa forma, encontra-se na escola filosófica que conceba tanto o bem da alma quanto o do corpo. Varrão considera, assim, que a virtude é o bem da alma e os bens primordiais da natureza, do corpo. Por consequência, ambos devem ser buscados por si mesmos, e não um por intermédio do outro. É preciso notar, todavia, que os bens primordiais existem antes e independentemente da virtude, uma vez que esta, para Varrão, é uma arte de como se deve viver ou simplesmente uma arte de viver[430], adquirida segundo uma doutrina. A virtude, por consequência, não existe independentemente daqueles, que a antecedem e permitem o aprendizado dela pela alma. Ora, entre os bens primordiais se encontram a memória, a razão e outros sem os quais a ciência e, assim, a virtude, não poderiam ser adquiridas. Pode-se dizer, dessa forma, que a vida existe na ausência da virtude, com todos os bens que um homem néscio utilizaria mal, isto é, sem desfrutá-los por si mesmos. A virtude, contudo, inexiste na ausência da vida, e, uma vez adquirida, estabelece vida sábia. Por conseguinte, apenas o modo de vida que busca tanto os bens primordiais quanto a virtude por si mesmos é que Varrão admite como exitoso na persecução da felicidade.

Agostinho delineia outras características do modo de vida selecionado por Varrão. O filósofo pagão recapitula em sua escola filosófica aqueles elementos que multiplicaram o número de facções, a despeito de não possuírem concepção própria de "fim do bem". Nesse sentido, Varrão resgata a vida social, porque entende que a vida feliz deve ser compartilhada com amigos, família, concidadãos, com toda a sociedade humana que habita

---

429 "[...] *nec animam solam nec solum corpus, sed animam simul et corpus*". *DCD*, XIX, iii, 1. Cf. definição ciceroniana de homem semelhante em *De finibus*, V, xii, 34.

430 "[...] *ars agendae vitae*". AUGUSTINUS. *DCD*, XIX, iii, 1.

o orbe e mesmo com os deuses[431]. Além disso, contrariamente ao que pensam os neo-acadêmicos, não há dúvida da veracidade dos fins dos bens e dos males. Já os costumes dos cínicos ou de outros filósofos são indiferentes. Quanto aos gêneros de vida, a ociosa, a ativa e a mista, Varrão prefere a última, que alterna as duas primeiras. Chega, desse modo, à escola filosófica na qual se insere e que estima ser o modo de pensar e ensinar dos antigos acadêmicos[432], tal como testemunho de Antíoco e Cícero, "embora na realidade pareça haver Cícero seguido em mais pontos os estóicos que os antigos acadêmicos"[433]. Agostinho observa, entretanto, que importa julgar as coisas por si mesmas, não saber a opinião de homens[434], de tal sorte que doravante se deterá não mais em modos de vida de outrem, mas no supremo bem que a cidade celeste busca.

* * *

Realizada a análise dos três primeiros capítulos, podemos tentar delinear o curso do livro XIX. Na sequência do texto, Agostinho estabelecerá o modo de vida das duas cidades pelo mesmo método por que recusou as várias escolas filosóficas até chegar à de Varrão. Com efeito, o autor, seguindo o processo argumentativo de Varrão, enumerou, por indução, os duzentos e oitenta e oito modos de vida. Em seguida, por redução, encontrou o modo de vida de Varrão. Tanto a indução quanto a redução passaram, em sentidos opostos, pelas seguintes instâncias: as quatro possíveis fontes da felicidade, a virtude, a vida social, o ceticismo dos

---

431 Cf. *DCD*, XIX, iii, 2.

432 *"Haec sensisse atque docuisse Academicos veteres Varro asserit". DCD*, XIX, iii, 2.

433 "[...] *quem sane Cicero in pluribus fuisse Stoicum quam veterem Academicum vult videri.". DCD*, XIX, iii, 2. (Tradução de Oscar Paes Leme). Passagem importante por manifestar que Agostinho estimava Cícero mais como estoico do que como acadêmico.

434 *"Sed quid ad nos, qui potius de rebus ipsis iudicare debemus, quam pro magno de hominibus quid quisque senserit scire?". DCD*, XIX, iii, 2.

neo-acadêmicos, os costumes dos cínicos e os três gêneros de vida (ociosa, de negócios e mista). Essas mesmas instâncias, a partir do capítulo iv, são percorridas novamente, mas agora sob o exame do modo de vida cristão, que guarda, obviamente, outro supremo bem que não aquele de Varrão.

Assim, nos três primeiros capítulos[435] do livro XIX, como pudemos verificar acima, Agostinho elenca duzentas e oitenta e oito escolas que concebem e buscam de modo diverso os fins dos bens e dos males e dispõe a opinião de Varrão sobre elas. De agora em diante, verificaremos a aplicação agostiniana do método de Varrão às cidades celeste e terrena. Dessa maneira, no capítulo iv[436], o bispo de Hipona estabelece os fins, as fontes da felicidade e da infelicidade, de ambas as cidades. Nesse mesmo capítulo, o papel das virtudes (cardeais e paulinas) para a vida feliz é analisado em oposição a Cícero. Do capítulo V ao XVII[437], a vida em sociedade é analisada principalmente por meio de uma consideração agostiniana sobre a paz e a guerra. Esses capítulos se inserem no conjunto de parágrafos que Marrou classificou de *Tractatus de pace*[438].

No capítulo xviii[439], Agostinho versa sobre os neo-acadêmicos. Em XIX, xix[440], sobre os costumes dos cínicos e os do povo cristão, assim como sobre os três gêneros de vida (ociosa, de negócios e mista) para definir quais deles são apropriados à vida social dos

---

435 Trata-se do presente subcapítulo *De finibus bonorum et malorum* (XIX, i – iii). Indicarei nas notas a seguir o nome dos subcapítulos nos quais realizarei a análise de cada momento do livro XIX.

436 *De aeterna vita et virtute* (XIX, iv).

437 *De sociale vita (bellum et pax); De bello (XIX, v – ix); De pace (XIX, x – xiii); De concordia et discordia civitatum (XIX, xiv – xvii).*

438 Marrou teria efetuado essa classificação em um curso lecionado entre 1947 e 1948. Entre 1954 e 1955 ele a retoma em um curso dedicado ao livro XIX d'*A cidade de Deus*. "Dès son cours de 1947-1948, Marrou qualifiait de *tractatus de pace* les paragraphes 11 à 20 du livre XIX de la *Cité de Dieu*. L'étude conduite au cours de l'année 1954-1955". BONNARDIÈRE, A-M. "La 'Cité terrestre' d'après H.-I. Marrou", p. 393.

439 *De dubitatione et fide* (XIX, xviii).

440 *De moribus et generibus vitae* (XIX, xix).

cidadãos peregrinos. Até aqui, Agostinho terá percorrido todas as etapas apresentadas por Varrão e fará uma espécie de desfecho desse itinerário no capítulo XX[441]. Do capítulo xxi ao xxiv[442], Agostinho passa a tratar das devidas definições de república e de povo ao recusar as de Cícero. Sobre isso, tentarei entender por que esse tema é introduzido nesse momento do texto, por que nessa ocasião estão dispostos todos os conceitos mobilizados na refutação ciceroniana e na redefinição de *povo*. Enfim, do capítulo xxv ao xxviii[443], Agostinho retoma em conclusão os fins de ambas as cidades.

## *DE AETERNA VITA ET VIRTUTE* (XIX, iv)

A partir do capítulo iv, Agostinho começa a apresentar a concepção da cidade de Deus quanto a cada um dos pontos de que trata Varrão e, sobretudo, quanto aos fins dos bens e dos males. Nesse ponto, é notável que o autor considera o que a cidade de Deus pensa ou julga[444], e não o que os cidadãos pensam a respeito dos fins. De modo geral, a cidade de Deus guarda a "vida eterna"[445] como supremo bem e a "morte eterna"[446] como supremo mal. Essa noção de vida feliz é muito distinta da de Varrão, e da de outras correntes filosóficas citadas, porque é transcendente, não pode

---

441 *Recapitulatio* (XIX, xx).

442 *De definitionibus rei publicae et populi; De falsis definitionibus (XIX, xxi); De deo christiano et diis paganis (XIX, xxii-xxiii); De vera definitione populi (XIX, xxiv).*

443 *De finibus civitatum* (XIX, xxv-xxviii).

444 Cf. AUGUSTINUS. *DCD*, XIX, iv, 1.

445 "[...] *aeternam vitam*". *DCD*, XIX, iv, 1.

446 "[...] *aeternam mortem*". *Ibid.*, loc. cit. Bardy observa que a concepção de supremo mal de Agostinho se dá pela privação do supremo bem, isto é, pela negação da *vita*, a *aeterna mors*. "*En réalité, il n'y a pas de mal suprême, puisque le mal est une privation d'un bien [...] Penser autrement serait professer le manichéisme, ce que saint Augustin sait mieux que personne.*". BARDY, G. "Notes complémentaires". In AUGUSTINUS. *La cité de Dieu* (Livres XIX – XXII). Trad. Combés, G. (edição bilíngue). Paris: Desclée de Brouwer, 1960, p. 726.

ser obtida nesta vida efetivamente senão em esperança. Afinal, no mundo os homens podem apenas se encaminhar em direção à vida eterna, não a alcançando senão parcialmente em por meio da fé e da esperança. É por isso que a fé é necessária: "não vemos agora nosso bem, por isso é preciso que o procuremos crendo"[447].

Desse modo, de início Agostinho observa que o bem viver[448], a busca pelo soberano bem, se dá justamente por meio da fé, pois não o vemos na vida terrena. Isso significa que o bem viver não é obtido pelo homem de maneira autônoma. Ora, a fé, a crença na possibilidade de salvação, já é graça divina[449], já é a manifestação de uma ajuda sem a qual o homem não poderia sanar as próprias fraturas. Trata-se, assim, de explicitar a diferença entre a falsa felicidade dos pagãos, a felicidade em esperança dos cristãos peregrinos e a felicidade mesma que Deus dará. Agostinho, dessa forma, retoma a opinião daqueles filósofos que supõe residir o soberano bem ou no corpo (prazer, princípios da natureza), ou na alma (virtude) ou em ambos. Se a verdadeira felicidade inexiste numa "vida mortal", então não se localiza no homem. Pretender o contrário é vaidade (*vanitas*) em que estóicos, epicuristas e peripatéticos incorreram ao conceber uma sabedoria que seria alcançável nesta vida. A partir disso, Agostinho examinará cada um dos "lugares" (princípios da natureza, virtude e ambos) onde esses filósofos localizam a felicidade para evidenciar o erro deles e a verdade da idéia de soberano bem da cidade celeste.

Para Agostinho, nem mesmo Cícero, com toda a sua eloquência, fora capaz de expressar a enormidade de misérias desta vida em sua obra *De consolatione*, escrita na ocasião da morte da filha[450].

---

447 "[...] *neque bonum nostrum iam videmus, unde oportet ut credendo quaeramus*". AUGUSTINUS. *DCD*, XIX, iv, 1.
448 "[...] *vitandam recte*". *DCD*, XIX, iv, 1.
449 "[...] *neque ipsum recte vivere nobis ex nobis est, nisi credentes adiuvet et orantes qui et ipsam fidem dedit, qua nos ab illo adiuvandos esse credamus.*". *DCD*, XIX, iv, 1.
450 "*Quis enim sufficit quantovis eloquentiae flumine vitae huius miserias explicare? Quam lamentatus est Cicero in consolatione de morte filiae, sicut potuit; sed quantum est quod potuit?*". *DCD*, XIX, iv, 2. A referência a Cícero

Em meio às vicissitudes, não é possível considerar que os bens primordiais da natureza sejam capazes de propiciar a vida feliz. Com efeito, "quando, onde, e de que modo podem ser possuídos nesta vida, sem flutuar sob incertezas do acaso? Pois qual dor, contrária ao prazer, qual inquietude, contrária ao repouso, não ameaça o corpo do sábio?"[451] Para responder essas e outras perguntas, o autor apresenta uma cadeia de males (debilidade, deformidades, dores, enfermidades, indisposições, loucuras, possessões...) que afligem tanto os bens primordiais do corpo quanto os da alma, de tal maneira que nem mesmo os sábios estão a salvo desses sofrimentos[452]. Agostinho parece desconsiderar a apatia do sábio estóico pela qual a privação de um dos princípios da natureza não seria causa de tristeza, mas a aparente desconsideração da apatia estóica é aprofundada adiante, a partir de XIX, iv, 3, em que Agostinho investiga as virtudes e criticará também a idéia de "sábio" de outras escolas filosóficas, entre as quais o estoicismo. Mas por ora, a possibilidade de o homem guardar ou perder a integridade física e/ou espiritual atingida já é causa da paixão da tristeza, pois apenas estar suscetível a isso já é indício da condição decaída do ser humano.

É justamente isso que ressalta a citação bíblica do livro Sabedoria[453] que coroa o argumento de XIX, iv, 2, ao se referir à condição humana fraturada, responsabilizando, assim, o próprio homem (a quem a queda deve ser exclusivamente imputada) como causa de todos os males. A cisão interior do ser humano é tal que a sua espontaneidade (ímpeto, *hormé*) para a ação o conduz à errância.

---

neste segundo parágrafo marca o início de uma refutação agostiniana de algumas teses do filósofo romano dispostas em *De consolatione* (obra perdida) e *Tusculanae*. As teses refutadas, dentre as quais se destaca certa concepção de virtude, também atingem *De re publica*.

451 "[...] *quando, ubi, quomodo* [...] *se habere in hac vita possunt, ut non sub incertis casibus fluctuent? Quis enim dolor contrarius voluptati, quae inquietudo contraria quieti in corpus cadere sapientis non potest?*". *DCD*, XIX, iv, 2.

452 Cf. *DCD*, XIX, iv, 2.

453 "*Corpus corruptibile aggravat animam et deprimit terrena inhabitatio sensum multa cogitantem*". *DCD*, XIX, iv, 2; *Sab.*, 9,15.

Isso revela que até mesmo algo contado como bem primordial da natureza (a *hormé*) é pervertido por causa do divórcio entre o homem e a natureza[454]. Rejeitados os bens primordiais da natureza como fonte de felicidade, Agostinho passa então a tratar da virtude para igualmente denunciá-la incapaz de proporcionar a vida feliz ao homem. Aliás, a necessidade de virtudes nesta vida de condenação por si só é testemunho do perpétuo sofrimento a que o homem está submetido até a morte. Ora, "que faz nesta vida [a virtude] senão perpetuamente guerrear contra os vícios, não exteriores, mas interiores, não alheios, mas claramente próprios e pessoais?"[455] Após tratar da virtude em geral, Agostinho passa a abordar e definir cada virtude em particular, mas no interior de um programa de unidade das virtudes.

Assim, é sobretudo a temperança (*sôphrosýnê*) que testemunha combate ou guerra constitutiva da condição homana mortal, pois lhe cumpre frear a libido carnal[456], conforme sua definição, para que o homem não incorra em toda sorte de desmedidas. A temperança, desse modo, retém, mas não elimina, o vício que se instaurou no homem pelo desejo da carne contra o espírito. A luta no interior do homem se dá porque, em contrário, o espírito também deseja, pela temperança, contra a carne[457]. Assim, essa virtude se opõe ao vício da concupiscência da carne, e por meio dela o homem procura o soberano bem, isto é, o apaziguamento da "grande rixa interior"[458]. Não é possível, todavia, alcançar o estado de paz absoluta nesta vida, de tal modo que um auxílio divino

---

454 "*Impetus porro vel appetitus actionis, si hoc modo recte Latine appellatur ea, quam Graeci vocant ὁρμή, quia et ipsam primis naturae deputant bonis, nonne ipse est, quo geruntur etiam insanorum illi miserabiles motus et facta, quae horremus, quando pervertitur sensus ratioque sopitur?*". *DCD*, XIX, iv, 2; cf. CICERO. *De finibus*, V, vi, 17.

455 "[...] *quid hic agit nisi perpetua bella cum vitiis, nec exterioribus, sed interioribus, nec alienis, sed plane nostris et propriis*". *DCD*, XIX, iv, 3.

456 "[...] *carnales frenantur libidines*". *DCD*, XIX, iv, 3.

457 "'*Caro concupiscit adversus spiritum* [...] *Spiritus concupiscit adversus carnem. Haec enim*', *inquit*,'*invicem adversantur, ut non ea quae vultis faciatis*.'". *DCD*, XIX, iv, 3; *Gal.*, 5: 17.

458 "[...] *grandi rixa interioris*". *Conf.*, VIII, viii, 19.

é necessário para que o homem não consinta (volição de segunda ordem) na perpetuação do pecado (volição de primeira ordem), numa clara retomada da discussão anterior do livro XIV sobre as redefinições voluntaristas das paixões e do consentimento[459]. Aqui, o que se passa é decorrência estreita do que ocorreu lá, pois assim como as paixões foram redefinidas em chave voluntarista e não mais intelectualista como pretendia o estoicismo, também com as virtudes Agostinho realiza o mesmo empreendimento, com toda a atenção voltada ao papel do consentimento como volição de segunda ordem que virtuosamente não consente com volições libidinosas ou de primeira ordem.

Dessa maneira, Agostinho, em seguida, aborda outra virtude cardeal, a prudência, definida como vigilância que deve discernir os bens dos males para que o homem busque os primeiros e evite os segundos, o que é dado pela compreensão de "que é mau consentir no pecado e bom não consentir no pecado da libido"[460]. Tanto quanto a temperança, a necessidade da prudência também é prova ou testemunho de que os homens se encontram entre males e estes se encontram no homem[461]. Assim, se à temperança cumpre combater a concupiscência, à prudência cumpre mostrar o caminho do bom combate não consentir com ela, e combater e não consentir, bem entendido, manifestam já uma unidade sintética entre temperança e prudência, bem como significa resistir à, mas não eliminar de todo a "guerra intestina"[462] que a alma trava consigo mesma[463].

---

459 "*Quod in hac vita, quamvis velimus, quoniam facere non valemus, id saltem in adiutorio Dei facimus, ne carni concupiscenti adversus spiritum spiritu succumbente cadamus et ad perpetrandum peccatum nostra consensione pertrahamur.*". *DCD*, XIX, iv, 3. Cf. *supra* Capítulo IV, especialmente seção "As paixões como modalidades da vontade: contra o estoicismo (XIV, v-ix)".

460 "[...] *malum esse ad peccandum consentire bonumque esse ad peccandum non consentire libidini*". *DCD*, XIX, iv, 4.

461 "[...] *ac per hoc et ipsa nos in malis vel mala in nobis esse testatur*". *DCD*, XIX, iv, 4.

462 "[...] *bello intestino*". *DCD*, XIX, iv, 3.

463 "*Illud tamen malum, cui nos non consentire docet prudentia, facit temperantia, nec prudentia nec temperantia tollit huic vitae.*". *DCD*, XIX, iv, 4.

A próxima virtude cardeal examinada é a justiça, definida como aquela que desempenha o papel de dar a cada um o que lhe é devido[464]. A partir dessa definição tradicional na filosofia antiga, mas reconsiderada em ambiência agostiniana, tem-se a noção de justiça natural, "pois, no próprio homem se estabelece uma ordem justa da natureza, quando a alma se submete a Deus, a carne à alma e, por isso, a carne e a alma a Deus"[465], com abrangência da temperança e prudência, pois sem elas não é possível cumprir o mandamento da justiça. Entretanto, como visto anteriormente, o homem se divorcia de Deus e de si mesmo, o que demonstra não existir ordem justa efetiva em sua interioridade. Afinal, a carne deseja contra a alma porque não lhe obedece com justiça (nem com temperança e prudência), e isso, por sua vez, guarda origem na desobediência da alma a Deus: ela declinou d'Ele, ao pretender-se autossuficiente. Portanto, a justiça é igualmente mais uma virtude que prova ou testemunha tanto a existência de vícios no homem quanto uma situação distante da felicidade, pois marcada pela "enfermidade"[466].

A fortaleza é a quarta virtude cardeal descrita e usada como prova da miséria da vida mortal. Essa virtude "é o mais evidente testemunho dos males dos homens, que ela é obrigada a tolerar com paciência."[467] Na medida em que a fortaleza suporta o sofrimento (*patior*), a paciência (*patientia*) é uma de suas modalidades, uma de "suas partes"[468], tal como Agostinho explica na Questão 31 a concepção ciceroniana dessa virtude[469]. Se ter paciência significa "suportar perpétua e voluntariamente as coisas árduas e

---

[464] *"Quid iustitia, cuius munus est sua cuique tribuere". DCD*, XIX, iv, 4.

[465] "[...] *unde fit in ipso homine quidam iustus ordo naturae, ut anima subdatur Deo et animae caro, ac per hoc Deo et anima et caro". DCD*, XIX, iv, 4.

[466] "[...] *infirmitas". DCD*, XIX, iv, 4.

[467] "[...] *evidentissima testis est humanorum malorum, quae compellitur patientia tolerare.". DCD*, XIX, iv, 4.

[468] "[...] *eius partes". De diversis quaestionibus octoginta tribus*, 31, 1.

[469] Nessa *Quaestio*, Agostinho apresenta a concepção ciceroniana de virtude a partir de *De inventione*, II, liii, 159; lv, 167.

difíceis à causa do honesto e do útil"[470], então por que os estóicos consideram sábio, e, por consequência, feliz, aquele a quem recomendam o suicídio se não suportar os males desta vida[471]. Se fosse sábio, seria forte, paciente, e não precisaria emigrar da vida por não a suportar, assim como, se feliz, continuaria a viver em beatitude, de modo que nunca se tornaria homicida e suicida[472].

É possível, contudo, que Varrão, por exemplo, chame a vida terrena de vida feliz justamente porque, a despeito de todos os males, ainda assim o homem pode furtar-se deles por meio do suicídio[473]. Nesse caso, não é a vida que é feliz, mas a possibilidade de fugir dela, de sorte que se "por algum obscuro juízo de Deus"[474] ao homem não fosse possível escapar, certamente Varrão a chamaria miserável[475]. Também não é correto o parecer segundo o qual a vida, porquanto breve, seja felicidade. Ora, mesmo que passageira, esta vida segundo Agostinho contém tamanhos males que obriga até mesmo o sábio a se esquivar da humanidade[476], a ir contra o impulso humano natural de autopreservação[477]. Assim, a análise de cada uma das quatro virtudes cardeais prova com cada vez mais claros testemunhos que os vícios presentes no homem contra os quais se encontra em luta perpétua na vida terrena são irredutíveis, embora seja possível contê-los, refreá-los e até suportá-los. Não se pode, por conseguinte, admitir que a felicidade possa ser adquirida em meio a tal guerra interior. Aliás, quanto maior for o

---

470 *"Patientia est honestatis aut utilitatis causa rerum arduarum ac difficilium voluntaria ac diuturna perpessio.". De diversis quaestionibus octoginta tribus*, 31, 1.

471 *"Stoici philosophi miror qua fronte mala non esse contendant, quibus fatentur, si tanta fuerint, ut ea sapiens vel non possit vel non debeat sustinere, cogi eum mortem sibimet inferre atque ex hac vita emigrare.". DCD*, XIX, iv, 4.

472 *"O vitam beatam, quae ut finiatur mortis quaerit auxilium! Si beata est, maneatur in ea.". DCD*, XIX, iv, 4.

473 *"An ideo beatam dicis, quia licet tibi ab his malis morte discedere?". DCD*, XIX, iv, 5.

474 "[...] *aliquo divino iudicio tenereris". DCD*, XIX, iv, 5.

475 *"Nempe tunc saltem miseram talem diceres vitam.". DCD*, XIX, iv, 5.

476 "[...] *sapientem sibimet auferre quod homo est". DCD*, XIX, iv, 5.

477 "[...] *homo concilietur sibi et propterea mortem naturaliter fugiat". DCD*, XIX, iv, 5.

auxílio das virtudes contra as vicissitudes inúmeras, "tanto mais fiéis testemunhos são das misérias"[478]. As virtudes não prometem ao homem a libertação dos vícios, não podem, por consequência, ser fonte de felicidade; ao contrário, tão somente prometem "que a vida humana [...] seja feliz e, a um só tempo, salva, pela esperança do século futuro."[479]

Nesse ponto Agostinho associa felicidade à salvação[480], além de apresentar as quatro virtudes cardeais em relação às virtudes paulinas fé e esperança. Ora, se as virtudes aspiram à felicidade, então aspiram à *salus* (palavra latina que significa tanto salvação quanto saúde), isto é, à cura das cisões interiores da alma, "essa salvação (*salus*), que existirá no tempo futuro, será ainda, ela mesma, a felicidade final"[481]. "Final" porque aí as virtudes não mais terão de combater vício algum, conforme aquela "vitória final e paz perfeita" que aparece no primeiro parágrafo do prólogo d'*A cidade de Deus*, contexto em que o fim da história também já era tematizado[482]. Em tal salvação e plano a-histórico, entretanto, pode-se por ora apenas crer e esperar, pois "'ver o que se espera não é esperar'"[483], e como os filósofos pagãos acreditam somente no que vêem, "forjam para si mesmos, guiados por virtude tanto mais enganosa quanto mais soberba, capciosíssima felicidade"[484].

* * *

[478] "[...] *tanto fideliora testimonia miseriarum.*". *DCD*, XIX, iv, 5. (Tradução de Oscar Paes Leme).

[479] "[...] *ut vita humana [...] spe futuri saeculi sit beata, sicut et salva.*". *DCD*, XIX, iv, 5.

[480] "*Quomodo enim beata est, quae nondum salva est?*". *DCD*, XIX, iv, 5.

[481] "*Talis salus, quae in futuro erit saeculo, ipsa erit etiam finalis beatitudo*". *DCD*, XIX, iv, 5.

[482] Cf. *supra* Capítulo I "Ambivalência e desnaturalização da política no prólogo d'A cidade de Deus" e *infra* "Apêndice I: Ensaio de tradução do prólogo d'A cidade de Deus".

[483] "'*Spes [autem] quae videtur, non est spes.*'". *DCD*, XIX, iv, 5; *Rom.* 8, 24. (Tradução da Bíblia de Jerusalém).

[484] "[...] *beatitudinem* [...] *hic sibi conantur falsissimam fabricare, quanto superbiore, tanto mendaciore virtute.*". *DCD*, XIX, iv, 5

Para compreender minimamente a problemática presente na crítica agostiniana à concepção de "virtude" de certa tradição filosófica da qual Cícero faz parte, é preciso considerar, como já indiquei, que Agostinho a desenvolve a partir de uma definição voluntarista de "virtude". Melhor dizendo, cada uma das quatro virtudes cardeais é modalidade da vontade, do amor:

> a temperança é o amor a Deus que se conserva íntegro e incorruptível; a fortaleza é o amor a Deus que tolera tudo com facilidade; a justiça é o amor que serve tão somente a Deus e, por isso, impera sobre as demais coisas submetidas ao homem; a prudência é o amor que discerne com clareza o que pode ajudar na aproximação de Deus daquilo que impede[485].

O amor a Deus é o peso do homem[486], inclinação natural em direção ao fundamento trino. Tal vontade, entretanto, já sabemos que se perverte em contravontade, por causa do pecado original; nega-se a si mesma ao querer deixar de querer. Segundo o exercício agostiniano de fé e razão realizado sobre o relato bíblico da queda adâmica, a pretensão humana de autossuficiência se dá por meio de um desejo contrário à própria natureza. O homem deseja ser o que não pode ser, deseja deixar de ser criatura, tornar-se Deus, mas, com isso, não mais possui a vontade de aderir ao Ser supremo e deprava sua natureza de tendência ao Ser. Se justamente essa vontade é a virtude, o homem em uma condição fraturada necessariamente transfigura virtudes em vícios, contra os quais apenas poderá lutar com o auxílio da graça divina, pois

---

485 "[...] *temperantiam [dicamus] esse amorem Deo sese integrum incorruptumque servantem, fortitudinem amorem omnia propter Deum facile perferentem, iustitiam amorem Deo tantum servientem et ob hoc bene imperantem ceteris quae homini subiecta sunt, prudentiam amorem bene discernentem ea quibus adiuvetur in Deum ab his quibus impediri potest.*". *De moribus ecclesiae catholicae*, I, xv, 25.

486 "*Pondus meum amor meus*". *Conf.*, XIII, ix, 10.

por si mesmo só pôde cair voluntariamente, não levantar-se para além de onde se encontra.

Dessa forma, o capítulo iv analisado acima examina se o homem pode ser feliz, mediante a virtude, na vida pecaminosa que adentrou, que, nesse contexto de desordem cosmológica infringida pelo homem a si mesmo, torna-se considerável aporia. Ora, se nesta vida a vontade está cindida, então a virtude necessariamente também está, o que resulta na presença do vício no homem. Aliás, bem entendido, o vício não é exatamente outra coisa em conflito com a virtude, o que seria substancializá-lo e recaída maniqueísta. Diferentemente, trata-se da ausência ou privação de virtude. O plano é o mesmo do mal enquanto ausência ou privação de bem, ou do não-ser como ausência ou privação de ser. Para exemplificar, o ser humano que não mais é capaz de ser justo se tornou injusto porque se tornou incapaz tanto de obedecer à ordem estabelecida por Deus na criação quanto de imperar "sobre as demais coisas submetidas ao homem"[487]. Mesmo o cidadão peregrino da cidade celeste, agraciado, torna-se nem feliz nem justo tal como o homem era originalmente com a natureza íntegra (quando não existiam vícios em rixa com as virtudes), mas tão somente capaz de refrear a injustiça, a desobediência, pela fé e esperança na salvação, como ação de graças.

Parece-nos, portanto, que o *leitmotiv* de Agostinho para recusar a possibilidade da vida feliz na condição em que o homem decaído se encontra seja a perversão do amor que o distanciou de sua natureza e de Deus. Com isso, o autor não está somente a refutar a incompreensão soberba dos pagãos acerca da condição humana, cegos ao tomar a si mesmos para medir todas as coisas[488]. Ao opor-lhes uma concepção transcendente de natureza, Agostinho também investe contra uma concepção de virtude segundo a qual é possível ser honesto e feliz na vida terrena ainda que a virtude

[487] "[...] *ceteris quae homini subiecta sunt". De moribus ecclesiae catholicae,* I, xv, 25.

[488] "[...] *et fit illis quod ait Apostolus: 'Comparantes' enim 'semetipsos sibimetipsis non intellegunt'". DCD,* XII, xvii, 2; 2 Cor. 10, 12.

esteja incessantemente em combate contra vícios. Como vimos, a verdadeira virtude, aquela em que os cristão guardam esperança de restaurar na salvação, é submetida a critério de identidade e não enfrenta nenhuma resistência para Agostinho. Ora, se a suprema virtude é a vontade, o amor a Deus, ter de combater vícios significa não estar realmente aderido a Deus e não se encontrar no interior da ordem cosmológica, conforme a própria definição de justiça manifesta.

Para dizer mais uma vez, Agostinho refuta nessa tradição, sobretudo estoica, uma concepção intelectualista de virtude. Como estudado no Capítulo II ("Sobre o fundamento naturalista da política em *De re publica*, de Cícero"), para o filósofo romano a "virtude é a perfeita razão"[489], isto é, harmonia entre homem e natureza, entendida como *Lógos* ou Razão universal. Nesse sentido, ser virtuoso significa ao homem transfigurar-se em pura razão[490]. Por meio de um cálculo de razão o ser humano é capaz, por exemplo, de ser justo, de extinguir de si quaisquer desejos que o inclinasse à injustiça. É desse modo que os varões romanos imortalizaram Roma, alcançaram fama póstuma e pretenderam imprimir nas instituições a racionalidade da natureza[491]. Porém Agostinho, diferentemente de Cícero, guarda um conceito de vontade segundo o qual o homem é livre para se declinar até mesmo de sua própria natureza e ordem no cosmos.

---

489 "[...] *est* [...] *virtus perfecta ratio*". CICERO. *De legibus*, I, xvi, 45; cf. *Tusculanae*, V, xiii. Em *De diversis quaestionibus octoginta tribus*, 31, 1, Agostinho diz que para Cícero "*virtus est animi habitus naturae modo atque rationi consentaneus.*" Note-se contiguidade entre "natureza" e "razão".

490 "[...] *transmutation intime qui transfigurerait l'individu tout entire en pure raison.*". VEYNE, P. "Passion, perfection et âme matérielle dans l'utopie stoïcienne et chez saint Augustin". *L'empire Gréco-romain*, p. 691.

491 "*Le* mos maiorum *et la législation dans laquelle celui-ci s'exprime sont d'abord le résultat d'une lente élaboration humaine et il s'agit donc de démontrer que dans celle-ci s'est manifestée la rationalité de la nature*". LÉVY, C. *Cicero Academicus*, p. 518.

Desse modo, se a virtude agostiniana, em seu grau de perfeição, é o sumo amor a Deus[492], ser virtuoso dá-se também mediante acordo com a natureza. Esta, com efeito, foi criada e ordenada pelo Ser supremo, e o homem pode manter-se inserido na ordem natural das coisas mediante o próprio peso, o amor ao Criador ou tendência ao Ser. Mas como fez uso de sua liberdade para transgredir o próprio peso, o homem se apartou da natureza e, pervertida a vontade, passou a ser uma criatura destituída de virtudes e repleta de vícios. Contra estes, apenas poderá lutar, e isso se a graça divina lhe restaurar a vontade (de segunda ordem) de aderir a Deus. Assim, Agostinho refuta a opinião dos filósofos pagãos que julgam possível obter no mundo a felicidade mediante vida virtuosa. Possui, pois, uma concepção voluntarista de virtude pela qual evidencia que o homem, na existência terrena, encontra-se em uma condição decaída exatamente porque escolheu não ser virtuoso, isto é, não amar a Deus, de sorte que com danos inevitáveis em sua própria natureza, não mais é capaz de plena virtude.

## *RECAPITULATIO*

Antes de passar à análise de *De civitate Dei*, XIX, v, vejamos algumas conclusões já possíveis de extrair dos primeiros quatro capítulos analisados. Já é possível reapresentar em termos mais precisos a continuidade do livro XIX em relação à exegese sobre o tempo e a história desenvolvida por Agostinho anteriormente. Em síntese, os livros anteriores d'*A cidade de Deus* trataram do início e curso das duas cidades, e o XIX começa a examinar os fins (o que se estenderá até o livro XXII). Todavia, é notável que essa seção da obra anuncie versar sobre os fins das duas cidades e descreva, logo nos primeiros capítulos, inúmeros modos de vida que são seguidos por homens, não por cidades. Nenhum modo de

---

492 "[...] *esse virtutem* [...] *summum amorem Dei*". *De moribus ecclesiae catholicae*, I, xv, 25.

vida é, por exemplo, a facção filosófica de Roma, ou de Atenas, ou da Babilônia. Melhor dizendo, Agostinho transpõe para o âmbito da cidade a busca do fim dos bens que em todas as possíveis escolas filosóficas examinadas é busca individual ou no máximo de um círculo de filósofos no interior de uma escola. O autor assim procede possivelmente porque os cidadãos da cidade celeste, capazes de aspirar pelo supremo bem porque agraciados, devem reconstituir a unidade original na qual o homem fora criado[493]. Se Deus é o Supremo Bem, então todos deveriam aspirar possuir o mesmo bem; "afinal, uma coisa não é a felicidade da cidade e outra a do homem, pois uma cidade não é senão a união de inumeráveis homens"[494].

Transpor a busca do supremo bem para a cidade adquire dimensão ainda mais problemática se levarmos em conta que esse bem é transcendente e a necessária transcendência para possui-lo não é somente dos homens, mas antes da cidade. É nesse ponto que a investigação acerca do fim da trajetória histórica das *civitates* se confunde com a investigação acerca dos fins dos bens e dos males. Agostinho "se conduziu para consumar em uma duas disciplinas até aqui distintas: a dos políticos, tal como Políbio e Varrão que não se interessam senão pelas fortunas da cidade, a dos místicos e dos filósofos da salvação."[495] Adiante, procuraremos compreender melhor a maneira como se dá na filosofia agostiniana a união dessas duas disciplinas, o que obviamente não ocorre sem profunda revisão do sentido de *civitas*. Como visto, Agostinho dá procedimento a essa revisão no mínimo desde o início da exegese a respeito do exórdio e devir das duas cidades. Alguma inteligibilidade desse devir é revelada pelo fim em direção ao Ser supremo,

---

493 Cf. *DCD*, XIV, i, e *supra* Capítulo IV, seção "Sobre a liberdade, a queda e a graça (DCD, XIV, i)".

494 *"Neque enim aliunde beata civitas, aliunde homo, cum aliud civitas non sit quam concors hominum multitudo."*. *DCD*, I, xv, 2.

495 "[...] *est* [...] *conduit à consommer en un deux disciplines jusqu'ici distinctes: celles des politiques, tels Polybe et Varron qui ne s'intéressent qu'aux fortunes de la cité, celles des mystiques et des philosophes du salut.*". Guitton, J. *Le temps et l'éternité chez Plotin et Saint Augustin*, p. 292.

fundamento sem o qual o devir não passaria de dispersão, fragmentação dissolução. Não por acaso, a cidade terrena, adversa a Deus, é marcada constitutivamente pela dissensão. Aliás, a atenção de Agostinho se volta, em XIX, v, precisamente para a sociabilidade, a guerra e a paz.

## *DE SOCIALE VITA* (*BELLUM ET PAX*)

### *DE BELLO* (XIX, v – ix)

Do capítulo v ao xx, Agostinho trata da vida social, que enseja longa discussão sobre a guerra e a paz. A vida social é essencial à cidade de Deus: "de onde se originaria, como progrediria e como alcançaria fim a cidade de Deus [...] se não fosse vida social a vida dos santos?"[496] Todo o percurso da cidade celeste tem sentido apenas por causa da vida em sociedade, condição para que uma *civitas* ou *res publica* tenha existência. A sociedade terrena, porém, não goza de absoluta concordância e paz na peregrinação histórica: "quem será capaz de enumerar quantos e quão grandes males transbordam nesta miserável sociedade humana mortal?"[497] Ora, se cada homem trava em sua interioridade um conflito contra si mesmo, se as próprias virtudes, como visto em XIX, iv, atestam a cisão da alma, então a relação social entre os homens inevitavelmente também será conflituosa. A cisão interior se expressa, socialmente, em conflitos na esfera privada, nos lares, que, por sua vez, atingem a esfera pública, a cidade, segundo uma sequência de mediações que se somam e avolumam a expressividade ou exteriorização da guerra.

---

496 "[...] *unde ista Dei civitas* [...] *vel inchoaretur exortu vel progrederetur excursu vel apprehenderet debitos fines, si non esset socialis vita sanctorum?*". AUGUSTINUS. *DCD*, XIX, v.

497 "[...] *in huius mortalitatis aerumna quot et quantis abundet malis humana societas, quis enumerare valeat?*". *DCD*, XIX, v.

> Se, pois, a casa, refúgio comum em que residem esses males do gênero humano, não está segura, que será da cidade? Que será da cidade, que, quanto maior, tanto mais cheia será de pleitos, cíveis e criminais? Embora escape às turbulentas sedições, com frequência sangrentas, e às guerras civis, às vezes as cidades se vêem livres de tais acontecimentos, mas dos perigos nunca.[498]

A cidade de Deus, desse modo, percorre um itinerário histórico justamente para alcançar o fim da história no qual cessarão todas as vicissitudes. Assim como a felicidade, a verdadeira paz existirá somente em uma realidade despida das marcas pecaminosas da vida terrena, de maneira que até mesmo o juízo dos homens designados para julgar outros homens na vida civil deve ser entendido não como meio de promover a paz, mas de novo como testemunho de que a verdadeira paz inexiste neste mundo. Ora, a necessidade de procedimentos jurídicos atesta a existência de males, crimes, que precisam ser contidos e refreados. Além disso, os próprios juízos humanos estão submetidos a falha. Um juiz está sujeito a inúmeros erros, assim como todos. "O inocente paga certíssimas penas por crime incerto, não porque se descobre que tenha cometido, mas porque se ignora que não cometeu [...]. E por isso a ignorância do juiz é, com frequência, a desventura do inocente."[499]

Essa ignorância é a "miséria do homem, já que não é a malícia"[500] do juiz que o conduz a mal julgar. Aliás, os laços da ignorância são tais que quando o juiz pretende descobrir a verdade, para não condenar inocente, autoriza a tortura do réu para que esse

---

498 *"Si ergo domus, commune perfugium in his malis humani generis, tuta non est, quid civitas, quae quanto maior est, tanto forum eius litibus et civilibus et criminalibus plenius, etiamsi quiescant non solum turbulentae, verum saepius et cruentae seditiones ac bella civilia, a quorum eventis sunt aliquando liberae civitates, a periculis numquam?". DCD*, XIX, v.

499 "[...] *innocens luit pro incerto scelere certissimas poenas, non quia illud commisisse detegitur, sed quia non commisisse nescitur* [...]. *Ac per hoc ignorantia iudicis plerumque est calamitas innocentis." DCD*, XIX, vi.

500 "[...] *miseria* [...] *hominis, etsi non malitia". DCD*, XIX, vi.

se confesse[501]. À procura da ação reta, o juiz comete erro ainda maior e torna-se ainda por cima criminoso. Além de torturar injustamente inocentes, por vezes os acusados, já vencidos pela dor, declaram-se culpados, a despeito de não serem, e o juiz perpetua a miséria humana ao puni-los[502]. Após abordar, em XIX, iv, a *rixa interioris* de cada homem, e de tratar, nos capítulos v e vi, dos conflitos internos da cidade, em XIX, vii, Agostinho induz que, se as cidades padecem de guerras civis ou do permanente risco de contendas e dissensões, então as relações internacionais ou a relação entre cidades também será hostil, o que manifesta um realismo agostiniano profuso para um cotejo, por exemplo, com Hobbes. "Depois da cidade ou da urbe vem o orbe da terra, terceiro grau da sociedade humana, que percorre os seguintes estágios: casa, urbe e orbe."[503] Uma das principais causas de conflitos entre as cidades é a diversidade de línguas[504], consequência babélica. Os homens, que em princípio têm a mesma natureza, demonstram estar em uma condição fraturada ao nem sequer conseguir entender-se entre si.

> Suponhamos que em viagem se encontram duas pessoas; uma ignora a língua da outra, mas por necessidade têm de caminhar juntas grande trecho. Os animais mudos, embora de espécie diferente, associam-se de modo mais fácil que essas duas pessoas, [apesar de] seres humanos. E quando, unicamente por causa da diversidade de línguas, os homens não podem comunicar uns aos outros o que pensam, de nada serve para associá-los a mais pura semelhança de natureza. Tanto assim, que em tal

---

501 Sobre o tema da tortura em Agostinho, o livro inaugural de Combès, de 1927, ainda guarda uma das análises mais interessantes. Cf. COMBÈS, G. *La doctrine politique de S. Augustin*, p. 195.
502 Cf. *DCD*, XIX, vi.
503 *"Post civitatem vel urbem sequitur orbis terrae, in quo tertium gradum ponunt societatis humanae, incipientes a domo atque inde ad urbem, deinde ad orbem progrediendo venientes".* *DCD*, XIX, vii. (Tradução de Oscar Paes Leme).
504 *"In quo primum linguarum diversitas hominem alienat ab homine." DCD*, XIX, vii.

caso o homem está melhor em companhia de seu próprio cão do que de homem estranho.[505]

Diante da realidade babélica, Roma intentou estabelecer certa paz pela submissão de outros povos à sua língua[506]. Isso, entretanto, foi empreendido mediante muitas e grandes guerras[507], que, devido à grandeza do Império, somaram-se "às guerras do pior gênero, às guerras sociais e civis"[508]. Todos esses exemplos são de guerras injustas, porém Agostinho admite a possibilidade de guerras justas (*iusta bella*). Ora, o sábio se vê obrigado a empreender guerras contra a injustiça de inimigos. Todas as iniquidades humanas são causa de dor para o sábio, que justamente as deplora. Nesse ponto, Agostinho resgata a crítica ao estoicismo realizada em XIX, iv. Se fosse apático diante da iniquidade, o sábio seria simplesmente miserável: "quem os [males] tolera e considera sem dor é muito mais miserável ao julgar-se feliz, porque perdeu o sentimento humano"[509].

---

505 "*Nam si duo sibimet invicem fiant obviam neque praeterire, sed simul esse aliqua necessitate cogantur, quorum neuter linguam novit alterius: facilius sibi muta animalia, etiam diversi generis, quam illi, cum sint homines ambo, sociantur. Quando enim quae sentiunt inter se communicare non possunt, propter solam diversitatem linguae nihil prodest ad consociandos homines tanta similitudo naturae, ita ut libentius homo sit cum cane suo quam cum homine alieno.*". *DCD*, XIX, vii. Tradução de Oscar Paes Leme com modificação.

506 "[...] *linguam suam domitis gentibus per pacem societatis imponeret*". *DCD*, XIX, vii.

507 "[...] *sed hoc quam multis et quam grandibus bellis*". *DCD*, XIX, vii.

508 "[...] *peioris generis bella, socialia scilicet et civilia*". *DCD*, XIX, vii.

509 "[...] *quisquis autem vel patitur ea sine animi dolore vel cogitat, multo utique miserius ideo se putat beatum, quia et humanum perdidit sensum.*". *DCD*, XIX, vii. (Tradução de Oscar Paes Leme). Sobre a guerra justa em Agostinho, cf. também *Quaestionum in Heptateuchum*, IV, 44; VI, 10; *Epistola* 93; RAMSEY, P. "The Just War According to St Augustine", 1992; MATTOX, J. M. *Saint Augustine and the Theory of Just War*, 2006; FLORI, J. *Guerra santa*: Formação da ideia de cruzada no Ocidente cristão, 2013, p. 42-44. Possivelmente, Agostinho concebia a perseguição aos hereges como uma forma de guerra justa. Aliás, "*la persécution est légitime si c'est la pérsecution du mauvais par le bon*", a tal ponto de Agostinho ser "*favorable à l'emploi de la force contre les hérétiques*". GILSON, É. *Introduction à l'étude de saint Augustin*, p. 237[2].

Após ter dito que "o homem está melhor em companhia de seu próprio cão do que de homem estranho"[510] e haver tratado de conflitos entre nações, Agostinho observa, contudo, que ao menos a presente "ignorância semelhante à demência"[511] não impede o homem de diferenciar o amigo do inimigo e o inimigo do amigo[512]. Graças a isso é possível encontrar, em meio a "erros e agitações"[513], a consolação[514] que provém da fé sincera e do mútuo amor dos bons e autênticos amigos[515]. Também essa consolação, entretanto, não deixa de ser acompanhada de aflição. Ora, "quantos mais e em mais lugares os [amigos] temos, tanto mais receamos lhes suceda algum acidente desses de que este século anda cheio."[516]

Motivo de ainda maior dor é não a sucessão de males externos (fome, guerras, enfermidades, suplícios...) aos amigos, mas o mal interior, o mal de a alma deles voltar a ser pérfida, maligna e perversa[517]. "Preferiríamos saber mortos nossos amigos" a descobrir que se depravaram, "embora também isso não pudéssemos sabê-lo

---

510 "[...] *libentius homo sit cum cane suo quam cum homine alieno.*". *DCD*, XIX, vii. Tradução de Oscar Paes Leme.

511 "[...] *ignorantia similis dementiae*". *DCD*, XIX, viii.

512 "[...] *tamen in huius vitae misera condicione saepe contingit, ut credatur vel amicus esse, qui inimicus est, vel inimicus, qui amicus est*". *DCD*, XIX, viii. Bardy nota que "*ce chapitre* [viii] *semble marquer une interruption dans la pensée: on attendrait plutôt ici la quatrième sorte de relation, celle qu'on peut avoir avec les anges. Cependant, il est assez naturel que l'auteur, après avoir parlé des nations étrangères, pense aux amis qu'on a en ces nations: il traite donc de leur amitié avant d'aborder celle des anges.*". BARDY. "Introduction". In: AUGUSTIN. *La cité de Dieu* (Livres XIX – XXII), 1960, p. 88-89[2].

513 "[...] *erroribus aerumnisque*". *Ibid.*, loc. cit.

514 A "consolação" da amizade não é novidade agostiniana. A tradição da "consolação", em terreno latino, remonta, por exemplo, a Cícero (*De amicitia*) e a Sêneca, que escreveu no mínimo três "consolações". Para aprofundar a questão em Agostinho, cf. também *Confissões*, em que o autor relata suas amizades com um amigo de infância (IV, iv, 7 - ix, 14) e com Alípio e Nebrídio (VI, vii, 11 - x, 17).

515 "[...] *nisi fides non ficta et mutua dilectio verorum et bonorum amicorum*". AUGUSTINUS. *DCD*, XIX, viii. Tradução de Oscar Paes Leme com modificação.

516 "*Quos quanto plures et in locis pluribus habemus, tanto longius latiusque metuimus, ne quid eis contingat mali de tantis malorum aggeribus huius saeculi.*". *DCD*, XIX, viii. Tradução de Oscar Paes Leme com modificação.

517 "[...] *in perfidiam malitiam nequitiamque mutentur.*". *DCD*, XIX, viii.

sem dor"[518]. A alma é acometida por alguma paixão diante da morte de um amigo porque perde justamente a consolação da fidelidade (*fides*) e do amor (*dilectio*), a consolação daquele que se reconhece consubstancial ao próximo e possui, portanto, o desejo de salvação do próximo. Assim, o sábio estóico mais uma vez é desconcertado por Agostinho. É preciso, com efeito, ser desumano para não se entristecer, para não sentir paixão alguma, diante da morte de um amigo, diante do fim da *consolatio* da amizade que nos atira à *solitudo*.

> Quem proscreve [essa tristeza, *moestitudo*] proscreva também, se pode, a conversa entre amigos. Interrompa ou corte o fio da própria amizade, rompe com selvagem estupidez os mais doces laços das relações humanas. Ou, se não, creia ser necessário usá-los sem que a amizade alente no espírito a doçura. Se tudo isso é impossível, como não há de ser-nos amarga a morte daquele cuja vida nos é doce?[519]

A morte de um amigo, entretanto, não é inteiramente razão de tristeza quando se trata apenas do perecimento do corpo. Mais grave é a morte da alma, que pode dar-se ainda na vida terrena se se abandona a fé. "Preferimos ver morrer aqueles que amamos a saber que abandonaram a fé ou os bons costumes, que é morrer na própria alma"[520]. Nesse sentido, na morte e fim da amizade aparece uma segunda consolação. A perda da consolação de amigos instaura a consolação de saber que a alma deles se libertou dos

---

[518] "*Mortuos quippe audire mallemus, quamvis et hoc sine dolore non possimus audire.*". *DCD*, XIX, viii. Tradução de Oscar Paes Leme.

[519] "*Quam qui prohibet, prohibeat, si potest, amica colloquia, interdicat amicalem vel intercidat affectum, humanarum omnium necessitudinum vincula mentis immiti stupore disrumpat aut sic eis utendum censeat, ut nulla ex eis animum dulcedo perfundat. Quod si fieri nullo modo potest, etiam hoc quo pacto futurum est, ut eius nobis amara mors non sit, cuius dulcis est vita?*". *DCD*, XIX, viii. Tradução de Oscar Paes Leme com modificação.

[520] "[...] *mortuos tamen eos, quos diligimus, quam vel a fide vel a bonis moribus lapsos, hoc est, in ipsa anima mortuos, audire seu videre mallemus.*". *DCD*, XIX, viii. Tradução de Oscar Paes Leme com modificação.

reveses do século. "A própria [morte] é para nós mais uma consolação porque eles se livraram dos males"[521]. A análise da amizade, não percamos de vista, insere-se no programa de exegese dos laços sociais. Assim, após a família, a cidade e o orbe, existe uma quarta sociedade que é a sociedade dos santos e dos anjos[522]. Diferentemente da amizade dos humanos, a amizade entre santos e anjos não pode deixar de existir e, assim, não pode vir a ser causa de tristeza, pois eles não estão sujeitos à morte nem à depravação[523]. Os homens, contudo, não têm com os anjos a familiaridade que guardam entre si, de forma que aqueles que precisam ser instruídos ou merecem ser enganados[524] sofrem por vezes tentações de Satanás que, "como lemos [nas Escrituras], transfigura-se por assim dizer em anjo de luz"[525].

Assim, nessa "grande miséria humana"[526] os homens, para não ser iludidos por demônios, necessitam da "grande misericórdia de Deus"[527]. É certo que alguns filósofos consideraram haver deuses amigos e até mesmo mediadores entre os homens e Deus, porém a cidade ímpia explicita a falsidade dessa opinião na medida em que cumpre, a pedido dos deuses, sacrifícios, jogos, isto é, sacrilégios, crimes[528]. O culto exigido aos homens por tais anjos maus é impuríssimo (*immundissimus*) porque pretende preservar perversa a vontade humana. Os demônios e a cidade ímpia, desse modo, estão condenados ao mal supremo, qual seja, o "suplício eterno"[529]. O fato de a cidade terrena não ser capaz de virtude, com destaque para a justiça, já está presente aqui. Ora, se rende homenagem a falsos mediadores ou demônios, e não a Deus, necessariamente

---

521 "[...] *ipsa nos certius consoletur, quoniam caruerunt malis*". *DCD*, XIX, viii.
522 Cf. *DCD*, XIX, ix.
523 "[...] *nullo modo quidem metuimus, ne tales amici vel morte nos sua vel depravatione contristent.*". *DCD*, XIX, ix.
524 "[...] *quos ita vel erudiri opus est vel decipi iustum est*". *DCD*, XIX, ix.
525 "*Satanas, sicut legimus, transfigurat se velut angelum lucis*". *DCD*, XIX, ix.
526 "[...] *magnae humanae miseriae*". *DCD*, XIX, ix.
527 "[...] *magna Dei misericordia*". *DCD*, XIX, ix.
528 Cf. *DCD*, XIX, ix.
529 "[...] *aeternum supplicium*". *DCD*, XIX, ix.

não pode ser virtuosa por não dar a cada qual o que lhe é devido. Presente aqui está uma concepção agostiniana de sacrifício (*sacrum officium*) pensada a partir de uma teoria dos deveres, que será retomada adiante a respeito da análise agostiniana sobre a correta definição de *populus*.

### *DE PACE* (XIX, x – xiii)

> *Ricardão, mesmo, queria era ser rico em paz: para isso guerreava.*[530]

Apesar de "os santos e os fiéis adoradores do único Deus soberano"[531], ou seja, os cidadãos da cidade celeste peregrina, "ainda não se encontrarem livres dos enganos e multiformes tentações daqueles [demônios]"[532] ou falso mediadores, isso, entretanto, "não é inútil", pois faz "que aquela tranquilidade onde [*securitas ubi*] a paz é absolutamente plena e certa seja procurada com desejo mais ardente"[533]. É notável que com o advérbio *ubi* Agostinho dá início a uma anáfora, disposta pelas outras duas ocorrências de *ibi* dos períodos seguintes, que melhor caracterizam a *securitas*[534] como o *locus* da salvação. Esse "lugar" transcendente que os homens procuram com "desejo mais ardente" é a *securitas*:

---

530 ROSA, J. G. *Grande sertão: veredas*, p. 20.

531 "[...] *sancti et fideles unius veri Dei summique cultores*". *DCD*, XIX, x. (Tradução de Oscar Paes Leme).

532 "*Sed neque* [...] *ab eorum fallaciis et multiformi temptatione securi sunt.*". *DCD*, XIX, x.

533 "[...] *non est inutilis, ut illa securitas, ubi pax plenissima atque certissima est, desiderio ferventiore quaeratur.*". *DCD*, XIX, x.

534 *Securitas* é a ausência (*sine*) de cuidado (*cura*) ou inquietação, é tranquilidade que o homem não pode desfrutar na vida terrena, pois ele precisa estar a todo tempo vigilante.

(i) "onde" (*ubi*) a paz será totalmente plena e certa;
(ii) "onde" (*ibi*)[535] existirão todos os dons da natureza, isto é, os bens eternos da alma, curada pela sabedoria, e do corpo, renovado pela ressurreição[536];
(iii) "onde [*ibi*] as virtudes não lutarão contra os vícios ou contra os males, mas, como prêmio de vitória, guardarão eterna paz, não turbada por inimigo algum."[537]

Nesse "lugar", o homem terá encontrado "a verdadeira felicidade final, o verdadeiro fim da perfeição, que não terá fim destruível"[538]. A verdadeira felicidade, assim, é muito diferente da felicidade terrena que o mundo considera possível alcançar quando se possui a paz temporal[539]. Essa felicidade, em comparação com a final, será descoberta como verdadeira miséria[540]. Como já examinado, em XIX, iv, a virtude, neste século, implica não a posse da felicidade final, mas um caminho em direção a ela. Desse modo, quando se tem "a paz possível neste mundo"[541] (paz temporal), "a virtude usa os seus bens com retidão; mas, quando não a possuímos,

---

535 A fim de tentar manter algo próximo da anáfora agostiniana, traduzi *ibi* por "onde" e não por "aí", "nesse lugar" ou "nesse momento".

536 *"Ibi enim erunt naturae munera, hoc est, quae naturae nostrae ab omnium naturarum Creatore donantur, non solum bona, verum etiam sempiterna, non solum in animo, qui sanatur per sapientiam, verum etiam in corpore, quod resurrectione renovabitur"*. *DCD*, XIX, x.

537 "[...] *ibi virtutes, non contra ulla vitia vel mala quaecumque certantes, sed habentes victoriae praemium aeternam pacem, quam nullus adversarius inquietet."*. *DCD*, XIX, x. Tradução de Oscar Paes Leme com modificação. Notar mais uma vez coincidência com os termos da "vitória final e paz perfeita" do proêmio de *A cidade de Deus*.

538 *"Ipsa est [enim] beatitudo finalis, ipse perfectionis finis, qui consumentem non habet finem."*. *DCD*, XIX, x. Note-se mais uma vez a anáfora com *ipse* e *finis* em várias declinações.

539 A "paz temporal", distinta da "paz final", será abordada especialmente em XIX, xiii.

540 "[...] *sed haec beatitudo illi, quam finalem dicimus, beatitudini comparata prorsus miseria reperitur."* *DCD*, XIX, x.

541 "[...] *pacem, qualis hic potest esse"*. *DCD*, XIX, x.

a virtude faz bom uso até mesmo dos males que o homem sofre."[542] À virtude, portanto, cumpre "fazer bom uso dos bens e dos males e referir-se a si mesma ao fim onde teremos tão grande e perfeita paz, que melhor e maior não pode existir"[543], segundo critério de identidade e efetividade de categorias de razão na transcendência ou no plano da natureza íntegra ou restaurada após a morte. Agostinho, com isso, apresenta em termos mais abrangentes o fim dos bens, "pois podemos dizer da paz o que dissemos da vida eterna, a saber, que é o fim de nossos bens"[544]. Assim, a paz eterna também deve ser entendida como fim supremo, porque a própria cidade de Deus tem o místico nome de Jerusalém, que quer dizer "visão da paz"[545], pois Deus "colocou a paz em tuas fronteiras [*fines*]"[546]. A partir daí o autor investigará a melhor expressão para se referir ao fim dos bens, agora precisado como paz e vida eternas.

Trata-se, assim, de associar "paz" à "vida eterna" porque, se usássemos somente o termo "paz", ele não explicitaria com clareza o fim dos bens, já que também é empregado para se referir às coisas mortais[547].

---

542 "[...] *bonis eius recte utitur virtus; quando vero eam non habemus, etiam malis, quae homo patitur, bene utitur virtus.*". *DCD*, XIX, x. Tradução de Oscar Paes Leme com modificação.

543 "[...] *bono usu bonorum et malorum facit, et se ipsam ad eum finem refert, ubi nobis talis et tanta pax erit, qua melior et maior esse non possit.*". *DCD*, XIX, x.

544 "*Quapropter possemus dicere fines bonorum nostrorum esse pacem, sicut aeternam diximus vitam*". *DCD*, XIX, xi. Tradução de Oscar Paes Leme com modificação.

545 "*Nam et ipsius civitatis mysticum nomen, id est Hierusalem, quod et ante iam diximus, 'visio pacis' interpretatur.*". *DCD*, XIX, xi.

546 "[...] *'posuit fines tuos pacem'*". *DCD*, XIX, xi; Sl. 147, 14. (Tradução da Bíblia de Jerusalém). Bardy observa que "*Saint Augustin semble jouer sur le double sens du mot latin* finis *qui signifie en même temps* but *et* limite. *Les frontières du territoire hiérosolymitain sont pacifiées d'une parti et d'autre part, la paix est le but de toute l'activité de la ville saint.*". AUGUSTIN. *La cité de Dieu* (Livres XIX - XXII), Paris: Desclée de Brouwer, 1960, p. 96[2]. A tradução francesa de Combès parece manter esse duplo sentido de *finis*: "'*lui [Dieu] qui te donne pour frontières la paix*'". Parece-me que o sentido de "fronteira" ou "limite" nesse contexto deva ser entendido como instituição de uma jurisdição cosmológica de paz absoluta, na qual o ser humano fora criado, da qual fora expulso, mas para a qual por ação de graças poderá retornar.

547 "[...] *quoniam pacis nomen etiam in his rebus mortalibus frequentatur*". *DCD*, XIX, xi.

Nesse sentido, "vida eterna" designa melhor o supremo bem porque a eternidade inexiste entre as coisas mortais[548]. Mas inversamente, "paz" também confere precisão para "vida eterna" na medida em que "aqueles que não têm familiaridade com as *Sagradas Escrituras*"[549] podem considerar erroneamente a expressão "vida eterna" segundo a "vida dos miseráveis", que com a passagem da segunda morte será perpétuo suplício[550]. Para evitar esses desvios, Agostinho propõe então que se chame o fim dos bens de "paz na vida eterna ou vida eterna na paz"[551], expressão que torna mais fácil para todos o entendimento[552] de que a paz vindoura, eterna, não poderá ser relativa, e a vida, pacífica, será feliz e não de suplícios. Como se trata do fim mesmo da cidade celeste, assim como de algo querido por todos[553], Agostinho considera que não será oneroso ao leitor[554] tentar compreender melhor "quão grande é o bem da paz"[555].

> Quem quer que observe as coisas humanas e a [nossa] natureza comum inevitavelmente reconhecerá comigo que, assim como não há ninguém que não deseje alegrar-se/gozar [*gaudere*], assim também não há ninguém que não deseje paz. Mesmo aqueles que querem a guerra, não desejam nada além da vitória; portanto, guerreando aspiram obter a paz gloriosa[556].

---

548 Cf. *DCD*, XIX, xi.
549 "[...] *qui familiaritatem non habent cum Scripturis sanctis*". *DCD*, XIX, xi. Agostinho diz isso possivelmente tendo em em vista *Rm*, 6, 22.
550 Cf. *DCD*, XIX, xi.
551 "[...] *pax in vita aeterna vel vita aeterna in pace*". *DCD*, XIX, xi.
552 "[...] *ut facilius ab omnibus possit intellegi.*". *DCD*, XIX, xi.
553 "[...] *quae omnibus cara est.*". *DCD*, XIX, xi.
554 "*De quo si aliquanto diutius loqui voluerimus, non erimus, quantum arbitror, onerosi legentibus*". *DCD*, XIX, xi.
555 "*Tantum est [enim] pacis bonum*". *DCD*, XIX, xi.
556 "*Quod mecum quisquis res humanas naturamque communem utcumque intuetur agnoscit; sicut enim nemo est qui gaudere nolit, ita nemo est qui pacem habere nolit. Quando quidem et ipsi, qui bella volunt, nihil aliud quam vincere volunt; ad gloriosam ergo pacem bellando cupiunt pervenire.*". *DCD*, XIX, xii, 1.

O argumento agostiniano em defesa de fundamental, universal e incondicionado desejo humano de paz é análogo à afirmação de um "eudaimonismo fundamental"[557], bem como à consideração do mal e do nada como privação de bem e de ser. A guerra, a miséria e o não-ser são, respectivamente, privação de paz, de felicidade e de ser; então a inteira privação desses bens significa a inexistência, e como não é possível buscar positivamente o nada, ninguém procura a guerra pela guerra, mas, se combate, assim procede pelo desejo de paz, ainda que não seja capaz de percorrer suas vias adequadas. "Todo homem, com efeito, busca a paz ainda que empreendendo a guerra, mas ninguém, por meio da paz, busca a guerra."[558] Após afirmar a aspiração incondicionada de toda a criação pela paz[559], Agostinho preenche o capítulo xii com alguns exemplos segundo os quais, em princípio, a paz inexiste. Trata-se de cinco casos: (i) dos homens belicosos (referenciado acima), (ii) dos ladrões, (iii) do semi-homem mitológico Caco (*Kakós*), (iv) das feras e (v) do corpo em condição antinatural.

Logo após haver mostrado que até mesmo aqueles que empreendem a guerra assim procedem porque desejam fundamentalmente a paz da vitória, Agostinho diz que até mesmo aqueles que turbam a paz, como os ladrões, agem desse modo não porque odeiem a paz, mas porque querem restabelecer a paz segundo o próprio arbítrio. "O que desejam, portanto, não é que a paz não exista, mas que haja a paz que querem"[560]. Ademais, os ladrões por vezes agem em concerto entre si, o que evidencia também existir alguma paz entre eles. Se algum salteador não confia em ninguém e realiza sozinho as façanhas, "tem pelo menos uma espécie de paz, seja qual for, com aqueles que não pode matar e de quem quer ocultar

---

557 "[...] *eudémonisme foncier*". GILSON, É. *Introduction à l'étude de saint Augustin*, p. 1.

558 "*Omnis enim homo etiam belligerando pacem requirit; nemo autem bellum pacificando.*". AUGUSTINUS. *DCD*, XIX, xii, 1.

559 Cf. *Conf.*, VII, xii, 18, e *De natura boni*, XLI, em que há argumentações análogas para explicitar que nada pode existir sem alguma porção de ser, de bem e de paz.

560 "*Non ergo ut sit pax nolunt, sed ut ea sit quam volunt.*". *DCD*, XIX, xii, 1.

o que faz."[561] Agostinho nota ainda que o homem que deseja instaurar uma paz pessoal ou tirânica age em sua casa (*domus*) da mesma forma. Ao querer a obediência da esposa, filhos, domésticos, pretende impor uma paz familiar, ainda que com crueldade[562], e se alguma cidade ou povo se submetesse a ele, não se ocultaria como larápio, mas exporia publicamente sua cupidez e malícia, a partir da qual exigiria a obediência pacífica de todos[563].

Nesses dois exemplos (o dos homens belicosos e o dos ladrões), Agostinho estabeleceu gradativa demonstração da relativa paz aí presente. Ora, o exemplo dos ladrões adquire importância e, assim, vai além do exemplo anterior, porque em relação a eles não é possível dizer o mesmo que se disse sobre os belicosos, que empreendem conflitos em busca da vitória e da paz; já aqueles não. Os ladrões abalam a paz social continuamente e não pretendem deixar de abalá-la; diferentemente dos beligerantes, não aspiram à dominação e pacificação de inimigo algum. Salteadores, ladrões e piratras, em princípio, empreendem a guerra por ela mesma. Essa é a dificuldade e a importância do segundo exemplo disposto por Agostinho. Contudo, é ilusória a opinião que considera não existir paz alguma entre os assaltantes. Afinal, a execução de crimes exige certa paz e acordo, plano e concerto entre eles. A partir disso, Agostinho dá um passo a mais no interior desse mesmo exemplo, pois surge a dificuldade adicional de saber que paz há em um bandoleiro que cumpre os roubos de modo solitário. A isso, o autor responde que tal criminoso deseja, por exemplo, impor uma espécie de paz familiar que se daria pela obediência de todos a ele.

---

561 *"Proinde latrones ipsi, ut vehementius et tutius infesti sint paci ceterorum, pacem volunt habere sociorum."*. *DCD*, XIX, xii, 1.

562 Cf. *DCD*, XIX, xii, 1.

563 *"Ideoque si offerretur ei servitus plurium, vel civitatis vel gentis, ita ut sic ei servirent, quemadmodum sibi domi suae serviri volebat: non se iam latronem latebris conderet, sed regem conspicuum sublimaret, cum eadem in illo cupiditas et malitia permaneret."*. *DCD*, XIX, xii, 1. Observar a contiguidade dessa argumentação com a definição de reinos e impérios como "grande quadrilha de ladrões" (*magna latrocinia*) em *DCD*, IV, conforme examei *supra* na Introdução, seção "Há Filosofia política em Agostinho?".

Doravante, Agostinho dispõe em XIX, xii, 2 o terceiro exemplo no qual parece não haver nenhum vestígio de paz. Trata-se de uma personagem mitológica chamada *Cacus/Kakós*[564], palavra grega que significa "mau", "perverso". Segundo os poetas, esse ser é um semi-homem, possui três cabeças e expele fogo pelas três bocas. É um ser solitário, habita uma caverna deserta, cujo chão está sempre regado de sangue. Exceto pela violência, não se relaciona com ninguém. No entanto, essa violência, bem como a guerra, não tem fim na própria violência, pois isso acabaria por levá-lo à morte. Até mesmo *Kakós* guardava a paz como fim, desejava desfrutar de repouso em sua gruta, estar em paz com o próprio corpo e afastar a mortalidade.

> Com o propósito de pacificar quanto antes sua mortalidade, que contra ele se rebelava por causa da indigência e da fome, coligadas para do corpo dissociarem e desterrarem a alma, roubava, matava e devorava. Embora inumano e fero, velava, inumana e ferozmente, pela paz de sua vida e saúde[565].

Ao revelar certa paz que Caco mantinha consigo mesmo, Agostinho explicita que, se fosse absolutamente má, tal semifera sequer existiria, sequer poderia ser descrita pelos poetas como um ser, pois não gozaria de mínima paz necessária para preservar a própria existência. Aliás, se Caco tivesse com os outros a paz que procurava para si, "não o chamariam mau, nem monstro, nem semi-homem."[566] Tanto é assim que seu isolamento e crueldade provinham não do desejo de praticar o mal, mas da necessidade

---

564 Cf. Virgílio, *Eneida*, VIII, 194-279; Propércio, *Elegia*, IV, ix, 7-20; Ovídio, *Fastos*, 543.

565 "[...] *ut suam mortalitatem adversum se ex indigentia rebellantem ac seditionem famis ad dissociandam atque excludendam de corpore animam concitantem quanta posset festinatione pacaret, rapiebat, necabat, vorabat et quamvis immanis ac ferus paci tamen suae vitae ac salutis immaniter ac ferociter consulebat*". AUGUSTINUS. *DCD*, XIX, xii, 2. Tradução de Oscar Paes Leme.

566 "[...] *nec malus nec monstrum nec semihomo vocaretur.*" *DCD*, XIX, xii, 2. Tradução de Oscar Paes Leme.

de sobreviência que, para ser cumprida, exigia o uso de força corporal e a capacidade de rebentar chamas. Visto que até mesmo uma semifera busca a paz e, não fosse a sua natureza, a sua constituição física, viveria em sociedade, Agostinho oferece o quarto exemplo, radicalizando o anterior (de um ser meio homem, meio fera), porque examina agora as feras propriamente ditas para averiguar se aspiram a alguma paz. O autor entende por feras os tigres, leões, raposas, águias, corujas, que parecem ser insociáveis e solitários[567]. Contudo,

> que tigre não ama com enternecimento os filhotes e, deposta a ferocidade, não os acaricia? Que milhafe, por mais solitário que voe em torno da presa, não se une a uma fêmea, faz o ninho, choca os ovos, alimenta os filhotinhos e não conserva com ela, que é como uma mãe de família, a sociedade doméstica na maior paz possível?[568]

Se, conforme os exemplos (iii) e (iv), até mesmo uma fictícia semifera e as feras mesmas anseiam pela paz e vida em sociedade, "quanto mais não é o homem arrastado pelas leis da sua natureza a formar sociedade e a obter paz com todos os homens na medida das possibilidades?"[569]. Os casos de Caco e das feras, desse modo, sucederam os dos beligerantes (i) e dos facínoras (ii) para que Agostinho pudesse reafirmar que se os animais mais ferozes buscam a vida em comum e a paz, com mais razão o homem também busca, pois sua natureza é sociável e, diferentemente dos animais

---

567 "[...] *insociabiles et solivagae* [...] *leones, lupi, vulpes, aquilae, noctuae* [...] *tigris*". *DCD*, XIX, xii, 2.

568 "*Quae [enim] tigris non filiis suis mitis immurmurat et pacata feritate blanditur? Quis milvus, quantumlibet solitarius rapinis circumvolet, non coniugium copulat, nidum congerit, ova confovet, pullos alit et quasi cum sua matre familias societatem domesticam quanta potest pace conservat?*". *DCD*, XIX, xii, 2. Tradução de Oscar Paes Leme com modificação.

569 "*Quanto magis homo fertur quodam modo naturae suae legibus ad ineundam societatem pacemque cum hominibus, quantum in ipso est, omnibus obtinendam*". *DCD*, XIX, xii, 2. Tradução de Oscar Paes Leme com modificação.

irracionais, o ser humano foi criado a partir de uma unidade original[570]. Os homens maus (*mali*), no entanto, buscam injustamente a paz, querem estabelecê-la sujeitando todos a um só. "É assim que a soberba é perversa imitação de Deus."[571] A despeito de o homem odiar a justa paz de Deus e amar a sua relativa paz iníqua, não obstante ama a paz, seja qual for[572]. "Pois não há ninguém com vício tão contrário à natureza que aniquile até os últimos vestígios da natureza."[573] Como bem sabemos, a ausência absoluta de paz equivale à ausência plena de ser ou ao nada[574].

Entretanto, não é porque existe alguma paz no estado pecaminoso em que os homens se encontram que ela deva ser estimada por si mesma. A paz relativa não pode instituir a vida feliz, pois o fato de ser relativa é evidência da condição cindida da humanidade, tal como igualmente é a virtude que luta contra vícios. Como visto em XIX, iv, a felicidade existirá somente em um estado no qual a paz será absoluta e a virtude, assim, não estará em querela com vício algum. A paz dos pecadores, por consequência, é a paz daqueles que não possuem, por exemplo, a virtude da justiça. "Comparada com a paz dos justos, a paz dos injustos não merece sequer o nome de paz"[575]. Desobediente a Deus e à natureza, o homem se recusou a se submeter à justa ordem da criação e pretendeu, no lugar do Criador, fundar em si mesmo uma paz arbitrária. Explicada a paz mundana a partir da condição humana fraturada, Agostinho dispõe finalmente em XIX, xii, 3, o exemplo (v) para provar que a paz existe universal e incondicionalmente em todos os confins da criação.

---

570 Cf. *DCD*, XII, xxi.

571 *"Sic enim superbia perverse imitatur Deum."*. *DCD*, XIX, xii, 2.

572 *"Odit ergo iustam pacem Dei et amat iniquam pacem suam. Non amare tamen qualemcumque pacem nullo modo potest."*. *DCD*, XIX, xii, 2.

573 *"Nullius quippe vitium ita contra naturam est, ut naturae deleat etiam extrema vestigia."*. *DCD*, XIX, xii, 2.

574 Cf. *DCD*, XIX, xii, 3.

575 "[...] *pacem iniquorum in pacis comparatione iustorum ille videt nec pacem esse dicendam"*. *DCD*, XIX, xii, 3. Tradução de Oscar Paes Leme com modificação.

Melhor dizendo, Agostinho, no último exemplo de aparente obscurecimento de toda e qualquer paz, examina até que ponto um corpo se encontra em desordem em um estado antinatual. Trata-se de hipotético corpo de ser humano "suspenso pelos pés e de ponta-cabeça. A situação do corpo e a ordem dos membros são antinaturais, porque aquilo que a natureza pede que esteja em cima se encontra embaixo, e aquilo que deveria estar embaixo se encontra em cima"[576]. De ponta-cabeça, decerto o corpo tem a paz perturbada, mas isso não significa que não haja paz alguma nele. Tanto há alguma paz nesse corpo em posição antinatural que Agostinho dela encherga quatro possíveis manifestações. Em primeiro lugar (v. 1), o corpo e a alma estão mutuamente, porque sabe estar o corpo em estado antinatual e sente dor. Se não houvesse qualquer relação pacífica entre o corpo e a alma, esta sequer saberia a ordem em que o corpo deveria ter permanecido[577].

Em segundo (v. 2), o peso (*pondus*) natural do corpo, que é tender para a terra, "aspira à ordem da paz que lhe é própria e com a voz do peso reclama, por assim dizer, o lugar em que repouse"[578]. É possível que o exemplo do corpo se refira metaforicamente ao estado mesmo fraturado do homem. Com efeito, é nos mesmos termos de desordem do que deveria estar em cima e do que deveria estar embaixo que Agostinho apresentou, em XIX, iv, a *rixa interioris* do ser humano e a injustiça. Lembremos que a dor, o sofrimento da alma por causa da luta contra os vícios, não existiria se ela estivesse ordenada com a sua natureza íntegra, guardando observância da ordem cosmológica segundo a qual é justo que o superior impere sobre o inferior e o inferior obedeça ao superior.

---

576 "[...] *capite deorsum pendeat, perversus est utique situs corporis et ordo membrorum, quia id, quod desuper esse natura postulat, subter est, et quod illa subter vult esse, desuper factum est*". *DCD*, XIX, xii, 3. Tradução de Oscar Paes Leme com modificação.

577 "[...] *verumtamen anima corpori suo pacata est et pro eius salute satagit, et ideo est qui doleat*". *DCD*, XIX, xii, 3.

578 "[...] *in suae pacis ordinem tendit et locum quo requiescat quodam modo voce ponderis poscit*". *DCD*, XIX, xii, 3.

A terceira (v. 3) manifestação de paz nesse corpo desordenado é a seguinte: se a dor ressentida pela alma chegar ao ponto de apartá-la do corpo, enquanto este não se degenerar, enquanto os membros permanecem unidos, existirá alguma paz entre eles mesmo que estejam de ponta-cabeça[579]. Se o embalsamarem, se com preparações e tratamentos impedirem a degeneração do cadáver, permanecerá essa paz da compleição do corpo, bem como seu peso em direção ao lugar natural[580]. Por fim, em quarto lugar (v. 4), ainda que o corpo se decomponha, cada parte dele se estabelecerá em paz com os elementos do mundo[581].

A explicitação da paz mesmo em situação contrária à natureza permite a Agostinho concluir que "nada se subtrai às leis do supremo Criador e Ordenador, que governa a paz do universo"[582]. Não sem razão, o começo do capítulo subsequente (XIX, xiii, 1) a essa conclusão dispõe dez definições de paz referentes a todas as partes da criação, numa sequência crescente de subsunção da paz mais particular pela mais universal.

> Assim, (i) a paz do corpo é a ordenada complexão de suas partes; (ii) a paz da alma irracional é o ordenado repouso de seus apetites; (iii) a paz da alma racional é o ordenado acordo entre o pensamento e a ação; (iv) a paz do corpo e da alma, a vida ordenada e a saúde (*salus*) do ser animado; (v) a paz do homem mortal com Deus é a obediência ordenada na fé sob a lei eterna; (vi) a paz dos homens, a ordenada concórdia; (vii) a paz da casa é a ordenada concórdia dos habitantes que devem mandar com aqueles que devem obedecer; (viii) a paz da cidade, a ordenada concórdia dos cidadãos que devem mandar com aqueles que devem obedecer; (ix) a paz da cidade celeste

---

579 Cf. *DCD*, XIX, xii, 3.

580 Cf. *DCD*, XIX, xii, 3.

581 Cf. *DCD*, XIX, xii, 3.

582 *"Nullo modo [tamen] inde aliquid legibus summi illius Creatoris Ordinatorisque subtrahitur, a quo pax universitatis administratur"*. *DCD*, XIX, xii, 3. Tradução de Oscar Paes Leme.

> é a ordenadíssima e concordíssima sociedade que goza/frui de Deus e, mutuamente, em Deus; (x) a paz de todas as coisas, a tranquilidade da ordem. A ordem é a disposição dos seres iguais e desiguais que designa o lugar que lhes é devido.[583]

Examinar todo o conteúdo contido nessa célebre passagem[584] ensejaria um outro capítulo, mas em síntese é preciso ter em vista que todos os parágrafos seguintes até XIX, xvii decorrem estreitamente deste célebre parágrafo de XIX, xiii,1, assim como assimilar que "paz" e "ordem" são dois termos inseparáveis e apresentados como constitutivos da racionalidade e moralidade da criação. Afinal, todas as definições de "paz" se dão por meio da "ordem" e, não à toa, esta é definida universalmente ao fim da série. Em relação à disposição das definições, ela obedece a uma gradação de subsunção, isto é, a sequência parte do inferior em direção ao superior, da criatura menos perfeita (o que não quer dizer que seja má) em direção às realidades mais perfeitas. Além disso, a sequência segue também um critério de generalização e universalização: parte do particular em direção ao geral, que se confunde com "social", pois

> as dez definições propostas se classificam em dois grupos. As cinco primeiras consideram a paz no *ser individual*, e a série se eleva do corpo até ao espírito em relação com Deus.

---

583 "*Pax itaque corporis est ordinata temperatura partium, pax animae irrationalis ordinata requies appetitionum, pax animae rationalis ordinata cognitionis actionisque consensio, pax corporis et animae ordinata vita et salus animantis, pax hominis mortalis et Dei ordinata in fide sub aeterna lege oboedientia, pax hominum ordinata concordia, pax domus ordinata imperandi atque oboediendi concordia cohabitantium, pax civitatis ordinata imperandi atque oboediendi concordia civium, pax caelestis civitatis ordinatissima et concordissima societas fruendi Deo et invicem in Deo, pax omnium rerum tranquillitas ordinis. Ordo est parium dispariumque rerum sua cuique loca tribuens dispositio.*". *DCD*, XIX, xiii, 1. Tradução de Oscar Paes Leme com modificação. Parênteses meus.

584 "*Ces définitions qui s'enchaînent l'une l'autre son tout à fait remarquables et font de ce passage un des plus importants de la* Cité de Dieu.". BARDY, G. "Notes complémentaires". In: AUGUSTINUS. *La cité de Dieu* (Livres XIX - XXII), 1960, p. 740.

> As cinco outras, as mais importantes, concernem ao *aspecto social*, domínio próprio da paz.[585]

Entre as concernentes ao aspecto social, a primeira definição (sexta no conjunto das dez) parece, porém, conter uma generalidade que abrange todas as próximas três[586]. Com efeito, a ordenada concórdia (*ordinata concordia*), que é a paz dos homens entre si, reaparece na paz da família (*domus*), da cidade e da cidade celeste. Chama a atenção Agostinho não conferir apenas uma definição de paz para as cidades. Como visto, distingue as cidades em dois grupos nas oitava e nona definições: a *civitas*, que parece referir-se a todas as cidades mundanas, e a *caelestis civitas*. A distinção é coerente com aquela que se dá entre cidade terrena e cidade celeste, e daí já é possível entrever que também na cidade do pecado existe certa paz, seguramente muito inferior à da celeste, cuja definição é construída no grau superlativo (*pax ordinatissima et concordissima*)[587].

De maneira semelhante à sexta, a décima e última definição[588] também parece conter uma generalidade que abrange todas as nove definições anteriores, porque abrange universalmente toda

---

[585] *"Les dix définitions proposés se classent d'elles mêmes en deux groupes. Les cinq première considèrent la paix dans l'*être individuel*, et la série s'élève du corps jusqu'à l'esprit en rapport avec Dieu. Les cinq autres, les plus importantes, concernent l'*aspect social*, domaine propre de la paix."* BARDY, G. *Op. cit,* loc. cit. (Grifo do autor).

[586] *"La première [définition de l'aspect social], très générale, vaut pour tous les degrés, famille, cité, État, et même humanité entière."*. *Ibid.*, loc. cit.

[587] É acachapante a fortuna histórica da recepção desses capítulos de *DCD*, XIX, que Marrou chamada de *Tractatus de pace*, na Baixa Idade Média italiana para a fundamentação e prática de políticas de paz. Cf. MIATELLO, André Luis Pereira. "Giordano de Pisa (1260-1311) e os três significados da cidade: um ensaio de política urbana medieval", 2017, p. 239-263; ——. "A política dos sermões ou os sermões na política: a pregação nas cidades comunais da Baixa Idade Média", 2017, p. 96-113; ALVES, A. A. "Diliges proximum tuum sicut te ipsum: a natureza e o amor como fundamentos da sociedade humana na pregação de Giordano de Pisa (séc. XIV)", 2020, p. 1-29.

[588] "[...] *pax omnium rerum tranquillitas ordinis.*". AUGUSTINUS. *DCD*, XIX, xiii, 1.

a criação. Como já dito, imediatamente após definir todas as modalidades de paz lá, Agostinho define o termo correlativo: "a ordem é a disposição dos seres iguais e desiguais que designa o lugar que lhes é devido."[589] "Lugar", nesse caso, refere-se ao lugar natural a que todas as coisas tendem pelo peso (*pondus*). Os homens miseráveis (*miseri*), desse modo, não aspiram ao lugar natural que tenderiam por natureza, pois não mais possuem "a vida ordenada e a *salus* do ser animado"[590] nem são capazes de cumprir "a obediência [a Deus] ordenada na fé sob a lei eterna"[591]. Padecem, assim, toda sorte de sofrimentos e justas penas de desobediência de si a si pela desobediência de si a Deus. Ora, se o todo é perfeitamente bem ordenado, então até mesmo aquela parte da criação que se desordenou deve ser encarrilhada, por assim dizer, em uma condição que se ajuste ao estado antinatural. Deus "sabe como ordenar justamente os injustos [...], pela justiça de seu poder retira bens dos próprios males, pondo em reta ordem com castigos os que se desordenaram perversamente com pecados"[592].

Uma criatura, desse modo, pode abandonar a sua própria ordem, mas não a ordem universal[593], o que significa que, desordenada, está distante do lugar onde deveria estar, mas de toda forma ordenada em algum outro lugar da criação onde, se não estivesse, não sofreria[594]. A argumentação aqui é tal qual aquela acerca da paz quando vimos que nenhuma coisa sofre ausência absoluta de paz porque isso equivaleria à ausência plena de ser.

---

589 *"Ordo est parium dispariumque rerum sua cuique loca tribuens dispositio."*. *DCD*, XIX, xiii, 1.

590 "[...] *ordinata vita et salus animantis*". *DCD*, XIX, xiii, 1.

591 "[...] *ordinata in fide sub aeterna lege oboedientia*". *DCD*, XIX, xiii, 1.

592 "[...] *qui etiam iniustos iuste ordinare novit [...], ille per iustitiam potestatis suae bene utatur malis ipsorum, recte ordinans in poenis qui se perverse ordinaverint in peccatis."*. *De natura boni*, XXXVII; cf. *De vera religione*, XXIII, 44.

593 "Este universo não contém mal *(malum)*, mas apenas os bens *(bona)* que tomam o seu lugar na ordem e que só podem surgir como maus ao indivíduo isolado *(singulum)*". ARENDT, H. *O conceito de amor em Santo Agostinho*, p. 77

594 Cf. AUGUSTINUS. *DCD*, XIX, xiii, 1.

Toda realidade possui alguma paz, possui alguma ordem, caso contrário, sequer existiria.

Assim, como "existe natureza em que não há nenhum mal nem pode haver mal algum, porém não pode existir natureza na qual não haja algum bem"[595], é a própria perversidade da criatura racional ou sua exclusiva vontade má que a torna má[596]. Em consequência, nem mesmo a natureza do Diabo é má[597]. A bondade de Deus, portanto, revela-se inclusive no Diabo, pois no quanto ele é, ele é bom. No entanto, como todos os seres estão em ou tendem aos seus devidos lugares como partes do universo, aquele que não se mantém na tranquilidade da ordem não se furta, contudo, do castigo no qual o Ordenador o reordena[598]. Ao refletir sobre a natureza do Diabo, sobre a sua parcela de bondade e de maldade, cujas origens são, respectivamente, Deus mesmo e a vontade má do próprio Diabo, Agostinho retoma a crítica ao maniqueísmo[599]. Em termos mais precisos, o Diabo não é apresentado como o mal absoluto em oposição a Deus, o supremo bem; pelo contrário, é apenas uma criatura, que, como tal, participa do supremo bem, mas, dotada de livre-arbítrio, escolheu divorciar-se do Criador.

Com isso, Agostinho exclui qualquer possibilidade de escusa por parte do homem em relação à danação da humanidade. Com efeito, se o Diabo não é o mal absoluto, se diante do bem absoluto é absurdo relativizá-lo, então o bem está presente em toda a criação, e isso Agostinho procurou provar por meio da explicitação de que todas as coisas, simplesmemnte pelo fato de serem, possuem certa paz.

---

595 "[...] *est natura, in qua nullum malum est vel etiam in qua nullum esse malum potest; esse autem natura, in qua nullum bonum sit, non potest.*". *DCD*, XIX, xiii, 2.

596 "[...] *perversitas eam malam facit.*". *DCD*, XIX, xiii, 2.

597 "*Proinde nec ipsius diaboli natura, in quantum natura est, malum est*". *DCD*, XIX, xiii, 2.

598 "*Itaque in veritate non stetit, sed veritatis iudicium non evasit; in ordinis tranquillitate non mansit, nec ideo tamen a potestate Ordinatoris effugit. Bonum Dei, quod illi est in natura, non eum subtrahit iustitiae Dei, qua ordinatur in poena*". *DCD*, XIX, xiii, 2.

599 Cf. *DCD*, XIV, i-iv; Conf., VII, xvi, 22; *De natura boni*, XXXV.

Por consequência, todo mal que o ser humano não deveria conter em si por natureza se deve tão somente ao próprio homem, à própria vontade, e não a algum suposto ser maligno como o Diabo, muito menos à mulher ou à serpente que o teriam convencido a experimentar o fruto proibido.

O raciocínio retoma a bondade que qualquer natureza guarda simplesmente por ser. Porque uma criatura cindida pelo pecado continua a viver, aquilo que é conservado de ser nela, como já analisado, manifesta certa paz e bondade, e inevitavelmente se estabelece em conflito com aquilo que se inseriu de perversão por causa da falta. O conflito resulta na dor, que "é testemunho do bem subtraído e do bem deixado"[600]. Até mesmo a dor, assim, adquire o estatuto de signo da presença de Deus nas criaturas. A parcela de ser que mesmo as criaturas danadas encerram se deve à participação ontológica delas em Deus, de tal sorte que é graças a essa presença, ainda que não integral, de paz, bondade e vida que por meio da dor a alma pode reconhecer-se miserável[601]. Em contraposição à dor (*dolor*), como signo da natureza boa que restou na criatura cindida, está a alegria (*laetitia*) no pecado, que adquire o estatuto de signo da perversão adquirida pelo livre-arbítrio da criatura racional. Aqui, Agostinho distingue dois grupos de pecadores, certamente correspondentes aos dois grupos de cidadãos, a saber, os da cidade terrena e os da cidade celeste. Um grupo é composto por aqueles que reconhecem a dor testemunhar o bem subtraído e o bem preservado que nos conduz ao Bem supremo. O outro grupo é composto por aqueles que se alegram nos próprios delitos[602].

Agostinho apresenta como penas do pecado e motivo de dor a perda de dois bens: a *aequitas* e a *salus*, que nesse contexto são

---

[600] "[...] *testimonium est boni adempti et boni relicti.*". *DCD*, XIX, xiii, 2. Tradução de Oscar Paes Leme.

[601] "*Nisi enim bonum relictum esset, bonum amissum dolere non posset. [...] ita dolor amissi boni in supplicio testis est naturae bonae.*". *DCD*, XIX, xiii, 2.

[602] "[...] *profecto convenientius iniustus dolet in supplicio, quam laetatus est in delicto*". *DCD*, XIX, xiii, 2.

bens, respectivamente, da alma e do corpo[603]. A equidade retoma a virtude da justiça que a alma pecadora não mais é capaz de desempenhar, pois o próprio pecado foi ato de injustiça, de perturbação à paz que o homem possuía quando natural e obedientemente aspirava pelo seu peso ao Criador. Com a perda da equidade, o homem cai em uma condição fraturada, inunda a si mesmo de vícios e, aspirando às coisas perecíveis, perde também a saúde (*salus, sanitas*) do corpo, que se torna mortal. Como os homens sofrem a dor da perda da paz por meio de restos de paz que permaneceram neles, é compreensível para Agostinho que no último suplício, no juízo final, os injustos e os ímpios vertam lágrimas devidas ao reconhecimento de que com enorme justiça lhes serão retirados definitivamente os bens naturais que Deus concedeu com grandiosíssima bondade[604]. A bondade divina com os homens é escrita no superlativo (*benignissimus*) porque se trata de uma graça. Ora, na condição mortal devida à queda, o gênero humano não mereceria possuir bens naturais pelos quais ainda pode obter a paz temporal.

> Deus, pois, sapientíssimo Criador e justíssimo Ordenador de todas as naturezas, que na Terra estabeleceu o mortal gênero humano para ser o mais belo ornamento, deu aos homens certos bens convenientes a esta vida, quer dizer, à paz temporal conforme a vida mortal mediante a própria saúde, a preservação e união da espécie, e tudo o que é necessário à conservação ou à recuperação dessa paz (como, por exemplo, as coisas que adequada e convenientemente estão à disposição dos sentidos: a luz, o som, o ar respirável, a água potável e tudo quanto serve para alimentar, cobrir, curar e adornar o corpo).[605]

---

[603] Cf. *DCD*, XIX, xiii, 2. Note-se que aqui, diferentemente de outros lugares, Agostinho utiliza o termo *salus* no sentido de "*corporis sanitas*".

[604] Cf. *DCD*, XIX, xiii, 2.

[605] "*Deus ergo naturarum omnium sapientissimus Conditor et iustissimus Ordinator, qui terrenorum ornamentorum maximum instituit mortale genus humanum, dedit hominibus quaedam bona huic vitae congrua, id est, pacem*

Deus dispôs todos os bens naturais para o gênero, não para cada homem, pois a saúde, a união e a preservação são de todos os homens em sociedade. O conjunto tem predominância diante do homem isolado de tal modo que a vida humana por excelência é social e partilhada. O gênero, contudo, divide-se em dois grupos como sabemos, ou melhor, em duas cidades, em função dos modos como usam ou fruem os bens pelos quais é possível estabelecer certa paz nesta realidade terrena, exemplarmente apresentados como os dois modos de vida em *DCD*, XIV (viver segundo a carne/mentira/si mesmo e viver segundo o espírito/verdade/Deus)[606]. Em se tratando tanto de bens relativos quanto de paz temporal, os homens deveriam usá-los e obtê-la apenas a fim de atravessar a existência pecaminosa em direção à "paz da imortalidade conforme a glória e a honra para fruir de Deus e do próximo em Deus na vida eterna."[607]

Aqueles que usam os bens terrenos com fim na paz na vida eterna (*pax in vita aeterna*) são os cidadãos da cidade celeste, pois o fim na eternidade é propriamente da cidade, sendo também dos cidadãos na medida em que são parte dela. Já aqueles que usam os bens com fim neles mesmos, ou seja, que os fruem e os tomam como bens supremos, são cidadãos da cidade terrena, que, alegrando-se com os próprios delitos, supõem que a felicidade resida na posse e gozo da coisas corruptíveis, instituindo aquele modo de vida segundo a mentira ou segundo o Ego, que contraditoriamente realiza o contrário do que projeta, conforme

---

*temporalem pro modulo mortalis vitae in ipsa salute et incolumitate ac societate sui generis, et quaeque huic paci vel tuendae vel recuperandae necessaria sunt (sicut ea, quae apte et convenienter adiacent sensibus, lux vox, aurae spirabiles aquae potabiles, et quidquid ad alendum, tegendum, curandum ornandumque corpus congruit)". DCD*, XIX, xiii, 2. Tradução de Oscar Paes Leme com modificação.

[606] Cf. *supra* Capítulo IV, especialmente as primeiras seções concentradas em *DCD*, XIV, i-iv.

[607] "[...] *immortalitatis pacem eique convenientem gloriam et honorem in vita aeterna ad fruendum Deo et proximo in Deo". DCD*, XIX, xiii, 2. Tradução de Oscar Paes Leme com modificação.

Agostinho já expressava sob a rubrica da *dominandi libido* no último parágrafo do proêmico de *A cidade de Deus*, para dizer qual é o "motor da história"[608] da cidade terrena.

## *DE CONCORDIA ET DISCORDIA CIVITATUM* (XIX, xiv – xvii)

A distinção entre uso e fruição de bens terrenos é a um só tempo o que estabelece concórdia e discórdia entre as duas cidades. Por um lado, ambas são constituídas por cidadãos que necessitam dos bens naturais para alcançar a paz do corpo e a do corpo com a alma, mas, por outro lado, a cidade terrena busca esses bens por eles mesmos, com fim na paz terrena, e a cidade celeste busca-os como meio, com fim na paz eterna. Isso quer dizer que os cidadãos da cidade terrena não submetem o uso dos bens naturais à paz da alma racional, que é o ordenado acordo entre o pensamento e a ação. Contudo, para que seja possível a coerência entre o que a alma conhece e o modo como age, é preciso sublinhar que ela, em uma condição decaída, necessita do magistério divino para ser capaz de conhecer retamente e de agir com liberdade (fazer o bem)[609].

Ao retomar as primeiras definições de paz da lista de dez, Agostinho evidencia a interdependência que há entre elas. Com efeito, a possibilidade da paz da alma racional (ordenado acordo entre o pensamento e a ação) remete-nos à paz entre o homem mortal e Deus, que é a obediência ordenada na fé sob a lei eterna. Essa definição, aliás, abrange, para não citar a do corpo e a deste com a alma, no mínimo aquela da paz da alma racional na medida em que o conhecimento é dado pela fé e a ação adquire a forma de obediência.

---

608 "[..] *le péché est le moteur de l'histoire*". MARROU, H-I. *L'ambivalence du temps de l'histoire chez saint Augustin*, p. 64.

609 Cf. *DCD*, XIX, xiv.

A definição da paz do homem mortal com Deus (a v daquela lista de dez), além de abranger algumas definições anteriores (como as iii e iv) abrange também algumas posteriores. Melhor dizendo, Agostinho desdobra a quinta definição de paz ao explicitar que a fé nas *Escrituras* nos anuncia que o mestre Deus (*magister Deus*) ensina "dois preceitos principais, isto é, o amor a Deus e o amor ao próximo"[610]. Nesses dois preceitos, o homem tem três realidades para amar: Deus, ele mesmo[611] e o próximo. O outro deve ser amado como a si mesmo porque, em verdade, não deveria haver alteridade entre mim e o outro.

Qual é essa igualdade? A igualdade de situação, aquela proveniente do passado histórico comum ao gênero humano: o pecado original. "Todos os homens são iguais *(aequales)*, igualmente pecadores."[612] A igualdade de condição histórica é evidente porque a principal consequência do pecado é a morte. Os homens, no entanto, guardam outra igualdade entre si. Trata-se do segundo fato histórico: a encarnação de Cristo. Eis a igualdade da graça. Aliás, é apenas quando os homens são igualmente agraciados que tomam ciência daquela primeira igualdade. "Enquanto que antes da vinda de Cristo o parentesco de todos os homens era adquirido de Adão pelo nascimento *(generatione)*, aqui, é a graça divina que, revelando-se, torna todos os homens iguais ao mostrar-lhes o seu passado comum no pecado."[613] O próximo, por consequência, deve ser amado como a si mesmo porque todos são iguais antes de qualquer escolha individual, de forma que cada um deve levar o outro à

> explicitação do seu próprio ser, conduzi-lo a Deus [...], é o dever para com o próximo que incumbe ao cristão devido ao seu pecado passado. 'Ele é consubstancial a ti [...] O que tu és,

---

610 "[...] *duo praecipua praecepta, hoc est, dilectionem Dei et dilectionem proximi*". *DCD*, XIX, xiv.

611 "[...] *se ipsum*". *DCD*, XIX, xiv.

612 ARENDT, H. *O conceito de amor em santo Agostinho*, p. 156.

613 ARENDT, H. *Op. cit*, p. 162-3.

> ele é-o também; respeita o teu irmão.'[614] É por isto que a fuga para a solidão é pecado; priva outrem da possibilidade da conversão.[615]

É possível, com isso, compreender o gênero humano como "ser-conjunto"[616] ou "ser coletivo"[617], uma vez que todos guardam duas igualdades principais. "O ser-conjunto dos homens na comunidade, [...] torna-se [na segunda igualdade] um ser-conjunto livremente escolhido e constringente para cada um"[618]. É livremente escolhido por Deus porque agraciado, e constringente porque cada um é "um ser-no-pecado comum"[619]. Em termos mais precisos, a espécie humana constitui um ser-conjunto porque a igualdade que a constitui "é a onipotência que destrói todas as diferenças. Do mesmo modo, qualquer que seja o número dos Estados e das comunidades particulares, na verdade existem apenas duas cidades, a boa e a má, fundadas em Cristo ou em Adão, tal como existem apenas dois amores (*amores*), o amor ao mundo ou de si e o amor a Deus."[620] Assim, a própria partilha do gênero em duas sociedades é reflexo da "massa danada"[621] da qual se dividem as cidades terrena e celeste. É por causa da graça, que confere a segunda igualdade, que os cidadãos da cidade celeste são capazes de efetuar o devido uso das coisas com fim em Deus. Tornam-se capazes de ter em relação a Deus "a obediência ordenada na fé sob a lei eterna"[622]. Vale lembrar que a fé é necessária porque "enquanto [o homem] está neste corpo mortal, peregrina a Deus: caminha

---

614 "*Consubstantialis tuus est* [...] *Hoc est ille quod tu: respice fratrem tuum.*". AUGUSTINUS. *Sermo LVI*, 14.

615 ARENDT, H. *Op. cit*, p. 164-5.

616 "*Miteinander*". ARENDT, H. *Der Liebesbegriff bei Augustin*, p. 113.

617 "[...] *être collectif*". GILSON, É. *Les metamorphoses de la cité de Dieu*, p. 69.

618 ARENDT, H. *O conceito de amor em santo Agostinho*, p. 157.

619 ARENDT, H. *Op. cit*, loc. cit.

620 ARENDT, H. *Op. cit*, loc. cit.

621 "[...] *massa damnata*". AUGUSTINUS. *De correctione et gratia*, VII, 12.

622 "[...] *pax hominis mortalis et Dei ordinata in fide sub aeterna lege oboedientia*". *DCD*, XIX, xiii, 1.

pela fé e não pela espécie"[623] ou visão direta, caminha por *simulata* e não por *vera praesentia*[624].

Agostinho, desse modo, desdobra as definições de paz referentes à vida humana em sociedade a partir da quinta definição, ou seja, da paz do homem mortal com Deus. Como visto, a realização dessa paz exige o amor ao próximo, ou seja, "a ordenada concórdia"[625] entre os homens que, na casa (*pax domestica*), manifesta-se como "a ordenada concórdia dos habitantes que devem mandar com aqueles que devem obedecer"[626]. A mulher, dessa forma, deve obedecer ao homem; os filhos, aos pais; os escravos, aos senhores, segundo os critérios de paz, justiça e ordem. Portanto, a virtude da justiça ("dar a cada qual o que lhe é devido") encontra-se presente nas definições de paz segundo as quais a obediência é necessária. Nesse sentido, agir com justiça para com o próximo nada mais é do que o cumprimento do preceito de amar ao próximo como a si mesmo. Por consequência, aquele que manda, e pede a justa obediência do outro, procede não por desejo de domínio, não por orgulho de reinar, mas por misericórdia de auxiliar o próximo[627]. Assim, aquele que manda, antes de dominar, serve quem lhe obedece, na medida em que seu *imperium* guarda como propósito auxiliar o outro na peregrinação[628]. Aliás, era essa enigmática forma de governo caritativa da cidade celeste que Agostinho apresentava lá em *DCD*, XIV, xviii, na célebre passagem a respeito dos dois amores que fundaram, pois, duas cidades.

---

623 "[...] *quamdiu est in isto mortali corpore, peregrinatur a Domino: ambulat per fidem, non per speciem*". *DCD*, XIX, xiv.

624 Cf. *De trinitate*, X, x, 16.

625 "[...] *ordinata concordia*". *DCD*, XIX, xiv.

626 "[...] *ordinata imperandi oboediendique concordia cohabitantium*". *DCD*, XIX, xiv.

627 "*Neque enim dominandi cupiditate imperant, sed officio consulendi, nec principandi superbia, sed providendi misericordia.*". *DCD*, XIX, xiv.

628 "*Sed in domo iusti viventis ex fide et adhuc ab illa caelesti civitate peregrinantis, etiam qui imperant serviunt eis, quibus videntur imperare.*". *DCD*, XIX, xiv.

Agostinho discerne, assim, uma forma justa de *imperium* ou comando, que de certo modo transfigura-se em justa sujeição e obediência, porque serve aos obedientes e não poderia ser de outro modo porque originalmente o homem sequer deveria subjugar outro homem a si[629]. A necessidade do domínio e da obediência dos homens entre si é não natural, mas consequência do pecado. Ora, ao criar o homem, Deus lhe prescreveu que dominasse somente os seres irracionais: "'Domine os peixes do mar, as aves do céu e todo réptil que rasteja sobre a terra'"[630]. Essa é a razão de os primeiros homens terem sido pastores[631], não reis, e o primeiro ser humano, a saber, Caim, que pretendeu dominar o semelhante ter sido quem cometeu o primeiro assassínio (mais precisamente, fratricídio) da história. Eis por que segundo Agostinho a palavra "servo" ou "escravo" (*servus*) não aparece nas *Escrituras* antes do justo Noé reprovar com tal nome o pecado de seu filho[632]. "Esse nome mereceu-o, pois, a culpa, não a natureza"[633]. A própria origem da palavra na língua latina se dá na ocorrência de um empreendimento, a guerra, que os homens executam por estar manchados pelo pecado, pois *servus*, segundo Agostinho, origina-se de *servare* ("conservar"), porque designava aqueles prisioneiros de

629 Cf. AUGUSTINUS. *In evangelium Ioannis tractatus* [Tratados sobre o evangelho de João], VI, 25, em que há passagem citada por Oswald de Andrade em seu *Dicionário de bolso*: "SANTO AGOSTINHO. Grande doutor da Igreja. Perdia-se na ideia de um mundo internacional que fosse a cidade espiritual de Deus. Autor desta afirmação vermelha: 'Não por virtude do direito divino, mas só por virtude do direito de guerra, alguém pode dizer: esta casa é minha, este criado é meu!'". (ANDRADE, O. de. *Dicionário de bolso*, p. 42.). "[...] property rights do not have their foundation in rights established directly by God but in human rights conferred by temporal authorities." FORTIN, E. L. "Property - Introduction". In: AUGUSTINE, 1994b, p. 248. Cf. também SENELLART, M. *As artes de governar*: do regimen medieval ao conceito de governo, 2006, p. 72.

630 *"'Dominetur', inquit, 'piscium maris et volatilium caeli et omnium repentium, quae repunt super terram'"*. *DCD*, XIX, xv; *Gn.* 1, 26.

631 *"Inde primi iusti pastores pecorum magis quam reges hominum constituti sunt"*. *DCD*, XIX, xv; Cf. *Gn.* 4, 2.

632 *"Proinde nusquam Scripturarum legimus 'servum', antequam hoc vocabulo Noe iustus peccatum filii vindicaret"*. *DCD*, XIX, xv; Cf. *Gn* 9, 25-26.

633 *"Nomen itaque istud culpa meruit, non natura."* *DCD*, XIX, xv.

guerra que tiveram a vida conservada (a despeito de poder ter sido mortos por direito de guerra) para servirem aos vencedores[634].

Essa é a razão por que até mesmo a guerra justa é manchada pelo pecado na medida em que uma das partes executa o conflito pelo pecado, e não é porque o outro lado é justo que necessariamente vencerá; ainda que perca a guerra para os maus e seja escravizado, soferá porque já estivera em pecado, descende do pecado, e, assim, deve ter os pecados corrigidos ou ser castigado[635]. "Testemunha o homem de Deus Daniel, que no cativeiro confessa a Deus os seus pecados e os pecados de seu povo e reconhece, com piedosa dor, ser essa a razão do referido cativeiro"[636]. Desse modo, "a causa primeira da servidão é, pois, o pecado, que submete um homem ao outro pelo vínculo da condição [social]"[637]. Uma das coisas que o pecado originou foi a necessidade da servidão. Ser escravo tornou-se traço da condição mortal da humanidade a ponto de até mesmo aqueles que mandam deverem, se quiserem ser justos, servir quem lhes obedece. É por meio da servidão, aliás, que os homens obtêm a ordem da paz[638], sendo possível a um escravo estar em paz e possuir, conforme o caso, mais liberdade que o senhor[639]. Afinal, "é preferível ser escravo de homem a sê-lo da cobiça"[640].

---

634 *"Origo autem vocabuli servorum in Latina lingua inde creditur ducta, quod hi, qui iure belli possent occidi, a victoribus cum servabantur servi fiebant, a servando appellati". DCD,* XIX, xv.

635 *"Nam et cum iustum geritur bellum, pro peccato e contrario dimicatur; et omnis victoria, cum etiam malis provenit, divino iudicio victos humiliat vel emendans peccata vel puniens.". DCD,* XIX, xv.

636 *"Testis est homo Dei Daniel, cum in captivitate positus peccata sua et peccata populi sui confitetur Deo et hanc esse causam illius captivitatis pio dolore testatur.". DCD,* XIX, xv; Cf. *Dan.* 9, 16. (Tradução de Oscar Paes Leme com modificação nossa).

637 *"Prima ergo servitutis causa peccatum est, ut homo homini condicionis vinculo subderetur". DCD,* XIX, xv. Tradução de Oscar Paes Leme com modificação.

638 "[...] *pacis ordine". DCD,* XIX, xv.

639 "[...] *multi quidem religiosi dominis iniquis, non tamen liberis serviunt". DCD,* XIX, xv.

640 "[...] *felicius servitur homini, quam libidini". DCD,* XIX, xv. Tradução de Oscar Paes Leme com modificação.

Agostinho, assim, considera que a condição social dos homens está ordenada por Deus, ainda que seja consequência do pecado. Por natureza, nenhum homem seria escravo de outro homem ou do pecado; porém, desrespeitada essa ordem natural, cabe ao homem agora se submeter à lei da ordem que impôs a pena da servidão[641]. Por consequência, cabe ao cristão aceitar a própria situação na sociedade, seja aquela que for, pois nada há que não esteja justamente ordenado pelo juízo de Deus[642]. Ser escravo de outro homem não significa maior condenação do que ser senhor de escravos. Com efeito, esse senhor também é escravo ou daqueles que lhe obedecem (por amá-los como a si mesmo, ajuda-os na salvação) ou da cobiça de dominar (*libido dominandi*). Os próprios patriarcas, conforme as *Escrituras*, amavam de maneira indistinta todos os membros da casa, independente de serem escravos ou filhos[643]. Tal forma justa de administrar a paz doméstica é o que define um *pater familias*, isto é, um senhor que aspira chegar à casa celeste (*caelestis domus*), onde um ser humano não mais precisará mandar em outro ser humano, porque na imortalidade necessidade alguma terá de ser suprida[644]. Nessa justificação agostiniana da desigualdade (mas que, bem entendida, não é naturalização), os senhores estranhamente têm ônus maior para suportar do que os escravos[645], pois a eles cabe a tarefa de suprir as necessidades daqueles que lhe servem e de preservar a paz doméstica,

---

641 "*Nullus autem natura, in qua prius Deus hominem condidit, servus est hominis aut peccati. Verum et poenalis servitus ea lege ordinatur, quae naturalem ordinem conservari iubet, perturbari vetat; quia si contra eam legem non esset factum, nihil esset poenali servitute cohercendum.*". *DCD*, XIX, xv.

642 "[...] *quod non fit nisi Deo iudicante, apud quem non est iniquitas et novit diversas poenas meritis distribuere delinquentium.*". *DCD*, XIX, xv.

643 Cf. *DCD*, XIX, xvi; *Ex.* 12, 44.

644 "*Qui autem veri patres familias sunt, omnibus in familia sua tamquam filiis ad colendum et promerendum Deum consulunt, desiderantes atque optantes venire ad caelestem domum, ubi necessarium non sit officium imperandi mortalibus, quia necessarium non erit officium consulendi iam in illa immortalitate felicibus*". *DCD*, XIX, xvi.

645 "[...] *magis debent patres quod dominantur, quam servi tolerare quod serviunt.*". *DCD*, XIX, xvi.

recorrendo, se preciso, à correção dos desobedientes por meio de palavras ou pancadas ou qualquer outra pena justa e admitida pela sociedade[646] (e ainda assim quem pune, tortura e é dotado de privilégios de todas as ordens tolera mais do que quem é punido e torturado!).

Ao senhor cumpre tomar atitudes severas contra a perturbação da paz porque a paz doméstica é condição da paz cívica. "A casa deve ser início e parte da cidade"[647], de sorte que "a ordenada concórdia dos habitantes [da *domus*] que devem mandar com aqueles que devem obedecer se refira à ordenada concórdia dos cidadãos que devem mandar com aqueles que devem obedecer [na *civitas*]"[648], segundo uma concepção orgânica de cidade em que há certo espelhamento entre suas instâncias micro e macro, assim como um paralelismo íntimo entre a ordenação ou desordenação de cada um consigo mesmo e a ordenação ou desordenação social[649]. Isso quer dizer que o *pater familias* deve dirigir a *domus* não arbitrariamente e sim por meio das leis da cidade[650]. As leis civis, contudo, pertencem, por exemplo, a Roma ou Atenas ou ao Egito, que constituem em geral, juntamente com outras *urbes*, a cidade terrena, porquanto as *urbes* são facilmente identificadas à cidade terrena (embora esta as extravase), ao passo que a cidade celeste não se identifica com nenhuma (embora cidadãos seus possam viver e vivam nelas). Assim, por mais que os homens estejam em um estado pecaminoso, eles não deixaram de aspirar, como já analisado, a algumas formas de paz temporal e secular.

---

646 "*Si quis autem in domo per inoboedientiam domesticae paci adversatur, corripitur seu verbo seu verbere seu quolibet alio genere poenae iusto atque licito, quantum societas humana concedit, pro eius qui corripitur utilitate, ut paci unde dissiluerat coaptetur.*". *DCD*, XIX, xvi.

647 "[...] *domus initium sive particula debet esse civitatis*". *DCD*, XIX, xvi.

648 "[...] *ordinata imperandi oboediendique concordia cohabitantium referatur ad ordinatam imperandi oboediendique concordiam civium.*". *DCD*, XIX, xvi.

649 Embora com descontinuidades, pressuposto que já se encontrava em *Rep.* de Cícero e cuja matriz é o paralelo íntimo ou analogia entre as três partes da alma e as três classes da cidade n'*A República*, de Platão (cf. 427e-443b).

650 "*Ita fit, ut ex lege civitatis praecepta sumere patrem familias oporteat*". *DCD*, XIX, xvi.

Melhor dizendo, toda cidade, para Agostinho, parece fundamentar-se sobre alguma concórdia entre os cidadãos que diz respeito aos bens naturais, bens necessários para a sobrevivência dos homens em seu estado de mortalidade. Desse forma, tanto a cidade terrena quanto a celeste em peregrinação têm necessidade desses bens para estabelecer a paz temporal, e independente de a terrena não só usar, mas também fruir, desses bens, as duas têm em comum a necessidade deles, de modo que a celeste cumpre todas as leis civis que a terrena estabelece para administrá-los. Afinal, não convém às duas cidades estar em conflito no tocante à paz terrena de que ambas precisam e que Agostinho considera poder ser assegurada pelas leis civis[651].

Além do mais, a aceitação por parte da cidade celeste das leis civis se dá a partir do local secundário que a paz temporal possui em relação à paz eterna que ela busca. Ora, mesmo quando as leis terrenas não preservam a paz temporal, ainda assim a cidade celeste, voltada para além da temporalidade e ciente da ordem em que todas as coisas se encontram, não se ocupa em transformar essas leis. "[A cidade celeste] não se preocupa com a diversidade de leis, de costumes e de instituições, que destroem ou mantêm a paz terrena. Nada lhes suprime nem destrói, antes, conserva-os e aceita-os"[652]. No entanto, há um ponto nevrálgico em que a dissensão entre as duas cidades pode ocorrer, e impedir a possível concordância entre elas no tocante à paz terrena ou secular, porque a cidade celeste não pode consentir com as leis religiosas da terrena. Esta, com efeito, submete a muitos deuses as coisas humanas, incluindo "as coisas necessárias à vida, a um [encomenda]

---

651 Cf. *DCD*, XIX, xvii.

652 *"[caelestis civitas] non curans quidquid in moribus, legibus institutisque diversum est, quibus pax terrena vel conquiritur vel tenetur, nihil eorum rescindens vel destruens, immo etiam servans ac sequens". DCD*, XIX, xvii. Tradução de Oscar Paes Leme com modificação.

o gado, a outro o trigo, a outro o vinho, a outro o azeite, a outro as selvas, a outro o dinheiro, a outro a navegação"[653].

Em vez de cultuar os deuses para que eles retribuam com bens temporais, a cidade celeste admite e cultua um único Deus, a quem submete todos os bens temporais a fim de encontrar a verdadeira paz da criatura racional, "a ordenadíssima e concordíssima sociedade que frui de Deus e, mutuamente, em Deus"[654]. Na vida mortal, a fruição de Deus é dada pela fé, e, assim, a cidade celeste, recusando-se a aceitar as leis religiosas da cidade terrena, suporta "a cólera, o ódio e as violentas perseguições"[655] dos pagãos, privando-se, por vezes, até mesmo da paz terrena que as leis civis pretendem salvaguardar[656].

---

[653] "[...] *rebus vitae adiacentibus ad alium pecus, ad alium triticum, ad alium vinum, ad alium oleum, ad alium silvas, ad alium nummos, ad alium navigationem*". *DCD*, XIX, xvii. Tradução de Oscar Paes Leme.

[654] "[...] *ordinatissima scilicet et concordissima societas fruendi Deo et invicem in Deo*". *DCD*, XIX, xvii. Tradução de Oscar Paes Leme com modificação.

[655] "[...] *iras et odia et persecutionum impetus*". *DCD*, XIX, xvii. Tradução de Oscar Paes Leme.

[656] A discussão acerca de concórdia e discórdia entre as duas cidades ensejou algumas leituras segundo as quais Agostinho proporia uma terceira cidade, uma *civitas terrena spiritualis* ou um Estado, que asseguraria, por meio de leis civis, o estabelecimento da paz terrena tanto para cidadãos terrenos quanto celestes. Sobre algumas posições diante da polêmica, Cf. ADAMS, J. D. "Augustine's Definitions of *Populus* and the Value of Civil Society"; ARQUILLIÈRE, H. -X. *L'augustinisme Politique*; BREZZI, P. "Una *civitas terrena spiritualis* come ideale storico-politico di Sant' Agostino"; GILSON, É. *Introduction à l'étude de saint Augustin*, p. 237-240; ———. *Les métamorphoses de la cité de Dieu*, p. 37-74; MARROU, H-I. "La théologie de l'histoire"; O'DONOVAN. O. "Augustine's *City of God* XIX and Western Political Thought"; PARKER, Th.-M. "St. Augustine and the Conception of Unitary Sovereignty"; RATZINGER, J. "Herkunft und Sinn der Civitas-Lehre Augustins". COSTA, M. R. N. *Introdução ao pensamento ético-político de santo Agostinho*, p. 111-126; especialmente p. 190-194. RAMOS, F. M. T. *A ideia de Estado na doutrina ético-política de Santo Agostinho*, p. 197-202. Realizarei apontamentos sobre o problema de um *tertium quid* ou "terceira cidade" nas "Considerações Finais". SALAMITO, J-M. "SAINT AUGUSTIN, 'La Cité de Dieu': penser l'histoire du salut et l'autonomie du politique", 2020, p. 51-64.

* * *

Como já observado, o fio condutor que Agostinho está a seguir foi estabelecido em *DCD*, XIX, i-iii, a partir da enumeração de Varrão das duzentas e oitenta e oito escolas filosóficas que buscam e/ou concebem de maneira distinta o que são o bem e o mal supremos. Após estabelecer que o bem e o mal supremos da cidade de Deus são a vida e a morte eternas, Agostinho começou a tratar dos fatores que caracterizam a modo como a cidade celeste busca e evita os fins supremos. Assim, investigou inicialmente o papel das virtudes (XIX, iv) e, em seguida, da vida social por meio de longa reflexão sobre a guerra e a paz (XIX, v-xvii). Doravante, a dúvida cética (XIX, xviii), o gênero de vida dos cínicos (XIX, xix) e os modos de vida ocioso, de negócios e misto (XIX, xix), serão examinados por Agostinho para que a peregrinação da cidade celeste em direção ao fim da história seja ainda melhor precisada.

## *DE DUBITATIONE ET FIDE* (XIX, xviii)

Se a cidade celeste percorre o tempo histórico em direção à ordenadíssima e concordíssima fruição de Deus e em Deus pela fé, e se em tal peregrinação a cidade pode considerar-se feliz em esperança, então a dúvida cética da Nova Academia, que Varrão contou na multiplicação das escolas filósoficas[657], é repudiada pela cidade de Deus como loucura[658]. Ora, a salvação futura admitida apenas como verossímil não é capaz de conferir fé nem esperança. Ademais, o cristão considera ter "conhecimento certíssimo"[659]

657 Cf. AUGUSTINUS. *DCD*, XIX, i, 2-3.

658 "*Quod autem attinet ad illam differentiam, quam de Academicis novis Varro adhibuit, quibus incerta sunt omnia, omnino civitas Dei talem dubitationem tamquam dementiam detestatur*". *DCD*, XIX, xviii.

659 "[...] *certissimam scientiam*". *DCD*, XIX, xviii.

das coisas que "compreende pelo espírito e pela razão"[660]. Também não duvida dos sentidos, que transmitem à alma as realidades evidentes, "pois é mais miserável o engano de quem pensa que nunca se lhes deve fé"[661].

"Conhecimento certíssimo" refere-se, todavia, a somente algumas coisas, pois na condição em que os homens se encontram "conhecemos em parte"[662]. Eis por que, como já observamos, os cristãos acreditam nas *Escrituras*, de cuja fé vive o justo[663], o que também já era expresso com todas as letras logo no primeiro parágafo do proêmio de *A cidade de Deus*. Para ser justo, com efeito, é preciso reconhecer a revelação do Deus ao qual o homem deve obediência. A fé nas *Escrituras*, "pela qual caminhamos sem dúvida enquanto peregrinamos em direção ao Senhor"[664], por consequência, é crença tal que considera todos os artigos de fé, ainda que não completamente inteligíveis para uma razão fraturada, como verdade, não como verossímeis. Essa atitude não exclui, porém, toda e qualquer dúvida.

> Permanecendo salva e certa essa fé, duvidamos, sem justa repreensão, daquelas coisas que não chegaram ao nosso conhecimento, que não percebemos, nem pelos sentidos nem pela

---

[660] "[...] *mente atque ratione comprehendit*". *DCD*, XIX, xviii. A ciência indubitável das coisas que o homem compreende pelo espírito e pela razão pode ser exemplificada por meio do exercício de contemplação da natureza que Agostinho empreende em *De vera religione* para que "vejamos até onde pode ir a razão na ascensão do visível ao invisível, do temporal ao eterno". *De vera religione*, XXIX, 52.

[661] "[...] *quoniam miserabilius fallitur, qui numquam putat eis esse credendum*". *DCD*, XIX, xviii. Tradução de Oscar Paes Leme. Cf. a longa refutação agostiniana do ceticismo antigo em *Contra Academicos*; PALACIOS, Pelayo M. *O estamento da verdade no* Contra Academicos *de Agostinho*, 2012.

[662] "'*Ex parte scimus*'". *DCD*, XIX, xviii; 1*Cor.* 13, 9.

[663] "[...] *credit etiam Scripturis sanctis et veteribus et novis, quas 'Canonicas' appellamus, unde fides ipsa concepta est, ex qua iustus vivit*". *DCD*, XIX, xviii; cf. *Habac.* 2, 4; *Gal.* 3, 11.

[664] "[...] *per quam sine dubitatione ambulamus, quamdiu peregrinamur a Domino*". *DCD*, XIX, xviii.

> razão, nem nos foram clarificadas pela Escritura canônica, nem por testemunhos a que fora absurdo não dar crédito[665].

São dubitáveis, por conseguinte, todas as coisas cuja notícia os homens não possuem porque não lhes chega por um dos três modos de conhecer, sendo coisas a que o ser humano não tem acesso nem por *vera praesentia*, nem por *simulata*. Portanto, conforme a enumeração que Agostinho efetua na citação acima, apenas é indubitável o que é conhecido (1) pelos sentidos e razão, (2) ou pela revelação, (3) ou por testemunhos[666]. Mais precisamente, o ser humano deve dar assentimento às coisas ou realidades apreendidas, direta ou indiretamente, por qualquer uma dessas três vias. Dessa forma, a cidade de Deus (observe-se a ênfase na cidade e não em cada cidadão) refuta o juízo que considera todas as coisas verossímeis, embora não negue que haja certas coisas verossímeis e que guardam só estatuto de prováveis ou aprováveis.

---

665 "[...] *qua salva atque certa de quibusdam rebus, quas neque sensu neque ratione percepimus neque nobis per Scripturam canonicam claruerunt nec per testes, quibus non credere absurdum est, in nostram notitiam pervenerunt, sine iusta reprehensione dubitamus.*". *DCD*, XIX, xviii.

666 Os três modos de conhecer se inserem nos três gêneros de *credibilia* que Agostinho enumera em *De diversis quaestionibus octoginta tribus*, XLVIII. Nessa *quaestio*, o bispo de Hipona distingue os vários *credibilia* dentre "aqueles que serão sempre objeto de fé, e nunca serão inteligidos: os feitos da história humana, a identidade dos pais, tudo aquilo cujo testemunho pertence ao tempo e ao passado. Em segundo lugar, há aquelas coisas que são inteligidas assim que [*mox ut*] a elas damos assentimento: neste caso, servem de exemplo os conhecimentos [*rationes humanae*] matemáticos. Finalmente, aqueles *credibilia* que concernem propriamente à fé cristã: aquelas coisas que são agora objeto de fé, para no futuro serem contempladas pela razão, pela inteligência." NOVAES, M. *A razão em exercício: estudos sobre a filosofia de Agostinho*, p. 114. Vê-se, assim, que o primeiro modo (pelos sentidos e pela razão) de conhecer apresentado em *DCD*, XIX, xviii, insere-se, ao menos em parte, no segundo gênero de *credibilia*, o terceiro modo (por testemunhos de outrem) de conhecer, no primeiro gênero, e o segundo (pela revelação) modo de conhecer, no terceiro de crer. Note-se também que possuir a *notitia* de algo já é razão para excluir qualquer dúvida, mas não significa necessariamente já inteligir esse algo por *vera praesentia*.

## *DE MORIBUS ET GENERIBUS VITAE* (XIX, xix)

Após recusar a doutrina cética da Nova Academica, Agostinho investiga a importância dos costumes dos cínicos para a cidade de Deus, isto é, se a auxiliam ou não na peregrinação em direção ao fim da história. Agostinho entende que em nada são impertinentes à cidade de Deus "se não forem contra os preceitos divinos [...]; por isso [...] os filósofos, quando se tornam cristãos, não são obrigados a mudar de hábito ou costume de vida, se nada o impede a religião, mas a renunciar das falsas doutrinas"[667]. Finalmente, os últimos degraus que Agostinho retoma daquela indução de Varrão são os três gêneros de vida: a vida ociosa[668] (ou contemplativa), a vida ativa (ou de negócios) e a vida mista[669]. Tal como ocorreu com os costumes dos cínicos, cada pessoa pode seguir qualquer um desses gêneros de vida desde que a fé esteja salva[670] e que não perturbe a procura dos "prêmios eternos"[671]. Nesse sentido, todos os três modos de vida têm como fim a paz na vida eterna, e distinguem-se uns dos outros apenas em relação à forma como buscam a paz eterna.

---

[667] "[...] *si non est contra divina praecepta* [...]; *unde* [...] *philosophos, quando Christiani fiunt, non habitum vel consuetudinem victus, quae nihil impedit religionem, sed falsa dogmata mutare compellit.*". *DCD*, XIX, xix.

[668] Como já observado no capítulo I, sobre Cícero, a palavra *otium*, "ócio", tal como a palavra grega *skhole*, "significa basicamente isenção de atividade política e não simplesmente lazer, embora ambas sejam também usadas para indicar isenção do labor e das necessidades da vida" (ARENDT, H. *A condição humana*, p. 23[10]). A vida ociosa, desse ponto de vista, era entendida como sinônima de vida contemplativa ou teorética. Assim, negócio (*negotium*, *askholia*) é a negação do ócio (*nec-otium*, *a-skhole*), é a ocupação, portanto, com atividades públicas.

[669] A vida mista (*temperata*, *composita*) é a daqueles "que dividiram alternadamente parte do tempo de sua vida ao ócio erudito e parte aos negócios necessários" ("*qui partim erudito otio partim necessario negotio alternantia vitae suae tempora tribuerunt*"). AUGUSTINUS. *DCD*, XIX, i, 2.

[670] "[...] *salva fide*". *DCD*, XIX, xix.

[671] "[...] *sempiterna praemia*". *DCD*, XIX, xix.

Além disso, todos os gêneros de vida devem cumprir os dois maiores preceitos cristãos, amar a Deus e o amor ao próximo como a si mesmo[672]. Assim, ninguém deve dedicar-se nem ao ócio esquecendo-se de ser "útil ao próximo"[673], nem à ação esquecendo-se da "contemplação de Deus"[674]. Chama atenção o cumprimento do amor a Deus não se restringir à vida contemplativa, e do amor ao próximo, à vida ativa. Do mesmo modo, é notável a recomendação agostiniana de que "no ócio não se deve amar a inação"[675], e de que "na ação não se deve amar a honra ou o poder nesta vida, porque 'tudo quanto há sob o sol é vaidade'"[676]. Com isso, Agostinho caracteriza todos os três modos de vida como vidas em sociedade, e a vida social, da qual o homem não pode furtar-se[677], não se confunde com a vida ativa. Mesmo a vida contemplativa é vida em sociedade; o ideal agostiniano de vida monástica, por exemplo, dá-se no *coenobium* e não no deserto, e o amor ao próximo é um dos primeiros preceitos que os monges devem guardar observância[678] e cumprir a fim de estabelecer uma igualdade que destrua qualquer alteridade entre eles[679].

Melhor dizendo, a vida de negócios não se confunde com a vida social porque, a despeito de a definir de maneira distinta daquela como Cícero a definia, Agostinho, romano que era, ainda a compreende como a ocupação com funções públicas. Eis por que o episcopado, que nos séculos IV-V do Império Romano era tanto cargo eclesiástico quanto cargo de magistratura, é incluído

---

672 "[...] *interest tamen quid amore teneat veritatis, quid officio caritatis impendat.*". *DCD*, XIX, xix.
673 "[...] *utilitatem* [...] *proximi*". *DCD*, XIX, xix.
674 "[...] *contemplationem* [...] *Dei.*" *DCD*, XIX, xix.
675 "*In otio non iners vacatio delectare debet*". *DCD*, XIX, xix.
676 "*In actione vero non amandus est honor in hac vita sive potentia, quoniam 'omnia vana sub sole'*". *DCD*, XIX, xix; *Ecl.* 1, 14.
677 "[...] *sociale quiddam est natura humana*". AUGUSTINUS. *De bono coniugali*, I, 1.
678 Cf. AUGUSTINUS. *Regula ad servos Dei*, I, 1-5.
679 "Esta igualdade é a omnipotência que destrói todas as diferenças". ARENDT, H. *O conceito de amor em santo Agostinho*, p. 157.

por Agostinho no interior da vida ativa[680]. As funções públicas, próprias da vida ativa, apesar de necessárias, não devem, contudo, ser desejadas por si mesmas[681]. Trata-se, com efeito, do fardo de administrar as dissensões civis, e "se ninguém nos impuser semelhante ônus, devemos entregar-nos à busca e à contemplação da verdade"[682], isto é, à vida ociosa ou contemplativa. Agostinho, desse modo, elimina a primazia que a vida ativa guardava, por exemplo, em Cícero. Para o cônsul romano, como vimos no Capítulo II, a vida de negócios guarda proeminência sobre a ociosa, de maneira que esta não contém *dignitas* se não for precedida por aquela (*otium cum dignate*) e, assim, ao cidadão cumpre ter ou somente a vida ativa ou a vida mista, mas nunca apenas a ociosa ou teorética. Portanto, os cidadãos da cidade de Deus podem desempenhar qualquer um dos três gêneros de vida desde que obedeçam os dois preceitos cristãos, embora a vida contemplativa seja dentre todos os gêneros o que proporciona peregrinação mais deleitável (*delectatio*) e doce (*suavitas*).

## *RECAPITULATIO* (XIX, xx)

Em suma, Agostinho reavaliou, segundo a importância para a cidade de Deus, todos os degraus percorridos por Varrão na enumeração de escolas filosóficas, reconstruídos em *DCD*, XIX, i-iii. A principal discordância da cidade celeste, seja com todas essas escolas filosóficas, seja com o modo de vida a que Varrão reduz todas elas, relaciona-se ao lugar em que tal cidade projeta, diferentemente dessas, o fim dos bens cuja obtenção é condição para a vida feliz. "O supremo bem da cidade de Deus é a paz eterna e perfeita, não a que os mortais atravessam entre o nascimento

---

680 Cf. *DCD*, XIX, xix.

681 "[...] *locus vero superior, sine quo regi populus non potest, etsi ita teneatur atque administretur ut decet, tamen indecenter appetitur.*". *DCD*, XIX, xix.

682 "*Quam sarcinam si nullus imponit, percipiendae atque intuendae vacandum est veritati*". *DCD*, XIX, xix.

e a morte, mas aquela em que os imortais permanecem sem perturbação alguma"[683]. O exame dos princípios da natureza e de cada uma das virtudes cardeais (XIX, iv), que são, aliás, onde Varrão considera residir a felicidade, evidenciou que a posse de bens anímicos ou corporais ou exteriores[684] é efêmera em meio à vicissitude temporal, e a posse de virtudes, antes de paz e felicidade, equivale à vida de contendas e sofrimentos, pois as virtudes travam na vida mortal contínua luta contra os vícios, embora possam antecipar uma vida feliz em esperança e com isso transfirar todas as disposições anímicas daqueles que vivem segundo a verdade.

Também a vagorosa análise da guerra e da paz (XIX, v-xvi) – consequente do exame das virtudes, na medida em que os conflitos exteriores, sociais, são desdobramentos de conflitos interiores – afirmou ser esta vida demasiadamente miserável (*miserrima*) em comparação com a felicidade futura. A cidade de Deus, todavia, pode considerar-se feliz em esperança justamente por guardar fé na salvação, em direção à qual peregrina. Quem possui "ardentíssimo amor e fidelíssima esperança pode com razão ser chamado feliz neste mundo, mais pela esperança que pela realidade"[685].

Agostinho ainda recapitula em XIX, xx, outra consequência de sua conclusão acerca da impossibilidade da posse da verdadeira paz e felicidade na vida em peregrinação. Ao refutar todas as escolas filosóficas que supõem possível alcançar a felicidade na realidade terrena, Agostinho a um só tempo recusa a concepção de sabedoria dessas escolas. Melhor dizendo, o epicurismo, ceticismo, estoicismo e outras identificam sabedoria e felicidade. Para elas, a vida feliz, alcançável neste século, somente o sábio pode possuir. O contra-argumento agostiniano é simples: alguém

683 "[...] *summum bonum civitatis Dei cum sit pax aeterna atque perfecta, non per quam mortales transeant nascendo atque moriendo, sed in qua immortales maneant nihil adversi omnino patiendo*". *DCD*, XIX, xx.

684 "[...] *animi et corporis externarumque rerum bonis*". *DCD*, XIX, xx.

685 "[...] *diligit ardentissime ac fidelissime sperat, non absurde dici etiam nunc beatus potest, spe illa potius quam re ista.*". *DCD*, XIX, xx. Tradução de Oscar Paes Leme com modificação.

que fosse verdadeiramente sábio reconheceria não poder ser feliz em realidade na qual as próprias virtudes são testemunhos da cisão interior e a luta reiterada contra os vícios. "Não é verdadeira sabedoria aquela que [...] discerne com prudência, suporta com fortaleza, reprime com temperança, distribui com justiça e não se orienta em direção ao fim 'no qual Deus será todo em todas as coisas' na eternidade certa e paz perfeita"[686].

## *DE DEFINITIONIBUS REI PUBLICAE ET POPULI*

### *DE FALSIS DEFINITIONIBUS* (XIX, xxi)

Alcançamos finalmente o que pode ser anunciado como o clímax deste livro, momento ao qual todas os desenvolvimentos anteriores foram realizados, ou seja, trataremos da crítica agostiniana às definições ciceronianas de *res publica* e *populus* e de seus redefinições, que de forma inaugural propõem concepção de política ambivalente, com possibilidade de autonomia, desnaturalizada e voluntarista. Após haver tratado da importância para a cidade de Deus de todas as variantes de modos de vida que Varrão dispõe em *Sobre a Filosofia*, Agostinho diz que agora é o momento[687] para tratar mais claramente (*dilucide*) de matéria do segundo livro d'*A cidade de Deus*. Naquela ocasião, o autor recorreu a Cícero para mostrar que os romanos não constituíam um povo porque os costumes se corromperam[688]. Isso, porém, é pouco para Agostinho, pois Cícero entende que os romanos já foram um *populus*, o que

---

686 "[...] *non est vera sapientia, [quae intentionem suam in his] quae prudenter discernit, gerit fortiter, cohibet temperanter iusteque distribuit, non ad illum dirigit finem, 'ubi erit Deus omnia in omnibus', aeternitate certa et pace perfecta.*". *DCD*, XIX, xx; 1Cor, 15, 28. Tradução de Oscar Paes Leme com modificação.

687 "[...] *nunc est locus*". *DCD*, XIX, xxi, 1.

688 "'Por causa de nossos vícios, não por casualidade, da república mantemos a palavra, mas a coisa mesma já perdemos há muito tempo'". "*Nostris enim vitiis, non casu aliquo, rem publicam verbo retinemus, re ipsa vero iam pridem amisimus.*". *DCD*, II, xxi, 3; CICERO. *Rep.*, V, i, 1-2.

quer dizer que nem sempre foram corrompidos. Agostinho recusa tal parecer e procura demonstrar que os romanos nunca teriam sido um povo conforme a definição ciceroniana[689].

É controversa a razão pela qual é justamente nesse momento do décimo nono livro que Agostinho retoma essa questão definicional de *populus*[690], anunciada muito anteriormente, e o exercício que aqui realizei de reconstruir teoricamente o movimento do conjunto de *DCD*, XIX, cumpre também o propósito de elucidar que a discussão talvez mais política de toda a obra não sem razão insere-se no programa de investigação dos fins de ambas as cidades e da história. Ora, podemos encontrar consideráveis motivos para Agostinho não haver antecipado a discussão e somente agora abordá-la, pois o autor não teria tido anteriormente o aparato conceitual de que agora dispõe, não teria as concepções de natureza humana, pecado original, fé e razão, virtude, amor, justiça, paz, ordem, entre outras que se constituíram no interior da reflexão sobre o tempo e o fim da história. Além do mais, toda a discussão sobre a correta definição de *populus* se dá em torno de uma concepção da virtude da justiça, que, como examinado, vem sendo constituída desde o início do livro XIX e é conceito central para que a *rixa interioris* do homem e a perturbação da paz e da ordem sejam compreensíveis.

Doravante procurarei explicitar que as definições ciceronianas de *res publica* e de *populus* não poderiam ser dilapidadas na ausência dos conceitos acima elencados. Como Agostinho procederá? Ele reconstitui parte dos livros I e III do diálogo *Da república* e, assim, dispõe na própria obra, precisamente em XIX, xxi, as definições ciceronianas de *res publica* e de *populus*. Agostinho

---

689 "[...] *secundum definitiones, quibus apud Ciceronem utitur Scipio in libris De re publica, numquam rem publicam fuisse Romanam.*". AUGUSTINUS. *DCD*, XIX, xxi, 1.

690 Bardy, em notas à edição *La cité de Dieu* (Livres XIX – XXII), Paris: Desclée de Brouwer, 1960, p. 139[3], informa que "R. H. Barrow, *Introduction to St. Augustine. The City of God*, p. 248, supõe haver uma lacuna entre os cap. XX e XXI". O'Donovan, em relação aos capítulos XXI-XXV, escreve que constituem um "*curious phenomenon of what I have called the 'apparent' appendix (chs. 21-25)*". O'DONOVAN. O. "Augustine's *City of God* XIX and Western Political Thought". p. 138.

inicialmente bastante próximo da letra de Cícero em *Rep.* nos diz que a definição ciceroniana de república é etimológica: "coisa do povo"[691]. Definida a república, ele dá o passo seguinte do próprio Cícero em seu diálogo, ou seja, define o que seja povo: é "a união de inumeráveis homens por consentimento de direito e utilidade comum"[692].

Mas para Agostinho "a República Romana nunca existiu, porque, segundo essas definições, nunca foi coisa do povo"[693]. O motivo é porque os romanos nunca foram justos. Ora, o "consentimento de direito" (*consensus iuris*) precisa ser compreendido como realização da "justiça": "a república não pode ser governada sem justiça, pois onde não há verdadeira justiça, não pode haver verdadeiro direito."[694] Assim, se onde não há "justiça" não pode haver "consentimento de direito", tampouco pode haver "povo". A conclusão agostiniana é óbvia e desconcertante: "se não existe povo, não há república"[695]. Esse sempre foi o caso da "República Romana" porque segundo a definição de justiça, virtude que "dá a cada um o que lhe é devido"[696], os cidadãos romanos nunca a tiveram. Com efeito,

> que justiça é a do homem que do verdadeiro Deus afasta o próprio homem e o submete aos imundos demônios? Isso é, porventura, dar a cada um o que lhe é devido? Ou será que quem tira a propriedade a quem a comprou e a dá a quem não

---

691 "[...] *rem populi*". AUGUSTINUS. *DCD*, XIX, xxi, 1.
692 "[...] *coetum multitudinis iuris consensu et utilitatis communione sociatum*". *DCD*, XIX, xxi, 1; CICERO. *Rep.*, I, xxv, 39.
693 "[...] *secundum definitiones*, [...] *numquam fuit Romana res publica, quia numquam fuit res populi*". *Ibid.*, loc. cit. Cf. CICERO. *Rep.*, I, xxv, 39.
694 "[...] *geri sine iustitia non posse rempublicam; ubi ergo iustitia vera non est, nec ius potest esse.*" AUGUSTINUS. *DCD*, XIX, xxi, 1.
695 "[...] *et si non populus, nec res populi*". *DCD*, XIX, xxi, 1.
696 "[...] *quae sua cuique distribuit*". *DCD*, XIX, xxi, 1.

> tem nada de direito a ela é injusto, e é justo quem se furta ao Deus dominador que o criou e serve os espíritos malignos?[697]

Para Agostinho, o próprio Cícero admite que o homem não cumpre a justiça ao dizer em seu diálogo que quando "Deus manda no homem, a alma manda no corpo, a razão na libido e em outros vícios da alma"[698]. Assim, se Deus não impera sobre o homem, nele a justiça não pode existir, já que quando ele "não serve a Deus, de nenhum modo a alma pode mandar no corpo ou a razão humana nos vícios. Se em tal homem não existe justiça alguma, não há dúvida de que não existe em um conjunto de homens constituído de tais homens"[699]. Ou seja, há justiça quando o inferior submete-se ao superior e o superior impera sobre o inferior, assim como há ordem, de forma que, inversamente, a injustiça implica necessariamente na desordem. O raciocínio é análogo àquele referente à paz. Se cada homem não se encontra em estado pacífico consigo mesmo, porque simultaneamente encontra-se em contenda com o próprio Criador, decerto então a paz social e civil inexistirá.

## RELIGIÃO, ONTOLOGIA E POLÍTICA (XIX, xxii-xxiii)

A querela entre Agostinho e Cícero acerca da definição de *populus* e o cumprimento ou não da virtude da justiça assenta-se também em concepções distintas de "divindade". Não por acaso, imediatamente após recusar a definição ciceroniana de "povo" por

---

697 *"Quae [...] iustitia est hominis, quae ipsum hominem Deo vero tollit et immundis daemonibus subdit? Hoccine est sua cuique distribuere? An qui fundum aufert eius, a quo emptus est, et tradit ei, qui nihil habet in eo iuris, iniustus est; et qui se ipsum aufert dominanti Deo, a quo factus est, et malignis servit spiritibus, iustus est?"*. *DCD*, XIX, xxi, 1.

698 *"Deus homini, animus imperat corpori, ratio libidini ceterisque vitiosis animi partibus"*. *DCD*, XIX, xxi, 2.

699 *"Deo non serviens nullo modo potest iuste animus corpori aut humana ratio vitiis imperare. Et si in homine tali non est ulla iustitia, procul dubio nec in hominum coetu, qui ex hominibus talibus constat."* *DCD*, XIX, xxi, 2.

meio da verificação da injustiça dos romanos devida ao culto de deuses pagãos, Agostinho passa a examinar precisamente as concepções de divindade do cristianismo e do paganismo, para então problematizar modalidades de relação sacrificial com o divino.

O esforço de Agostinho é o de explicitar que, se existe um único Deus, o revelado pela doutrina cristã, os pagãos ainda assim consideravam a existência desse Deus quando afirmavam que, entre todos os deuses, Júpiter era o maior. Isso é atestado pelo panegírico que Porfírio realiza em *Sobre a filosofia dos oráculos* (*Ek loghíon philosophias*), em que "o mais sábio dos filósofos, embora acérrimo inimigo dos cristãos"[700], descreve um oráculo de Apolo segundo o qual o Deus dos judeus é o "gerador e o rei de todas as coisas"[701]. Além disso, segundo Agostinho, "esse filósofo ainda diz coisas boas sobre Cristo"[702], a despeito de julgá-lo homem e não Deus. De toda forma, Agostinho evidencia que o próprio paganismo considerou que Cristo foi piíssimo e que após a morte alcançou a imortalidade própria dos homens piedosos[703]. Porfírio, entretanto, relativiza tais encômios a Cristo, ainda por meio de Apolo, ao dizer que Cristo conduz seus seguidores ao erro, na medida em que ele não exorta os cristãos a renderem sacrifícios ao deuses e a conhecer Júpiter. Agostinho, com isso, entende o caráter "sofístico" do panegírico de Porfírio e acusa-o de falsidade.

> Quem é tão néscio que não entenda que tais oráculos foram inventados por esse homem ardiloso e grandioso inimigo dos cristãos ou foram proferidos com idêntico propósito pelos impuros demônios? O propósito seria fazer a gente acreditar, em face dos louvores tributados a Cristo, que têm razão, quando censuram os cristãos, fechando assim aos homens, quanto

---

700 "*[Porphyrius] doctissimus philosophorum, quamvis Christianorum acerrimus inimicus*". *DCD*, XIX, xxii.

701 "*Deum vero, inquit, generatorem et in regem ante omnia*". *DCD*, XIX, xxiii, 1.

702 "[...] *dicit etiam bona philosophus iste de Christo*". *DCD*, XIX, xxiii, 2.

703 "*Piissimum igitur virum, inquit, eum dixit et eius animam, sicut et aliorum piorum, post obitum immortalitate dignatam*". *DCD*, XIX, xxiii, 2.

> podem, o caminho da salvação eterna, a que não chegam, se não se fazem cristãos[704].

Disso se pode depreender no mínimo duas coisas: (i) que os próprios pagãos atestam que o Deus dos judeus existe, e (ii) que os pagãos são injustos porque não se sujeitam a Cristo ao considerá-lo apenas homem. Assim, os pagãos não oferecem sacrifícios ao verdadeiro Deus, pois sequer admitem a encarnação. A consequência é serem necessariamente injustos, uma vez que apenas possui a virtude da justiça o homem que se sujeitar a Deus e no qual, por isso, a "alma impera retamente sobre o corpo, [...] e a razão impera retamente sobre a libido e os demais vícios"[705].

Eis por que Agostinho, ao longo do capítulo contra Porfírio (*DCD*, XIX, xxiii), cita seis vezes o versículo bíblico: "quem sacrificar aos deuses e não somente ao Senhor será aniquilado"[706]. O "sacrifício", afinal de contas, é "dever sagrado" (*sacrum officium*[707]) e como tal é ação justa, mais precisamente a forma fundamental de manifestação da justiça, a partir da qual essa virtude ocupará todos os âmbitos de existência do homem e permitirá a emergência da paz na *domus* e na *civitas*. Mais precisamente, Agostinho define "sacrifício" da seguinte maneira: "o verdadeiro sacrifício é

---

704 *"Quis ita stultus est, ut non intellegat aut ab homine callido eoque Christianis inimicissimo haec oracula fuisse conficta aut consilio simili ab impuris daemonibus ista fuisse responsa, ut scilicet, quoniam laudant Christum, propterea credantur veraciter vituperare Christianos atque ita, si possint, intercludant viam salutis aeternae, in qua fit quisque Christianus?" DCD*, XIX, xxiii, 3.

705 *"Serviens [autem] Deo animus recte imperat corpori, [inque ipso animo] ratio [Deo Domino subdita] recte imperat libidini vitiisque ceteris." DCD*, XIX, xxi, 2.

706 *"'Sacrificans diis eradicabitur nisi Domino tantum'". DCD*, XIX, xxiii; *Ex.* 22, 19. A *Bíblia de Jerusalém* o traduz da seguinte forma: "quem sacrificar a outros deuses será entregue ao anátema".

707 Embora Agostinho não faça menção ao termo grego *katórthoma* (e conhecesse, contudo, o significado dele por meio do correspondente latino *officium*), podemos entender que o "ofício sagrado" (*sacrificium*) guarda aqui o sentido estoico de *katórthoma* (cf. CICERO. *De officiis*, I, iii, 8.), na medida em que é um dever que guarda fim em si mesmo (deve-se ser justo pela justiça mesma). Cf. a caracterização agostiniana da caridade como *officium* (*"officio caritatis"*) em *DCD*, XIX, xix.

toda obra efetuada para nos unirmos a Deus em santa união, isto é, toda obra relacionada com o supremo bem, pelo qual podemos ser verdadeiramente felizes"[708]. Observemos não só a dimensão moral do "sacrifício", mas também a ontológica manifesta nessa modalidade de ação sagrada de relacionamento e união com o divino. Assim, "quem sacrificar aos deuses e não somente ao Senhor será aniquilado" porque os outros deuses não guardam plenitude de Ser, de forma que a erradicação ou aniquilação deve ser compreendida também como encaminhamento ao nada, como "nadificação", na medida em que houver ruptura da participação ontológica entre Criador e criatura.

Um *populus*, portanto, não pode ser justo, e não será *populus*, se os cidadãos não oferecerem sacrifícios a Deus, se os cidadãos não ajustarem, não converterem, toda a sua existência em direção a Deus. Uma *civitas*, assim, será justa apenas se os cidadãos, interiormente, estiverem ordenados, ajustados com o supremo bem. A virtude da justiça, desse modo, apresenta-se agora em Agostinho como "dever sagrado" (*sacrum officium*). A restrição do sacrifício ao Deus cristão justifica-se "não porque tenha necessidade de alguma coisa, mas porque nos convém ser coisa sua"[709]. O falsos deuses, isto é, anjos falíveis, precisamente por não serem o próprio Criador e fundamento ontológico de todas as coisas, são incapazes de estabelecer qualquer mediação entre os homens e o divino. Por conseguinte, "quem sacrificar aos deuses e não somente ao Senhor será aniquilado"[710].

Qual a consequência de toda essa análise sobre o divino, o sacrifício e a justiça para as definições ciceronianas de *res publica* e *populus*? Ora, se a justiça e a utilidade comum, para Cícero, são

---

708 "[...] *verum sacrificium est omne opus, quo agitur, ut sancta societate inhaereamus Deo, relatum scilicet ad illum finem boni, quo veraciter beati esse possimus.*" *DCD*, X, vi.

709 "[...] *non quo rei egeat alicuius, sed quia nobis expedit, ut res eius simus.*" *DCD*, XIX, xxiii, 5. (Tradução de Oscar Paes Leme).

710 "'*Sacrificans diis eradicabitur nisi Domino tantum*'". *DCD*, XIX, xxiii; *Ex*. 22, 19.

condições para um conjunto de homens ser considerado *populus*, e para uma *res publica* ser definida como "coisa do povo", então apenas um povo e uma república cumprem essas condições. Com efeito, somente a cidade de Deus possui um povo capaz de exercer a virtude da justiça e orientar-se para um bem comum e universal, não próprio e privado. Portanto, a definição ciceroniana é inconsistente. Carente de universalidade, refere-se a somente uma *civitas* particular[711].

## DEFINIÇÃO VOLUNTARISTA DE "JUSTIÇA" (XIX, xxiii, 5)

Em XIX, xxiii, 5, Agostinho ainda propõe duas especificações para a definição da virtude da justiça. Assim, a sua definição geral segundo a qual a justiça é "dar a cada um o que lhe é devido" passa ocupar o lugar de gênero que açambarca duas espécies de justiça:

(i) uma definição de justiça cosmológica e psicológica, que já apareceu algumas vezes ao longo de *DCD*, XIX[712];

(ii) outra definição voluntarista ou caritativa de justiça, como modalidade de amor.

Ao explicar que somente o povo celeste, segundo a definição de Cícero, pode ser considerado *populus*, diz que isso se deve ao fato de em todos os cidadãos celestes o corpo estar submetido à alma, os vícios à razão, e, anteriormente, a alma estar submetida ao verdadeiro e único Deus[713], o que manifesta aqui e nas outras passagens de ocorrência dessa compreensão cosmológica e

---

711 "[...] *ubi ergo non est ista iustitia, profecto non est coetus hominum iuris consensu et utilitatis communione sociatus. Quod si non est, utique populus non est, si vera est haec populi definitio. Ergo nec respublica est, quia res populi non est, ubi ipse populus non est.*" *DCD*, XIX, xxiii, 5.

712 Cf. *DCD*, XIX, iv, 4; xiii, 1; xxi, 2; xxiii, 5; xxiv.

713 "[...] *in omnibus hominibus ad eamdem civitatem pertinentibus atque oboedientibus Deo animus etiam corpori atque ratio vitiis ordine legitimo fideliter imperet*". *DCD*, xxiii, 5.

psicológica de justiça uma interiorização por parte de Agostinho das formas puras de governo da monarquia e da tirania, respectivamente como *imperium* ou *dominium* interiores[714].

Em seguida, Agostinho confere à virtude da justiça outro sentido ao dizer que "um conjunto e povo de justos – como um só justo – vive da fé, que age pela caridade, graças à qual o homem ama a Deus, como Deus deve ser amado, e ao próximo como a si mesmo"[715]. Assim, pode-se entender a justiça como a fé cuja ação é a caridade sob a forma dos dois preceitos cristãos. De fato, o verdadeiro Deus ao qual os homens devem submissão para serem justos precisa ser crido e amado a partir dessa condição, condição na qual a fé é necessária. Por que a fé é necessária? Porque na condição pecaminosa os homens ainda não veem a Deus face a face[716] ou como *vera praesentia*. Além disso, a consideração da justiça por meio do amor apresenta-a segundo um voluntarismo, pois já sabemos que em Agostinho "vontade" e "amor" são sinônimos. Assim, a justiça, bem como todas as outras virtudes cardeais, são modalidades do amor: "a justiça é o amor que tão somente serve a Deus e, por isso, impera sobre as demais coisas submetidas ao homem"[717].

Notemos ainda que essa terceira definição da justiça açambarca as duas formulações apresentadas em XIX, xxiii, 5. Com efeito, considera, a um só tempo, a justiça como a caridade[718], submissão

---

[714] Cf. *DCD*, XIX, xv.

[715] "[...] *ut quemadmodum iustus unus, ita coetus populusque iustorum vivat ex fide, quae operatur per dilectionem, qua homo diligit Deum, sicut diligendus est Deus, et proximum sicut semetipsum*". *DCD*, xxiii, 5.

[716] "Agora vemos em espelho e de maneira confusa, mas, depois, veremos face a face. Agora o meu conhecimento é limitado, mas, depois, conhecerei como sou conhecido. Agora, portanto, permanecem fé, esperança, caridade, estas três coisas. A maior delas, porém, é a caridade." 1*Cor.* 13, 12-13; cf. AUGUSTINUS. *DCD*, XIX, iv, 5; XIX, xvii; XIX, xxviii.

[717] "[...] *iustitiam amorem Deo tantum servientem et ob hoc bene imperantem ceteris quae homini subiecta sunt*". AUGUSTINUS. *De moribus ecclesiae catholicae*, I, xv, 25.

[718] Apesar de essa definição de justiça fazer menção somente ao amor a Deus, e não ao próximo, é preciso considerar que o segundo mandamento ("amar ao

a Deus e *imperium* do homem sobre tudo que deve ser submetido a ele. Assim, por natureza o que havia era a ausência de conflito de cada homem consigo mesmo e, por consequência, ausência de conflito entre os homens, na família e na cidade. Isso quer dizer que a dominação ou o jugo de um homem sobre outro, a "libido de dominação"[719], para reiterar o que examinamos em XIX, xv, é antinatural. Eis por que a prescrição divina nas Escrituras era para o ser humano dominar tão somente os animais no paraíso e os primeiros justos terem sido pastores, não reis[720].

## *DE VERA DEFINITIONE POPULI* (XIX, xxiv)

O procedimento de Agostinho imediatamente antes de apresentar a sua definição de "povo" foi reduzir a justiça ao amor, porque o amor, não mais a justiça, torna-se o liame fundamental para um conjunto de homens constituir um povo. Eis a redefinição voluntarista de "povo" apresentada por Agostinho contra a naturalista

próximo como a si mesmo") está sempre implícito no primeiro. Afinal, "amar a Deus" significa amar o Ser supremo do qual todos os seres participam ontologicamente. Nesse sentido, o próximo, como criatura de Deus, também deve ser amado. Ademais, por ser criatura como eu mesmo, amá-lo torna-se um dever ainda mais cogente. *"Si placent animae, in Deo amentur, quia et ipsae mutabiles sunt et in illo fixae stabiliuntur: alioquin irent et perirent. In illo ergo amentur".* *Conf.*, VI, xii, 18. Cf. ARENDT. *O conceito de amor em santo Agostinho*, p. 113-116.

719 *"Et utique felicius servitur homini, quam libidini, cum saevissimo dominatu vastet corda mortalium, ut alias omittam, libido ipsa dominandi." DCD*, XIX, xv.

720 "Trata-se de prescrição da ordem natural. Assim Deus criou o homem. 'Domine', diz, 'os peixes do mar, as aves do céu e todo réptil que se move sobre a terra' (Gn 1, 26). Quis que o homem racional, feito à sua imagem, dominasse unicamente os irracionais. Eis o motivo de os primeiros justos haverem sido pastores e não reis." *"Hoc naturalis ordo praescribit, ita Deus hominem condidit. Nam:* Dominetur, *inquit,* piscium maris et volatilium caeli et omnium repentium, quae repunt super terram (Gn 1, 26). *Rationalem factum ad imaginem suam noluit nisi irrationabilibus dominari; non hominem homini, sed hominem pecori. Inde primi iusti pastores pecorum magis quam reges hominum constituti sunt* (Gn 4, 2; 46, 32-34; 47, 3; Ex 3, 1)". AUGUSTINUS. *DCD*, XIX, xv. Cf. SENELLART, M. *As artes de governar:* do regimen medieval ao conceito de governo, p. 72.

e intelectualista ciceroniana: "povo é o conjunto de inumeráveis seres racionais associado pela concorde comunhão de coisas que ama"[721].

Após reduzir a justiça ao amor, "Agostinho substitui a definição ciceroniana de povo [...] por uma definição dele mesmo, que exclui toda menção a 'direito'"[722] porque o amor, não mais a justiça, torna-se o liame fundamental para um conjunto de homens constituir um povo. Isso quer dizer que nem todo amor é justo; caso contrário, apenas a cidade celeste e seus cidadãos continuariam a ser *res publica* e *populus*, e Agostinho, ao formular outra definição de "povo", pretende exatamente o oposto, que é poder também considerar os cidadãos terrenos como povo. Afinal, as *res gestae* dos historiadores antigos e as *Escrituras* dão testemunhos de que uma multidão de homens com estatuto político percorre em conjunto o tempo histórico em direção à condenação eterna.

Para melhor compreendermos por que a definição voluntarista de *populus* é, diferentemente da ciceroniana, correta para Agostinho, doravante serão analisados os seus principais termos: "seres racionais" e "amor em comum". Uma das condições para que haja povo é a existência de "inumeráveis seres racionais" (*multitudinis rationalis*). Ser "racional" é condição porque somente os homens podem constituí-lo, apenas eles são capazes de amar, de voltar **livremente** a vontade ao objeto que quiserem. "Livremente" merece realce porque os animais também amam, desejam e apetecem, porém de maneira determinada pela natureza deles e não livremente.

Além de seres racionais e volitivos, para existir povo é preciso que um conjunto de homens escolha unir-se em função da dileção por objeto ou projeto comum, de sorte que "para ver o que é cada povo, é preciso examinar as coisas amadas. [...] De qualquer

---

721 "*Populus est coetus multitudinis rationalis rerum quas diligit concordi communione sociatus*". *DCD*, XIX, xxiv.

722 "*Augustine replaces Cicero's definition of a community* [...] *with a definition of his own which excludes all mention of 'right'*". O'DONOVAN. O. "Augustine's *City of God* XIX and Western Political Thought". p. 139.

maneira, [será] tanto melhor quanto melhores as coisas que o unir e tanto pior quanto piores forem"[723]. O amor, com efeito, tanto pode aspirar a Deus e preservar a forma pura de *caritas*, tal como é o do povo celeste, quanto pode perverter-se, desejar as coisas inferiores ao homem, e tornar-se *cupiditas*[724].

Eis por que Agostinho pode dizer que a partir de sua definição[725] "o povo romano é povo, e a sua *res*, sem dúvida, república"[726]. O mesmo é possível dizer dos atenienses e de Atenas, bem como dos homens de outras regiões da Grécia. Deve-se ainda estender a definição para o Egito, para a primeira Babilônia dos assírios e, diferentemente da definição de Cícero, para quaisquer outros pagãos[727]. Assim, com nova definição que dá conta de todos os gêneros de amor que um conjunto de homens possa guardar, Agostinho obtém a universalidade necessária à definição.

Ao fim de XIX, xxiv, Agostinho reafirma a presença de "valor moral"[728] na definição, mas não como uma necessidade para conferir estatuto político a uma multidão de seres humanos. Mas estender universalmente a definição de *populus* para todo conjunto de homens unidos por alguma dileção em comum não significa estimar todos os povos apenas por serem povos. Como salientado acima, logo após expressar a definição segundo o amor, Agostinho

---

723 "[...] *profecto, ut videatur qualis quisque populus sit, illa sunt intuenda, quae diligit.* [...] *tanto utique melior, quanto in melioribus, tantoque deterior, quanto est in deterioribus concors.*". AUGUSTINUS. *DCD*, XIX, xxiv.

724 Sobre o vocabulário agostiniana para expressar o conceito de amor (*amor, caritas, dilectio*), cf. GILSON, É. *Introduction à l'étude de saint Augustin*, p. 177[2].

725 "*Secundum istam definitionem nostram*". AUGUSTINUS. *DCD*, XIX, xxiv.

726 "*Romanus populus populus est et res eius sine dubitatione res publica.*". *DCD*, XIX, xxiv. Obviamente, a redefinição de *populus* redefine, a um só tempo, o sentido de *res publica*, a despeito de os termos da definição desta não se alterarem em Cícero e em Agostinho.

727 "[...] *aliarum gentium*". "*Generaliter quippe civitas impiorum, cui non imperat Deus oboedienti sibi, ut sacrificium non offerat nisi tantummodo sibi, et per hoc in illa et animus corpori ratioque vitiis recte ac fideliter imperet, caret iustitiae veritate.*". *DCD*, XIX, xxiv.

728 "[...] *moral value*". ADAMS, J. D. "Augustine's Definitions of *Populus* and the Value of Civil Society", p. 171.

explicita tratar-se de definição não apenas política, mas também moral. Existem, com efeito, povos miseráveis, e o critério para tal juízo moral se dá a partir da excelência do fim ou do projeto que um povo ama. Nesse sentido, a despeito de todas as diferenças, as definições de Agostinho e de Cícero têm em comum o fato de a política ser moralmente avalizada, mas em Cícero como uma necessidade para haver política, em Agostinho como uma possibilidade que não interdita estatuto político para povos moralmente depravados[729].

Assim, compreender os cidadãos da cidade terrena como conjunto de homens cuja vontade está pervertida significa reafirmar a impiedade, a injustiça, desse povo que não oferece sacrifícios ao verdadeiro e único Deus. Ora, todos os povos arrolados (romanos, atenienses, egípcios, assírios...) constituem a cidade dos ímpios[730],

---

[729] Oliver O'Donovan empreende interessante investigação acerca do grau de moralidade contido na definição voluntarista de *populus*. A partir da correta observação de que Agostinho *"excludes all mention of 'right'"* de sua definição, o comentador supõe que nela esteja configurada a primeira teoria política que não define a sociedade a partir de um conceito de virtude, mas segundo o consenso popular. *"('coetus multitudinis rationalis rerum quas diligit concordi communione sociatus'-24) It is commonplace [...] that the great difference between ancient and modern political theory is that the modern has severed the ancient's connection between society and virtue. If that is so, then Augustine has, to all appearances, set up the first standard of modern political thought against ancient, casting the political community off from its moorings in justice to drift on the tide of popular consensus."* O'DONOVAN. O. "Augustine's *City of God* XIX and Western Political Thought". p. 139. Após examinar as linhas e os capítulos seguintes à aparente definição amoral e verificar que as suas consequências são morais, O'Donovan conclui: *"What Augustine's reader carries away with him in the end is not a denigration of the role of virtue in politics (though there is a fair amount of deflation of pretension) but an ability to discern shadows cast by virtue in surprising places."*. O'DONOVAN. *Op. cit*, p. 144. Concordo em parte com O'Donovan, porque guardo reservas com a aproximação tão imediata entre a dileção partilhada socialmente em Agostinho e uma noção de "consenso popular" moderna, na medida em que é preciso considerar a definição de Agostinho no contexto de uma filosofia da interioridade e da vontade.

[730] Logo após a enumeração em XIX, xxiv, Agostinho diz *"generaliter quippe civitas impiorum"*. Interpreto *generaliter* como advérbio que marca a reunião de todos os povos elencados no interior de um único, o povo terreno, constitutivo da cidade dos ímpios.

que não conhece a verdadeira justiça porque, desobediente a Deus, não oferece sacrifícios a Ele e, assim, nela a alma de seus cidadãos não impera sobre o corpo, nem a razão sobre os vícios[731].

A princípio, é causa de estranhamento a assunção da virtude da justiça, precisamente a que minou a definição ciceroniana, como consequência da definição voluntarista de Agostinho. Não à toa, O'Donovan vê em Agostinho "uma habilidade de discernir sombras lançadas pela virtude em lugares surpreendentes"[732]. A surpresa e o estranhamento se desfazem, todavia, pela consideração de que a suprema virtude em Agostinho é o sumo amor a Deus[733], de modo que todas as virtudes cardeais são modalidades desse amor ou da vontade, muito distante da ambiência intelectualista ciceroniana. Desse modo, um povo averso a Deus não guarda a justiça na medida em que esta é "o amor que tão somente serve a Deus e, por isso, impera sobre as demais coisas submetidas ao homem"[734].

Nesse sentido, a assunção da virtude da justiça como consequência - expressa pelo juízo moral acerca da injustiça da cidade terrena - da definição voluntarista de *populus* significa, em termos mais precisos, a subsunção da definição ciceroniana pela agostiniana. Com efeito, se a justiça é modalidade de amor, então um conjunto de seres humanos que se une "por consentimento de direito e utilidade comum"[735] é povo porque, conforme a definição voluntarista, o que o une é o amor a Deus, que exige a obediência,

---

731 *"Generaliter quippe civitas impiorum, cui non imperat Deus oboedienti sibi, ut sacrificium non offerat nisi tantummodo sibi, et per hoc in illa et animus corpori ratioque vitiis recte ac fideliter imperet, caret iustitiae veritate."*. AUGUSTINUS. *DCD*, XIX, xxiv.

732 "[...] *an ability to discern shadows cast by virtue in surprising places.*". O'DONOVAN. *Op. cit*, p. 144.

733 "[...] *esse virtutem [...] summum amorem Dei*". AUGUSTINUS. *De moribus ecclesiae catholicae*, I, xv, 25.

734 *"[dicamus esse] iustitiam amorem Deo tantum servientem et ob hoc bene imperantem ceteris quae homini subiecta sunt"*. *De moribus ecclesiae catholicae*, I, xv, 25.

735 "[...] *iuris consensu et utilitatis communione sociatum*". *DCD*, XIX, xxi, 1; CICERO. *Rep.*, I, xxv, 39.

a justiça, e, assim, interesses em comum. De todo modo, embora "povos" possam ser objeto de juízos morais, a moralidade não é critério suficiente nem necessário para conferir estatuto político para conjunto de inumeráveis homens, pois se fosse a cidade terrena e seus cidadãos não seriam "cidade" nem "povo". Além do mais, Agostinho também desnaturaliza suas definições de "república" e "povo, na medida em que também não mais a "natureza" nem a "razão" cumprem qualquer papel para a atribuição de estatuto político para uma multidão de seres humanos que guardem uma dileção comum, seja qual for, por um projeto partilhado. Por tudo isso, encontramos em Agostinho a primeira fundamentação de uma autonomia da política.

## *DE FINIBUS CIVITATUM* (XIX, xxv-xxviii)

A disposição de juízos morais possíveis sobre a qualidade do liame voluntarista fundamental de um povo é o expediente pelo qual Agostinho resgata a discussão inicial do livro XIX sobre os fins dos bens e dos males. Assim, Agostinho reafirma que as virtudes não podem ser o bem supremo da alma porque quando não referidas a Deus, quando não entendidas como modalidade do amor a Deus, são verdadeiros vícios. "As virtudes que [a alma] julga possuir, pelas quais impera sobre o corpo e os vícios, para alcançar ou conservar algo, se não as refere a Deus, são, antes de virtudes, os próprios vícios"[736].

O homem não é, pois, autossuficiente para desempenhar o papel de fundamento de si mesmo, de forma que as supostas virtudes que não forem referidas a Deus não passam de vaidade e soberba[737]. A consideração da incapacidade do homem de ser

---

736 "[...] *virtutes, quas habere sibi videtur, per quas imperat corpori et vitiis, ad quodlibet adipiscendum vel tenendum rettulerit nisi ad Deum, etiam ipsae vitia sunt potius quam virtutes.*". AUGUSTINUS. *DCD*, XIX, xxv.

737 "[...] *tunc inflatae ac superbae sunt, ideo non virtutes, sed vitia iudicanda sunt.*". *DCD*, XIX, xxv.

criador de si mesmo e de seus bens é reafirmada em relação à dependência do corpo com a alma, e desta com Deus. Afinal, nem o corpo, nem a alma, são origem de si mesmos, e, do mesmo modo que a vida do corpo se encontra acima do corpo, isto é, na alma, a vida do homem (união de corpo e alma) encontra-se acima dele, em Deus: "está sobre o homem aquilo que o faz viver feliz"[738], "pois, do mesmo modo que a alma é a vida da carne, assim Deus é a vida feliz do homem"[739]. Eis por que o povo que ama a Deus é feliz[740], e o que é avesso ao Criador, miserável[741].

Contudo, ainda que não possua virtudes e seja infeliz, o povo terreno desfruta de certa paz temporal, que, precisamente por ser desejada por si mesma, não como meio em direção a fim transcendente, é um bem que não proporcionará outros maiores nem será fruído para sempre[742]. A paz da Babilônia não é, entretanto, exclusiva dos ímpios, uma vez que a cidade celeste também faz uso dela na peregrinação neste mundo onde as duas cidades se encontram entretecidas[743]. O uso, e não fruição, que o povo de Deus faz da paz terrena é, não obstante, legítimo porque, embora esteja em meio aos homens terrenos, tal povo foi libertado por Deus da Babilônia e é capaz de fazer o devido uso de todas as coisas em benefício da salvação[744].

Dessa forma, interessa à cidade celeste que a terrena preserve a paz temporal, pois a manutenção desta é útil para ambas. Não sem razão, o apóstolo Paulo pede à Igreja que ore pelos reis e dignatários "'a fim de que levemos vida calma e tranquila, com toda

---

738 "[...] *super hominem, quod hominem facit beate vivere; nec solum hominem, sed etiam quamlibet potestatem virtutemque caelestem.*". *DCD*, XIX, xxv.

739 *"Quocirca ut vita carnis anima est, ita beata vita hominis Deus est"*. *DCD*, XIX, xxvi.

740 "'*Beatus populus, cuius est Dominus Deus ipsius.*'". *DCD*, XIX, xxvi; Sl 143, 15.

741 *"Miser igitur populus ab isto alienatus Deo."*. *DCD*, XIX, xxvi.

742 Cf. *DCD*, XIX, xxvi

743 *"Hanc autem ut interim habeat in hac vita, etiam nostri interest; quoniam, quamdiu permixtae sunt ambae civitates, utimur et nos pace Babylonis"*. *DCD*, XIX, xxvi.

744 *"[Babylon] ex qua ita per fidem populus Dei liberatur, ut apud hanc interim peregrinetur."*. *DCD*, XIX, xxvi.

piedade e caridade'"[745]. Da mesma forma, o profeta Jeremias recomendou ao antigo povo de Deus que fosse obediente e pacientemente para o cativeiro na Babilônia, e que orasse por essa cidade, "'porque em sua paz estará a vossa paz', quer dizer, a paz temporal comum aos bons e aos maus"[746].

Tal paz relativa, no entanto, "é mais consolo de [nossa] miséria que gozo de [nossa] felicidade"[747]. O mesmo é preciso dizer da paz exclusiva da cidade celeste peregrina, ainda que seja superior à relativa e comum às duas cidades. Com efeito, aquela paz se dá "com Deus pela fé e" somente "na eternidade será com ele pela visão"[748]. Como paz a partir da fé, trata-se não da paz final, na qual o homem estará despido de todas as marcas do pecado, mas de paz preparatória à salvação. Tanto é assim que a virtude da justiça testemunha combate contínuo contra a rebeldia dos vícios e do corpo. "Nossa justiça, embora verdadeira, quando a referimos ao supremo bem, é tal nesta vida, que antes consiste na remissão dos pecados que na perfeição das virtudes."[749] Ser justo ("dar a cada um o que lhe é devido") neste século, por conseguinte, significa, desde o princípio, ação que se dá sobre um passado que é marcado por dívidas, pecados, e que a todo momento, por causa dos vícios, padece da tentação de não pagar quaisquer dívidas[750] e converter-se em injustiça elegendo o próprio mundo como fundamento

[745] "'*Ut quietam et tranquillam vitam agamus cum omni pietate et caritate*'". *DCD*, XIX, xxvi; 1*Tim*. 2, 2.

[746] "'*Quia in eius est pace pax vestra', utique interim temporalis, quae bonis malisque communis est.*". *DCD*, XIX, xxvi; Jer 29, 7. Tradução de Oscar Paes Leme com modificação.

[747] "[...] *solacium miseriae sit potius quam beatitudinis gaudium.*". *DCD*, XIX, xxvii.

[748] "*Pax autem nostra propria et hic est cum Deo per fidem et in aeternum erit cum illo per speciem.*". *DCD*, XIX, xxvii. Tradução de Oscar Paes Leme com modificação. Cf. 2Cor 5, 7.

[749] "[...] *nostra iustitia, quamvis vera sit propter verum boni finem, ad quem refertur, tamen tanta est in hac vita, ut potius remissione peccatorum constet quam perfectione virtutum.*". *DCD*, XIX, xxvii. Tradução de Oscar Paes Leme.

[750] Sobre o vocabulário religioso-monetário em relação às dívidas morais, cf. KOCH, I. "O tema do 'Deus sem ciúme': da *aphthonia* grega à *non invidentia* agostiniana".

e fim[751]. Não sem razão, o próprio Cristo ensinou à cidade celeste, na peregrinação, "clamar a Deus por todos os membros: 'Perdoa-nos as nossas dívidas, assim como perdoamos nossos devedores'"[752].

Nessa oração, o fiel roga o perdão de suas dívidas apenas porque ainda não é capaz de ser plenamente justo. É notável que mais uma vez se evidencia que a justiça é modalidade de amor, pois o perdão aos "nossos devedores" é expresso sob a forma de dileção ou amor ao próximo. Além disso, dizer que o amor se manifesta como virtude, no caso como justiça, é o mesmo que considerar que se manifeste em obras. "Essa oração não é eficaz para aqueles cuja fé sem obras é morta, mas o é para aqueles cuja fé obra pela caridade"[753]. Bem entendidas, tais obras são o exercício das virtudes contra os vícios, que nunca são absolutamente submetidos, pois sempre arrastam os homens a pecar, senão por ato deliberado, ao menos por meio de palavra fugidia ou pensamento errante[754]. Assim, enquanto os homens forem viciados, a paz perfeita inexistirá, porque mesmo os vícios que não mais oferecem resistência, mas foram dominados, necessitam ser submetidos a precavido e aguçado comando vigilante para que não se sublevem[755].

---

751 "[...] como ele não pode chamar-se a si mesmo para a existência, como não pode fazer *ex nihilo* – falta-lhe o verdadeiro poder criador, o puro ser – só pode amar o mundo (*dilector mundi*) devido ao seu ser-vindo-do-mundo, fazendo do mundo a pátria que lhe pertence (*patria*), e negando que o mundo é igualmente deserto (*Ioan. Ev.* XXVIII, 9). Por este fato, deformou (*perversitas*) o sentido original do seu ser criado, que era justamente de o reenviar para lá do mundo à sua verdadeira origem.". ARENDT, H. *O conceito de amor em santo Agostinho,* p. 100.

752 *"Per omnia quippe membra sua clamat ad Deum: 'Dimitte nobis debita nostra, sicut et nos dimittimus debitoribus nostris'."*. AUGUSTINUS. *DCD*, XIX, xxvii; *Mat.* 6, 12.

753 *"Nec pro eis est efficax haec oratio, quorum fides sine operibus mortua est; sed pro eis, quorum fides per dilectionem operatur."*. *DCD*, XIX, xxvii. Tradução de Oscar Paes Leme. Cf. *Tg.* 2, 14-26; *Gal.* 5, 6.

754 "[...] *utique subrepit aliquid in hoc loco infirmitatis etiam bene confligenti sive hostibus talibus victis subditisque dominanti, unde si non facili operatione, certe labili locutione aut volatili cogitatione peccetur."*. *DCD*, XIX, xxvii.

755 *"Et ideo, quamdiu vitiis imperatur, plena pax non est, quia et illa, quae resistunt, periculoso debellantur proelio, et illa, quae victa sunt, nondum securo triumphantur otio, sed adhuc sollicito premuntur imperio."*. *DCD*, XIX, xxvii.

Desse modo, todos os homens possuem algum débito para com Deus e com o próximo, uma vez que contêm, em maior ou menor grau conforme a cidade da qual fazem parte, a vontade cindida. Em outras palavras, nenhum ser humano guarda o sumo amor a Deus (definição da virtude suprema); se guardasse, já gozaria da paz perfeita, que exclui qualquer manifestação pervertida da vontade, que são vícios ou pulsões. Por conseguinte, o cumprimento da justiça exige a humildade, a admissão da tara humana. "Quem não presumirá que sua vida seja tal que não precise dizer a Deus: 'Perdoa-nos nossas dívidas', senão o homem soberbo?"[756] Com isso, Agostinho explicita que a virtude da justiça contém ainda mais um quarto sentido até então ausente, senão em toda *A cidade de Deus*, ao menos no livro XIX. Diz que a justiça consiste em duas coisas:

(1) a submissão do homem obediente a Deus, e, por consequência, do corpo à alma e dos vícios à razão, ainda que se rebelem;
(2) pedir tanto a graça dos méritos[757] (*meritorum gratia*) quanto o perdão dos pecados e render graças pelos bens recebidos[758].

Esse segundo sentido de justiça é complementar ao primeiro e àqueles expressos em XIX, xxiii, 5, que a considera como a fé cuja ação é a caridade sob a forma dos dois mandamentos cristãos.

---

756 "[...] *quis ita vivere se praesumat, ut dicere Deo: 'Dimitte nobis debita nostra' necesse non habeat nisi homo elatus?"*. *DCD*, XIX, xxvii. Tradução de Oscar Paes Leme.

757 A expressão é de difícil compreensão e, aparentemente, paradoxal. Com efeito, a graça exclui qualquer merecimento e este qualquer gratuidade. É possível, contudo, que *meritus* esteja aí no sentido, admitido pelo latim, de "prêmio", "dom" ou "dádiva".

758 *"Hic itaque in unoquoque iustitia est, ut oboedienti Deus homini, animus corpori, ratio autem vitiis etiam repugnantibus imperet, vel subigendo vel resistendo, atque ut ab ipso Deo petatur et meritorum gratia et venia delictorum ac de acceptis bonis gratiarum actio persolvatur."*. *DCD*, XIX, xxvii.

Mais do que complementar, talvez seja até mesmo anterior aos outros na medida em que, na ausência da graça divina, o homem não teria fé nem em Deus nem na salvação e, desse modo, não seria capaz de submeter-se ao Criador por meio do cumprimento dos dois mandamentos cristãos, porém pedir e aspirar pela graça por si só já é graça ou vontade boa.

A justiça neste mundo, onde o homem não pode obter mais do que a paz imperfeita, tem, entretanto, a paz final como propósito[759]. Nesta, a justiça e todas as outras virtudes não sofrerão resistência, pois o amor a Deus será inquebrantável e os vícios inexistirão em uma "natureza [humana] curada pela imortalidade e incorrupção"[760]. A obediência ao Criador, cujo exercício com a vontade cindida é árduo neste mundo, será cumprida tão doce e docilmente quanto a felicidade possuirá facilidade para existir e reinar[761]. "Tal estado em todos e em cada um será eterno, e estaremos certos de sua eternidade; daí a paz dessa felicidade ou a felicidade dessa paz será o supremo bem."[762] Em outras palavras, Agostinho está a retomar, com mais precisão, o fim dos bens – a saber, a "paz na vida eterna ou vida eterna na paz"[763] –, ao qual a cidade celeste se dirige com único amor.

A cidade terrena, ao contrário, caminha em direção ao fim dos males, ou seja, à "miséria eterna, também chamada segunda morte"[764]. Porque não terá termo, esta é mais dura (*durior*) do que a primeira, que é apenas corporal. Bem entendida, a segunda morte é a morte da alma, que eternamente "estará separada de sua vida,

---

759 "*In illa vero pace finali, quo referenda et cuius adipiscendae causa habenda est ista iustitia*". *DCD*, XIX, xxvii.

760 "[...] *sanata immortalitate atque incorruptione natura*". *DCD*, XIX, xxvii.

761 "[...] *tantaque ibi erit oboediendi suavitas et facilitas, quanta vivendi regnandique felicitas.*". *DCD*, XIX, xxvii.

762 "*Et hoc illic in omnibus atque in singulis aeternum erit aeternumque esse certum erit, et ideo pax beatitudinis huius vel beatitudo pacis huius summum bonum erit.*". *DCD*, XIX, xxvii.

763 "[...] *pax in vita aeterna vel vita aeterna in pace*". *DCD*, XIX, xi.

764 "[...] *miseria sempiterna, quae mors etiam secunda dicitur*". *DCD*, XIX, xxviii; cf. Apoc 2, 11; 20, 6; 21, 8.

que é Deus". Em dissensão com o Criador, a alma encontrar-se-á em injustiça e não será capaz de comandar o corpo, que, ressuscitado doente, sofrerá dores eternas[765]. Assim, se a cidade celeste repousará após o juízo final na paz eterna, então o supremo mal da cidade terrena é a guerra eterna. Se o que há de mais pernicioso na guerra é "a oposição e o conflito das coisas entre si"[766],

> que guerra, pois, mais cruel e encarniçada pode ser concebida do que aquela na qual a vontade será tão contrária à paixão e a paixão à vontade que a inimizade delas jamais cessará pela vitória de uma ou de outra, e na qual a dor luta tão violentamente contra a própria natureza do corpo, sem nenhum dos dois ceder?[767]

Nenhuma, deve ser a resposta, pois se trata da eterna privação da paz. Diferentemente do que se dá neste século, no suplício final o combate entre a violência da dor e a natureza do corpo não terá termo pela vitória ou da dor, que pela morte dá fim ao conflito, ou da saúde, que expulsa a dor[768]. Para que o castigo seja perpétuo, a dor subsistirá para torturar e a natureza, para sofrer[769]. O homem não será despido de toda natureza na pena final porque, em caso afirmativo, ele simplesmente deixaria de ser, seria, literalmente,

---

765 "[...] *a vita Dei alienata erit, nec corpus, quod aeternis doloribus subiacebit*". *DCD*, XIX, xxviii.

766 "[...] *rerum [...] inter se adversitatem atque conflictum.*". *DCD*, XIX, xxviii.

767 "*Quod igitur bellum gravius et amarius cogitari potest, quam ubi voluntas sic adversa est passioni et passio voluntati, ut nullius earum victoria tales inimicitiae finiantur, et ubi sic confligit cum ipsa natura corporis vis doloris, ut neutrum alteri cedat?*". *DCD*, XIX, xxviii. A palavra *passio* aparece pela primeira vez no livro XIX aqui. O conflito entre a vontate e a paixão deve ser entendido como rixa da vontade consigo mesma. Afinal, conforme estudamos *supra* no Capítulo IV, as paixões são modalidades da vontade ou do amor, assim como as virtudes. Cf. *DCD*, XIV, ix.

768 "*Hic enim quando contingit iste conflictus, aut dolor vincit et sensum mors adimit, aut natura vincit et dolorem sanitas tollit.*". *DCD*, XIX, xxviii.

769 "*Ibi autem et dolor permanet ut affligat, et natura perdurat ut sentiat; quia utrumque ideo non deficit, ne poena deficiat.*". *DCD*, XIX, xxviii.

aniquilado e não padeceria por toda eternidade. Ora, as *Escrituras* revelam a segunda morte como sofrimento eterno, de forma que é preciso admitir resquício da natureza entre os ímpios condenados para que, por meio da dor, reconheçam a miséria na qual se lançaram e se recordem dos bens que jamais voltarão a possuir[770] (nem mesmo o mais trágico dos tragediógrafos havia aventado um destino trágico universal e sem fim dessa magnitude!).

## *POPULUS, CIVITAS, URBS* E *ECCLESIA* EM CÍCERO E AGOSTINHO

À procura das razões de Agostinho criticar e reconstruir as definições ciceronianas de *res publica* e *populus*, intentei apresentar o projeto geral das obras *De re publica* e *De civitate dei*, a fim de compreender os princípios, problemas, argumentos, conceitos, sobre os quais Cícero edifica as suas definições e Agostinho as refuta. Como investigado no Capítulo II, é a partir e em torno de uma concepção de história, mais precisamente de *res gestae*, que Cícero empreende a investigação acerca do *optimus status civitatis*, erigido por meio de obras e feitos humanos e caracterizado como a forma de governo que confere perpetuidade histórica a uma *res publica*.

Nesse contexto, as definições de *res publica* e *populus* são fundamentais para que seja compreensível o que precisamente a melhor forma de governo, a saber, o governo misto, torna duradouro[771]. Ora, se *res publica* é "coisa do povo", e se *populus* é "a união de inumeráveis homens por consentimento jurídico e utilidade comum"[772], então o *optimus status civitatis* guarda

---

770 "*Hoc autem in extremo supplicio recte fit, ut iniqui et impii naturalium bonorum damna in cruciatibus defleant, sentientes eorum ablatorem iustissimum Deum, quem contempserunt benignissimum largitorem.*". *DCD*, XIX, xiii, 2.

771 "[..] *debet enim constituta sic esse civitas, ut aeterna sit.*". CICERO. *Rep.*, III, xxiii, 34.

772 "[..] *coetum multitudinis iuris consensu et utilitatis communione sociatum*". CICERO. *Rep.*, I, xxv, 39.

a capacidade de preservar a justiça que deve ser inerente a qualquer conjunto de homens que possa ser considerado povo. Tal justiça, para Cícero, refere-se ao *ius naturale*, a partir do qual o *ius civitatis* é constituído. Assim, os homens exercem a virtude da justiça ("dar a cada um o que lhe é devido") na medida em que cumprem a própria natureza, de sorte que a *civitas* e as *res gestae* podem ser entendidas como extensão da própria *natura* e realização da *ratio*.

Mais precisamente, pela ação virtuosa, pela capacidade de fundação de *civitates* e de todas as instituições e artefatos criados em função dela, os homens concorrem[773], por assim dizer, juntamente com a natureza, com a razão universal ou *ignis*, e agem à maneira de um artista divino na gênese dos feitos e obras humanos[774]. As *res gestae*, por conseguinte, expressam a realização da própria natureza pelos vestígios imorredouros (*exempla*) com os quais os cidadãos, notadamente os romanos, as constituíram. Vale lembrar que tal imortalidade histórica procura criar e sustentar tão somente uma *diuturna res publica*: "com efeito, não há coisa alguma na qual a virtude humana mais se aproxime do nume dos deuses do que fundar novas cidades ou conservar as já fundadas."[775]

---

[773] "*Significa infatti questa affermazione che la natura contiene di per sè un piano razionale, un ordine, al quale l'uomo è per natura dotado di ragione può attingere e spontaneamente conformarsi? O significa al contrario che l'uomo è per natura dotado di ragione e come tale può ordinare razionalmente il mondo? Nell'un caso la ragione umana non serebbe che lo strumento di* comprensione *della ragione universale; nell'altro ne diverrebbe lo strumento di* produzione." REVELLI, M. *Cicerone, Sant'Agostino, San Tommaso*, p. 47. A leitura que proponho de Cícero desfaz a disjuntiva acima.

[774] "[..] *quodque in operibus nostratum artium manus efficiat id multo artificiosum naturam efficere, id est ut dixi ignem artificiosum magistrum artium reliquarum. Atque hac quidem ratione omnis natura artificiosa est, quod habet quasi viam quamdam et sectam quam sequatur.*" CICERO. *De natura deorum*, II, xxii.

[775] "[..] *neque [enim] est ulla res in qua propius ad deorum numen virtus accedat humana, quam civitatis aut condere novas aut conservare iam conditas.*". CICERO. *Rep.*, I, vii, 12.

Agostinho, todavia, não pode admitir n'*A cidade de Deus* o mesmo conceito de *res gestae* que Cícero propõe. Afinal, o cânone a partir do qual a religião, a autoridade e a tradição são depreendidas não mais reside na História de Roma, não é estabelecido por cidadãos fundadores e re-fundadores, mas é revelado pelas *Escrituras*. As *res gestae*, por consequência, não significam para Agostinho os grandes feitos de homens que, pela ação política e moral, realizaram a sua *humanitas*, isto é, a sua própria natureza em harmonia com a realização da natureza em geral. Pelo contrário, a história é um aspecto da temporalidade marcado pelo pecado, pelo divórcio entre o homem e a natureza, embora seja também o lugar onde o próprio absoluto se engaja como mediador, fazendo-se de certo modo história.

O tempo histórico, dessa forma, tem início no pecado original, na pretensão de Adão de tornar-se Deus, conforme revelam as *Escrituras* lidas exegeticamente por Agostinho. O exame do sentido dessa pretensão é fundamental para compreendermos minimamente o pecado como o "motor da história"[776]. Vimos, nesse sentido, que a transgressão da natureza pode ser entendida como transgressão da vontade, como perversão de um traço essencial do homem, que é amar a Deus[777]. Assim, como o pecado consiste no declinar de Deus, dá-se a queda, a precipitação do homem em condição distante de sua natureza. A história tem início[778] aí onde o ser humano, incapaz de desempenhar o papel de fundamento ontológico de si mesmo, instaura em si fraturas, "grande

[776] "[..] *le péché est le moteur de l'histoire*". MARROU, H-I. *L'ambivalence du temps de l'histoire chez saint Augustin*, p. 64.

[777] "*[Deus] locus noster. Amor illuc attollit nos* [...] *Corpus pondere suo nititur ad locum suum. Pondus non ad ima tantum est, sed ad locum suum. Ignis sursum tendit, deorsum lapis.* [...] *Minus ordinata inquieta sunt: ordinantur et quiescunt. Pondus meum amor meus*". AUGUSTINUS. *Conf.*, XIII, ix, 10.

[778] "[..] *temps historique, le temps d'après la Chute* [...] *n'est* [...] *qu'un aspect de la temporalité* [...] *Il faille concevoir ce qu'on pourrait appeler un temps cosmique, le temps dans lequel se déploie l'oevre de la Création divine*". MARROU, H-I. *Op. cit.*, p. 65, 66. Cf. CHAX-RUY, J. *Saint Augustin – Temps et Histoire*, p. 65.

rixa interior"[779] que, na vida em sociedade, é origem de guerras e conflitos, perpetuação do combate originado pelo pecado. Não obstante, a danação do gênero humano não triunfa e não condena a todos ao desespero e miséria porque Deus mesmo se compadece da humanidade e agracia-a com uma ponte salvífica, possibilitando o retorno à origem divina, conforme o artigo de fé que cumpre papel de centro e referência de todas exegeses de Agostinho.

A graça, por consequência, confere ao homem a possibilidade de restauração de seu amor, que, voltado pecaminosamente a si mesmo e às criaturas, pode então converter-se em direção ao Criador. Em outras palavras, ao ser humano é aberta uma via salvífica pela qual lhe é possível reconhecer que sua natureza é estranha a este mundo e, assim, reconhecer-se como exilado neste século, para como peregrino atravessar o tempo histórico em direção à eternidade. Pelas *Escrituras* e pela encarnação, Deus se faz presente na história para "resgatar-nos do tempo libertando-nos do devir ou, como se diria hoje, libertar-nos da existência para conquistar o ser"[780].

É a partir da consideração do engajamento divino na história que o ser humano, a despeito de continuar imerso no mundo, é capaz de não mais reconhecer nela apenas a negatividade. O devir histórico, com efeito, é ambivalente[781]; além de ser lugar e temporalidade marcados pelo pecado, é também onde a graça se deu, de tal maneira que ao homem é revelado o sentido da história em direção à eternidade[782]. Essa teleologia, contudo, é revelada por meio da fé, sobre a qual a razão deve desenvolver uma exegese

---

779 "[..] *grandi rixa interioris*". AUGUSTINUS. *Conf.*, VIII, viii, 19.

780 "[..] *nous racheter du temps en nous libérant de devenir ou, comme on dirait aujourd'hui, nous libérer de l'existence pour conqueror l'être*". GILSON. E. *Philosophie et Incarnation selon saint Augustin*, p. 26.

781 Cf. MARROU, H-I. *Op. cit.*, p. 20.

782 "[..] *while the pilgrims in the City of God proceed through the temporal process, the movement paradoxically mirrors a potential return to the One*". PULSIANO, P. "Language Theory and Narrative Patterning", p. 245.

a fim de tornar inteligível uma ordem que a alma, em condição decaída, não é capaz de compreender por si mesma[783].

Desse modo, Agostinho, diferentemente de Cícero, desenvolve não exatamente uma narração das *res gestae*, nem uma investigação da melhor forma de governo que confere perenidade histórica às instituições humanas. Como a preocupação incide não exclusivamente sobre os acontecimentos puramente seculares, mas sobre um sentido transcendente do devir, a história deve ser entendida como a "economia da salvação", cuja notícia se encontra revelada nas *Escrituras*. Trata-se, por conseguinte, de empreender uma exegese sobre os artigos de fé, que revelam a unidade subjacente à vicissitude dos séculos[784].

Eis o projeto geral da segunda parte d'*A cidade de Deus*, que empreende uma "síntese da história universal"[785], isto é, uma investigação sobre "a origem, curso e fins devidos"[786] das duas cidades em que o gênero humano se divide e "de que a Escritura dá testemunho"[787]. As cidades terrena e celeste são orientadas, respectivamente, pelo pecado e pela graça. "Dois amores fundaram, pois, duas cidades, a saber: o amor próprio, levado ao desprezo a Deus, a terrena; o amor a Deus, levado ao desprezo de si mesmo, a celestial."[788] Não à toa, Agostinho dispõe o amor como elemento central da *civitas* desde o início da exegese sobre o tempo histórico.

A partir da compreensão do projeto geral d'*A cidade de Deus*, pudemos ler o livro XIX como grande tratado acerca dos fins a-históricos a que, desde a fundação, cada uma das cidades é

---

783 Cf. AUGUSTINUS. *DCD*, XI, ii; 1Tim 2, 5.

784 Cf. *infra* "Apêndice V: Nota sobre História universal em Agostinho, Kant e Adorno".

785 GILSON, É. *Introduction à l'étude de saint Augustin*, p. 230.

786 "[...] *exortu et excursu et debitis finibus*". AUGUSTINUS. *DCD*, XI, i.

787 "[...] *cuius ea Scriptura testis est*". *DCD*, XI, i.

788 "*Fecerunt itaque civitates duas amores duo, terrenam scilicet amor sui usque ad contemptum Dei, caelestem vero amor Dei usque ad contemptum sui.*". *DCD*, XIV, xxviii. Tradução de Oscar Paes Leme com modificação. Cf. Gen 4, 2-17.

orientada por uma forma de amor[789]. Nesse sentido, antes de dizer que Agostinho permanece em silêncio acerca das corretas definições de *res publica* e de *populus* entre os livros II e XIX, é preciso considerar que nesse intervalo ele dispôs na obra todos os elementos necessários – tais como natureza e pecado, tempo e eternidade, presença e transcendência, paixões, virtudes e vontade – para ler as definições ciceronianas a partir de outro plano, recusá-las e reconstituí-las.

Além do mais, o livro XIX d'*A cidade de Deus*, em longa reflexão sobre as virtudes e sobre a guerra e a paz, empreende uma argumentação que evidencia ser privilégio de somente uma cidade particular o cumprimento da justiça, que, segundo Cícero, é *conditio sine qua non* para um conjunto de homens constituir *populus* e *res publica*[790]. Assim, "a distinção das duas cidades conduz a deixar subsistir apenas a Cidade de Deus. [...] Não seria suficiente dizer, portanto, que a república romana foi injusta, pois, na verdade, nem era digna do nome de república"[791].

Tal consequência das definições ciceronianas não poderia ser aceita por Agostinho. Afinal, os dados históricos oriundos tanto das *Escrituras*, como da tradição pagã, evidenciam que uma multidão de homens ímpios é unida por um amor comum "voltado à dominação e ao gozo das coisas materiais"[792]. Esse é um dos motivos pelos quais Agostinho redefine *populus* e, por consequência, *res publica* por meio do conceito de vontade ou amor: "povo é o conjunto de inumeráveis seres racionais associado pela concorde

---

789 "[...] *les deux cités se distinguent et s'opposent, comme les fins mêmes vers lesquelles elles sont ordonnées.*" GILSON, É. *Op. cit.*, p. 229.

790 *"In Cicerone* [...] *l'elemento* giustizia *si pone costitutivo del politico, come* conditio sine qua non." REVELLI, M. *Cicerone, Sant'Agostino, San Tommaso*, p. 26.

791 "[...] *la distinction des deux cités aboutit à ne laisser subsister que la Cité de Dieu.* [...] *Il ne suffirait donc pas de dire que la république romaine ait été injuste, car, en vérité, elle n'était même pas digne du nom de république*". GILSON, É. *Op. cit.*, p. 229.

792 "[...] *tournée vers la domination et la jouissance des choses matérielles.*" GILSON, É. *Op. cit.*, p. 228.

comunhão de coisas que ama"[793]. Segundo essa definição, tanto o conjunto de homens celestes, quanto o de terrenos, conforme o que amam em comum, podem legitimamente ser denominados *populi*.

O aparente obscurecimento da justiça na redefinição agostiniana é controversa entre alguns comentadores que desconfiaram, dentre outras coisas, do significado e importância do empreendimento agostiniano[794]. Carlyle, por exemplo, supôs que a definição agostiniana segundo o amor seria menos sofisticada do que a de Cícero, a ponto de ser a mesma definição do cônsul romano, porém desprovida do elemento jurídico[795]. McIlwain, de maneira semelhante, entendeu que a definição agostiniana seria uma mera variante da ciceroniana, devendo ser lida como "simplesmente um artifício retórico"[796].

Essas leituras parecem não levar em conta que, em vez de a definição de Agostinho ser variante imperfeita da ciceroniana, esta é que, n'*A cidade de Deus*, torna-se uma variante, carente de universalidade, daquela e nela subsumida. Ora, não é sem razão que uma das investigações mais importantes do livro XIX d'*A cidade de Deus* é sobre cada uma das virtudes cardeais e sobre o amor.

---

793 "*Populus est coetus multitudinis rationalis rerum quas diligit concordi communione sociatus*". AUGUSTINUS. *DCD*, XIX, xxiv.

794 "*Ces conclusions soulevaient un problème considérable, car elles introduisaient une ambiguïté fondamentale dans la notion même de la Cité de Dieu, et, bien qu'Augustin l'ait consciemment acceptée comme telle, elle n'en a pas moins dérouté souvent ses commentateurs.*" GILSON, É. *Op. cit.*, p. 229.

795 "*'Whether St. Augustine realized the enormous significance of what he was saying may be doubted; this definition [*CD XIX, 24*] is indeed practically the definition of Cicero, but with the element of law and justice left out, and no more fundamental difference could well be imagined, for Cicero's whole conception of the State turns upon this principle, that it is a means for attaining and preserving justice.' ['St. Augustine and the* City of God*',* The Social and Political Ideas of Some Great Mediaeval Thinkers*, ed. F. J. C. Hearnshaw, p. 50.]*". ADAMS, J. D. "Augustine's Definitions of *Populus* and the Value of Civil Society", p. 172. O artigo de Adams realiza também recensão da literatura crítica que interpretou a definição agostiniana de *populus* no século XX.

796 "[...] *simply a rhetorical device*". ADAMS, J. D. *Op. cit.*, p. 173. Adams está a se referir à seguinte obra McIlwain: *The Growth of Political Thought in the West, from the Greeks to the End of the Middle Ages*.

Com efeito, todas as virtudes, incluída a justiça, são modalidades do amor[797], de sorte que uma definição de povo fundamentada apenas na justiça diz respeito a caso particular de povo que possui o amor submetido ao Criador, e não às criaturas. Agostinho, desse modo, admite como definição geral de *populus* somente aquela que estabelece o amor como liame fundamental entre os homens, e a definição ciceroniana é errônea por ser ausente de universalidade. Não obstante, como definição particular, variante da geral, Agostinho a aceita, não, porém, como definição do *populus Romanus*, como Cícero pretendia, mas como definição exclusivamente da *caelestis civitas*.

Assim, a conciliação[798] das duas definições fundamenta-se em uma concepção voluntarista de virtude que é desenvolvida ao longo d'*A cidade de Deus* e desempenha papel fundamental no livro XIX. Tal concepção de virtude é completamente estranha a Cícero, para quem a "virtude é a perfeita razão"[799] e pode ser realizada por cálculo intelectualista decorrente de acordo entre o homem e o *lógos* universal, imanente ao mundo.

Dessa forma, uma concepção voluntarista de virtude subjaz à recusa agostiniana da definição geral de *populus* que Cícero elabora a partir de um intelectualismo médio-estoico. Pode-se concluir, então, que se antes de Agostinho não temos notícias de uma filosofia moral pensada a partir do livre-arbítrio de uma vontade

---

797 "[...] *temperantiam dicamus esse amorem Deo sese integrum incorruptumque servantem, fortitudinem amorem omnia propter Deum facile perferentem, iustitiam amorem Deo tantum servientem et ob hoc bene imperantem ceteris quae homini subiecta sunt, prudentiam amorem bene discernentem ea quibus adiuvetur in Deum ab his quibus impediri potest.*" AUGUSTINUS. *De moribus ecclesiae catholicae*, I, xv, 25.

798 Concordo com Adams a respeito de que "*the two definitions are not only reconcilable, but end up being one, in the sense that the second absorbs the first*". ADAMS, J. D. *Op. cit.*, p. 178. Discordo, porém, da maneira como Adams a sustenta, pois ele procura entender a conciliação entre as duas definições por meio de estrutura silogística segundo a qual cada uma das definições de povo seria uma proposição com um termo médio em comum, o parece estranho à argumentação agostiniana.

799 "[...] *est [...] virtus perfecta ratio*". CICERO. *De legibus*, I, xvi, 45.

autônoma[800], então, na medida em que um conceito de *populus* é fundamentado sob a égide da vontade, podemos afirmar que se encontra n'*A cidade de Deus* a primeira reflexão política voluntarista da História da Filosofia[801]. Uma política pensada em chave voluntarista é absolutamente estranha à tradição, a ponto de Hannah Arendt, preocupada em não estabelecer ordem hierárquica entre *vita activa* e *vita contemplativa*, interpretá-la como *apolitia*, na medida em que confere "sanção religiosa ao rebaixamento da *vita activa* à sua posição subalterna e secundária"[802].

Seja como for, o fato é que Agostinho ao reformular os conceitos de *res publica* e *populus* resolve também o conflito entre o indivíduo e a cidade apontado por Guitton[803]. Vale sublinhar, porém, que a princípio o conflito não é universal, pois somente aqueles que reorientaram a vontade em direção a Deus o padeceriam se não encontrassem cidadania na cidade celeste. Ora, os cidadãos

---

[800] "[...] *saint Augustin met fin à l'Antiquité* [...] *en découvrant que cette âme est en conflit avec elle-même et qu'il existe une volonté. Ce que ne pouvait savoir le stoïcisme, cet intellectualisme optimiste et moniste qui ignore l'intériorité avec ses déchirements et la volonté avec ses efforts; il ne connaît que les exercices d'autopersuasion au long desquels la vérité s'imprime plus ou moins complètement sur le corps de l'esprit. Si des affects viennent à nous dominer, la faute en est à notre seule ignorance*". VEYNE, P. *L'empire Gréco-romain*, p. 710, 711. "A nova descoberta é que há algo no homem que pode dizer sim ou não aos preceitos da razão, de modo que ceder ao desejo não é um ato incitado pela ignorância, nem pela fraqueza, mas pela minha vontade". ARENDT, H. *Responsabilidade e Julgamento*, p. 179. A liberdade, no cristianismo, é experimentada "no antagonismo interior entre o que quereria fazer e o que faço, cuja cruel dialética desvelou, primeiro a Paulo e depois a Agostinho, os equívocos e a impotência do coração humano." ARENDT, H. "Que é Liberdade?". In: ——. *Entre o passado e o futuro*, p. 204.

[801] Agostinho é "o grande pensador cristão que de fato introduziu o livre arbítrio de Paulo, juntamente com suas perplexidades, na História da Filosofia". ARENDT, H. *Op. cit.*, p. 215.

[802] ARENDT, H. *A condição humana*, p. 24.

[803] *"L'individu a une destinée: il n'est encore qu'ébauché, lorsqu'il échappe, en un même instant, aux liens du corps et aux liens sociaux. Le mot d'eternité garde donc un sens à ses yeux. Quel sens aurait'il pour la cité? Celle-ci n'existe que pour les aménagements provisoires du temps. Comment n'y aurait'il pas un conflit incessant, et parfois dramatique, entre des exigences si contraires?"* GUITTON, J. *Le temps et l'éternité chez Plotin et Saint Augustin*, p. 287.

terrenos não aspiram a libertar-se da danação e concordam com os propósitos mundanos das diferentes repúblicas arçambarcadas pela cidade terrena, de modo que neles não haveria o conflito tematizado por Guitton. Do ponto de vista de Agostinho, o conflito, portanto, seria exclusivividade dos cidadãos celestes, porém eles também não estão em contenda com a cidade de que se reconhecem como cidadãos. Afinal, há coincidência entre o fim deles e o fim da cidade celeste, qual seja: a paz na vida eterna como fim.

É possível ainda esboçar outro desdobramento das definições agostinianas de *res publica* e *populus*. Ao precisar que o amor é o liame fundamental para um conjunto de seres racionais constituir povo, Agostinho, a um só tempo, redefine o que seja *res publica* e conquista a possibilidade de a "coisa do povo" não possuir existência espacial, territorial ou geográfica, mas ser uma cidade primordialmente espiritual e interior, como ele diz, "mística"[804], como efetivamente é a celeste. Isso parece ser uma das consequências maiores da política voluntarista de Agostinho. A cidade por excelência, da qual a terrena não é mais do que imagem[805], não possui territorialidade, nem limites espaciais, algo bem diferente da concepção ciceroniana de cidade. Conforme estudamos no Capítulo II, Roma sobressai como o *optimus status civitatis* também porque sua posição geográfica no orbe é privilegiada, não à toa por feito do Fundador[806]. A urbe de Roma, todavia, não se confunde com a república, pois, para Cícero, uma é definida por muralhas e/ou limites naturais, e a outra, pelo direito e interesses racionais. De todo modo, toda república se realiza em uma ou mais urbe, apesar de nem toda urbe ser república.

Agostinho também admite distinção entre *res publica* e *urbs*. Para ele, o que une uma multidão de homens são não limites geográficos, mas uma vontade comum, que pode, não obstante, ser voltada para a glória de determinada urbe ou república particular, limitada espacialmente. A cidade celeste, porém, não depende de

---

804 "[...] *mystice*". *DCD*, XV, i, 1.
805 *"Pars enim quaedam terrenae civitatis imago caelestis civitatis effecta est, non se significando, sed alteram, et ideo serviens."* AUGUSTINUS. *DCD*, XV, 2.
806 Cf. CICERO. *Rep.*, II, iii, 6.

nenhuma urbe para existir. Em *Sermão sobre o saque da urbe de Roma*, Agostinho deixa claro que é o vínculo entre os cidadãos que edifica uma cidade, não as paredes ou muralhas. Dessa forma, a despeito da destruição de uma urbe, uma cidade pode continuar a existir se os cidadãos sobreviverem: "pensam vocês, irmãos, que a cidade deve ser julgada pelas paredes, e não pelos cidadãos?"[807]

Essa concepção mística de cidade não se opõe apenas a Cícero e à tradição romana. Com efeito, opõe-se também à tradição patrística eremítica, que considerava o deserto (*heremus*) "um ideal a ser colimado"[808], pois seria o lugar[809] apropriado para que o asceta buscasse a perfeição. Tanto como no caso anterior, não é coerente com o conceito agostiniano de vontade a concepção de que a perfeição, a paz perfeita, possa ser alcançada neste século, muito menos em determinado espaço geográfico isolado. "Agostinho rejeitara a idéia da vida monástica concebida em termos de perfeição e resolveu fornecer uma alternativa ao modelo do Deserto contraposto à Cidade"[810]. Afinal, a dicotomia entre os dois lugares não tem razão de ser a partir da consideração de que Deus está "inteiramente presente em toda parte ao mesmo tempo, não permitindo a nenhum lugar, a nenhum edifício ou espaço qualquer participação privilegiada de santidade."[811] Entendo que aquilo que Markus denomina alternativa ao modelo da contraposição entre deserto e cidade seja exatamente o conceito agostiniano de uma *civitas* carente de limites espaciais e com realidade primordialmente interior e

---

[807] *"An putatis, fratres, civitatem in parietibus et non in civibus deputandam?"*. AUGUSTINUS. *De excidio urbis Romae*, VI, 6. Tradução de Moacyr Novaes. "*'Cité de Dieu' [...], c'est bien, comme le souhaite Ratzinger, la pólis de Dieu, la communauté composée d'hommes, et non la ville aux murs de Pierre qui nous vient à l'esprit:* parietes (non) faciunt Christianos". MARROU, H-I. "La théologie de l'histoire", p. 199. A referência a Joseph Ratzinger é precisamente ao artigo: RATZINGER, J. "Herkunft und Sinn der Civitas-Lehre Augustins", p. 972.

[808] MARKUS, R. A. "Cidade ou Deserto? Dois modelos de comunidade". *O fim do cristianismo antigo*, p. 178.

[809] "'Aqui', na tradição monástica do Deserto, é refrão [...] corrente". MARKUS, R. A. *Op. cit.*, p. 165.

[810] MARKUS, R. A. *Op. cit.*, p. 177-178.

[811] MARKUS, R. A. *Op. cit.*, p. 145.

inteligível, embora certamente guarde expressão e realidade na exterioridade e na corporalidade.

A ausência de limites territoriais entre as cidades celeste e terrena, conforme examinamos[812], instaura um entretecimento entre elas enquanto existem no século[813]. Isso quer dizer que o Estado[814] e a Igreja não correspondem, respectivamente, à cidade terrena e à celeste[815]. Com efeito, tanto no interior de sociedade política particular como na Igreja encontram-se cidadãos de ambas as cidades. O caso da Igreja é ainda mais controverso porque a sua aparição na história se dá a partir de Cristo, e é sabido que antes de Cristo já havia um povo eleito[816]. É possível, todavia, que ocasionalmente na história determinada sociedade política se identifique com a cidade terrestre, como parece ter sido o caso de Sodoma[817]. Isso, porém, não é regra, pois Roma e outras cidades, após a encarnação

---

812 Cf. *supra* subcapítulo *De concordia et discordia civitatum* (XIX, xiv – xvii).

813 "[..] *permixtae sunt ambae civitates*". AUGUSTINUS. *DCD*, XIX, xxvi.

814 O termo "Estado", sem dúvida, é anacrônico, porém útil diante de um esgotamento de vocabulário propiciado pelos usos precisos que Agostinho concedeu à *civitas* e *res publica*.

815 *"Or, du point de vue de saint Augustin, ces deux couples ne coïncident pas."* GILSON, É. *Introduction à l'étude de saint Augustin*, p. 237. Cf. ARQUILLIÈRE, H.-X. *L'augustinisme politique*, p. 66, para ver até que ponto a Igreja foi identificada com a cidade celeste na Idade Média. Cf. também ARENDT, H. "O Conceito de História – Antigo e Moderno". In: ____. *Entre o passado e o futuro*, p. 107, em que encontramos a afirmação de que a Igreja é "a *Civitas Dei* na terra sobre a qual haviam recaído os encargos da responsabilidade política e para a qual todos os impulsos genuinamente políticos poderiam ser levados".

816 "[...] *l'Église n'est pas la Cité de Dieu, car cette cité est la société de tous les élus passes, présents ou futurs; or il y a manifestement eu des justes élus avant la constitution de l'Église du Christ; il y a maintenant, hors de l'Église et peut-être jusque parmi ses persécuteurs, de futurs élus qui se soumettront à sa discipline avant de mourir; enfin et surtout il y a dans l'Église beaucoup d'hommes qui ne seront pas du nombre des élus*". GILSON, É. *Op. cit.*, p. 238.

817 *"On évitera donc d'abord le contre-sens, malheureusement assez fréquent, qui confond la cité du diable avec les sociétés politiques comme telles ou, comme l'on dit parfois, avec l'État. Les deux peuvent coïncider en fait, c'est--à-dire dans des circonstances historiques déterminées, mais elles se distinguent toujours en droit"*. GILSON, É. *Les Métamorphoses de la Cité de Dieu*, p. 54.

de Cristo, passam a conter tanto cidadãos terrenos como cidadãos celestes. Seja como for, diante disso, cabe perguntar: se em determinadas circunstâncias históricas um Estado pode coincidir com a cidade terrena, o mesmo pode dar-se em relação à celeste?

Tal pergunta deu origem a inúmeras discussões sobre possível "ideal histórico-político de santo Agostinho"[818]. A partir da análise d'*A cidade de Deus*, com destaque ao livro XIX, Agostinho não parece guardar ideal histórico-político algum. Pelo contrário, toda a reflexão poderia chamar-se "teológica-política" na medida em que a felicidade e a paz temporais, diante da *pax in vita aeterna* proveniente de Deus, são verdadeira miséria que deve ser suportada pacientemente[819]. Em nenhum momento, Agostinho diz que os Estados deveriam identificar-se com a Igreja ou elaborar as leis civis a partir da verdadeira justiça que a cidade celeste conhece[820].

O bispo de Hipona, contudo, "admitiu com cada vez menos escrúpulos a legitimidade do recurso ao braço secular contra os heréticos e os cismáticos"[821]. Além disso, Agostinho examina em polêmica carta se os ensinamentos e doutrina de Cristo convêm

---

818 "[...] *idéal historico-politique de saint Augustin*". MARROU, H-I. *Op. cit.*, p. 201. Cf. ADAMS, J. D. "Augustine's Definitions of *Populus* and the Value of Civil Society"; ARQUILLIÈRE, H. -X. *L'augustinisme Politique*; BREZZI, P. "Una *civitas terrena spiritualis* come ideale storico-politico di Sant' Agostino"; O'DONOVAN. O. "Augustine's *City of God* XIX and Western Political Thought"; PARKER, Th.-M. "St. Augustine and the Conception of Unitary Sovereignty"; RATZINGER, J. "Herkunft und Sinn der Civitas-Lehre Augustins"; COSTA, M. R. N. *Introdução ao pensamento ético-político de santo Agostinho*, p. 127-180; SALAMITO, J-M. "Saint Augustin et la définition du peuple: Aux antipodes de 'l'augustinisme politique'", p. 27-52.; ______. "SAINT AUGUSTIN, 'La Cité de Dieu': penser l'histoire du salut et l'autonomie du politique", p. 51-64.

819 "[...] *sed haec beatitudo illi, quam finalem dicimus, beatitudini comparata prorsus miseria reperitur.*" AUGUSTINUS. *DCD*, XIX, x.

820 "[...] *saint Augustin n'a jamais préconisé l'adoption d'une forme determinée de gouvernement civil.*" GILSON, É. *Introduction à l'étude de saint Augustin*, p. 236.

821 "[..] *il admit avec de moins en moins de scrupules la légitimité du recours au bras séculier contre les hérétiques et les schismatiques.*" GILSON, É. *Op. cit.*, p. 237. A afirmação de Gilson se ampara sobretudo na *Epistola* 93.

ou não ao Estado[822]. Para a surpresa do leitor d'*A cidade de Deus*, a conclusão é positiva, uma vez que a doutrina cristã conferiria *salus* ao Estado[823]. Portanto, a ideia de um governo teocrático é conciliável com a de "cidade de Deus"[824], de sorte que se é temerário dizer que "Agostinho foi o fundador do ideal teocrático medieval"[825], podemos, não obstante, afirmar que obras suas de intervenção de prática política ("escritos políticos", como epístolas e sermões) certamente são fundamentais para a aclimatação do terreno sobre o qual Gregório Magno edificará a Teocracia, porém por muitas boas razões isso não decorre d'*A cidade de* Deus, sua obra teórica maior de reflexão política. Nada mais agostiniano do que depararmos com uma tensa indeterminação ao fim e ao cabo!

---

[822] Cf. AUGUSTINUS. *Epistola* 138, II, 9.

[823] Cf. Id. *Epistola* 138, II, 15.

[824] *"Bien qu'il [Augustin] n'en ait jamais expressément formulé le principe, l'idée d'un gouvernement théocratique n'est pas inconciliable avec sa doctrine, car si l'idéal de la Cité de Dieu n'implique pas cette idée, elle ne l'exclut pas non plus."* GILSON, É. *Op. cit.*, p. 240.

[825] *"Augustine was the originator of the mediaeval theocratic ideal"*. DAWSON, C. "St. Augustine and his Age", apud PARKER, Th.-M. "St. Augustine and the Conception of Unitary Sovereignty", p. 951.

# CONSIDERAÇÕES FINAIS

> *Uma coisa é pôr ideias arranjadas, outra é lidar com país de pessoas, de carne e sangue, de mil-e-tantas misérias...*[826]

A reflexão agostiniana sobre a política enfrenta a dificuldade de não poder recorrer a uma conceitualização comprometida com a identidade. Com efeito, a condição histórica em que ambas as cidades existem é marcada pela irredutibilidade da contradição e do conflito. É verdade que a cidade celeste existe na história de forma não exclusiva, mas precisamente por isso o desafio consiste em compreender por que tanto ela, quanto a terrena, guardam estatuto de cidade na realidade histórica. Não à toa, a definição ciceroniana de "povo" é falsa para Agostinho, pois ela interdita não apenas que os romanos constituam "povo" e "república", mas que todo e qualquer conjunto de inumeráveis homens estabeleça comunidade política. Afinal, uma *multitudo* precisa cumprir exigência naturalista, moral e intelectualista para adquirir forma de *populus*, expressa pelas condições *iuris consensus* e *utilitatis communio*. Assim, se o cumprimento de *iuris consensus* reclama estrita observância do direito, da justiça e da natureza, somente sociedade de santos seria capaz de realizá-lo, o que implicaria na impossibilidade da política na história.

> A justiça é a virtude que dá a cada um o que lhe é devido. Que justiça é a do homem que do verdadeiro Deus afasta o próprio homem e o submete aos imundos demônios? Isso é,

---

[826] ROSA, J. G. *Grande sertão: veredas*, p. 18.

> porventura, dar a cada um o que lhe é devido? Ou será que quem tira a propriedade a quem a comprou e a dá a quem não tem nada de direito a ela é injusto, e é justo quem se furta ao Deus dominador que o criou e serve os espíritos malignos?[827]

O argumento agostiniano resgata aqui a contradição e o conflito do homem consigo mesmo como expressão da injustiça. Melhor dizendo, ao declinar de Deus o homem incorre em injustiça porque não mais como ser inferior submete-se ao Ser superior. Em outras palavras, a injustiça com o Criador guarda como consequência a injustiça ou a desordem da criatura consigo mesma, cuja exteriorização é a injustiça ou a desordem da vida em sociedade. Assim, por natureza haveria ausência de conflito e contradição em cada homem consigo mesmo e, por consequência, na comunidade humana. Isso quer dizer que a dominação ou o jugo de um homem sobre outro é antinatural. Eis por que a prescrição divina nas Escrituras era para o ser humano dominar tão somente os animais no paraíso e os primeiros justos terem sido pastores, não reis[828].

Dessa forma, a origem da tirania e da escravidão, seja a do homem consigo mesmo, seja a do homem sobre outro, tem origem

---

827 "*Iustitia porro ea virtus est, quae sua cuique distribuit. Quae igitur iustitia est hominis, quae ipsum hominem Deo vero tollit et immundis daemonibus subdit? Hoccine est sua cuique distribuere? An qui fundum aufert eius, a quo emptus est, et tradit ei, qui nihil habet in eo iuris, iniustus est; et qui se ipsum aufert dominanti Deo, a quo factus est, et malignis servit spiritibus, iustus est?*". AUGUSTINUS. *DCD*, XIX, xxi, 2.

828 Cf. *DCD*, XIX, xv. Cf. *In evangelium Ioannis tractatus* [Tratados sobre o evangelho de João], VI, 25, em que há passagem citada por Oswald de Andrade em seu *Dicionário de bolso*: "SANTO AGOSTINHO. Grande doutor da Igreja. Perdia-se na ideia de um mundo internacional que fosse a cidade espiritual de Deus. Autor desta afirmação vermelha: 'Não por virtude do direito divino, mas só por virtude do direito de guerra, alguém pode dizer: esta casa é minha, este criado é meu!'". (ANDRADE, O. de. *Dicionário de bolso*, p. 42.). "[...] property rights do not have their foundation in rights established directly by God but in human rights conferred by temporal authorities." FORTIN, E. L. "Property – Introduction". In: AUGUSTINE, 1994b, p. 248. Cf. também SENELLART, M. *As artes de governar*: do regimen medieval ao conceito de governo, 2006, p. 72.

no pecado e na libido[829]. É possível, entretanto, romper com a tirania da libido por meio da virtude, o que não significa eliminar a resistência dos vícios ou pulsões, as quais, domadas ou indômitas, são sempre presentes na alma e irredutíveis no estado de vida presente. Já na vida em sociedade, a ruptura com a tirania elimina a dominação injusta, pela *dominandi libido*, mas não o *imperium* ou o *officium imperandi*, que por natureza inexistiria no homem[830] e é justo, na condição danada, quando "servem em recíproca caridade, os governantes, aconselhando, e os súditos, obedecendo"[831].

A justiça relativa à condição fraturada, todavia, não se realiza sem perturbações. Com efeito, aqueles que mandam precisam estar sempre alerta para, se necessário, corrigir com palavras, açoites ou outro gênero de castigo lícito na cidade aqueles que têm dificuldade em servir e preservar a paz[832]. Desse modo, mesmo a ordem justa da cidade celeste peregrina é relativa, manifesta-se como projeto a realizar e denuncia condição humana desnaturalizada[833]. Ainda assim, a partir da definição ciceroniana de *populus*, história e política seriam inconciliáveis e esta apenas poderia existir na transcendência. A tarefa agostiniana, dessa forma, é discernir princípio e fundamento da política que possa ser imanente

---

[829] *"Prima ergo servitutis causa peccatum est, ut homo homini condicionis vinculo subderetur". DCD*, XIX, xv. *"Et utique felicius servitur homini, quam libidini, cum saevissimo dominatu vastet corda mortalium, ut alias omittam, libido ipsa dominandi." DCD*, XIX, xv.

[830] "[...] *desiderantes atque optantes venire ad caelestem domum, ubi necessarium non sit officium imperandi mortalibus, quia necessarium non erit officium consulendi iam in illa immortalitate felicibus". DCD*, XIX, xvi.

[831] "[...] *serviunt invicem in caritate et praepositi consulendo et subditi obtemperando.". DCD*, XIV, xxviii. *"Sed in domo iusti viventis ex fide et adhuc ab illa caelesti civitate peregrinantis, etiam qui imperant serviunt eis, quibus videntur imperare. Neque enim dominandi cupiditate imperant, sed officio consulendi, nec principandi superbia, sed providendi misericordia.". DCD*, XIX, xiv.

[832] *"Si quis autem in domo per inoboedientiam domesticae paci adversatur, corripitur seu verbo seu verbere seu quolibet alio genere poenae iusto atque licito, quantum societas humana concedit, pro eius qui corripitur utilitate, ut paci unde dissiluerat coaptetur.". DCD*, XIX, xvi.

[833] Cf. *DCD*, XIX, iv, 4.

à história. O conceito em questão não poderia ser outro do que a "vontade" ou o "amor", precisamente porque nele há dinâmica que o torna em si mesmo neutro, adquirindo positividade ou negatividade conforme o lugar para onde for direcionado. Não sem razão, Agostinho encerra o livro XIV, último do conjunto consagrado ao exórdio de ambas as cidades, com explicitação do princípio e o fundamento voluntarista delas[834].

O amor, assim, concede que a política seja concebida a partir de uma ambivalência, possibilitada pelo expediente de não fundamentá-la nem na natureza, nem na moral, nem na razão. Como o amor apenas adquire positividade ou negatividade conforme o seu fim, tanto uma república moralmente orientada, como a celeste, quanto uma moralmente desorientada, como a terrena, são "repúblicas" com respectivos "povos". Isso significa que Agostinho não estabelece critério moral para conferir estatuto político para um conjunto de homens associados[835]. A ruptura com a política ciceroniana, por consequência, exige redefinição de *populus* com não inclusão de critério moral e dos conceitos de justiça, natureza e razão como condição para uma *multitudo* alcançar forma política: "Povo é o conjunto de inumeráveis seres racionais associado pela concorde comunhão de coisas que ama"[836].

Dessa maneira, a condição para uma *multitudo* de seres racionais constituir *populus* é o amor, seja qual for, libidinoso ou ordenado, mas partilhado por um objeto ou projeto em comum. A não inclusão, porém, de critério moral para conceder estatuto político

---

[834] Cf. *DCD*, XIV, xxviii.

[835] Sobre a relação entre política e moral em Agostinho a partir da definição de *populus*, cf. ADAMS, J. D. "Augustine's Definitions of *Populus* and the Value of Civil Society". In: DONNELLY, D. F. *The City of God* - A Collection of Critical Essays. New York: PETER LANG, 1995, p. 171-182; O'DONOVAN, O. "Augustine's *City of God* XIX and Western Political Thought". In: DONNELLY, D. F. *The City of God* - A Collection of Critical Essays. New York: PETER LANG, 1995, p. 135-149. COSTA, M. R. N. *Introdução ao pensamento ético-político de santo Agostinho*. São Paulo: Loyola, 2009, p. 51-126.

[836] *"Populus est coetus multitudinis rationalis rerum quas diligit concordi communione sociatus"*. AUGUSTINUS. *DCD*, XIX, xxiv.

para um conjunto de homens não significa divórcio necessário entre política e moral, nem pretende conceder positividade para uma autonomia da política. Com efeito, a distinção de excelência da cidade celeste peregrina reside precisamente em sua progressiva conquista de moralidade e identidade. Ainda assim, por que conferir estatuto político para um conjunto de homens moralmente desorientados? Precisamente para demarcar a negatividade da autonomia da política, que nada mais é do que alargamento do desejo de autonomia do homem em relação a Deus, fundo histórico comum de ambas as cidades, mas de que somente uma procura destacar-se.

Ora, toda a análise histórica e política, toda a análise pormenorizada da História de Roma, realizada nos cinco primeiros livros d'*A cidade de Deus*, está a serviço da moral. Tanto é que imediatamente após a apresentação de sua definição de "povo", Agostinho afirma com todas as letras que não se trata de estimar todos os povos apenas por serem "povos" e terem edificado "repúblicas", pois "para ver o que é cada povo, é preciso examinar as coisas amadas", e um povo será "tanto melhor quanto melhores as coisas que o unir, e tanto pior quanto piores forem"[837]. Eis por que a política com fim em si mesma é pensada e criticada por Agostinho a partir do conceito de libido, notadamente de "libido de dominação", disposto já no prólogo d'*A cidade de Deus*.

Como vimos, o que torna uma volição libidinosa é ser desejo de gozo ilegítimo. No âmbito da política, a fruição ou o gozo desejado é sobretudo a dominação ou escravização do outro. Por isso, a forma de governo com a qual comumente a cidade terrena se manifesta é a tirania, como institucionalização de tirania anterior e interior da libido presente em cada um de seus cidadãos e *a fortiori* no tirano[838]. A libido, porém, também está presente nos

---

[837] "[...] *profecto, ut videatur qualis quisque populus sit, illa sunt intuenda, quae diligit.* [...] *tanto utique melior, quanto in melioribus, tantoque deterior, quanto est in deterioribus concors.*". *DCD*, XIX, xxiv.

[838] "*Quis enim facile dixerit, quid vocetur libido dominandi, quam tamen plurimum valere in tyrannorum animis etiam civilia bella testantur?*". *DCD*, XIV, xv, 2.

cidadãos celestes, embora neles não seja tirana, mas combatida, por vezes, com instrumentos de correção e disciplina[839]. A positividade da política parece residir aí: em vez de ser fim, ela é utilizada como meio para finalidades morais. Mas se "povo" para Agostinho é multidão de seres racionais associados pelo desejo em comum pelas mesmas coisas, qual é, então, a legitimidade de instrumentos de coerção para a repressão dos desejos libidinosos? Na medida em que os cidadãos que constituem "povo" o constituem não por adesão voluntária, mas porque seus desejos são orientados para o mesmo fim a partir de instrumentos coercitivos de "correção" e "disciplina", trata-se ainda de "república"? A questão resgata mais diretamente a tensão entre realismo e idealismo políticos na obra agostiniana.

Para responder, precisamos retomar o descompasso entre o querer e o poder ou mais rigorosamente entre querer e não querer. A desobediência de si mesmo contra si mesmo, como retribuição ao próprio pecado da desobediência[840], é a consequência contraproducente do desejo do homem de estabelecer um governo de si autárquico. A ousadia orgulhosa, contudo, acaba por destituir o homem da identidade entre o querer e o poder, de forma que não mais pode governar os próprios desejos desordenados. Segundo Senellart, é a partir desse diagnóstico da condição humana que Agostinho procura justificar a legitimidade do poder repressivo. A "incapacidade [de o homem] obedecer-se a si mesmo, da qual

---

839 "Agostinho defendeu a visão de que as estruturas de autoridade que davam coesão à sociedade leiga poderiam ser convocadas para dar apoio à igreja católica: os imperadores deveriam comandar seus súditos, os senhores de terras, seus lavradores (açoitando-os, quando necessário), e os chefes de família, suas mulheres e filhos, a fim de trazê-los de volta para a unidade da igreja católica.". BROWN, P. *Corpo e Sociedade:* o homem, a mulher e a renúncia sexual no início do cristianismo. Rio de Janeiro: Jorge Zahar Editor, 1990, p. 327.

840 "[...] *in illius peccati poena quid inoboedientiae nisi inoboedientia retributa est?*". AUGUSTINUS. *DCD*, XIV, xv, 2. Tradução de Oscar Paes Leme com modificação.

a *libido* é o sintoma: tal é, para Agostinho, a condição decaída do homem que justifica o uso da coerção"[841].

De fato, encontramos no livro XIX d'*A cidade de Deus* justificativa do uso da coerção, como do *pater familias* sobre os integrantes da *domus*, que guarda homologia com a dos governantes sobre os súditos[842], mas a defesa de uma forma de governo com traços teocráticos parece sustentar-se apenas a partir da difícil relação entre uma obra de teorização política, como *A cidade de Deus*, com obras de ação política, como epístolas[843] e sermões[844]. Nos limites d'*A cidade de Deus*, uma cidade com a coesão de desejos dos cidadãos estabelecida por coerção parece não ser conciliável com a definição agostiniana de "povo". Afinal, o amor a Deus partilhado pelos cidadãos celestes não pode ser estabelecido via coerção, mas pela graça. Se a coerção reprime expressão da vontade má, a repressão foi tão somente da ação que decorreria dela, pois o repressor ou disciplinador não pode guardar garantias de que a punição terá efeito terapêutico sobre o danado. Pretender isso seria soberba, arrogar a si exclusividade da iniciativa divina. Ainda que a correção guarde potencial terapêutico, para o homem resta de todo incerto saber se quem sofreu a repressão realmente transformou-se interiormente. A única certeza é que enquanto praticar "obras da carne", ele não pode ser de nenhum modo cidadão celeste.

---

841 SENELLART, M. *As artes de governar*: do regimen medieval ao conceito de governo, p. 88.

842 "[...] *pax domus ordinata imperandi atque oboediendi concordia cohabitantium, pax civitatis ordinata imperandi atque oboediendi concordia civium*". AUGUSTINUS. *DCD*, XIX, xiii, 1.

843 Cf. *Epistolae* 93, 133, 134, 138, 153 e todo material referente à controvérsia donatista.

844 Cf. *Sermões* 13, 302. Cf. também ATKINS, E. M.; DODARO, R. J. (Org.) *Augustine Political Writings*, 2001; GREGORY, E. *Politics and the order of Love:* an Augustinian ethic of democratic citizenship, 2008, p. 298-318; HEYKING, John von. *Augustine and politics as longing in the world*, 2001, p. 222-57.

> O que é verdadeiro, estrita e absolutamente, é que em nenhum caso a Cidade terrestre e, menos ainda, a Cidade de Deus poderiam ser confundidas com uma forma de Estado, qualquer que fosse; mas, é uma questão totalmente diferente, e um ponto sobre o qual Agostinho certamente não teria nada a objetar, o Estado poder e dever eventualmente ser utilizado para os fins próprios da Igreja, e, através dela, para os da Cidade de Deus. Embora ele jamais tenha formulado o princípio de um governo teocrático, a ideia não é inconciliável com sua doutrina, pois, se o ideal da Cidade de Deus não implica essa ideia, não a exclui.[845]

É preciso, no entanto, questionar a não implicação sem exclusão entre "o ideal da Cidade de Deus" e o "princípio de um governo teocrático"[846]. Se um governo teocrático recorre a instrumentos de correção e disciplina, ele parece ser averso ao ideal da cidade celeste, precisamente porque nela a relação entre governantes e governados é de mútua caridade e obediência estabelecida

---

[845] GILSON, É. *Introdução ao estudo de santo Agostinho*, 2006, p. 346.

[846] Em outro sentido, a estrutura social da cidade celeste em que todos servem a todos e desempenham igualmente função decisiva para a manutenção da ordem e da paz conduziu von Heyking a filiar Agostinho à tradição do governo misto. Por mais heterodoxa que a interpretação seja, o governo misto como equilíbrio entre as partes constituintes da república parece conciliar-se com a obediência sem resistência entre governantes e governados da cidade celeste. De toda forma, falta amparo textual para tanto n'*A cidade de Deus*. "*Augustine understood a republic, being neither a monarchy nor a pure democracy, as including the functions of governors and governed (possibly being traded among different individuals); thus, a republic possesses democratic, aristocratic, and monarchic parts.*". HEYKING, John von. *Augustine and politics as longing in the world*, p. 81. Em contraste, parece guardar mais consistência e evidente amparo textual a interpretação de Marcos Roberto Nunes Costa: "Para Agostinho, o que interessa não é a forma de governo da *Civitas*, se democracia, aristocracia etc., se governada por um só ou por muitos, desde que ela não conduza o homem à iniquidade, mas, ao contrário, proporcione os meios capazes de levar o homem à Vida Eterna, conforme diz no tratado *Sobre a Cidade de Deus* [V, 17]". COSTA, M. R. N. *Introdução ao pensamento ético-político de santo Agostinho*, p. 190. Colchetes meus.

claramente não por coerção[847]. A chave de conciliação, porém, pode ocorrer de outro modo a partir da definição de "povo". Melhor dizendo, os instrumentos de coerção justamente mobilizados não teriam tanto o propósito de incorporar ou preservar via coerção cidadãos à cidade celeste, mas antes de impedir propagação da injustiça, da guerra e da miséria.

O *pater famílias*, dessa maneira, não corrigiria e disciplinaria, se necessário a força, integrante da *domus* libidinoso e sem justo governo de si tanto para torná-lo candidato à cidadania celeste, mas para impedi-lo de perturbar a ordem e a paz socialmente partilhada e disseminar a sua discórdia interior. A defesa da guerra justa empreendida pelo sábio[848] e da dissensão entre a cidade celeste e a terrena em relação às leis religiosas[849] parecem guardar o mesmo princípio. Nesses termos, instrumentos de força conquistam legitimidade como dever, defesa e antídoto do justo contra a propagação do mal, mas nunca como condição para a ordenação do amor partilhado dos cidadãos celestes.

Portanto, embora presente desde o prólogo, a desnaturalização e a ambivalência da política n'*A cidade de Deus* é exigência de reflexão sobre a história e a condição humana que ao deparar com a contradição, o conflito, a violência, a tortura, os estupros a guerra e a morte encontra o que contemporaneamente chamaríamos de facticidade. Agostinho, dessa maneira, não empreende análise sobre o histórico só a partir da presença ou ausência nele de conceitos de razão comprometidos com a identidade, como a natureza, a unidade e o Ser, que estariam dados *a priori*, mas também a partir da própria historicidade, verificada irredutível e, quase sempre, aversa àqueles conceitos. Se não houvesse

---

847 "[...] *serviunt invicem in caritate et praepositi consulendo et subditi obtemperando.*". AUGUSTINUS. *DCD*, XIV, xxviii. "*Sed in domo iusti viventis ex fide et adhuc ab illa caelesti civitate peregrinantis, etiam qui imperant serviunt eis, quibus videntur imperare. Neque enim dominandi cupiditate imperant, sed officio consulendi, nec principandi superbia, sed providendi misericordia.*". *DCD*, XIX, xiv.

848 Cf. *DCD*, XIX, vii.

849 Cf. *DCD*, XIX, xvii.

a irredutibilidade, ela deixaria de ser realidade fática e seria preciso negar a contradição e o conflito da condição humana. Mas não se trata de abstrair a miséria do gênero e postular que ele é no "conjunto finalmente reconciliado e feliz"[850], nem de exigir de um filósofo da Antiguidade tardia que o flagrante absurdo da existência o conduzisse para reflexão que privasse de realidade as categorias de razão.

Assim, a realidade em que a identidade e a paz imperem apenas pode subsistir efetivamente na transcendência, não na imanência, o que antes de ser limitação filosófica, é expediente e condição para análise da história e da política que conceda a ambas fundamento e princípio que possam ser imanentes. Reside aí possibilidade de emergência do conceito de vontade no pensamento agostiniano. Afinal, a vontade ou o amor por definição é dinâmica em direção a um fim em que se pretende satisfazer a falta. A ambivalência da vontade, por consequência, consiste na positividade ou negatividade, no virtuosismo ou na viciosidade, adquirida conforme o lugar para onde é dinamicamente direcionada. A vontade, assim, pode desempenhar função de princípio e fundamento imanente da política, embora também possa ser de ordem transcendente.

Agostinho, todavia, não concede a necessidade de uma política estremada da moral, nem empreende a desnaturalização da primeira, em função de positividade da autonomia da política, pois procura demarcar justamente a negatividade da política com fim em si mesma e a positividade da política orientada para fins morais. Agostinho, não obstante, preserva a possibilidade de libertação da danação a partir da história. Melhor dizendo, sem a empresa de fundamentar a política na vontade e conceder que ela, ainda que sob várias figuras, guarde realidade histórica, a consequência seria a impossibilidade de libertação, pois a vida em sociedade ou a relação horizontal de amor (entre os homens, como "amor ao próximo como a si mesmo") é condição para a transcendência ou a relação vertical de amor (como "amor a Deus").

---

850 NOVAES, M. "Vontade e contravontade", p.65.

Isso quer dizer que a cena da primeira luta política encontra-se na interioridade humana, em que o espírito e a carne disputam império ou tirania de um sobre o outro e cujo resultado é decisivo para a conversão à transcendência ou à imanência. Se, porém, a tirania da carne triunfar e interditar a relação horizontal de amor entre os seres humanos, o justo poderá com legitimidade intervir e, esgotados recursos do discurso ou verbo humano, recorrer a instrumentos de correção e disciplina para coibir no próximo a expressão de desejos de dominação e injustiças. De todo modo, somente ao arrepio de Agostinho é possível sustentar que a teorização do princípio da teocracia repouse *avant la lettre* aí, porquanto se, por um lado, a justificação da coerção repousa na desnaturalização da condição humana e na possibilidade de formas políticas orientadas ou desorientadas moralmente, por outro lado, é precisamente a ambivalência e desnaturalização da política que evidencia que a imanência não guarda condições de possibilidade para a implementação de um Reino de Deus na Terra. Ora, supor que haja é filiação a um projeto de tirania contraproducente mediante abstração e colonização do social, do histórico e do outro. Eis por que também encontramos na obra de Agostinho recursos para pensar a crise de nossas sociedades "democráticas" contemporâneas.

# APÊNDICE I: ENSAIO DE TRADUÇÃO DO PRÓLOGO D'*A CIDADE DE DEUS*

Praefatio. De suscepti operis consilio et argumento.

[1] Gloriosissimam civitatem Dei sive in hoc temporum cursu, cum inter impios peregrinatur ex fide vivens, sive in illa stabilitate sedis aeternae, quam nunc exspectat per patientiam, "quoadusque iustitia convertatur in iudicium", deinceps adeptura per excellentiam victoria ultima et pace perfecta, hoc opere instituto et mea ad te promissione debito defendere adversus eos, qui conditori eius deos suos praeferunt, fili carissime Marcelline, suscepi, magnum opus et arduum, sed "Deus

Prólogo. A propósito do plano e mote da épica executada.

[1][851] A gloriosíssima cidade de Deus[852], tanto aqui no curso dos tempos, enquanto jornadeia vívida de fé[853] ladeada por infiéis, como lá na constância da morada eterna, que hoje aguarda com paciência[854], "até que a justiça se converta em juízo"[855], mas amanhã alcançará com excelência na vitória final e paz perpétua, é a gloriosíssima cidade que eu, na feitura deste tratado, dívida de promessa que te fiz, caríssimo filho Marcelino, tomei a peito defender contra aqueles que preferem seus deuses

[851] Entre colchetes está a enumeração dos cinco períodos do único parágrafo do prólogo.
[852] Cf. Sl 87 (86), 3.
[853] Cf. Hab 2, 4.
[854] Cf. Rm 8, 25.
[855] Sl 94 (93), 15.

adiutor noster est". [2] Nam scio quibus viribus opus sit, ut persuadeatur superbis quanta sit virtus humilitatis, qua fit ut omnia terrena cacumina temporali mobilitate nutantia non humano usurpata fastu, sed divina gratia donata celsitudo transcendat. [3] Rex enim et conditor civitatis huius, de qua loqui instituimus, in scriptura populi sui sententiam divinae legis aperuit, qua dictum est: "Deus superbis resistit, humilibus autem dat gratiam". [4] Hoc vero, quod Dei est, superbae quoque animae spiritus inflatus adfectat amatque sibi in laudibus dici: "Parcere subiectis et debellare superbos". [5] Unde etiam de terrena civitate, quae cum dominari adpetit, etsi populi serviant, ipsa ei dominandi libido dominatur, non est praetereundum silentio quidquid dicere suscepti huius operis ratio postulat si facultas datur.

ao Fundador dela: obra monumental e dificultosa, mas "Deus é nosso favorecedor"[856]. [2] Pois estou ciente dos esforços necessários para persuadir os soberbos da grandeza da virtude da humildade, cuja celsitude, não usurpada pela altivez humana, mas concedida pela graça divina, transcende todas as culminâncias terrenas, instáveis na mobilidade temporal. [3] Afinal, o rei e fundador desta cidade, da qual nos propusemos a falar, revelou nas escrituras de seu povo uma máxima da lei divina: "Deus resiste aos soberbos e agracia os humildes"[857]. [4] Mas isso, exclusivo de Deus, o espírito túmido almado de soberba surripia e adora que lhe cantem em louvor: "Anistiar os submissos e sojigar os soberbos"[858]. [5] Por isso também a respeito da cidade terrena, que quando deseja dominar, embora povos lhe sejam servis, a própria libido de dominação a domina, não deverei passar em silêncio tudo aquilo que o plano desta épica exigir, se recebida capacidade de dizer.

---

856 Sl 62 (61), 9.

857 Pr 3, 34; Tg 4, 6; 1Pd 5, 5

858 VIRGÍLIO. *Eneida*, VI, 853.

# APÊNDICE II: DIAGRAMA SINTÁTICO-ESTILÍSTICO

## (AUGUSTINUS. *De civitate Dei*, praefatio, primeiro e quinto períodos)

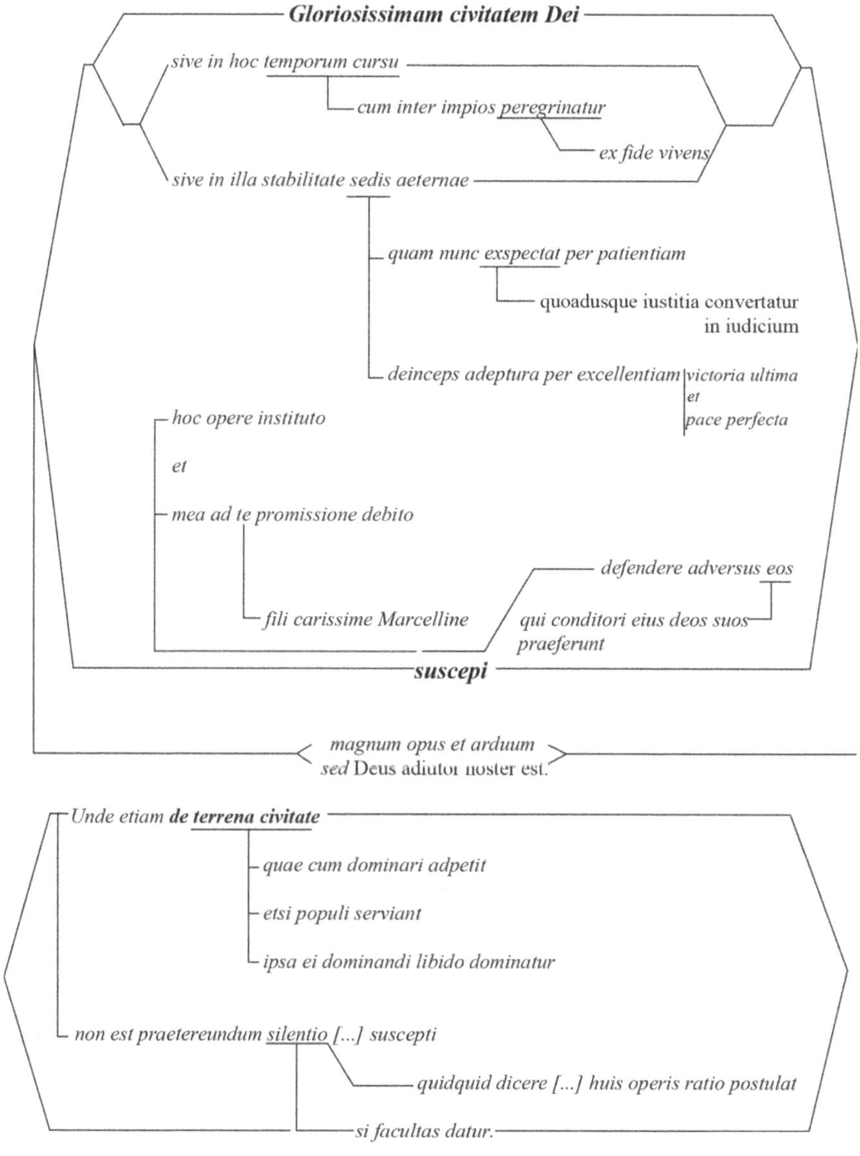

Grandes garfos – marcas semânticas

Apostos, vocativos, adjuntos

Pequenos garfos – orações coordenadas

Orações subordinadas adjetivas e adverbiais

Orações reduzidas infinitivas

Orações subordinadas substantivas

Orações reduzidas de gerúndio ou particípio

# APÊNDICE III: NOTA SOBRE OCORRÊNCIAS E SIGNIFICADOS DE *SAECULUM* EM AGOSTINHO[859]

Nesta nota técnica, analisarei as ocorrências de *saeculum* nas *Confissões* e em *A cidade de Deus*, com o propósito de proporcionar algum aporte teórico para a investigação em Agostinho de suas concepções de "eternidade", "tempo", "história universal", "tempo cósmico", "tempo histórico" e "mundo", as quais aparecem por vezes sob a rubrica de *saeculum*, nem sempre com uma clara univocidade. Com efeito, *saeculum* em Agostinho guarda notáveis equivocidades e ambiguidades, ademais exigindo por parte do intérprete dimensão de problemas filosóficos e teológicos complexos para decidir como ler *saeculum* em seus diferentes registros. Assim, o presente levantamento delimitou estrategicamente algumas ocorrências de *saeculum* em momentos-chave das obras e dos livros em que o intérprete encontra maior desenvolvimento da meditação agostiniana sobre a eternidade, a temporalidade e a história. Com mais precisão, apreciaremos a seguir as ocorrências de *saeculum* em *Confissões*, XI, e *A cidade de Deus*, XIII, i; XV, i e XXI (entre as mais de duzentas incidências nesta obra).

No livro XI das *Confissões* (doravante *Conf.*), há somente seis ocorrências, o que é surpreendente em se tratando de um livro concentrado no problema da eternidade e do tempo a partir de exegese do primeiro versículo do *Gênesis* ("No princípio, criou

[859] Nota originalmente publicada em: SILVA FILHO, L. M. DA. "Nota sobre ocorrências e significados de *saeculum* em Agostinho". *Brasilíade* – Revista de Filosofia, Curitiba, v. 3, n. 6, 2021, p. 89-95, jul./dez. DOI: https://doi.org/10.35357/2596-092X.v3n6p89-95/2021 (Acesso em 23/02/2022).

Deus o céu e a terra"). As ocorrências parecem mobilizar sentidos precisos em:

*Conf.*, XI, i, 1: Uma única ocorrência de *saeculum* por meio da citação do *Salmo* 117, 1: "[...] *quoniam in saeculum misericordia tua*". Vários tradutores entenderam *saeculum* aí como sinônimo de "eternidade", talvez supondo que o sentido seria o de *saecula saeculorum*. A tradução de Antonio Pereira de Figueiredo, direto da Vulgata "moderna" e bastante literal em relação ao latim (várias vezes coincidentes com a *Vetus Latina* ou a "Bíblia" de Agostinho, embora não aqui), traduz "porque a sua misericórdia se estende a todos os séculos". A *Bíblia de Jerusalém*, que traduz os Salmos direto do hebraico, ao qual Agostinho não tinha acesso, apresenta como "porque o seu amor é para sempre". Assim, tudo indica que na "Bíblia" de Agostinho o sentido era mesmo de eternidade, neste caso entendido por ele como perenidade e não como atemporalidade, conforme é explicitado o significado do redobro *saecula saeculorum* em *A cidade de Deus*, XXI, xxiii (cf. *infra*). Não obstante pareça estranho *saeculum* sem redobro, como citado aqui por Agostinho, guardar significado de eternidade ou perenidade, todavia parece não haver dúvidas de que este é o seu sentido, pois o mencionado trecho do Sl 117, 1, é uma anáfora presente nos quatro primeiros versículos deste Sl e provavelmente conhecidíssimo na época de Agostinho por qualquer catecúmeno.

*Conf.*, XI, xiii, 15: Das seis ocorrências de *saeculum* no livro XI, metade, ou seja, três estão aqui neste parágrafo 15, todas com o mesmo sentido, aparentemente. O contexto é de refutação da absurda pressuposição de que haveria tempo antes do tempo por parte daqueles que ímpia e irracionalmente questionam o que fazia Deus antes de criar e por que Ele demorou tantos *saecula* para criar o mundo. O sentido nas três ocorrências parece ser de temporalidade, não necessariamente histórica, e de tempos múltiplos de cem anos.

*Conf.*, XI, xxviii, 38: Uma única ocorrência com sentido de "história universal", no contexto de exame da interfixação no espírito entre passado, presente e futuro na experiência de cantar uma canção (ou mesmo na recitação de cada uma de suas partes, a saber, palavras e sílabas), a qual é apresentada em analogia com a história biográfica de alguém ("*tota vita hominis*"), "cujas partes são todas as ações de um homem" ("*cuius partes sunt omnes actiones hominis*"), a qual, por sua vez, é análoga "ao século/história inteira dos 'filhos dos homens', cujas partes são todas as vidas dos homens" ("*toto saeculo 'filiorum hominum', cuius partes sunt omnes vitae hominum*").

*Conf.*, XI, xxxi, 41: Uma única e última ocorrência no livro XI, com sentido de temporalidade, em continuidade e desdobramento da investigação da analogia entre o modo de conhecer divino, do ponto de vista totalizante da eternidade, e o modo de conhecer humano, do ponto de vista do tempo (como *distentio, extentio* e *intentio*). Para tanto, o conhecimento humano da totalidade de uma canção é disposto novamente como exemplo, mas agora em analogia ao que poderia ser a compreensão divina da totalidade de todos os tempos ou, a pensar se é o caso, da história universal. *Saeculum* aparece no plural em referência aos "séculos que restam" ("*reliquum saeculorum*"), que seriam conhecidos por Deus em semelhança e dessemelhança ao modo como um ser humano no ato de cantar conhece, durante a canção, "o quanto resta [dela] até o fim" ("*quantum restet ad finem*"). A pensar se se trata da "história universal", porque talvez se deva mobilizar aqui a distinção proposta por Marrou entre "tempo histórico" e "tempo cósmico": o "tempo histórico, o tempo segundo a Queda [...] é [...] apenas um aspecto da temporalidade [...]. É preciso conceber o que poderíamos chamar de um tempo cósmico, o tempo no qual se desdobra a obra da Criação divina"[860].

---

[860] "[...] *temps historique, le temps d'après la Chute [...] n'est [...] qu'un aspect de la temporalité [...]. Il faille concevoir ce qu'on pourrait appeler un temps*

***

Em *A cidade de Deus* (doravante, *DCD*), entre as mais de duzentas ocorrências, na primeira parte (livros I a X), há somente quinze incidências, já na segunda parte (livros XI e XXII), há todas as restantes. Abordarei aqui as ocorrências em somente três livros: XIII, XV e XXI, em que as ocorrências parecem estratégicas para a elucidação de multiplicidade de sentidos no interior da narração agostiniana e exercício de inteligência a partir da revelação de uma história universal.

*DCD*, XIII, i: Em todo livro XIII, há somente esta ocorrência: "Desembaraçadas as dificílimas questões sobre a origem de nosso século e sobre o início do gênero humano..." ("*Expeditis de nostri saeculi exortu et de initio generis humani difficillimis quaestionibus...*"). O sentido, diferente de todos aqueles de *Conf.*, XI, parece ser antes topológico (ainda que não necessariamente espacial) do que temporal, como "mundo". Markus (1970) examina vários sentidos topológicos de *saeculum*, entre os quais se destaca o espaço histórico em que as duas cidades estão *permixtae*, que, todavia, não parece ser o presente aqui em XIII, i, mas vale dizer que a obra de Markus ainda é um dos comentários mais denso e incontornável na literatura crítica sobre *saeculum* na obra agostiniana e na Antiguidade Tardia, com a virtude de problematizá-lo no interior de uma história das ideias.

*DCD*, XV: Encontram-se dezenove ocorrências de *saeculum* (desconsiderando aquelas nos títulos dos capítulos adicionados por copistas). Aqui, concentro-me em XV, i, 1, em que Agostinho apresenta com todas as letras *saeculum* como sinônimo de história universal: "Afinal, a totalidade do tempo ou século, em

*cosmique, le temps dans lequel se déploie l'oevre de la Création divine*". MARROU, 1950, p. 65-66.

que há sucessão e desaparição de morrentes e nascentes, é o decurso/percurso/desenvolvimento destas duas cidades, de que trataremos..." (*"Hoc enim universum tempus sive saeculum, in quo cedunt morientes succeduntque nascentes, istarum duarum civitatum, de quibus disputamus, excursus est..."*). Neste caso, se procede a distinção mencionada anteriormente entre "tempo histórico" e "tempo cósmico" proposta por Marrou, *saeculum* guarda sentido de "tempo histórico" (após a queda ou fratura entre homem e natureza e anterior ao fim dos tempos) e não de "tempo cósmico" (um tempo ordenado ou cosmológico sem contradições reais[861]).

*DCD*, XXI: Este livro realiza primordialmente exegese de *Apocalipse* para buscar a inteligência da revelação do suplício eterno ou da segunda morte dos cidadãos terrenos. Das vinte e três ocorrências de *saeculum*, os três sentidos mais frequentes são como: (i) *futurum saeculum*, (ii) *saecula saeculorum* e (iii) *hoc saeculum*:

(i) *Futurum saeculum* aparece, por exemplo, em *DCD*, XXI, v, 2 e xiii. Em XXI, xv, há a ocorrência também de *novum saeculum*, provavelmente com o mesmo significado de *futurum saeculum*, a saber, como "futuro mundo" e "novo mundo" em referência à esperança cristã num "mundo futuro", em que os seres humanos salvos viverão em paz e felicidade plenas após a ressurreição dos mortos, algo como um novo paraíso, que pode, não obstante, conter ainda um sentido de temporalidade, se a hipótese de Marrou de um "tempo cósmico" procede e se se admite que a alma da criatura racional é constitutivamente temporal.

[861] Para um aprofundamento sobre os traços constitutivamente contraditórios da condição humana ou sobre fundação do "tempo histórico" em inadequação com um "tempo cósmico", cf. SILVA FILHO, 2020.

(ii) *Saecula saeculorum* aparece em geral por meio de citações de *Apocalipse*, por exemplo, em *DCD*, XXI, xxiii; xxiv, 4, 5; xxvi, 3. Em XXI, xxiii, Agostinho diz com todas as letras que *saecula saeculorum* significa perenidade, perpetuidade, temporalidade sem fim, para esclarecer o sentido terrível de pena ou suplício ou morte eternas: "está escrito no *Apocalipse*: 'o Diabo, que os seduzia, foi lançado no lago de fogo e de enxofre, aonde também foram a besta e o falso profeta, onde serão atormentados dia e noite pelos séculos dos séculos' (Ap. 20, 9-10). O que lá foi chamado de 'eterno', aqui é chamado de 'séculos dos séculos', com que a Escritura não costuma significar senão o que não tem fim no tempo" ("*scriptum est in Apocalypsi: 'Diabolus, qui seducebat eos, missus est in stagnum ignis et sulphuris, quo et bestia et pseudopropheta; et cruciabuntur die et nocte in saecula saeculorum' [Ap. 20, 9-10]. Quod ibi dictum est 'aeternum', hic dictum est 'in saecula saeculorum', quibus verbis nihil Scriptura divina significare consuevit, nisi quod finem non habet temporis*").

(iii) *hoc saeculum* guarda o sentido de "este mundo", talvez reunindo significado tanto topológico, quanto temporal, por exemplo, em *DCD*, XXI, xxiv, 2; xxvi, 2, em clara referência ao lugar em que os seres humanos se encontram em condição pecaminosa, mas também de lugar em que a graça e a presença do absoluto revelam-se. Assim, *hoc saeculum* guarda significado de dupla valência esclarecido mais uma vez pelo trabalho de Marrou (1950), que propõe concepção ambivalente do tempo histórico.

Em suma, pensar sobre os significados, equivocidades e ambiguidades de *saeculum* na obra agostiniana é expediente estratégico para melhor compreensão de alguns de seus temas e problemas mais elevados e originais: a eternidade, o tempo e a história. Para destacar um ponto em que a reflexão sobre a teologia e/ou filosofia da história agostiniana talvez ainda não tenha conferido a devida atenção, sublinho mais uma vez que "tempo" e "história" não guardam necessária sinonímia, pois é preciso discernir um "tempo cósmico", em que a racionalidade com que Deus criou o mundo é efetiva, e um "tempo histórico", fundado pela instituição humana de uma contradição original. No entanto, ambas as temporalidades aparecem sob a rubrica de *saeculum*, que com a adição também de seus significados de "eternidade" e de "mundo", nos contextos de exegese e meditação sobre o "lugar" e a "situação" do homem, pode conduzir-nos a uma polissemia filosoficamente mais profusa do que a equivocidade e a ambiguidade, porquanto reveladora de uma inadequação essencial entre ser, pensar e dizer constitutiva do "homem que anda em círculos carregando sua mortalidade"[862] ou daqueles que "preferem andar em curto-circuito a seguir o caminho verdadeiro e reto"[863].

---

[862] "[...] *homo circumferens mortalitatem suam*". *Conf.*, I, i, 1; 2017, p. 33 (tradução de Lorenzo Mammì).

[863] "[...] *in circuitu falso ambulare quam vero et recto itinere malint*". *DCD.*, XII, xvii, 2.

# APÊNDICE IV: NOTA SOBRE TEORIA E PRÁTICA POLÍTICAS DE AGOSTINHO[864]

Trata-se aqui de analisar o problema da aplicação da teoria política de Agostinho a partir de alguns sermões seus, como o *Sermão sobre o saque da urbe de Roma* e o *Sermão XIII*, que, aliás, são pregações de Agostinho já como Bispo de Hipona, respectivamente em 410 e em 418 d. C., portanto um Agostinho que no encargo episcopal desempenhava importante papel não só religioso-institucional, mas também administrativo, político e jurídico no Império (aliás, o poder de alguns bispos na Antiguidade Tardia era superior ao de muitos governadores de províncias). Além disso, Agostinho quando alcança efetivamente o lugar de Bispo de Hipona já guarda reflexão filosófica política consideravelmente elaborada e amadurecida, pois em 418 d. C. ele havia escrito e disponibilizado para circulação pública em torno de três quartos de sua obra política maior, a saber, *De ciuitate dei*.

A referência à obra *A cidade de Deus* é ocasião para dizer algumas palavras de questão de método a respeito da leitura que proporei dos sermões. Considero que, por exemplo, os dois sermões mencionados são documentos de prática ou aplicação política ("escritos políticos"), não de teoria política, de forma que encontramos nesses sermões um Agostinho político, em muitos aspectos dificilmente conciliável com o Agostinho teórico político d'*A cidade de Deus*. Em outras palavras, considero na obra

---

864 Trabalho apresentado nas Jornadas de Estudos Medievais, no Departamento de História, da UFMG, em 22/11/2017, a convite de André Miatello.

agostiniana é possível distinguir política de filosofia política, observação importante também por se tratar de um autor que nunca pretendeu elaborar um sistema ou uma doutrina, mas tão somente buscar a inteligência da Doutrina Cristã[865]. Dessa maneira, incorreríamos em considerável violência ao próprio espírito da obra agostiniana se pretendêssemos encontrar aplicação direta e coerente de sua teoria política nos sermões.

A justificação de inadequação entre a teoria e a prática políticas de Agostinho por meio da recusa filosófica de constituir um sistema ou uma doutrina a partir dos limites de uma razão humana em condição fraturada é ainda, porém, uma explicação teórica, a qual talvez não seja o motivo preponderante do descompasso, porquanto há também consideráveis motivos políticos por parte de Agostinho para inúmeros posicionamentos seus práticos. Segundo Peter Brown,

> nos escritos agostinianos dessa época [do saque de Roma em 410 pelos godos] encontramos comentários perspicazes, lado a lado com a expressão de interesses políticos egoístas; a busca calculada de sua própria autoridade, num clima de crise, misturada a uma preocupação crescente com temas fundamentais, como a culpa e o sofrimento, a velhice e a morte[866].

A referência de Peter Brown a uma "busca calculada [por parte de Agostinho] de sua própria autoridade" é menção a uma crise de cisma da Igreja Católica no norte da África no mesmo período do saque de Roma comandado por Alarico em 410. Em linhas gerais, a crise de cisma se deveu à iniciativa de um movimento de bispos, conhecido como donatistas, entre os quais talvez mais de 300 bispos africanos questionaram a aliança entre a Igreja Católica e o Império com o propósito de conquistar maior autonomia

---

[865] Cf. NOVAES, M. *A razão em exercício*: estudos sobre a filosofia de Agostinho, p. 13.

[866] BROWN, P. *Santo Agostinho, uma biografia*, 2000, p. 360, colchetes meus

e independência em relação a Roma para a Igreja no norte da África, na medida em que eles se consideravam o povo eleito que, como tal, deveria cultivar uma vida cenobítica e furtar-se dos negócios mundanos, atividades públicas e políticas. A controvérsia donatista arrastava-se desde o início dos anos 400 d. C. e eram reprimidos, inclusive com perda de direitos civis e prisões, com o aval de Agostinho, mas foi a partir do saque de Roma pelos godos e clima generalizado no Império de suspeita de fracasso da Igreja Católica para proteger Roma[867] que os donatistas encontraram ocasião para um recrudescimento tal que conduziu a uma *Collatio*, uma espécie de arbitragem por meio de um confronto público de discursos de bispos representantes de ambos os lados, isto é, "uma 'colação' ou 'cotejo' das pretensões legais das duas partes à denominação de verdadeira Igreja católica."[868]. A *Collatio* foi convocada pelo próprio imperador Honório no mesmo ano do saque, em 410, e aconteceu nos dias 1, 3 e 8 de junho de 411, tendo sido registrada integralmente por estenógrafos e disponível para nós, por exemplo, na Patrologia Latina sob o título *Gesta Collationis Carthaginiensis*. É diante desse contexto que mais uma vez Peter Brown observa que a crise de cisma da Igreja Norte-Africana exigiu de Agostinho mais energia e ações políticas do que o saque de Roma.

> As autoridades de Cartago entraram em pânico nesse momento [do saque de Roma]: para aplacar a insatisfação, proclamaram um precipitado édito de tolerância aos donatistas [que suspendeu as leis imperiais contra heresias]. Foi esse o ato que dominou a vida de Agostinho na época do saque de

---

[867] Alguns vitupérios aos cristãos que circulavam na época: "Os blasfemadores acusam a Cristo dos males que sofrem merecidamente por causa dos próprios costumes perversos" "[...] *mala, quae pro suorum morum perversitate merito patiuntur, blasphemantes Christo imputant*". AUGUSTINUS. *DCD*, I, iii. "'Se não chove, a culpa é dos cristãos'". "[...] *pluvia defit, causa Christiani sunt*". TERTULIANO. *Apologia*, 40, 2, apud: AUGUSTINUS. *DCD*, II, iii.

[868] BROWN, 2000, p. 413.

> Roma. Ele se viu diante de uma crise de autoridade em sua própria cidade. A violência dos donatistas havia recrudescido [Alípio quase foi morto, Agostinho só não se tornou mártir e não sofreu uma emboscada por cincunceliões porque junto com seu séquito teria errado a estrada...] e com ela viera o ressurgimento da "segregação" religiosa entre os católicos: a congregação agostiniana começou a condenar ao ostracismo os donatistas convertidos. Agostinho foi parcialmente responsável por esse clima ruim[869].

> [Agostinho] em sua maneira de lidar com a heresia, a ilegalidade e a imoralidade não demonstrou o menor vestígio de pacifismo[870].

Até aqui, apanhamos motivos, teórico e práticos, explicativos da tensão entre a teoria política presente n'*A cidade de Deus* e a pregação e ação políticas de Agostinho, mas falta o principal, prová-la documentadamente. A teoria política agostiniana presente n'*A cidade de Deus* enfrenta a dificuldade de não poder recorrer a uma conceitualização comprometida com a identidade e conceitos de razão[871]. Afinal, a condição histórica das cidades é marcada pela irredutibilidade da contradição e do conflito. Não à toa, a definição ciceroniana de "povo", fundamentada na natureza, na razão e na moral, é falsa para Agostinho, pois ela interdita não apenas que os romanos constituam "povo" e "república", mas que toda e qualquer multidão estabeleça comunidade política neste século. Com efeito, para Cícero uma *multitudo* precisa cumprir exigência naturalista para adquirir forma de *populus*, expressa notadamente pela condição *iuris consensus* ("consentimento jurídico"), condição necessária para um conjunto de homens adquirir estatuto político. Em Agostinho algo muito diferente se passa. Para

---

869 BROWN, 2000, p. 360, colchetes meus.

870 BROWN, 2000, p. 361, colchetes meus.

871 A partir daqui retomo alguns parágrafos das "Considerações finais" *supra*.

ele, a condição histórica humana é desnaturalizada, porquanto o homem fraturou sua natureza e sofreu uma queda ao divorciar-se de Deus, seu fundamento de ser. Assim, se para Cícero o cumprimento de *iuris consensus* ("consentimento jurídico") reclama estrita observância do direito, da justiça, da moral, da natureza e da razão, para Agostinho somente uma sociedade de santos seria capaz de realizá-lo, o que implicaria na impossibilidade da política na história.

O argumento agostiniano contra Cícero em *DCD*, XIX, xxi, resgata a contradição e o conflito do homem consigo mesmo como expressão da injustiça. Melhor dizendo, ao declinar de Deus o homem incorre em injustiça porque não mais como ser inferior submete-se ao Ser superior. A injustiça com o Criador guarda como consequência a injustiça ou a desordem da criatura consigo mesma, cuja exteriorização é a injustiça ou a desordem na vida em sociedade[872]. Assim, se o homem tivesse preservado sua natureza íntegra, haveria ausência de conflito e contradição em cada homem consigo mesmo e, por consequência, na comunidade de homens. Isso quer dizer que a dominação ou o jugo de um homem sobre outro é antinatural. Eis por que a prescrição divina nas Escrituras era para o ser humano dominar tão somente os animais no paraíso e os primeiros justos terem sido pastores, não reis[873]. Dessa forma, a origem da tirania e da escravidão, seja a do homem consigo mesmo, seja a do homem sobre outro, guarda origem no pecado e na vontade desordenada, a que também recebe o nome de libido[874].

A justiça relativa à condição fraturada, todavia, não se realiza sem perturbações, ou seja, é uma justiça relativa e falível. Com efeito, numa passagem de manifesto conservadorismo agostiniano, temos a notícia de que para o Bispo de Hipona aqueles que mandam precisam estar sempre alerta para, se necessário,

---

[872] Cf. AUGUSTINUS. *DCD*, XIX, xxi.

[873] Cf. *DCD*, XIX, xv. Cf. SENELLART, M. *As artes de governar:* do regimen medieval ao conceito de governo, p. 72.

[874] Cf. *DCD*, XIX, xv.

corrigir com palavras, açoites ou outro gênero de castigo lícito na cidade aqueles que têm dificuldade em servir e preservar a paz[875]. Desse modo, mesmo a ordem justa da cidade celeste peregrina é relativa, manifesta-se como projeto a realizar e denuncia condição humana desnaturalizada[876]. Ainda assim, a partir da definição ciceroniana de *populus*, história e política seriam inconciliáveis e a política apenas poderia existir efetivamente na transcendência. A grande tarefa agostiniana n'*A cidade de Deus*, dessa forma, é discernir princípio e fundamento da política que possa ser imanente à história. O conceito em questão não poderia ser outro do que a "vontade" ou o "amor", precisamente porque nele há dinâmica, que o torna em si mesmo neutro, adquirindo positividade ou negatividade conforme o lugar para onde for direcionado ou convertido. Não sem razão, Agostinho encerra o livro XIV d'*A cidade de Deus*, último do conjunto consagrado ao *initium* da história ou ao exórdio de ambas as cidades, com explicitação do princípio e fundamento voluntarista de ambas as cidades[877].

O amor, assim, concede que a história e a política sejam concebidas a partir de uma ambivalência, possibilitada pelo expediente de não fundamentá-las nem na natureza, nem na razão. Afinal, o ser humano em sua condição decaída encontra-se com a sua natureza e sua racionalidade cindidas. Mas o grande ganho filosófico de Agostinho ao dispor a "vontade" ou o "amor" como fundamento da história e da política é divorciar moral e política, muito antes de Maquiavel. Como o amor somente adquire positividade ou negatividade conforme o seu fim, tanto uma república moralmente orientada, como a celeste, quanto uma moralmente desorientada, como a terrena, são "repúblicas" com respectivos "povos". Isso significa que Agostinho não estabelece critério moral para conferir estatuto político para um conjunto de homens associados. A ruptura com a política ciceroniana, por consequência,

---

875 Cf. *DCD*, XIX, xvi.
876 Cf. *DCD*, XIX, iv, 4.
877 Cf. *DCD*, XIV, xxviii.

exige uma nova definição de *populus* sem inclusão de critério moral, sem inclusão dos conceitos de justiça, natureza e razão como condição para uma *multitudo* alcançar forma política: "Povo é o conjunto de inumeráveis seres racionais associado pela concorde comunhão de coisas que amam"[878].

Doravante em Agostinho a condição para uma *multitudo* de seres racionais constituir *populus* é o amor, seja qual for, libidinoso ou ordenado, desde que partilhado por um objeto ou projeto em comum. A não inclusão, porém, de critério moral para conceder estatuto político para um conjunto de homens não quer dizer divórcio necessário entre política e moral, nem pretende conceder positividade para uma autonomia da política (nesse ponto, ao arrepio de Maquiavel). Ainda assim, por que conferir estatuto político para um conjunto de homens moralmente desorientados? Precisamente para demarcar a negatividade da autonomia da política, que nada mais é do que alargamento do desejo de autonomia do homem em relação a Deus, fundo histórico comum da humanidade e de que a Igreja e a cidade celeste peregrina procuram destacar-se. Eis por que a política com fim em si mesma, a política característica da cidade terrena, é pensada e criticada por Agostinho a partir do conceito de libido, notadamente em sua manifestação política: a libido de dominação.

Mais precisamente, o que torna uma volição libidinosa é ser desejo de gozo ilegítimo. No âmbito da política, a fruição ou o gozo desejado é sobretudo a dominação ou escravização do outro. Por isso, a forma de governo com a qual comumente a cidade terrena se manifesta é a tirania, como institucionalização e exteriorização de tirania anterior da libido interior presente em cada um de seus cidadãos[879]. A libido, porém, também está presente nos cidadãos celestes, embora neles não seja tirana, mas combatida, por vezes,

---

[878] *"Populus est coetus multitudinis rationalis rerum quas diligit concordi communione sociatus"*. *DCD*, XIX, xxiv.

[879] *"Quis enim facile dixerit, quid vocetur libido dominandi, quam tamen plurimum valere in tyrannorum animis etiam civilia bella testantur?"*. *DCD*, XIV, xv, 2.

com instrumentos de correção e disciplina[880]. A positividade da política parece residir aí: em vez de ser fim, ela é utilizada como meio para finalidades morais.

Nesse ponto, podemos resgatar nosso problema acerca da conciliação ou coerência entre a teoria política de Agostinho e a sua prática política. Ora, se "povo" para Agostinho é multidão de seres racionais associada pelo desejo ou amor em comum pelas mesmas coisas, qual é, então, a legitimidade de instrumentos de coerção para a repressão dos desejos libidinosos? Na medida em que os cidadãos que constituem "povo" o constituem não por adesão voluntária e sim por coerção, trata-se ainda de "república"? Para responder, é preciso retomar a inadequação e o conflito entre o "querer" e o "poder". Para Agostinho, o conflito ou a "rixa interior" manifesta em cada homem como desobediência de si mesmo contra si mesmo, como retribuição ao próprio pecado da desobediência[881], é a consequência contraproducente do desejo humano de instituir um governo de si autárquico. A ousadia orgulhosa de pretender autonomia, contudo, acaba por destituir o homem da identidade entre o "querer" e o "poder", de forma que o homem em condição danada sequer é capaz de governar os próprios desejos desordenados. Segundo Senellart, é a partir desse diagnóstico da condição humana que Agostinho procura justificar a legitimidade do poder repressivo. A "incapacidade [de o homem] obedecer-se a si mesmo, da qual a *libido* é o sintoma: tal é, para Agostinho, a condição decaída do homem que justifica o uso da coerção"[882].

---

[880] "Agostinho defendeu a visão de que as estruturas de autoridade que davam coesão à sociedade leiga poderiam ser convocadas para dar apoio à igreja católica: os imperadores deveriam comandar seus súditos, os senhores de terras, seus lavradores (açoitando-os, quando necessário), e os chefes de família, suas mulheres e filhos, a fim de trazê-los de volta para a unidade da igreja católica.". BROWN, P. *Corpo e Sociedade*, 1990, p. 327.

[881] "[...] *in illius peccati poena quid inoboedientiae nisi inoboedientia retributa est?*". AUGUSTINUS. *DCD*, XIV, xv, 2.

[882] SENELLART, M. *As artes de governar:* do regimen medieval ao conceito de governo, p. 88.

De fato, encontramos no livro XIX d'*A cidade de Deus* justificativa do uso da coerção, como do *pater familias* sobre os integrantes da *domus*, que parece ser análoga à dos governantes sobre os súditos[883], mas a defesa de uma política imperial com traços teocráticos parece sustentar-se apenas a partir da difícil relação entre uma obra de teorização política, como *A cidade de Deus*, com obras de ação política, como epístolas[884] e sermões[885]. Nos limites d'*A cidade de Deus*, uma cidade com a coesão de desejos dos cidadãos estabelecida por coerção parece não ser de maneira alguma conciliável com a definição agostiniana de "povo". Com efeito, o amor a Deus partilhado pelos cidadãos celestes não pode ser estabelecido via coerção. Se a coerção reprime expressão da vontade má, a repressão foi tão somente da ação que decorreria dela, não da intenção, que é interior. O que a repressão pode é superficial, não ultrapassa a exterioridade, não atinge necessariamente o interior ou alma do homem convertendo sua vontade. Ainda que a correção guarde potencial terapêutico, para o censor ou repressor ou disciplinador resta de todo incerto saber se quem foi alvo da disciplina realmente transformou-se interiormente. Agostinho, todavia, quando todos os recursos discursivos e da razão esgotaram-se contra os donatistas, chega ao ponto de defender em sua prática política a "conversão forçada de comunidades donatistas"[886], como efetiva e legalmente ocorreu, bem como é favorável a multas e prisões de cidadãos que se negassem à conversão ao catolicismo.

---

[883] "[...] *pax domus ordinata imperandi atque oboediendi concordia cohabitantium, pax civitatis ordinata imperandi atque oboediendi concordia civium*". AUGUSTINUS. *De civitate dei*, XIX, xiii, 1.

[884] Cf. Id. *Epistola* 138, II, 15. Cf. também *Epistolae* 93, 133, 134, 138, 153 e todo material referente à controvérsia donatista.

[885] Cf. *Sermões* 13, 302. Cf. também ATKINS, E. M.; DODARO, R. J. (Org.) *Augustine Political Writings*; GREGORY, E. *Politics and the order of Love:* an Augustinian ethic of democratic citizenship, p. 298-318; HEYKING, John von. *Augustine and politics as longing in the world*, p. 222-257.

[886] BROWN, p. 2006, p. 286.

Explicitada uma dificuldade de conciliação considerável entre a teoria política de Agostinho e sua prática, doravante, na última parte deste exposição, gostaria de chamar a atenção para um traço anterior e mais geral comum tanto à reflexão como à pregação políticas de Agostinho. Tanto n'*A cidade de Deus*, como nos escritos e sermões consagrados à controvérsia donatista, quanto no *Sermão sobre o saque da urbe de Roma* e no *Sermão XIII*, encontramos aquela eminente característica a que fiz menção no início sobre a definição agostiniana de "povo", relativa à dificuldade de a reflexão política de Agostinho não poder recorrer a uma conceitualização comprometida com a identidade e categorias de razão, pois a condição histórica das cidades é marcada pela irredutibilidade da contradição e do conflito. Nos documentos de pregação política de Agostinho a irredutibilidade da contradição e do conflito também é uma constante e uma aporia discursiva. Com efeito, se a contradição – que no mais das vezes aparece sob a rubrica da falta, do pecado, da rixa e da guerra – é um dado histórico, político e social, então o discurso depara com consideráveis limites de predicação, na medida em que um discurso sobre a contradição, num registro estranho à lógica dialética, é um discurso absurdo, que incorre em autorrefutação. Deparamos, assim, com um dos maiores problemas de ontologia, linguagem e história que *A cidade de Deus* enfrenta.

Em Agostinho, a contradição e o falso não são exclusivamente um problema de predicação, restrito à linguagem, mas são problemas reais e ontológicos. Trata-se, assim, de esclarecer a estratégia de predicação de Agostinho para apresentar contradições reais como problemas tratáveis pelo discurso e pela filosofia.

Tanto no *Sermão sobre o saque da urbe de Roma*, como no *Sermão XIII*, Agostinho problematiza o que contemporaneamente é chamado de historicidade e facticidade, problematiza contingências, sofrimentos, torturas, estupros, assassinatos e toda sorte de corrupção e degeneração humana, mas Agostinho não é um existencialista *avant la lettre* que elabora uma filosofia do desespero e do absurdo. Muito longe de postular o triunfo da negação simples na história, Agostinho considera que a possibilidade mesma de inteligência do histórico por meio de categorias de razão como identidade, unidade, necessidade e ser é evidência de que o absoluto se fez história, de que há uma ponte salvífica, um mediador, em que se deve guardar fé. Contudo, não se trata de dissolver a realidade fática com toda sua contingência no universal, a contradição permanece irredutível do início ao fim da história, porém suportada e iluminada por um horizonte transcendente e salvífico antecipado por meio das virtudes paulinas.

Por consequência, conforme expressão do Marrou, há uma "ambivalência do tempo da história"[887]. A história é tanto a história da danação, como a história da salvação. Por si mesmo o homem não é a razão suficiente de seu ser e está condenado à contradição, ao erro e ao não-ser, porém se o seu desejo for direcionado ou convertido em direção ao fundamento divino, há a possibilidade de libertação da contradição.

> "Afinal, é Deus quem opera em nós o querer e o operar, segundo a sua vontade boa" (Fil 2, 12-13). O que é, pois, que tu atribuías a ti mesmo? O que era aquilo a que te encaminhavas e perecias como um soberbo? Volte ao teu coração e descubra que és mau; para ser bom, invoca o bem. Efetivamente, não há nada em ti que agrade a Deus, a não ser o que tens a partir dele. Mas o que tens a partir de ti, desagrada a Deus. Se pensar em tuas coisas boas, "o que tens que não tenhas recebido? Mas se recebeste, por que te glorificas como se não tivesses recebido?" (1Cor 4, 7). Somente é aquele que somente sabe dar. Ele não tem doador, porque não existe outro maior do que Ele. Portanto, tu és inferior e porque és inferior deves alegrar-te de ter sido feito à sua imagem (cf. Gen. 1, 26-27), para que te encontres nele, pois em ti te perdeste. Afinal, em ti não pudeste fazer mais do que

---

887 Cf. MARROU, H-I., *L'ambivalence du temps de l'histoire chez saint Augustin*, 1950.

> perder-te; tu não sabes encontrar-te, a não ser que te busque aquele que te fez.[888]

Nessa passagem, Agostinho julga o soberbo, o ser humano voltado para si mesmo, com uma contradição constitutiva, em relação ao humilde que dissolve seu ego em Deus, por isso com uma positividade constitutiva cuja razão suficiente é Deus. Não à toa, examinamos o excerto acima do *Sermão XIII* sob a rubrica do "juízo", pois todo o sermão é um comentário ao Salmo 2, 10, que diz "Instruamos todos os que julgam a terra", ao que Agostinho apresenta primeiras palavras do sermão: *Terram iudicare, est corpus domare* ("Julgar a terra é domar o corpo"). O modelo de juiz da terra que nos instrui a julgá-la com correção e a domar o corpo é nada mais nada menos do que Paulo. A partir disso, Agostinho desenvolve uma argumentação que discrimina ao menos três dimensões do juízo:

(1) a dimensão jurídica do julgamento a partir da lei;
(2) a dimensão moral do julgamento como ato de correção e disciplina, de si mesmo e do outro;
(3) a dimensão lógica do juízo como exercício de autoconhecimento que exige que aquele que julga (o juiz) furte-se de qualquer juízo contraditório, furte-se de julgar a falta em que incorre, furte-se de atirar a primeira pedra, conforme a passagem de *João* da mulher adúltera de que Agostinho também faz interessante exegese nesse sermão.

---

[888] "'*Deus est enim, inquit, qui operatur in vobis et velle - operatur in vobis et velle - et operari pro bona voluntate'. Quid est ergo quod tibi arrogabas? Quid est quod superbus ibas et peribas? Redi ad cor tuum, inveni te Malum, et ut sis bonus invoca bonum. Non enim in te placet Deo, nisi quod habes ex Deo; quod autem habes ex te, displicet Deo. Si bona tua cogitas, 'quid habes quod non accepisti? Si autem accepisti, quid gloriaris quasi non acceperis?' Solus est ille qui non novit nisi dare. Non habet datorem, qui non habet meliorem. Quo tu si inferior es, immo quia inferior es, gratulare quod ad eius imaginem factus es, ut in illo inveniaris qui in te peristi. Non enim potuisti in te nisi perdere te; nescis invenire te, nisi ille qui fecit te quaerat te.*" AUGUSTINUS. *Sermo XIII*, 3.

Para os meus propósitos, interessa sobretudo a dimensão lógica do juízo diante do problema de elucidar qual é o expediente de Agostinho para realizar um discurso sobre uma realidade contraditória, no caso, a realidade histórica. O expediente de Agostinho é primordialmente paulino, ao menos segundo a recepção de Paulo por Agostinho. De que modo Paulo é o juiz exemplar que julga a terra e doma o corpo? Em outras palavras, segundo a leitura de Agostinho, de que modo Paulo julga uma realidade contraditória (a terra) e enfrenta a contradição como um problema tratável, isto é, doma o corpo? Conforme o *Sermão XIII*, Paulo desempenha tamanha atividade judicativa a partir do confronto entre uma realidade transcendente, revelada, e uma realidade humana, imanente. Nesses termos, o procedimento de Agostinho igualmente realiza um discurso por meio da conciliação entre exegese bíblica e análise histórica.

Mais precisamente, para empreender exame de uma realidade absurda, Agostinho confronta a revelação de uma realidade transcendente, estruturada por categorias de razão, como a identidade, necessidade, unidade e ser, com dados da realidade histórica e social, em que contradição, contingência, multiplicidade e vir-a-ser são constitutivos. Assim, a estratégia de predicação de Agostinho para apresentar contradições reais como problemas tratáveis consiste no recurso à fé como instância de racionalidade anterior e independente da experiência para pensar e julgar o histórico.

Portanto, não obstante teoria e prática políticas em Agostinho possam guardar consideráveis incoerências pelo cotejo entre *A cidade de Deus* e sermões e epístolas, elas guardam, todavia, os mesmos princípios, a mesma teoria da história (supondo que haja), a mesma concepção de historicidade em que a contradição e o conflito são irredutíveis e o mesmo expediente de discurso impulsionado pela fé, isto é, o expediente segundo o qual contradições reais são problemas tratáveis a partir de uma confrontação sintética (dialética?) entre revelação e história, entre exegese bíblica e análise histórica. Além do mais, concluo que considerar que haja na prática agostiniana interesses de poder divorciados de critérios de razão que aspirem à efetividade da racionalidade e da moralidade, ou que na prática de Agostinho o poder guarde autonomia em relação ao Verbo ou chegue ao ponto de instrumentalizá-lo – como Peter Brown nos diz com todas as letras[889] –, significa dizer que Agostinho em sua prática política fez as vezes de sofista.

---

889 Com ainda mais contundência em *Power and Persuasion in Late Antiquity - Towards a Christian Empire*, 1992.

# APÊNDICE V: NOTA SOBRE HISTÓRIA UNIVERSAL EM AGOSTINHO, KANT E ADORNO[890]

*Para José Carlos Estêvão*

Inicialmente, trata-se de logo fazer algum esclarecimento sobre o título desta nota, porque embora haja nele aproximação entre Agostinho e Kant, esclareço de antemão que não pretendo ler Agostinho com Kant, muito menos Kant com Agostinho e menos ainda ambos com Adorno. Meu propósito é antes investigar a consistência de algumas aproximações entre a chamada "teologia da história" de Agostinho e a filosofia da história de Kant, realizadas destacadamente por Adorno, mas também por Benjamin, Löwith, Arendt e muitos outros. Mais precisamente, meu objetivo é examinar algumas aproximações entre a chamada "teologia da história" de Agostinho e a filosofia da história de Kant, para demarcar não só possíveis e talvez aparentes continuidades, mas também descontinuidades que muitas aproximações entre ambas abstraem, isso tudo a partir de uma passagem especial de Adorno. Para tanto, eu me concentrarei consideravelmente mais em Agostinho do que em Kant, procurando contrastá-los a partir de uma análise da reflexão agostiniana sobre a história com menos ênfase

[890] Trabalho originalmente apresentado sob a forma da conferência intitulada "História universal de um ponto de vista quase cosmopolita, em Agostinho", em 06/12/2019, como atividade do Ciclo de Conferências do CEPAME - 2019. Agradeço o profuso debate promovido por Carlos Eduardo de Oliveira, Felipe Cardoso Silva, Julia Maia, Lorenzo Mammì, Luiz Fernando Pereira de Aguiar, Luiz Gonzaga Camargo Nascimento, Roberto Pignatari, que de algum modo assimilei aqui.

na moral (como em geral se dá na literatura crítica que advoga em favor de uma "teologia da história") e com maior destaque aos pressupostos e consequências da reflexão agostiniana sobre a história no âmbito da ontologia, do conhecimento e da linguagem (especialmente a respeito dos limites de predicação ou de um discurso sobre uma realidade constitutivamente contraditória, a saber, a historicidade ou a realidade fática). No interior dessa literatura crítica que sustenta uma "teologia da história" em chave primordialmente moral, quando não exclusivamente moral, podemos dispor, por exemplo, Figgis (1921), Combès (1928), Arquillière (1933), Marrou (1950; 1954), Mommsen (1951) e até mesmo Gilson (1941; 1952), para citar alguns comentadores mais clássicos, embora possamos adensar muito a fileira também com intérpretes mais recentes[891].

Assim, com ênfase maior em problemas de ontologia e linguagem presentes na reflexão agostiniana sobre a história, desenvolverei a suspeita de que algumas aproximações entre Agostinho e Kant perdem de vista uma ontologia agostiniana com dimensões essencialista e existencial, bem como uma interioridade e uma concepção de linguagem estranhas a Kant e sem as quais é difícil compreender problemas maiores da empreitada agostiniana de narrar uma história universal da humanidade. Eis a passagem do ensaio "Progresso" em que Adorno diz que há afinidades eletivas entre as concepções de "história" e "progresso" de Agostinho e Kant:

> A grandeza da doutrina agostiniana consistia no que tinha de radicalmente original. Ela continha todos os abismos da ideia de progresso e empenhava-se em dominá-los teoricamente. Sua estrutura traz à sua plena expressão o caráter antinômico do progresso. Já em Agostinho, como depois novamente no auge

[891] Archambault (1966), Brown (1967), Chax-Ruy (1965), Markus (1970), Wetzel (1992), Pulsiano (1995), Günther (1996), Horn (1997), Ligota (1997), Hartog (2001), Weithman (2001), Dyson (2001; 2005), Dodaro (2004).

da filosofia secular da história desde Kant, o antagonismo ocupa o centro daquele movimento histórico que, enquanto dirigido para o reino do céu, seria o progresso; para Agostinho trata-se do combate entre o reino terrestre e o celestial. Desde então todo pensamento do progresso traz a marca do peso da desgraça historicamente ascendente. Enquanto em Agostinho a redenção forma o telos da história, esta não desemboca sem mais naquela, nem a relação da redenção com a história é inteiramente imediata. A redenção mergulha na história conforme o plano cósmico divino, e opõe-se a ela após o pecado original. Agostinho reconheceu que redenção e história não existem uma sem a outra nem existem uma na outra, mas sim numa tensão cuja energia acumulada finalmente não quer menos do que a supressão do mundo histórico mesmo[892].

Sem mais, parece que Adorno entende o "antagonismo" em Agostinho e em Kant como portador de sínteses que progressiva e dramaticamente constituem e orientam a história para um fim qualitativamente superior. Entretanto, o antagonismo constitutivo da história para Agostinho e o antagonismo da filosofia da história e da antropologia kantianas são consideravelmente distintos, havendo talvez entre eles uma pura equivocidade, não sendo, ademais, nem em um caso, nem em outro, coincidente com aquele

---

892 ADORNO, T. W. "Progresso". Revista *Lua Nova* n. 27, 1992, p. 221- 222 (Tradução de Gabriel Cohn). Quase a mesma passagem também foi traduzida por Ricardo Ribeiro Terra em: TERRA, R. R. "Algumas questões sobre a filosofia da história em Kant". In: KANT, I. *Ideia de uma história universal de um ponto de vista cosmopolita*. Trad. Rodrigo Naves; Ricardo R. Terra. São Paulo: Editora WMF Martins Fontes, 2011, p. 25-26: "A grandeza da doutrina agostiniana consiste em haver sido a primeira. Ela traz em si todos os abismos da ideia de progresso e pretendeu dominá-los teoricamente. A estrutura de sua doutrina expressa cruamente o caráter antinômico do progresso. Em Santo Agostinho, como depois outra vez no auge da filosofia da história secular a partir de Kant, o antagonismo está já no centro daquele movimento histórico que, enquanto dirigido para o reino celeste, seria o progresso – este movimento histórico é, para ele, a luta entre o terreno e o celeste". ADORNO, T. W. "Fortschritt". In. *Stichworte*, Gesammelte Schriften, vol. 10. 2. Frankfurt, Suhrkamp, 1997, p. 621.

indicado por Adorno. Ora, o antagonismo kantiano no contexto da filosofia da história é a "insociável sociabilidade", que na 4ª proposição da *Ideia de uma história universal* é apresentada como "o meio de que a natureza se serve para realizar o desenvolvimento de todas as suas disposições"[893], é a oposição entre a inclinação humana a associar-se e isolar-se, bem como o ardil da natureza que faz com que os homens e os povos, mesmo perseguindo seus interesses, acabem por gestar um desenvolvimento contínuo ou um progresso em direção à cultura, à moralidade e à felicidade.

Do lado de Agostinho, nada disso se passa. O que se pode chamar de "antagonismo" nele também não é combate ou luta entre reinos terrestre e celeste, que poderia ser um conflito entre as cidades terrestre e celeste e desconsidera que para Agostinho o conflito primordial não se dá entre as cidades, embora certamente haja, nem esse conflito ou antagonismo é produtor de qualquer progresso ou percurso em direção ao fim da história. O conflito primordial para Agostinho é interior, anímico e quando tem expressividade atinge a cidade após muitas mediações e, antes de ser um conflito, por assim dizer, internacional, é de cada cidade consigo mesmo. Aliás, a própria cidadania de cada cidadão reside na interioridade, no limite a história universal também só existe na interioridade e o conflito social, civil e bélico é exteriorização de conflito interior de cada um consigo mesmo.

Ademais, ainda é necessário distinguir a realidade da cidade celeste a-histórica de sua realidade histórica como peregrina, pois somente em sua manifestação histórica, em regime de peregrinação, é que há conflito nela, aliás, qualitativamente distinto do conflito constitutivo da cidade terrena[894]. Assim, só secundariamente a ênfase agostiniana é num antagonismo entre as duas cidades. Nesse contexto de abordagem da divisão de toda humanidade em duas cidades, já podemos dizer algumas palavras também sobre

---

893 KANT, I. *Ideia de uma história universal de um ponto de vista cosmopolita*, Trad. Rodrigo Naves; Ricardo R. Terra, p. 8.

894 Cf. *supra* Capítulo I "Ambivalência e desnaturalização da política no prólogo d'*A cidade de Deus*".

os significados muito distintos de cosmopolitismo em Agostinho e Kant. Uma célebre passagem da *Ideia* de Kant será proveitosa para isso e para elucidar na sequência também condições de inteligibilidade do sentido do devir histórico em ambos os dois autores.

> É um projeto estranho e aparentemente absurdo querer redigir uma *história* (*Geschichte*) segundo uma ideia de como deveria ser o curso do mundo, se ele fosse adequado a certos fins racionais – tal propósito parece somente poder resultar num romance. Se, entretanto, se pode aceitar que a natureza, mesmo no jogo da liberdade humana, não procede sem um plano nem um propósito final, então esta ideia poderia bem tornar-se útil; e mesmo se somos míopes demais para penetrar o mecanismo secreto de sua disposição, esta ideia poderá nos servir como um fio condutor para expor, ao menos em linhas gerais, como um *sistema*, aquilo que de outro modo seria um *agregado* sem plano das ações humanas[895].

Inicialmente, sublinho que a ideia *a priori* de uma história segundo a efetividade da razão é condição para Kant postular o progresso histórico da humanidade, porquanto um juízo teleológico nunca poderia decorrer exclusivamente da experiência. A exigência, assim, é de um fio condutor *a priori* que abstraia as inclinações egoístas individuais e considere universalmente a disposição moral do gênero humano, de um ponto de vista cosmopolita. Desse modo, o cosmopolitismo em Kant cumpre um papel bem diferente do que encontramos em Agostinho, na medida em que em Kant "o ponto de vista cosmopolita" é condição para a inteligibilidade de um sentido do devir histórico, para a consideração *a priori* de uma racionalidade e moralidade cuja efetividade é não uma necessidade, mas uma possibilidade teleológica racional. Aqui, não irei deter-me sobre a concepção de natureza como reino

---

895 KANT, I. *Ideia de uma história universal de um ponto de vista cosmopolita*. Trad. Rodrigo Naves; Ricardo R. Terra, p. 19-20. Grifos do autor.

dos fins imprescindível para a possibilidade de uma filosofia da história, a não ser para apontar que ela oferece ocasião para distanciar ainda mais Agostinho de Kant, porque se neste natureza e história guardam continuidade do ponto de vista da razão prática, em Agostinho elas guardam descontinuidade. Aliás, a história em Agostinho guarda *initium* exatamente no divórcio entre homem e natureza ou na queda decorrente do pecado original. Retornando ao cosmopolitismo, seria mais preciso dizer que há um quase cosmopolitismo agostiniano, de modo que encontraríamos então em *A cidade de Deus* uma história universal de um ponto de vista quase cosmopolita, cujo fim da história, a rigor, é duplo conforme a divisão e orientações contrárias das duas cidades.

> Dividimos a humanidade em dois gêneros, um daqueles que vivem segundo o homem, outro daqueles que vivem segundo Deus. Misticamente os chamamos ainda de duas cidades, isto é, duas sociedades de homens, das quais uma está predestinada a reinar eternamente com Deus; outra, a sofrer o suplício eterno com o diabo. Mas do fim de ambas, deveremos tratar depois. Agora, porém, porque dissemos o bastante sobre o exórdio delas, seja nos anjos, cujo número é ignorado por nós, seja nos dois primeiros homens, parece-me que já devemos tratar do desenvolvimento [do curso de crescimento/percurso em direção ao fim] delas, desde quando os dois [primeiros seres humanos] começaram a gerar até quando a geração dos homens deverá cessar. Com efeito, a totalidade do tempo [*universum tempus*] ou século [*saeculum*], em que há a sucessão e desaparição de morrentes e nascentes, é o desenvolvimento [*excursus*] destas duas cidades, de que trataremos."[896]

---

896 "[...] *in duo genera distribuimus, unum eorum, qui secundum hominem, alterum eorum, qui secundum Deum vivunt; quas etiam mystice appellamus civitates duas, hoc est duas societates hominum, quarum est una quae praedestinata est in aeternum regnare cum Deo, altera aeternum supplicium subire cum diabolo. Sed iste finis est earum, de quo post loquendum est. Nunc autem quoniam de exortu earum sive in angelis, quorum numerus ignoratur a nobis,*

Vemos aí a cisão da humanidade em duas sociedades ou cidades, cada uma com um *télos*, o que, é preciso notar, somente se dá na condição, em estado de queda, e não por natureza, porque no plano da natureza haveria não um quase cosmopolitismo, não uma fratura do gênero em duas sociedades, mas uma única cidade, a celeste, ou seja, um verdadeiro cosmopolitismo estabelecido na criação da humanidade a partir da unidade de um único homem, Adão, em que estavam presentes as razões seminais de todos seus descendentes, do que decorre uma concepção do gênero humano como um "ser-conjunto", para usar expressão de Hannah Arendt, ou um "ser-coletivo", para usar expressão do Gilson.

O que mais nos interessa aqui, todavia, é elucidar o expediente de Agostinho para discernir na historicidade um *télos* e poder narrar uma história universal e que ele se propõe e realiza entre os livros XI e XXII d'*A cidade de Deus*. Ora, para termos dimensão do problema, vale dizer que, embora por razões distintas em relação ao que víamos em Kant, para Agostinho a historicidade ou a realidade fática em si mesmas são ininteligíveis, pois seria possível recolher do devir somente fragmentos cuja racionalidade ou sentido é indiscernível. Isso se torna ainda mais complexo quando consideramos que Agostinho considera que a condição histórica em que o ser humano se encontra é constitutivamente contraditória, o que quer dizer que Agostinho possui uma concepção de contradição real que exige aprofundar aquela consideração anterior sobre o antagonismo em Agostinho, apresentado agora ainda mais distante do antagonismo kantiano, que parece não poder ser entendido como uma contradição real segundo a distinção que ele mesmo, Kant, faz em suas considerações sobre a noção de grandeza negativa, ao distinguir duas modalidades

---

*sive in duobus primis hominibus satis dictum est, iam mihi videtur earum aggrediendus excursus, ex quo illi duo generare coeperunt, donec homines generare cessabunt. Hoc enim universum tempus sive saeculum, in quo cedunt morientes succeduntque nascentes, istarum duarum civitatum, de quibus disputamus, excursus est.*" AUGUSTINUS. *DCD*, XV, i, 1.

de oposição, uma lógica, pela contradição, e outra real, que ele diz com todas as letras que é sem contradição[897].

Em Agostinho, não obstante, se há contradição real, um discurso sobre a história inelutavelmente enfrenta problemas de predicação, porque cabe a questão sobre por que Agostinho não se autorrefuta ao pretender explicar uma realidade constitutivamente contraditória, ou seja, o problema é como tratar com o discurso não uma contradição exclusivamente judicativa, restrita à linguagem sem realidade ontológica, mas uma contradição real, existencial, contingente, resistente a qualquer conceitualização. Sobre isso, ainda antes de começar a indicar qual é o expediente de Agostinho para tratar com o discurso a contradição real, é preciso explicar melhor por que a condição humana é constitutivamente contraditória.

Marrou, glosando certa filosofia da história do século XIX em passagem já referenciada algumas vezes neste livro, diz que o "pecado" é o "motor da história", o que não é diferente de dizer que a contradição é o motor da história. A expressão de Marrou parece menos conceitual e mais retórica, porque na ausência de uma lógica dialética, como claramente é o caso em Agostinho, o pecado ou a falta ou a contradição como fundamento somente poderia encaminhar a humanidade para a pura dispersão ou o nada, como efetivamente é o que se passa com a cidade terrena. Por isso, vale dizer algo a mais sobre a contradição real em Agostinho, relacionando-a à concepção de interioridade pressuposta em sua narração da história, o que, por sua vez, permitirá compreender por que, a rigor, não há uma concepção de "progresso" em Agostinho, na medida em que se a história é a ruptura com a natureza e a reconciliação salvífica com a natureza, com exigência de libertação da condição histórica, então por consequente não pode haver em Agostinho a possibilidade de um desenvolvimento histórico contínuo, nem pode haver a possibilidade de uma paz

---

897 Cf. TERRA, R. R. "Algumas questões sobre a filosofia da história em Kant", p. 60-61.

perpétua ou horizonte de efetividade da moralidade na imanência histórica.

Afinal, o reino dos fins agostiniano é transcendente e não imanente como o kantiano. O fim da história agostiniano é a-histórico, pois a efetividade dos conceitos de razão e da moralidade exige uma ordem da natureza que não coexiste com a história. Melhor dizendo, a natureza para Agostinho também pode ser entendida como um reino em que os seres racionais são perfectíveis e realizam a racionalidade e a moralidade progressiva e espontaneamente, porém sem conflitos e antagonismos, como supostamente se dava no paraíso antes da queda ou se dá na sociedade transcendente dos santos e dos anjos. Por conseguinte, lá, no paraíso ou na cidade celeste em sua realidade a-histórica, havia e há tempo, mas um tempo, por assim dizer, da natureza, ou, para usar outra célebre expressão de Marrou, um "tempo cósmico", que não se confunde com o "tempo histórico"[898].

Esse tempo histórico, como diz Agostinho no livro XII d'*A cidade de Deus*, é o *initium* da história e reside na pretensão dos primeiros homens de ousarem ser aquilo que não podem ser por natureza, ou seja, o "início" da história reside na presunção humana de ser Deus, de desempenhar papel de fundamento, princípio ou razão suficiente da própria existência, falta original narrada sob a ótica de Agostinho pelas Escrituras no contexto do Gênesis da expulsão de Adão e Eva do paraíso, mas que ao longo d'*A cidade de Deus* é apresentada como um *factum* reeditado em todas as gerações e experimentado universal e incondicionalmente por todos como uma "guerra intestina"[899], como conflitos familiares, sociais, civis e bélicos entre classes, cidades e gentes, verificados como dados em qualquer época ou lugar em que tenha havido ou haja seres humanos. O procedimento de Agostinho de, por assim

---

[898] "[...] *temps historique, le temps d'après la Chute n'est qu'un aspect de la temporalité. Il faille concevoir ce qu'on pourrait appeler un temps cosmique, le temps dans lequel se déploie l'oeuvre de la Création divine*". MARROU, H-I. *L'ambivalence du temps de l'histoire chez saint Augustin*, p. 65-66.

[899] "[...] *bello intestino*". *DCD*, XIX, iv, 3.

dizer, averiguar na história conteúdos de artigos de fé como dados é recorrente e já começa a esclarecer qual é o seu expediente para discernir um sentido no devir histórico em si mesmo contraditório e narrar uma história universal.

Ora, o expediente agostiniano para empreender a sua história universal quase cosmopolita, seu expediente para discernir sentido histórico na facticidade é obviamente não uma ideia reguladora *a priori* como lei universal para subsumir dados particulares num juízo reflexionante, mas artigos de fé que cumprem um papel diferente, porém com considerável vizinhança com uma ideia *a priori*. Melhor dizendo, minha hipótese é que a estratégia de predicação de Agostinho para apresentar contradições reais como problemas tratáveis pelo discurso consiste no recurso à fé como instância de racionalidade anterior e independente da experiência para pensar e transcender a realidade fática.

Assim, o recurso à fé cumpre também papel de salvação do discurso sobre a historicidade e é condição para a inteligência de realidades transcendentes que só podem ser representadas indiretamente por meio da crença e que iluminam uma realidade histórica em si mesma contraditória. Afinal, a própria definição de fé da Epístola aos Hebreus, como a antecipação de realidades invisíveis, apresenta para Agostinho a possibilidade de estruturar a realidade fática por meio de conceitos ou realidades inteligíveis ausentes na experiência histórica. Em outras palavras, a estratégia agostiniana para apresentar contradições reais como problemas tratáveis pela filosofia é uma consideração da fé como assentimento (*assentio*) às representações indiretas (*phantasmata*), reveladas, como único recurso para tornar realidades transcendentes de algum modo presentes no espírito e possibilitar o juízo sobre a facticidade, por meio da mobilização de categorias ou conceitos de razão, como unidade, necessidade, finalidade, eternidade etc[900].

---

[900] Retomo em síntese aqui os parágrafos finais da seção *supra* "Sobre o sexo e a geração com ou sem libido (XIV, xxi-xxvi)", do Capítulo IV, e as "Considerações finais" de SILVA FILHO, L. M. "Ontologia, linguagem e história em Agostinho: contradição e sexualidade n'*A cidade de Deus*". *Dissertatio*, volume suplementar 10,

> Aqui, como em todo lugar, a fé precede a inteligência e a engendra; é necessário, portanto, partir da Escritura para descobrir o ponto de vista de Agostinho. O que o impressiona é que a revelação nos faz conhecer os acontecimentos como a criação e a queda, que nos permaneceriam desconhecidas e que, portanto, são a chave para a história universal; em seguida, ela nos ensina os fins de Deus e assim nos permite prever que a história futura terá um sentido como tem a do passado. Tudo o que se encontra no universo visto, do ponto de vista do espaço – ser, bondade, ordem, proporção, beleza, verdade – tudo isso se encontra na sucessão dos estados desse universo através dos diversos momentos da duração. O ponto de partida de Agostinho é, portanto, a revelação, que, conferindo à história a universalidade que nosso empirismo fragmentário não pode alcançar, ao desvelar a ela principalmente sua origem e seu fim, torna possível a teologia da história e confere ao universo uma inteligibilidade na ordem do tempo[901].

Portanto, uma condição para a narração de uma história universal (no caso, linear) é um juízo, nesse caso melhor entendido como assentimento a testemunhos (dos profetas, dos apóstolos, das Escrituras), a que Agostinho dá fé e que então concedem a ele a inteligência do sentido e finalidade das vicissitudes históricas, possibilitando a narração de uma história universal. Deixo para desenvolver melhor em outro lugar um cotejo entre essa intelecção judicativa agostiniana e o juízo reflexionante teleológico kantiano, mas por ora já indico que ao mencionar a crença como uma etapa racional, ainda que precária, porém preparatória e condição da inteligência, estamos também tratando de uma concepção de interioridade pressuposta por Agostinho em sua narração da história universal, a qual guarda como condição uma estrutura

---

2020, p. 243-270. Disponível em: https://periodicos.ufpel.edu.br/ojs2/index.php/dissertatio/article/view/20221 (Acesso em 23/02/2021).

901 GILSON, É. *Introdução ao estudo de santo Agostinho*, p. 349.

cognitiva que imprima no devir uma compreensão temporal, o que ocorre em função de uma concepção de alma racional capaz de dar forma temporal ao devir por meio de uma operação sintética entre a memória (que presentifica o passado), a atenção (que retém o presente) e a expectação ou expectativa (que presentifica o futuro), conforme a estrutura anímica apresentada em *Confissões*, XI, e pressuposta na segunda parte de *A cidade de Deus* (livros XI a XXII), no contexto de investigação sobre a eternidade, o tempo e a história.

Por fim, realizo algumas observações materiais que possam ir de encontro à tese de Löwith e ao encontro da crítica de Adorno, a respeito de ter havido na Modernidade secularização da teologia da história com mais continuidades do que descontitnuidades em filosofias da história. Em análises comparatistas, é sempre oportuno fazermos alguma menção à situação concreta dos dados, conceitos e problemas comparados para a avaliação de diacronias, sincronias, continuidades, regularidades, descontinuidades. Assim, trata-se de mencionar a situação em que se inserem as teorias da história de Agostinho e Kant, porque obviamente elas guardam lastro e raízes em um contexto histórico-cultural e de acontecimentos sociais, políticos e econômicos que esclarecem que a afinação entre elas não é imediata e exige apreciação de considerações mediações. Afinal,

> o idealismo político-jurídico e a filosofia da história kantianos procuram dar conta dessa situação [de conflito entre o mundo ainda feudal e as exigências burguesas iniciais, que forma o antagonismo central do absolutismo esclarecido]. A filosofia da história vai adquirir um estatuto completamente diverso daquele que tinha em Voltaire; ela "garante" de certa forma a realização da concepção liberal numa perspectiva reformista, afastando o perigo da revolução que poderia provir do confronto sem mediação da ideia com a efetividade histórica. Para isso, é necessário que se desenvolva toda uma concepção do que seja ideia, sentido da história, "garantia da ação política",

> questões estas que constituirão a filosofia da história numa nova acepção.[902]

Em suma, o cotejo entre as teorias da história agostiniana e kantiana é expediente profuso para questionarmos por que, a despeito de descontinuidades estruturais radicais, a ideia de história nas sociedades modernas burguesas mais avançadas aparece com frequência no mesmo álbum de família da superestrutura da história de sociedades antigas e medievais escravocratas, feudais e aristocráticas.

---

[902] TERRA, R. R. "Algumas questões sobre a filosofia da história em Kant". In: KANT, I. *Ideia de uma história universal de um ponto de vista cosmopolita*, p. 44. Colchetes meus.

# APÊNDICE VI: RECEPÇÃO E INDETERMINAÇÃO DAS *CATEGORIAS* POR AGOSTINHO

No contexto da recepção e profunda inflexão agostinianas da categoria aristotélica de relação (πρός τι/*relativum*/*ad aliquid*) para pensar principalmente a interioridade da Trindade, é oportuno considerar a indeterminação da versão ou versões latinas das *Categorias* Agostinho teria lido[903]. Nas *Confissões*, IV, xvi, 28, Agostinho relata ter lido e entendido sozinho uma versão latina das *Categorias* que ele chama de *Decem categoriae* (que provalmente não é a mesma versão das *Categorias* referenciadas em *A Trindade* como *Predicamenta*). O relato das *Confissões* relato nos diz que ele, sem necessidade de um mestre ou professor, por volta de seus vinte anos, teria compreendido a lógica e ontologia aristotélicas sozinho (que tudo indica que nessa versão ou manual continha também elementos da lógica estoica) e ao conversar com seus colegas nenhum deles conseguiu mostrar algo nas *Categorias*

---

[903] Sobre a indeterminação de qual versão ou versões latinas das *Categorias* Agostinho teria lido, cf. MONCEAUX, P. "L'Isagoge latine de Marius Victorinus", 1907, p. 205-208; BÖMER, F. *Der lateinische Neuplatonismus und Neupythagoreismus und Claudianus Mamertus in Sprache und Philosophie*, 1936; MINIO-PALUELLO, L. "The Text of the Categoriae: The Latin Tradition", 1945, p. 63-74; HADOT, P. *Marius Victorinus*: Recherches sur sa vie et ses oeuvres, 1971; FREDE, M. "Les Catégories d'Aristote et les Pères de l'Église grecs", 2005, p. 135-173; KENNY, A. "Les catégories chez les Pères de l'Église latins", 2005, p. 121-33; LÖSSL, Josef. "Augustine's Use of Aristotle's *Categories* in *De Trinitate* in Light of the History of the Latin Text of the *Categories* Before Boethius", 2012, p. 99-121; ROBIDOUX, D. "Aristotle's Categories in St. Augustine", s/d; GALONNIER, A. "Nature, orientation exégétique et postérité des Dix catégories du Pseudo Augustin", 2017.

que ele mesmo não havia compreendido por si mesmo. Já na Antiguidade Tardia, na Idade Média e até o século XIX (mais precisamente até a edição dos Mauristas), as *Categoriae decem* (versão latina das *Categorias* que chegou até nós e que até a versão de Moerbeke foi provavelmente a mais frequentada no ocidente) foram erroneamente identificadas às *Decem categoriae* referenciadas por Agostinho[904]. Porém, no século XIX, com a edição dos Mauristas, elas foram reconhecidas como uma obra agostiniana inautêntica, sendo a partir daí mencionadas como uma obra de Pseudo-Agostinho.

Diante disso, estamos diante de uma indeterminação duplicada. Afinal, não só permanece em aberto, por várias razões que resumirei a seguir, se as *Decem categoriae* citadas por Agostinho são as *Categoriae decem* de Pseudo-Agostinho, como também permanece indeterminada a autoria das *Categoriae decem*, mesmo após estudos paleográficos de pesquisadores da envergadura de Minio-Paluello. Aliás, no volume *Aristoteles Latinus I 1-5* editado por Minio-Paluello, em que estão editadas as traduções, perífrases e comentários latinos das *Categorias* de Boécio, Simplício, Moerbeke e de Pseudo-Agostinho, as *Categoriae decem* são denominadas de *Paraphrasis Themistiana*. De fato, Minio-Paluello supunha que as *Categoriae decem* eram uma tradução do grego para o latim de uma obra de Temístio ou de algum discípulo seu, consistindo numa paráfrase das *Categorias*, de Aristóteles[905].

Porém, sabemos atualmente que a hipótese de Minio-Paluello é insustentável, porém ela acerta ao refutar a atribuição das *Categoriae decem* a Agostinho e a Mário Vitorino, conforme Hadot[906] também atesta. No entanto, Minio-Paluello erra ao considerar as *Categoriae decem* uma paráfrase e ao atribuí-la ao círculo temistiano. Com efeito, "as *Categoriae decem* são muito menos uma paráfrase de Aristóteles e mais um sumário, com seções

---

904 Cf. MARENBON, J. "John Scottus and the *Categoriae Decem*", p. 116-134

905 Cf. MINIO-PALUELLO, 1945, p. 68; 1961, p. lxxvii.

906 HADOT, P. *Marius Victorinus*, p. 187.

inseridas de comentário e expansão"[907] e, ademais, o conteúdo explicitamente estoico e neoplatônico[908] das *Categoriae decem* dificilmente reflete a sofística temistiana. Para resumir, os dois comentários e recensões mais recentes sobre o estado da arte das investigações sobre (in)autenticidade das *Categoriae decem*, a saber, os trabalhos de Josef Lössl (2012) e o de Alain Galonnier (2017), concordam ambos que:

(i) as *Categoriae decem* em hipótese alguma é de autoria de Agostinho, o que não é novidade desde o século XIX;
(ii) é grande a probabilidade de as *Decem categoriae* citadas por Agostinho terem sido as *Categoriae decem* de Pseudo--Agostinho;
(iii) as *Categoriae decem* contaminam a doutrina aristotélica das categorias com elementos da lógica estoica, direcionando, por exemplo, *Cat.* II-III (em que há os chamados quadro da inerência e predicação e a lógica da transitividade) mais para uma teoria da significação do que da predicação (por exemplo, a partir da tradução de λέγεται [é dito, é predicado] por *significatur* [é significado]). Ademais, a concepção de corpo das *Decem categoriae* a que Agostinho se refere também parece guardar traços estoicos;
(iv) as *Categoriae decem* contaminam a doutrina aristotélica das categorias também com elementos neoplatônicos (não só plotinianos, mas principalmente com elementos da crítica de Porfírio à recepção plotiniana das categorias, a partir de paralelos notáveis entre passagens de *Categoriae decem* e passagens da *Isagoge* e do *Comentário às Categorias por questões e respostas*.

---

907 MARENBON, J. "John Scottus and the *Categoriae Decem*", p. 119.
908 Cf. LÖSSL, J. "Augustine's Use of Aristotle's *Categories* in *De Trinitate* in Light of the History of the Latin Text of the *Categories* Before Boethius", p. 109-120; GALONNIER, A. "Nature, orientation exégétique et postérité des Dix catégories du Pseudo Augustin", p. 39-43.

Especialmente o trabalho de Lössl oferece-nos ainda um apêndice com um instrutivo quadro comparativo sobre as ocorrências dos nomes das dez categorias em Aristóteles (*Cat.* 1b27-8), Quintiliano (*Inst.* 3.6.23-4), Pseudo-Agostinho (*Cat. dec.* 51 e ao longo de 71-147), Calcídio (*Comm.* 336), Martianus Capella (*Nupt.* 340), Boécio (1b27f.), Agostinho (*Conf.* 4, xvi, 28; *Trin.* V, i, 2; V, vii, 8) e, por fim, em Mamertus Claudianus (*Anim.* 1.19). Destacarei a seguir somente o quadro comparativo de traduções latinas para as categorias οὐσία *e* πρός τι, por serem as categorias mais importantes para Agostinho pensar as interioridades da Trindade e da alma racional, assim como as relações intra e extratrinitárias:

| Arist. *cat.* 1b27-8 | Quint. *inst.* 3.6.23-4 | Ps-Aug. *cat. dec.* 51 | Ps-Aug. *cat. dec.* 71-147 | Aug. *conf.* 4, xvi, 28 | Aug. *Trin.* V, i, 2 (V, vii, 8 etc.) |
|---|---|---|---|---|---|
| οὐσία | *ousia, essentia* | *Usia* | *substantia* | *substantia* | *substantia* e *essentia* |
| πρός τι | *ad aliquid* | *ad aliquid* | *ad aliquid* | *cognatio* | *ad aliquid* (na maioria das passagens); *sine indigentia creatur; secundum relativum.* |

# REFERÊNCIAS

## BIBLIOGRAFIA PRINCIPAL - FONTES

AUGUSTINUS. *Confessiones*. Corpus Christianorum Series Latina XXVII. Turnhout: Brepols, 1990.

____. *Confessionum libri tredecim*. Patrologia Latina Tomus 32. Turnhout: Brepols, 1992.

____. *De Beata Vita liber unus*. Patrologia Latina Tomus 32. Turnhout: Brepols, 1992.

____. *De civitate dei contra paganos libri viginti duo*. Patrologia Latina Tomus 41. Turnhout: Brepols, 1983.

____. *Enarrationes in Psalmos*. Patrologia Latina Tomus 36. Turnhout: Brepols, 1991.

____. *De civitate dei* (Libri I-X). Corpus Christianorum Series Latina XLVII. Turnhout: Brepols, 1955.

____. *De civitate dei* (Libri XI-XXII). Corpus Christianorum Series Latina XLVIII. Turnhout: Brepols, 1955.

____. *De excidio urbis Romae tractatus unus*. Patrologia Latina Tomus 40. Turnhout: Brepols, 1982.

____. *De Genesi ad Litteram libri duodecim*. Patrologia Latina Tomus 34. Turnhout: Brepols, 1985.

____. *De libero arbitrio libri tres*. Patrologia Latina Tomus 32. Turnhout: Brepols, 1992.

____. *De natura boni contra Manichaeos liber unus*. Patrologia Latina Tomus 42. Turnhout: Brepols, 1992.

____. *De Ordine libri duo*. Patrologia Latina Tomus 32. Turnhout: Brepols, 1992.

____. *De Trinitate libri quindecim*. Patrologia Latina Tomus 42. Turnhout: Brepols, 1992.

____. *De Vera religione liber unus*. Patrologia Latina Tomus 34. Turnhout: Brepols, 1985.

____. *Enarrationes in Psalmos.*Patrologia Latina Tomus 36. Turnhout: Brepols, 1991.

____. *Epistolae.* Patrologia Latina Tomus 33. Turnhout: Brepols, 1982.

____. *Retractationum libri duo.* Patrologia Latina Tomus 32. Turnhout: Brepols, 1992.

____. *Sermones.* Patrologia Latina Tomus 38. Turnhout: Brepols, 1987.

____. *Soliloquiorum libri duo.* Patrologia Latina Tomus 32. Turnhout: Brepols, 1992.

____. *Vita Sancti Augustini episcopi auctore Possidio.* Patrologia Latina Tomus 32. Turnhout: Brepols, 1992.

____. *A cidade de Deus. (contra os pagãos).* 2 volumes. Trad. Leme, O. P. Petrópolis, RJ: Vozes, 2002.

____. *A cidade de Deus.* Volume I (livro I a VIII). Trad. Pereira, J. D. Lisboa: Fundação Calouste Gulbenkian, 2000.

____. *A cidade de Deus.* Volume II (livro IX a XV). Trad. Pereira, J. D. Lisboa: Fundação Calouste Gulbenkian, 1993.

____. *A cidade de Deus.* Volume III (livro XVI a XXII). Trad. Pereira, J. D. Lisboa: Fundação Calouste Gulbenkian, 2000.

____. *A doutrina cristã.* Trad. Oliveira, N. A. Col. Patrística, 17. São Paulo: Paulus, 2002.

____. "As ideias (De ideis)". Tradução de Moacyr Novaes. *Discurso.* Revista do Departamento de Filosofia da USP, 40, 2008, p. 377-38. Disponível em: https://www.revistas.usp.br/discurso/article/view/68259 (Acesso em 15/02/2022).

____. *A vida feliz.* Trad. Oliveira, N. A. Col. Patrística, 11. São Paulo: Paulus, 1998.

____. *A Trindade.* Trad. Belmonte, A. Col. Patrística, 7. São Paulo: Paulus, 1995.

____. *A verdadeira religião.* Trad. Oliveira, N. A. São Paulo, Paulinas, 1987.

____. *Confissões.* Trad. Lorenzo Mammì. São Paulo: Penguim Companhia das Letras, 2017.

____. *Confissões.* Trad. Amarante, M. L. J. São Paulo, Paulus, 2002.

____. *Confessions.* Trad. P. Labriolle. Paris, Les Belles Lettres, 1990.

____. *De Magistro.* Col. Os Pensadores. São Paulo: Abril Cultural, 1972.

____. *Diálogo sobre a ordem.* Tradução, introdução e notas de Paula Oliveira e Silva. Lisboa, Imprensa Nacional/Casa da Moeda, 2000.

____. *Diálogo sobre a felicidade.* (Edição bilingue). Trad. M. S. Carvalho. Lisboa: Edições 70, 1988.

____. *La cité de Dieu* (Livres I – V). Trad. Combés, G. (edição bilíngue). Paris: Desclée de Brouwer, 1959.

____. *La cité de Dieu* (Livres VI - X). Trad. Combés, G. (edição bilíngue). Paris: Institut D'Études Augustiniennes, 1996.

____. *La cité de Dieu* (Livres XI - XIV). Trad. Combés, G. (edição bilíngue). Paris: Institut D'Études Augustiniennes, 1992.

____. *La cité de Dieu* (Livres XV - XVIII). Trad. Combés, G. (edição bilíngue). Paris: Institut D'Études Augustiniennes, 1996.

____. *La cité de Dieu* (Livres XIX - XXII). Trad. Combés, G. (edição bilíngue). Paris: Desclée de Brouwer, 1960.

____. *La vie heureuse*. Bibliothèque Augustinienne. Oeuvres de saint Augustin 4/1. Paris: Desclée de Brower, 1986.

____. *O livre-arbítrio*. Trad. Oliveira, N. A. Col. Patrística, São Paulo, Paulus, 1994a.

____. *Political writings*. Trad. Tkacz, M. W.; Kries, D. Org. Fortin, E. L.; Gunn, R.; Kries, D. Indianapolis: Hackett, 1994b.

____. *Sermons Dolbeau*: 1-10. Oeuvres de saint Augustin, 77A. Paris : Institut d'études augustiniennes, 2020.

____. *Sermons III/11*: Newly Discovered Sermons. Translation and notes Edmund Hill. New York: New York City Press.

ARISTÓTELES. *Categorias*. Introdução e Tradução de José Veríssimo. Edição bilíngue. São Paulo: Editora Unesp, 2019.

____. *Categorias*. Tradução, introdução e comentário de Ricardo Santos. Porto: Porto Editora, 1995.

____. *Categoriae et Liber de interpretatione*. L. Minio-Palluelo. Oxford: Oxford University Press, 1974.

____. *Categories and De Interpretatione*. Translated with Notes by J. L. Ackrill. Oxford: Clarendon Press, 1963.

____. *Catégories*. Texte établi et traduit par R. Bodéüs. Paris: Les Belles Lettres, 2001.

CÉSAR, C. J. *A guerra civil* (*Bellum Civile*). Edição bilíngue. Introdução, tradução e notas Antonio da Silveira Mendonça. São Paulo: Estação Liberdade, 1999.

CICERO. *De natura deorum*. Stuttgart: Bibliotheca scriptorum Graecorum et Romanorum Teubneriana, 1961.

____. *De Officiis*. Leipzig: Bibliotheca scriptorum Graecorum et Romanorum Teubneriana, 1963.

____. *De re publica*. Leipzig: Bibliotheca scriptorum Graecorum et Romanorum Teubneriana, 1964.

____. *De re publica*: edited by *James E. G. Zetzel*. Cambridge: Cambridge University, 1995.

____. *De legibus*. Trad. Keyes, C. W. Edição bilíngue. Cambridge, Massachusetts, London: Harvard University Press, 1988.

____. *Da república*. Trad. Cisneiros, A. Col. Os Pensadores. São Paulo: Abril Cultural, 1973.

____. *Dos Deveres*. Trad. Chiapeta, A. São Paulo: Martins Fontes, 1999.

____. *Tusculanes*. Tome II (III-V). Trad. Humbert, J. Paris: Les belles Lettres, 1931.

KANT, I. *Ideia de uma história universal de um ponto de vista cosmopolita*. Trad. Rodrigo Naves; Ricardo R. Terra. São Paulo: Editora WMF Martins Fontes, 2011.

LÍVIO, Tito. *História de Roma* (Ab urbe condita libri). 2 volumes. Trad. Paulo Matos Peixoto. São Paulo: Paumape, 1989.

OROSE. *Histoires* (contre les païens). Livres I-III. Paris: Les Belles Lettres, 1990.

PLATÃO. *República*. Tradução Anna Lia Amaral de Almeida Prado; revisão técnica e introdução Roberto Bolzani Filho. São Paulo: Martins Fontes, 2006.

____. *A República*. Tradução M. H. R. Pereira. Lisboa: Fundação Calouste Gulbenkian, 1990.

____. *The Republic*. Editor G. R. F. Ferrari; Translator T. Griffith. Cambridge: Cambridge University Press, 2000.

____. *Sofista*. (Coleção Os Pensadores). Tradução J. Paleikat e J. C. Costa. São Paulo: Abril Cultural, 1973.

____. *Le Sophiste*. Oeuvres completes, Tome VIII, 3e partie. Texte établi et traduit par Auguste Diès. Huitième tirage. Paris: Les Belles Lettres, 2003.

____. *Theaetetus-Sophist*. Trad. Fowler, H. N. The Loeb Classical Library. Vol. VII. Cambridge; Massachusetts; London: Harvard University Press, 2006.

POLÍBIOS. *História*. Brasília: Editora Universidade de Brasília, 1996.

POSSÍDIO. *Vida de Santo Agostinho*. Trad. Monjas Beneditinas, São Paulo: Paulus, 1997.

SÊNECA. *Tratado sobre a clemância*. Introdução, tradução e notas de Ingeborg Braren. Petrópolis, RJ: Vozes, 1990.

SALÚSTIO. *A Conjuração de Catilina*. Introdução e tradução de Antonio da Silveira Mendonça. Petrópolis, RJ: Vozes, 1990.

____. *A Guerra de Jugurta*. Introdução e tradução de Antonio da Silveira Mendonça. Petrópolis, RJ: Vozes, 1990.

SUETÔNIO; PLUTARCO. *Vidas de César*. Edição bilíngue. Introdução, tradução e notas de Antonio da Silveira Mendonça, Ísis Borges Belchior da Fonseca. São Paulo: Estação Liberdade, 2007.

TOMÁS DE AQUINO. *Corpus Thomisticum Opera Omnia S. Thomae de Aquino*. Recognovit ac instruxit Enrique Alarcón automato electronico. Pamplona: Universidade de Navarra, 2000. Disponível em www.corpusthomisticum.org/iopera.html (Acesso em 13/02/2022).

____. *Suma Teológica* Vol. I e II. Coordenação de Carlos-Josaphat Pinto de Oliveira. Edição bilíngue latim-português. São Paulo: Edições Loyola, 2001.

____. *Suma de Teologia*, Primeira Parte, Questão 15: Sobre as Ideias. Tradução de Carlos Eduardo de Oliveira. Discurso. Revista do Departamento de Filosofia da USP, 40, 2008, p. 309-328.

____. *Suma de Teologia*, Primeira Parte, Questão 15: Sobre as Ideias. Tradução de Carlos Eduardo de Oliveira. *Discurso*. Revista do Departamento de Filosofia da USP, 40, 2008, p. 309-328. Disponível em: https://doi.org/10.11606/issn.2318-8863.discurso.2010.68302 (Acesso em 23/02/2022).

VIRGÍLIO. *Eneida brasileira*: tradução poética da epopeia de Públio Virgílio Maro. Organização Paulo Sérgio de Vasconcellos et al.; tradução Manuel Odorico Mendes. Campinas: Editora da Unicamp, 2008.

____. *Eneida*. Tradução de Carlos Alberto Nunes; organização, apresentação e notas de João Angelo Oliva Neto. São Paulo: Editora 34, 2016.

VICTORINUS, Marius. *Traités théologiques sur la Trinité*. Vol. I. Traduction Pierre Hadot. Paris: Du Cerf, 1960.

## BIBLIOGRAFIA SECUNDÁRIA - COMENTADORES

ADAMS, J. D. "Augustine's Definitions of *Populus* and the Value of Civil Society". In*:* DONNELLY, D. F. *The City of God* - A Collection of Critical Essays. New York: PETER LANG, 1995, p. 171-182.

ADORNO, T. W. "Fortschritt". In: *Stichworte*, Gesammelte Schriften, vol. 10. 2. Frankfurt, Suhrkamp, 1997.

____. "Progresso". Trad. Cohn, G. *Lua Nova* 27 (1992) p. 217- 236.

AGAMBEN, G. *O Reino e o Jardim*. Tradução Vinícius Nicastro Honesko; Revisão Técnica Luiz Marcos da Silva Filho. São Paulo: n-1 edições, 2022.

AGUIAR, M. "Sobre a Definição de *Res Publica* em Cícero (Rep. 1.39)". *Journal of Ancient Philosophy*, 12 (2), 2018, p. 133-178. Disponível em: https://doi.org/10.11606/issn.1981-9471.v12i2p133-178 (Acesso em 25/02/2022).

ALFÖLDY, G. "A Crise da República e a Sociedade Romana". In:____. *A História Social de Roma*. Lisboa: Editorial Presença, 1989.

ALVES, A. A. "*Diliges proximum tuum sicut te ipsum*: a natureza e o amor como fundamentos da sociedade humana na pregação de Giordano de Pisa (séc. XIV)". *Revista de História*, [S. l.], n. 179, p. 1-29, 2020. DOI: 10.11606/issn.2316-9141.rh.2020.163855. Disponível em: https://www.revistas.usp.br/revhistoria/article/view/163855. Acesso em: 3 mar. 2022.

ANDRADE, Oswald de. (S/d). *Dicionário de bolso*. São Paulo: Editora Globo.

ARCHAMBAULT, P. "The Ages of Man and the Ages of the World, A Study of two Traditions", *Revue des Études Augustiniennes* 12 (1966) p. 193-228.

ARANTES, Paulo E. *Um departamento francês de ultramar*: Estudos sobre a formação da cultura filosófica uspiana (Uma experiência nos anos 60). Rio de Janeiro: Paz e Terra, 1994.

ARENDT, H. *A Condição humana*. Trad. Raposo, R. São Paulo: EDUSP, 2007.

____. *A vida do espírito: o pensar, o querer, o julgar*. Trad. Abranches, A.; Almeida, C. A. R.. Rio de Janeiro: Relume Dumará, 2000.

____. *Entre o passado e o futuro*. Trad. Barbosa, M. W. São Paulo: Perspectiva, 2003.

____. *O conceito de amor em Santo Agostinho*. Trad. Dinis, A. P. Lisboa: Instituto Piaget, 1997.

ARNALDI, F. *Cicerone*. Bari: Gius. Laterza & Figli, 1948.

ARQUILLIÈRE, H.-X. *L'augustinisme politique*. Paris: Librairie Philosophique J. Vrin, 2006 (publicado originalmente em 1933).

ATKINS, E. M.; DODARO, R. J. (Org.) *Augustine Political Writings*. Cambridge: Cambridge University Press, 2001.

AUBENQUE, P. (Dir.) *Études sur le* Sophiste *de Platon*. Napoli: Bibliopolis, 1991.

AUBIN, P. *Plotin et le christianisme*: triade plotinienne et trinité chrétienne. Paris: Beauchesne, 1992.

AUERBACH, E. *Ensaios de literatura ocidental: filologia e crítica*. Trad. Arrigucci Jr., D.; Titan Jr., S.. São Paulo: Duas Cidades; Ed. 34, 2007.

AYOUB, C. N. A. *Iluminação trinitária em Santo Agostinho*. São Paulo: Paulus, 2011.

____. "Agostinho contra Tito Lívio: pudor, estupro e suicídio feminino". *Dissertatio*, volume suplementar 10, 2020, p. 251-370. Disponível em: https://periodicos.ufpel.edu.br/ojs2/index.php/dissertatio/article/view/20227 (Acesso em 28/02/2021).

____. "Agostinho e as categorias de Aristóteles (Sobre a Trindade, V e VI)". In: SILVA, M. A. O. da (Org.). *Linguagem e verdade na filosofia medieval*. Salvador: Quarteto Editora, 2013, p. 53-70.

____. "O meneio agostiniano das categorias aristotélicas nas *Confissões*". *Revista de Ética e Filosofia Política*, n. XXI, V. II, 2018, p. 129-142. DOI: https://doi.org/10.34019/2448-2137.2018.17862

BAGUETTE, Ch. "*Une période stoïcienne dans l'evolution de la pensée de saint Augustin*". *Revue des Etudes Augustiniennes*, 1970, Vol. XVI , N° 1-2, p. 47-77.

BARROS, A. R. G. "O estoicismo moral de Cícero: virtudes e deveres para homens comuns". *Phrónesis*, Vol. 8, N. 2 Julho, 2006.

BARWICK, K. "Elementos estoicos em san Agustín. Huellas varronianas en el *De dialectica* de Agustín", *Augustinus*, 18 (1973), p. 101-129.

BERMON, E. *Le Cogito dans la pensée de saint Augustin.* Paris: Vrin, 2001.

BERNARDO, I. P. *O* De Re Publica, *de Cícero: natureza, política e história.* Dissertação de Mestrado em Filosofia, São Paulo, USP, 2012. Disponível em http://www.teses.usp.br/teses/disponiveis/8/8133/tde-25042013-120804/pt-br.php (Acesso em 26/02/2022).

BIGNOTTO, N. *Pensar a República.* Belo Horizonte: Editora UFMG, 2002.

BOEHNER, P.; GILSON, E. *História da Filosofia Cristã.* Trad. Vier, R.. Petrópolis, RJ: Vozes, 2009.

BONELLI, M. *Timée le Sophiste*: Lexique platonicien. Leiden/Boston: Brill, 2007.

BÖMER, F. *Der lateinische Neuplatonismus und Neupythagoreismus und Claudianus Mamertus in Sprache und Philosophie.* Klassisch-philologische Studien 7. Leipzig: O. Harrasowitz, 1936;

BONNARDIÈRE, A-M. "La 'Cité terrestre' d'après H.-I. Marrou". In *Saint Augustin et la Bible.* Paris: Éditions Beauchesne, 1986.

BRACHTENDORF, J. "Cicero and Augustine on the Passions". *Revue des Études* Augustiniennes, 43 (1997), p. 289-308.

____. *Confissões de Santo Agostinho.* São Paulo: Loyola, 2008.

BRANDÃO, J. L.; OLIVEIRA, F. de. *História de Roma Antiga*: das origens à morte de César (volume I). Coimbra: Imprensa da Universidade de Coimbra, 2015.

BREZZI, P. "Una *civitas terrena spiritualis* come ideale storico-politico di Sant' Agostino", *Augustinus Magister*, II, Paris, 1954, p. 915-922.

BROWN, P. *Power and Persuasion in Late Antiquity* - Towards a Christian Empire. Madison: University of Wisconsin Press, 1992.

____. *Corpo e Sociedade:* o homem, a mulher e a renúncia sexual no início do cristianismo. Rio de Janeiro: Jorge Zahar Editor, 1990.

____. *The Body and Society*: Men, Women and Sexual Renunciation in Early Christianity. New York: Columbia University Press, 1988.

____. *Santo Agostinho, uma biografia.* Rio de Janeiro: Record, 2006 (publicado originalmente em 1967).

CARDOSO, S. "Que República? Notas sobre a tradição do 'governo misto'". In: BIGNOTTO, N. *Pensar a República.* Belo Horizonte: Editora UFMG, 2002.

CATAPANO, G. "L'idea agostiniana di 'civitas'. Un approccio lessicale". In: ALICI, L. (ed.). *I conflitti religiosi nella scena pubblica*: II. Pace nella "Civitas". Roma: Città Nuova/Nuova Biblioteca Agostiniana, 2018, p. 169-234.

____. "Hannah Arendt e Hans Jonas interpreti del concetto agosti-niano di volontà". *Etica & Politica / Ethics & Politics*, X, 2008, 1, p. 12-27. Disponível em: https://www.academia.edu/49641365/Hannah_Arendt_e_Hans_Jonas_interpreti_del_concetto_agostiniano_di_volont%C3%A0 (Acesso em 27/02/2022).

____. "All'origine dell'imperscrutabilità del principio: Plotino e Agostino". *Endoxa* – Prospettive sul presente, n. 23, p. 45-51, jan. 2020. Disponível em: https://endoxai.net/2020/01/24/allorigine-dellimperscrutabilita-del-principio-plotino-e-agostino Acessado em: 27/02/2022.

CHAX-RUY, J. *Saint Augustin – Temps et Histoire*. Paris: Études Augustiniennes, 1956.

CHAVES, E. P. "Do 'sujeito de desejo' ao 'sujeito do desejo': Foucault leitor de Santo Agostinho". *Revista de Filosofia Aurora*, Curitiba, v. 31, n. 52, 2019, p. 257-277. Disponível em: https://doi.org/10.7213/1980.5934.31.052.DS12 (Acesso em 26/02/2022).

COLLINGWOOD, R. G. *A Idéia de História*. Lisboa, Editorial Presença, 2001.

COMBÈS, G. *La doctrine politique de S. Augustin*. Paris: Librairie Plon, 1927.

CORDERO, N. L. *Platon contra Platon*: la autocritica del *Parmenides* y la ontologia

del *Sofista*. Buenos Aires: Biblos, 2016.

COSTA, M. R. N. *Introdução ao pensamento ético-político de santo Agostinho*. São Paulo: Loyola, 2009.

____. *10 lições sobre Santo Agostinho*. Petrópolis, RJ: Vozes, 2012.

CÔTÉ, A. "L'infinité divine dans l'Antiquité et au Moyen Âge", *Dialogue*, XXXIV (1995), p. 119-137.

COULANGES, F. *A cidade estado antiga*. São Paulo: Hemus, 1975.

CRISTOFOLETTI, F. K. *História e profecia como fundamento filosófico-religioso na pregação de Agostinho, presbítero de Hipona*. São Paulo: Universidade de São Paulo, 2015. Tese de doutorado apresentada ao Programa de Pós-Graduação em Filosofia da Faculdade de Filosofia, Letras e Ciências Humanas. 237 f. Disponível em: https://www.teses.usp.br/teses/disponiveis/8/8133/tde-17092015-122425/pt-br.php (Acesso em 28/02/2022).

CRISTOFOLETTI, F. K.; CATAPANO, Giovanni. "Na origem da imperscrutabilidade do princípio: Plotino e Agostinho". *Trilhas Filosóficas*, v. 13, n. 1, p. 237-241, 7 set. 2020. DOI: https://doi.org/10.25244/tf.v13i1.1730

CRIVELLI, P. *Plato's account of Falsehood*: A Study of the Sophist. Cambridge: Cambridge University Press, 2012.

CSEKE, Á. "Foucault lecteur de saint Augustin". *materiali foucaultiani*, a. VII, n. 13-14, gen-dic, 2018, p. 253-272. Disponível em: http://www.materialifoucaultiani.org/images/12cseke.pdf (Acesso em 26/02/2022).

CULLMAN, O. *Christ et le temps – Temps et Histoire dans le christianisme primitif.* Neuchâtel: Delachaux & Niestlé, 1966.

DE PLINVAL, G. "Antecipations de la Pensée Augustinienne dans l'Oeuvre de Platon", *Augustinianum*, v. 1 (1961) p. 310-326.

DEANE, H. A. *The Political and Social Ideas of St. Augustine.* New York: Columbia University Press, 1963.

DIÈS, A. *La définition de l'Être et la nature des Idées dans le* Sophiste *de Platon.* Paris: Vrin, 1932.

DODARO, R. ____. *Christ and the Just society in the thought of Augustine.* New York: Cambridge University Press, 2004.

____. *Cristo e a sociedade justa no pensamento de Agostinho.* Trad. Bárbara Theoto Lambert. Curitiba: Scripta Publicações, 2014.

____. "Augustine of Hippo Between the Secular City and the City of God". In: FUX, P-Y; ROESSLI, J-M; WERMELINGER, O. *Augustinus Afer* (Saint Augustin: africanité et universalité. Actes du colloque international Alger-Annaba, 1-7 avril 2001). Fribourg: Éditions Universitaires Fribourg Suisse, 2003.

DOODY, J.; HUGHES, K. L.; PAFFENROTH, K. *Augustine and Politics.* Oxford: Lexington Books, 2005.

DU ROY, O. *L'intelligence de la foi em la Trinité selon saint Augustin*: genèse de sa théologie trinitaire jusqu'en 391. Paris: Études Augustiniennes, 1966.

____. "L'intelligence de la foi en la Trinité selon saint Augustin. Genèse de sa théologie trinitaire jusqu'en 391". *Revue des Études Augustiniennes*, 1967, Vol. XIII, N° 1-2, p. 119-124.

DYSON, R. W. *St Augustine of Hippo*: The Christian Transformation of Political Philosophy. London: Continuum, 2005.

____. *The Pilgrim City*: Social and Political Ideas in the Writings of St Augustine oh Hippo. Woodbridge: The Boydell Press, 2001.

ERISMANN, Christophe. "La divisibilité de l'espèce selon Augustin, *De Trinitate* VII". In: BERMON, E.; O'DALY, G. (edits.) *Le De Trinitate de Saint Augustin*: exégèse, logique et noétique. Actes du colloque international de Bordeaux, 16-19 juin 2010. Paris: Institut d'Études Augustiniennes, 2012, p. 145-160.

ESTÊVÃO, J. C. "Da Antiguidade Tardia à Idade Média". In: MACEDO Jr., R. P. *Curso de filosofia política: do nascimento da filosofia a Kant.* São Paulo: Atlas, 2008.

FESTUGIÈRE, A. J. *Contemplation et vie contemplative selon Platon.* Paris: Librairie Philosophique J. Vrin, 1950.

FIGGIS, J. N. *The Political Aspects of St Augustine's 'City of God'*. Marston Gate: Forgottenbooks, 2007. (1ª edição: London, New York: Longmans Green, 1921). Disponível em: www. forgottenbooks.org.

FITZGERALD, A. D. (Org.). *Agostino dizionario enciclopédico*. Roma: Città Nuova, 2007.

____. *Agostinho através dos tempos*: uma enciclopédia. Edição brasileira sob coordenação de Heres Drian de O. Freitas. São Paulo: Paulus, 2018.

FLECK, A. de O. "Mal-estar na filosofia nacional. Leitura estrutural: impasse e críticas". *Educação e Filosofia*, 33 (67), 2019, p. 349–370. https://doi.org/10.14393/REVEDFIL.v33n67a2019-47388

FLORI, J. *Guerra santa*: Formação da ideia de cruzada no Ocidente cristão. Tradução: Ivone Benedetti; revisão técnica: Néri de Barros Almeida. Campinas, SP: Editora da Unicamp, 2013.

FOUCAULT, M. *Histoire de la sexualité 4*: Les aveux de la chair. Paris: Éditions Gallimard, 2018.

____. *História da sexualidade 4*: as confissões da carne. Tradução Rodrigues, H. de B. C.; Portocarrero, V. São Paulo: Paz e Terra, 2020.

FREDE, M. "Les Catégories d'Aristote et les Pères de l'Église grecs" In: BRUNN, O.; CORTI, L. *Les catégories et leur histoire*. Paris: Vrin, 2005, p. 135-173.

FREDOUILLE, J-C. "Les sermons sur la chute de Rome". *Augustin Prédicateur* (395-411). Paris: Institut d'Études Augustiniennes, 1998, p. 439-448.

FUX, P-Y; ROESSLI, J-M; WERMELINGER, O. *Augustinus Afer* (Saint Augustin: africanité et universalité. Actes du colloque international Alger-Annaba, 1-7 avril 2001). Fribourg: Éditions Universitaires Fribourg Suisse, 2003.

FUJISAKA, D. *Verdade e falsidade como conhecimento da alma e de Deus nos* Solilóquios *de Agostinho*. 156 f. Tese de Doutorado. FFLCH. Departamento de Filosofia, USP, São Paulo, 2019. Disponível em: https://www.teses.usp.br/teses/disponiveis/8/8133/tde-02122019-154504/pt-br.php (Acesso em 13/08/2021).

GALONNIER, A. "Nature, orientation exégétique et postérité des Dix catégories du Pseudo Augustin", 2017. Disponível em: https://hal.archives-ouvertes.fr/hal-01502589 (Acesso em 28/02/2022).

GIANNOTTI, J. A. "Dentre os guardados". *Discurso* 35, 2005, p. 109-116.

GILSON, É. *A Filosofia na Idade Média*. Trad. Brandão, E. São Paulo: Martins Fontes, 1995.

____. *Introdução ao estudo de santo Agostinho*. Trad. Ayoub, C. N. A. São Paulo: Discurso Editorial; Paulus, 2006 (2ª edição revista e aumentada original de 1941).

____. "L'infinité divine chez saint Augustin", *Augustinus Magister* I: 569-574, Paris, 1954.

____. *Les Métamorphoses de la Cité de Dieu.* Paris: Librairie Philosophique J. Vrin, 1952.

____. *Evolução da Cidade de Deus.* São Paulo: Herder, 1965.

____. "Notes sur l'être et le temps chez saint Augustin", *Recherches Augustinienne II,* p. 205-223. Etudes Augustiniennes, Paris, 1962.

____. *O espírito da filosofia medieval.* Trad. Brandão, E. São Paulo: Martins Fontes, 2006.

____. *Philosophie et Incarnation selon saint Augustin.* France: Editions Ad Solem, 1999.

____. *Por que São Tomás criticou Santo Agostinho / Avicena e o ponto de partida de Duns Escoto.* Trad. Leme, T. J. R. São Paulo: Paulus, 2010.

____. *Le thomisme*: introduction a la philosophie de saint Thomas d'Aquin. Paris: Vrin, 1944.

GOLDSCHMIDT, V. "Exégèse et axiomatique chez saint Augustin". In *Écrits – tome 1, Études de Philosophie Ancienne.* Paris: Librairie Philosophique J. Vrin, 1984.

____. *Os diálogos de Platão:* Estrutura e método dialético. Trad. Macedo, D. D. São Paulo: Edições Loyola, 2002.

____. "Tempo Histórico e Tempo Lógico na Interpretação dos Sistemas Filosóficos". In: *A religião de Platão.* Trad. Porchat, O.; Porchat, I. São Paulo: DIFEL, 1963.

GRABMANN, M. "A *quaestio De Ideis* de Santo Agostinho: seu significado e sua repercussão medieval". *Cadernos de Trabalho Cepame,* II (1), São Paulo, 1993.

GRAMMATICO, G. "El príncipe como espejo del dios en *La República* de Cicerón". In: ARBEA, A; GRAMMATICO, G; CAJAS, H. H. *Cicerón, un alma ardiente.* Santiago: Editorial Universitaria, 1994.

GREGORY, E. *Politics and the order of love:* an Augustinian ethic of democratic citizenship. Chicago/London: The University of Chicago Press, 2008.

GRIMAL, P. *Cicéron.* France: Librairie Arthème Fayard, 1986.

GUÉROULT, M. *Dianoématique.* Livre II: *Philosophie de l´histoire de la philosophie.* Paris: Aubier Montaigne, 1979.

____. "Lógica, arquitetônica e estruturas constitutivas dos sistemas filosóficos". Trad. Almeida, P. J. *Trans/Form/Ação,* Marília, 30 (1), 2007, p. 235-246.

GUITTON, J. *Le temps et l'éternité chez Plotin et Saint Augustin.* Paris: Boivin, 1933.

GÜNTHER, H. *Le temps de l'histoire* – Expérience du monde et catégories temporelles en philosophie de l'histoire de saint Augustin à Petrarque, de Dante à Rousseau. Paris, Éditions de la Maison des Sciences de l'Homme, 1996.

GUY, J-C. *Unité et structure logique de la "Cité de Dieu" de saint Augustin*. Paris: Études Augustiniennes, 1961.

HADOT, P. *Porphyre et Victorinus*. Paris: Études Augustiniennes, 1968.

____. *Marius Victorinus*: Recherches sur sa vie et ses oeuvres (Études augustiniennes, série Antiquité 44). Paris: Institut d'études augustiniennes, 1971.

____. "La notion d'infini chez saint Augustin", *Philosophie* (26), p. 59-72. Paris, 1990.

____. "La Présentation du Platonisme par Augustin". In: RITTER, A. (org.), *Kerygma und Logos. Beiträge zu den geistesgeschichtlichen Beziehungen zwischen Antike und Christentum*, Festschrift für Carl Andresen zum 70. Geburtstag, Göttingen Vandenhoeck & Ruprecht, 1979, p. 272-279.

____. *O que é a Filosofia Antiga?* Trad. Macedo, D. D. Rio de Janeiro: Loyola,1999.

HARDING, B. *Augustine and Roman Virtue*. London: Continuum International Publishing Group, 2008.

HERMANOWICZ, E. T. *Possidius of Calama*: A Study of the North African Episcopate at the Time of Augustine. Oxford: Oxford University Press, 2008.

HESSBRÜGGEN-WALTER, S. "Augustine's Critique of Dialectic: Between Ambrose and the Arians". In: POLLMANN, K.; VESSEY, M. *Agustine and the disciplines*: *from Cassiciacum to Confessions*. New York: Oxford University Press, 2005, p. 184-205.

HESSEN, J. "A teoria da iluminação divina". *Augustins Metaphysik der Erkenntis*. Berlim, Bonn: Ferd. Dümmlers Verlag, 1931. (Trad. de capítulo de Ayoub, C. N. A.) Mimeografado.

HEYKING, John von. *Augustine and politics as longing in the world*. Columbia: University of Missouri Press, 2001.

HINTIKKA, J. "Cogito, ergo sum": Inferência ou performance?", *Modernos & Contemporâneos*. Revista de Filosofia do IFCH da Universidade Estadual de Campinas, v. 5, n. 11., jan./jun., 2021, p. 264-287. Disponível em: https://www3.ifch.unicamp.br/ojs/index.php/modernoscontemporaneos/article/view/4480/3414 (Acesso em 08/03/2022).

HOLTE, R. *Béatitude et Sagesse*: saint Augustin et le problème de la fin de l'homme dans la philosophie ancienne. Paris: Études Augustiniennes, 1962.

HORN, C. "Qual é o significado do *cogito* agostiniano (*De civitate Dei* XI 26)". In: ____. *Agostinho*: conhecimento, linguagem e ética. Organização e Tradução Roberto Hofmeister Pich. Porto Alegre : EDIPUCRS, 2008, p. 21-48.

____. "Justiça política em Cícero e Agostinho". In: ____. *Agostinho*: conhecimento, linguagem e ética. Organização e Tradução Roberto Hofmeister Pich. Porto Alegre : EDIPUCRS, 2008, p. 163-200.

____. "Representação da história, filosofia da história e consciência da história (*De civitate Dei* XII 10 - XVIII)". In: ____. *Agostinho*: conhecimento, linguagem e ética. Organização e Tradução Roberto Hofmeister Pich. Porto Alegre : EDIPUCRS, 2008, p. 201-229. (Originalmente publicado em 1997).

INGLEBERT, H. "Universalité chrétienne et monarchie impériale dans les nouveaux sermons d'Augustin découverts à Mayence". *Augustin Prédicateur* (395-411), p. 449-470. Paris: Institut d'Études Augustiniennes, 1998.

KENNY, A. "Les catégories chez les Pères de l'Église latins". In: BRUNN, O.; CORTI, L. *Les catégories et leur histoire*. Paris: Vrin, 2005, p. 121-33.

KOCH, I. "Sex and The City of God". In: SAINT AUGUSTIN. *La cité de Dieu*: (livre XIV, 10-26). Traduit, préfacé et annoté par Isabelle Koch. Nantes: Éditions Nouvelles Cécile Defaut, 2012, p. 9-80.

____. "O tema do 'Deus sem ciúme': da *aphthonia* grega à *non invidentia* agostiniana". *Discurso* 32, 2001, p. 49-70.

____. "Sobre o conceito de *voluntas* em santo Agostinho". *Discurso* 40, 2010, p. 71-94.

____. "Sobre a definição agostiniana de crença". *Síntese – Revista de Filosofia*, v. 42, n°132, 2015, p. 15-24.

LAFER, C. "O significado de república". *Estudos Históricos*, Rio de Janeiro, vol. 2, n. 4, 1989, p. 214-224.

LAMARTINE, Ch. *A Igreja corpo de Cristo*: síntese da eclesiologia de Santo Agostinho. São Paulo: Paulus, 2021.

LÉVI-STRAUS, C. *As estruturas elementares do parentesco*. São Paulo: Vozes, 1976.

LÉVY, C. *Cicero Academicus - Recherches sur les Académiques et sur la philosophie cicéronienne*. Paris: École Française de Rome, 1992.

LIBERA, A. *A filosofia medieval*. São Paulo: Loyola, 1998.

____. *Archéologie du sujet* I: naissance du sujet. Paris: Vrin, 2007.

____. *Arqueologia do Sujeito*: Nascimento do Sujeito. Trad. Murad, F. C. São Paulo: Editora Fap-Unifesp, 2013.

LIEBERG, G. "Das Methodenkapitel in Ciceros Staat (*Rep*. 2, 11, 21-22)", *Mnemosyne*, vol. XLVII, Fasc. 1 (1994), p. 12-32.

LIGOTA, C. "La foi historienne". *Revue des Études augustiniennes*, 43 (1997), p. 111-171.

LÖSSL, Josef. "Augustine's Use of Aristotle's *Categories* in *De Trinitate* in Light of the History of the Latin Text of the *Categories* Before

Boethius". In: BERMON, E.; O'DALY, G. (edits.) *Le De Trinitate de Saint Augustin*: exégèse, logique et noétique. Actes du colloque international de Bordeaux, 16-19 juin 2010. Paris: Institut d'Études Augustiniennes, 2012, p. 99-121.

MADEC, G. "Augustin et le néoplatonisme". *Revue de l'Institut catholique de Paris,* 19 (1986) p. 41-52.

____. *Chez Augustin.* Paris: Institut d'Études Augustiniennes, 1998.

____. "'In te supra me'. Le sujet dans les *Confissions* de saint Augustin". *Revue de l'Institut catholique de Paris,* 28 (1988) p. 45-63.

____. "La notion augustinienne de *Philosophia*", *Revue de l'Institut catholique de Paris,* 18 (1986) p. 39-43.

____. "Le *De civitate Dei* comme *De vera religione*" Studia Ephemeridis 'Augustinianum' 35 (1991) p. 7 – 33. *Interiorità e intenzionalità nel 'De civitate Dei' di Sant' Agostino,* Atti del IIIo Seminario Internazionale del Centro di Studi Agostiniani di Perugia, a cura di Remo Piccolomini, Instituto Patristicum 'Augustinianum', Roma, 1991.

MAMMÌ, L. *Santo Agostinho, O Tempo e a Música,* Tese de Doutorado em Filosofia, São Paulo, USP, 1998.

____. "*Stillae temporis*: Interpretação de uma passagem das *Confissões,* XI, 2". In: PALACIOS, P. M. (Org.). *Tempo e razão*: 1600 anos das *Confissões* de Agostinho. São Paulo: Edições Loyola, 2002, p. 55-61.

____. "Panegíricos, *Confissões*". In: GRACIOSO, J.; PALACIOS, M. P. (Org.). *Atas das conferências de Santo Agostinho.* São Paulo: Edições Loyola, 2020, p. 83-102.

____. "Criação do mundo e consciência de si em *Confissões,* XIII, 1-3". *Doispontos:,* vol. 18, n. 1, 2021, p. 35-48. DOI: http://dx.doi.org/10.5380/dp.v18i1.75934

MARENBON, J. "John Scottus and the Categoriae Decem". In: BEIERWALTES, W. (éd.). *Eriugena*: Studien zu seinen Quellen. (Abhandlungen der Heidelberger Akademie der Wissenschaften. Phil.-hist. Klasse 1980/3), Heidelberg: C. Winter, 1980, p. 116-134.

MARION, J-L. *Au lieu de soi*: l'approche de Saint Augustin. Paris: PUF, 2008.

____. "*Canticum Novum.* Música sem palavras e palavras sem som no pensamento de Santo Agostinho". *Estudos Avançados,* 14 (38), 2000, p. 347-366.

MARKUS, R. A. *Saeculum*: History and Society in the Theology of St Augustine. New York: Cambridge University Press, 1970.

____. *From Augustine to Gregory the Great*: History and Christianity in Late Antiquity. London: Variorum Reprints, 1983.

____. "Two Conceptions of Political Authority: Augustine, De Civitate Dei, XIX. 14-15, and Some Thirteenth-Century Interpretations".

In: DONNELLY, D. F. *The City of God* - A Collection of Critical Essays. New York: PETER LANG, 1995.

___. *O fim do cristianismo antigo*. São Paulo: Paulus, 1997.

MARQUES, M. P. *Platão, pensador da diferença*: Uma leitura do *Sofista*. Belo Horizonte: Editora UFMG, 2006

MARROU, H-I. *L'ambivalence du temps de l'histoire chez saint Augustin*. Montréal-Paris: Vrin, 1950.

___. "La théologie de l'histoire", *Augustinus Magister*, III, Paris, 1954, p. 193-212.

___. *Saint Augustin et la fin de la culture antique*. 4ª edição. Paris: Éditions E. de Boccard, 1958.

___. *Saint Augustin et l'augustinisme – avec la collaboration de A.-M. La Bonnardière*. Paris: Éditions du Seuil, 2003.

___. *Santo Agostinho e o agostinismo*. Trad. Lopes, R. F. Rio de Janeiro: Agir, 1957.

___. "Un lieu dit 'Cité de Dieu'", *Augustinus Magister*, I, Paris, 1954, p. 101-110.

MATTOX, J. M. *Saint Augustine and the Theory of Just War*. London: Continuum, 2006.

MELO, Ubirajara Vieira de. *A fé e a razão como constitutivas da interioridade metafísica nos* Solilóquios *de Agostinho de Hipona*. Dissertação de Mestrado. Programa de Estudos Pós-Graduados em Filosofia. Pontifícia Universidade Católica de São Paulo, São Paulo, 2021, 125f. Disponível em: https://tede.pucsp.br/bitstream/handle/24840/1/UBIRAJARA%20VIEIRA%20DE%20MELO.pdf (Acesso em 02/03/2022).

MENN, S. *Descartes and Augustine*. Cambridge: Cambridge University Press, 1998.

MIATELLO, André Luis Pereira. *Santos e pregadores nas cidades medievais italianas*: retórica cívica e hagiografia. Belo Horizonte, MG: Fino Traço, 2013.

___. "Giordano de Pisa (1260-1311) e os três significados da cidade: um ensaio de política urbana medieval". *Tempo* [online], 2017, vol. 23, n. 2, p. 239-263. DOI: https://doi.org/10.1590/TEM-1980-542X2017v230203

___. "O rei e o santo: tratado político e hagiografia em João de Salisbury". *Revista Signum*, 2010, vol. 11, n. 1, p. 155-176. Doisponível em: http://www.abrem.org.br/revistas/index.php/signum/article/view/8 (Acesso em: 04/03/2022).

___. "A política dos sermões ou os sermões na política: a pregação nas cidades comunais da Baixa Idade Média". *Diálogos*, 21 (1), 2017, p. 96-113. DOI: https://doi.org/10.4025/dialogos.v21i1.37332

MINIO-PALUELLO, L. "The Text of the Categoriae: The Latin Tradition". *Classical Quarterly*, 39, 1945, p. 63-74; HADOT, P. *Marius Victorinus*:

Recherches sur sa vie et ses oeuvres (Études augustiniennes, série Antiquité 44), Paris, Institut d'études augustiniennes, 1971.

MOMMSEN, TH. "St. Augustine and the Christian Idea of Progress", *Journal of the History of Ideas* XII (1951) p. 346-374. Também publicado em: DONNELLY, D. F. *The City of God* - A Collection of Critical Essays. New York: PETER LANG, 1995, p. 353-372.

MONCEAUX, P. "L'Isagoge latine de Marius Victorinus". In: *Comptes rendus des séances de l'Académie des Inscriptions et Belles-Lettres,* 51e année, N. 4, 1907, p. 205-208.

MOHRMANN, C. *Études sur le latin des Chrétiens, Tome II – Latin chrétien et médiéval.* Roma: Edizioni di Storia e Letteratura, 1961.

MOURA, C. A. R. "História *Stultitiae* e História *Sapientiae*". *Discurso,* 17, 1988, p. 151-171.

MUNIER, Ch. "L'influence de saint Augustin sur la législation ecclésiastique de son temps". In: FUX, P-Y; ROESSLI, J-M; WERMELINGER, O. *Augustinus Afer* (Saint Augustin: africanité et universalité. Actes du colloque international Alger-Annaba, 1-7 avril 2001). Fribourg: Éditions Universitaires Fribourg Suisse, 2003.

NICOLET, C.; MICHEL, A. *Cicéron.* France: Éditions du Seuil, s/d.

NOVAES, M. *A razão em exercício*: estudos sobre a filosofia de Agostinho. São Paulo: Paulus/Discurso Editorial, 2009.

____. "O herói e o forasteiro: narração e metafísica nas *Confissões*". *Dissertatio,* volume suplementar 10, 2020, p. 207-228. Disponível em: https://periodicos.ufpel.edu.br/ojs2/index.php/dissertatio/article/view/20599/12744 (Acesso em 24/02/2021).

____. "As *Confissões* como elogio do diálogo". *Discurso,* v. 49, n. 1, 2019, p. 7-29. Disponível em: https://www.revistas.usp.br/discurso/article/view/159272 (Acesso em 24/02/2021).

____. "Eternidade em Agostinho, interioridade sem sujeito". *Analytica,* Rio de Janeiro, v. 9, n. 1, 2005, p. 93-121.

____. "Interioridade e inspeção do espírito na filosofia agostiniana". *Analytica,* Rio de Janeiro, v. 7, n. 1, 2003, p. 97-112.

____. "Vontade e contravontade", in NOVAES, A., org., *O avesso da liberdade.* São Paulo, Companhia das Letras, 2002; p. 59-76.

____. "Linguagem e Verdade nas *Confissões*". In: PALACIOS, P. M. (Org.). *Tempo e razão*: 1600 anos das *Confissões* de Agostinho. São Paulo: Edições Loyola, 2002, p. 29-54.

____. "Nota sobre o problema da universalidade segundo Agostinho, do ponto de vista da relação entre fé e razão". *Cadernos de História e Filosofia da Ciência,* Campinas, 1998, série 3, 7(2), p. 31-54.

O'DALY, G. *Augustine's* City of God: *a reader's guide.* Oxford: Oxford University Press, 1999.

___. "A Problem in Augustine's Use of the Category of Relation in *De Trinitate* V and VII". In: In: BERMON, E.; O'DALY, G. (edits.) *Le De Trinitate de Saint Augustin*: exégèse, logique et noétique. Actes du colloque international de Bordeaux, 16-19 juin 2010. Paris: Institut d'Études Augustiniennes, 2012, p. 137-144.

O'DONOVAN, O. "Augustine's *City of God* XIX and Western Political Thought". In: DONNELLY, D. F. *The City of God* - A Collection of Critical Essays. New York: PETER LANG, 1995, p. 135-149.

O'MEARA, J. J. *Studies in Augustine and Eriugena.* Washington: The Catholic University of America Press, 1992.

OLIVEIRA, Clever Cardoso T. *Lei divina e lei humana em Agostinho*: De Libero Arbitrio *e* De civitate Dei. Dissertação de Mestrado em Filosofia, São Paulo, USP, 2014. Disponível em http://www.teses.usp.br/teses/disponiveis/8/8133/tde-24102014-171701/pt-br.php (Acesso em 23/07/2017).

___. *Querelas Agostinianas. Lei e Política em Agostinho.* Tese de Doutorado em Filosofia, São Paulo, USP, 2021.

OLIVEIRA E SILVA, Paula. *Ordem e mediação* – A ontologia relacional de Agostinho de Hipona. Porto Alegre, RS: Letra & Vida, 2012.

PALACIOS, Pelayo M. (Org.). *Tempo e razão*: 1600 anos das *Confissões* de Agostinho. São Paulo: Edições Loyola, 2002.

___. *O estamento da verdade no* Contra Academicos *de Agostinho.* Tese de Doutorado em Filosofia, São Paulo, USP, 2012. Disponível em https://www.teses.usp.br/teses/disponiveis/8/8133/tde-28012008-123315/pt-br.php (Acesso em 03/03/2022).

PANACCIO, C. "De la reconstruction en histoire de la philosophie". In: BOSS, G., éd., *La philosophie et son histoire*: essais et discussions. Zurique, Éd. du Grand Midi, 1994, p. 173-195.

___. *Récit et reconstrution*: les fondements de la méthode em histoire de la philosophie. Paris: Vrin, 2019.

PARKER, Th.-M. "St. Augustine and the Conception of Unitary Sovereignty". *Augustinus Magister*, II, Paris, 1954, p. 951-955.

PELLEGRINO, M. "Intorno al testo della Vita di S. Agostino scritta da Possidio". *Revue des Études Augustiniennes*, 1956, Vol. II , N° 1-2, p. 195-229.

PÉPIN, J. "La 'théologie tripartite' de Varron. Essai de reconstitution et recherche des sources". *Revue des Études Augustiniennes*, 1956, Vol. II , N° 3-4, p. 265-294.

____. *Saint Augustin et la dialectique*, Villanova, 1976.

PEREIRA, M. H. R. *Estudos de História da Cultura Clássica*, II volume. Lisboa: Fundação Calouste Gulbenkian, 1984.

PERINE, Marcelo. "Sua queda é sua dignidade: Eric Weil e Agostinho sobre a 'felix culpa'". *HORIZONTE* - Revista de Estudos de Teologia e Ciências da Religião, v. 17, n. 53, p. 1021-1038, ago. 2019. DOI: https://doi.org/10.5752/P.2175-5841.2019v17n53p1021

PERINI-SANTOS, E. "Por que Agostinho não é um filósofo medieval (e por que é importante compreender isso)". *Kriterion*, n. 131, Jun./2015, p. 213-237. DOI: https://doi.org/10.1590/0100-512X2015n13112eps

PICH, R. H. "Agostinho e a 'descoberta' da vontade: primeiro estudo". *Veritas*, n. 50, 2, 2005, p. 175-206.

____. "Agostinho e a 'descoberta' da vontade: primeiro estudo (continuação e fim)". *Veritas*, n. 50, 3, 2005, p. 139-157.

____. "Agostinho e a 'descoberta' da vontade: segundo estudo". In: GRACIOSO, J.; PALACIOS, M. P. (Org.). *Atas das conferências de Santo Agostinho*. São Paulo: Edições Loyola, 2020, p. 103-147.

PIGNATARI, R. C. PIGNATARI, R.C. *Analogia triádica e ontologia relacional no* De Trinitate *de Agostinho de Hipona*. 230 f. Tese (Doutorado) – Faculdade de Filosofia, Letras e Ciências Humans. Departamento de Filosofia, Universidade de São Paulo, 2019.____. *Plenitudo Principii* – O itinerário da mente em Deus nos diálogos de Santo Agostinho. São Leopoldo: Oikos, 2015.

____. "Livre-arbítrio e vontade no período inicial do pensamento de Agostinho (De libero arbítrio II, i, 3 – vii, 19)". In: GRACIOSO, J.; PALACIOS, M. P. (Org.). *Atas das conferências de Santo Agostinho*. São Paulo: Edições Loyola, 2020, p. 9-28.

POCOCK, J. G. A. "O conceito de linguagem e o *métier d'historien*". In: ____. *Linguagens do Ideário Político*. São Paulo: Edusp, 2003.

POLLMANN, K.; VESSEY, M. *Augustine and the disciplines*: from Cassiciacum to Confessions. New York: Oxford University Press, 2005, p. 184-205.

PORCHAT PEREIRA, O. "O conflito das filosofias". In: ____. *Vida comum e ceticismo*. São Paulo: Editora Brasiliense, 1993.

PÖSCHL, V. "Augustinus und die römische Geschichtsauffassung". *Augustinus Magister*, II, Paris, 1954, p. 957-963.

POWELL, J. G. F. *M. Tulli Ciceronis De Re Publica, De Legibus, Cato Maiore de Senectute, Laelius de Amicitia*. Oxford: Oxford University Press, 2006.

____. *Cicero the philosopher - Twelve papers*. Oxford: Clarendon Press, 1995.

POWELL, J. G. F.; NORTH, J. A. "Cicero's *Republic*". *Bulletin of the Institute of Classical Studies*. Supplement n. 76, 2001, p. 101-105.

PRADO JÚNIOR, B. "As filosofias da Maria Antônia (1956-1959) na memória de um ex-aluno". In: SANTOS, M. C. L. *Maria Antônia*: uma rua na contramão. São Paulo: Nobel, 1988.

____. "Leitura e interrogação: uma aula de 1966". *Dissenso*: revista de estudantes de Filosofia, N° 1, 1997.

PULSIANO, P. "Language Theory and Narrative Patterning". In: DONNELLY, D. F. *The City of God* – A Collection of Critical Essays. New York: PETER LANG, 1995, p. 241-252.

RAMBAUD, M. *Cicéron et l'Histoire Romaine*. Paris: Les Belles Lettres, 1953.

RAMOS, A. Z. *Ciência e sabedoria em Agostinho*: um estudo do De Trinitate. São Paulo: Baraúna, 2009.

RAMOS, F. M. T. *A ideia de Estado na doutrina ético-política de Santo Agostinho*: Um estudo do Epistolário comparado com o 'De Civitate Dei'. Porto Algre: Letra&Vida, 2015.

RAMSEY, P. "The Just War According to St Augustine". In: ELSHTAIN, J. B. *Just War Theory*. New York : New York University Press, 1992, p. 8-22.

RATZINGER, J. "Herkunft und Sinn der Civitas-Lehre Augustins", *Augustinus Magister*, II, Paris, 1954, p. 965-979.

____. "Origine et signification de la doctrine d'Augustin sur la *Civitas*". In: CARON, M. (Org.). *Saint Augustin*. Paris: Les Éditions du Cerf, 2009.

REVELLI, M. *Cicerone, Sant'Agostino, San tommaso*. Torino: G. Giappichelli Editore, 1989.

ROBIDOUX, D. "Aristotle's Categories in St. Augustine". Disponível em: http://www.lonergan.at/philo/daten/AristotleCategoriesAugustine.pdf (Acesso em 15/054/2021).

ROSA, J. G. *Grande sertao: veredas* – "O diabo na rua, no meio do redemunho...". São Paulo: Companhia das Letras, 2019.

ROSEN, S. *Plato's Sophist*: the drama of original and image. Indiana: St. Augustine's Press, 1994.

SÃO JOÃO, Adriano. *A concepção agostiniana de paz no livro XIX da obra A cidade de Deus*. Dissertação de Mestrado. Programa de Estudos Pós-Graduados em Filosofia. Pontifícia Universidade Católica de São Paulo, São Paulo, 2019, 173f. Disponível em: https://tede2.pucsp.br/bitstream/handle/22492/2/Adriano%20S%C3%A3o%20Jo%C3%A3o.pdf (Acesso em 02/03/2022).

SALAMITO, J-M. "Saint Augustin et la définition du peuple: Aux antipodes de 'l'augustinisme politique'". *Les Études philosophiques*, n. 137,

2021/2, p. 27-52. Disponível em: https://www.cairn.info/revue-les-etudes-philosophiques-2021-2-page-27.htm (Acesso em 27/02/2022).

___. "SAINT AUGUSTIN, 'La Cité de Dieu': penser l'histoire du salut et l'autonomie du politique". In: VILLERS, V. T. de. *Éloge de la politique*. Tallandier/Le Figaro, 2020, p. 51-64. Disponível em: https://www.academia.edu/44321089/SAINT_AUGUSTIN_La_Cit%C3%A9_de_Dieu_penser_lhistoire_du_salut_et_lautonomie_du_politique_2020_ (Acesso em 27/02/2022).

SCHOFIELD, M. "Cicero's Definition of *Res Publica*". In: POWELL, J. G. F. *Cicero the philosopher - Twelve papers*. Oxford: Clarendon Press, 1995.

SENELLART, M. *As artes de governar: do* regimen *medieval ao conceito de governo*. Trad. Neves, P. São Paulo: Ed. 34, 2006.

SILVA, Franklin Leopoldo e. "A Inquietude no livro I de *Confissões*", São Paulo, s/d. Mimeografado.

___. "Santo Agostinho: História, Historicidade". São Paulo, s/d. Mimeografado.

SILVA, Maurizio F. di. "O conceito agostiniano de matéria: *Confessiones*, XII". *Dissertatio*, volume suplementar 10, 2020, p. 229-242. Disponível em: https://periodicos.ufpel.edu.br/ojs2/index.php/dissertatio/article/view/20257 (Acesso em 23/02/2022).

___. "O mal e as disciplinas liberais no *De ordine*". *Brasilíade* – Revista de Filosofia, Curitiba, v. 3, n. 5, 2021, p. 117-131, jul./dez. DOI: https://doi.org/10.35357/2596-092X.v3n5p117-131/2021 (Acesso em 23/02/2022).

SILVA, Nilo César Batista. "Depuração dos sentidos e ascese no Livro VI do *Diálogo sobre a música* de Santo Agostinho". *Sofia*, v. 8, n. 2, 2019, p. 145-157. DOI: https://doi.org/10.47456/sofia.v8i2.23159 (Acesso em 02/03/2022).

___. "Santo Agostinho: História, Historicidade", São Paulo, s/d. Mimeografado.

SILVA FILHO, L. M. da. *Como ler Santo Agostinho*: terapia da alma e felicidade. São Paulo: Paulus, 2021.

___. "Apresentação das *Fundações de neuroses, delírios e perversões*". Publicado na seção "Decolonização e Psicanálise", n. 23, do site da n-1 edições: https://www.n-1edicoes.org/apresentacao-das-fundacoes-de-neuroses-delirios-e-perversoes? (Acesso em 04/05/2022).

___. "A recepção de Agostinho em 'As confissões da carne', de Foucault". *Discurso*, 51 (2), 2021, p. 91-112. DOI: https://doi.org/10.11606/issn.2318-8863.discurso.2021.193763 (Acesso em 23/02/2022).

___. "Fundamento do universal no singular em Tomás de Aquino: natureza comum, similitude e/ou ideia?". *Doispontos*:, v.18, n. 1, 2021, p.144-169. Disponível em: https://revistas.ufpr.br/doispontos/article/download/78974/43915 (Acesso em 13/02/2022).

____. "Nota sobre ocorrências e significados de *saeculum* em Agostinho". *Brasilíade* – Revista de Filosofia, Curitiba, v. 3, n. 6, 2021, p. 89-95, jul./dez. DOI: https://doi.org/10.35357/2596-092X.v3n6p89-95/2021 (Acesso em 23/02/2022).

____. "Ontologia, linguagem e história em Agostinho: contradição e sexualidade n'*A cidade de Deus*". *Dissertatio*, volume suplementar 10, 2020, p. 243-270. Disponível em: https://periodicos.ufpel.edu.br/ojs2/index.php/dissertatio/article/view/20221 (Acesso em 23/02/2022).

____. "A graça da Fatalidade" (ensaio filosófico-poético de dessubjetivação). *Ipseitas*, v. 6, n. 1, p. 422-442, 2020. Disponível em: http://www.revistaipseitas.ufscar.br/index.php/ipseitas/article/view/393 (Acesso em 28/03/2022).

____. "A vontade como fundamento da política em Agostinho". *Síntese – Revista de Filosofia*, v. 45, nº 142, 2018, p. 271-282. DOI: https://doi.org/10.20911/21769389v45n142p271/2018 (Acesso em 23/02/2022).

____. "Nota sobre o estatuto da dialética e a emergência da vontade em Agostinho". *Ética e Filosofia Política*, v. II, 2018, p. 143-156. DOI: https://doi.org/10.34019/2448-2137.2018.17863 (Acesso em 27/02/2022).

____. "Ambivalência da política no prólogo d'*A cidade de Deus*, de Agostinho", seguido de tradução e diagrama sintático-estilístico do prólogo, publicado nos *Cadernos de Ética e Filosofia Política*, n. 31,v. 2, p. 49-62, 2017. Disponível em: https://www.revistas.usp.br/cefp/article/view/118209 (Acesso em 23/02/2022).

____. "Sobre o ser e a essência em Agostinho". In: CARVALHO, Marcelo; PICH, Roberto Hofmeister; SILVA, Marco Aurélio Oliveira da; OLIVEIRA, Carlos Eduardo. *Filosofia medieval.*São Paulo: ANPOF, 2015, v. I, p. 50-58.

____. "A conjunção *et* na definição ciceroniana de *populus*". *Cadernos de Filosofia Alemã*, 21, jan.-jun. 2013, pp. 85-96. Disponível em: https://www.revistas.usp.br/filosofiaalema/article/view/64741 (Acesso em 23/02/2022).

____. "Crítica à autonomia do poder político em Agostinho". *Revista Olhar*, 28, jan.-jun. 2013, p. 13-24.

____. "Sobre a ambivalência da política n'*A cidade de Deus*, de Agostinho". In: CARVALHO, Marcelo; FIGUEIREDO, Vinicius. *Filosofia antiga e medieval.* São Paulo: ANPOF, 2013, v.1, p. 343-348.

____. *Desnaturalização da política n'*A cidade de Deus, *de Agostinho.* Tese de Doutorado em Filosofia, São Paulo, USP, 2012. Disponível em http://www.teses.usp.br/teses/disponiveis/8/8133/tde-11032013-125734/pt-br.php (Acesso em 23/02/2022).

____. *A definição de populus n'*A cidade de Deus *de Agostinho*: uma controvérsia com *Da república* de Cícero. Dissertação de Mestrado em

Filosofia, São Paulo, USP, 2008. Disponível em http://www.teses.usp.br/teses/disponiveis/8/8133/tde-02122008-171150/pt-br.php (Acesso em 23/02/2022).

SKINNER, Q. *As fundações do pensamento político moderno.* São Paulo: Companhia das Letras. 1996.

___. *Visions of Politics*: Regarding Method. Vol. I. Cambridge: Cambridge University Press, 2002.

SOLIGNAC, A. "Análise e fontes da *quaestio De Ideis*". *Cadernos de Trabalho Cepame,* II (1), São Paulo, 1993.

SORABJI, R. *Emotion and Peace of Mind.* From Stoic Agitation to Christian Temptation. Oxford & New York: Oxford University Press, 2002.

SOUZA NETTO, F. B. "Tempo e Memória no pensamento de Agostinho". In: PALACIOS, P. M. (Org.). *Tempo e razão*: 1600 anos das *Confissões* de Agostinho. São Paulo: Edições Loyola, 2002, p. 9-28.

STUMP, E. "Agostinho sobre o livre-arbítrio". In: MECONI, D. V.; STUMP, E. (Org.). *Agostinho.* Trad. Jaime Clasen. São Paulo: Ideias & Letras, 2016, p. 209-232.

TERRA, R. R. *Política Tensa.* São Paulo: Iluminuras, 1995.

___. "Algumas questões sobre a filosofia da história em Kant". In: KANT, I. *Ideia de uma história universal de um ponto de vista cosmopolita.* Trad. Rodrigo Naves; Ricardo R. Terra. São Paulo: Editora WMF Martins Fontes, 2011, p. 25-67.

THAMOS, Márcio. *As armas e o Varão*: Leitura e Tradução do Canto I da *Eneida.* São Paulo: EDUSP, 2011.

TESKE, R. J. "Properties of God and the Predicaments in *De Trinitate* V". *The Modern Schoolman,* v. 59, 1981, p. 1-19.

TESTARD, M. *Saint Augustin et Cicéron I*: Cicéron dans la formation et dans l'oeuvre de saint Augustin. Paris: Études Augustiniennes, 1958.

___. *Saint Augustin et Cicéron II*: Répertoire des textes. Paris: Études Augustiniennes, 1958.

___. "Note sur le De civitate Dei XXII, 24: exemple de réminiscenses cicéroniennes de S. Augustin", *Augustinus Magister* I, Paris, 1954, p. 193-200.

THONNARD, F.-J. "La philosophie de la Cité de Dieu". *Revue des Études Augustiniennes,* 1956, Vol. II , N° 3-4, p. 403-421.

___. "L'aristotélisme de Julien d'Eclane et saint Augustin". *Revue des études augustiniennes,* 1965, vol. IX, n. 3- 4, p. 296-304.

van BAVEL, T. "L'humanité du Christ comme *lac parvulorum* et comme *via* dans la spiritualité de saint Augustin". *Augustiniana* 7 (1954) p. 245-281.

VARGAS, Walterson J. *Soberba e humildade em Santo Agostinho.* São Paulo: Edições Loyola, 2014.

TUNDLE, R. C. "St. Augustine's Epistemology: an ignored Aristotelian theme and its intriguing antecipations". *Laval théologique et philosophique*. V. 50, n. 1, 1994, p. 187-205.

VAZ, H. L. "A metafísica da interioridade: santo Agostinho (1954)". *Ontologia e História*. São Paulo: Loyola, 2001.

VELÁSQUES, O. "La conexion romana: la divinidad de Cicerón". In: GRAMMATICO, G; CAJAS, H. H. *Cicerón, un alma ardiente*. Santiago: Editorial Universitaria, 1994.

VERBEKE, G. "Augustin et le stoicism", *Recherches Augustiniennes*, 1 (1958), p. 67-89.

VESSEY, M. "Conference e Confission: literary pragmatics in Augustine's 'Apologia contra Hieronymum'". *Journal of Early Christian Studies* 1:2, 1993, p. 175-213.

VEYNE, P. *Comment on écrit l'histoire*. Paris: Éditions du Seuil, 1971.

____. *Le Pain et le cirque*: sociologie historique d'un pluralisme politique. Paris: Éditions du Seuil, 1976.

____. "*Humanitas*: romanos e não romanos". In: GIARDINA, A. *O homem romano*. Lisboa : Presença, 1992.

____. *L'empire Gréco-romain*. Paris: Éditions du Seuil, 2005.

____. *Quand notre monde est devenu Chrétien (312-394)*. Paris: Éditions Albin Michel, 2007.

VIVEIROS DE CASTRO. *Metafísicas canibais*: Elementos para uma antropologia pós-estrutural. São Paulo: Ubu Editora, n-1 edições, 2018.

VOELKE, A-J. *L'idée de volonté dans le stoïcisme*. Paris: PUF, 1973.

WATSON, G. "The Natural Law and Stoicism". In: LONG, A. A. *Problems in Stoicism*. London: The Athlone Press, 1996.

WEITHMAN, P. "Augustine's political philosophy". In: MECONI, D. V.; STUMP, E. (Org.). *The Cambridge companion to Augustine*. Cambridge: Cambridge University Press, 2001.

WEITHMAN, P. "Filosofia política de Agostinho". In: MECONI, D. V.; STUMP, E. (Org.). *Agostinho*. Trad. Jaime Clasen. São Paulo: Ideias & Letras, 2016, p. 283-305.

WETZEL, J. *Augustine and the Limits of Virtue*. Cambridge: Cambridge University Press, 1992.

WOOD, N. *Cicero's Social and Political Thought*. Oxford: University of California Press, 1988.

ZETZEL, J. E. G. "Natural Law and Poetic Justice: a Carnedean in Cicero and Virgil". *Classical Philology*, vol. 91, n. 4, 1996, p. 297-319.